国家社会科学基金教育学一般项目（BJA180098）
江苏省高校优势学科建设工程项目

跨界与进阶
普职教育衔接研究

陈鹏　肖龙◎著

中国社会科学出版社

图书在版编目（CIP）数据

跨界与进阶：普职教育衔接研究 / 陈鹏，肖龙著 . —北京：中国社会科学出版社，2021.10

ISBN 978-7-5203-8974-7

Ⅰ.①跨… Ⅱ.①陈…②肖… Ⅲ.①职业教育—研究—中国 Ⅳ.①G719.2

中国版本图书馆 CIP 数据核字（2021）第 172864 号

出 版 人	赵剑英
责任编辑	张　林
特约编辑	宋英杰
责任校对	韩海超
责任印制	戴　宽

出　　版	中国社会科学出版社
社　　址	北京鼓楼西大街甲 158 号
邮　　编	100720
网　　址	http://www.csspw.cn
发 行 部	010-84083685
门 市 部	010-84029450
经　　销	新华书店及其他书店

印刷装订	三河弘翰印务有限公司
版　　次	2021 年 10 月第 1 版
印　　次	2021 年 10 月第 1 次印刷

开　　本	710×1000　1/16
印　　张	20.75
插　　页	2
字　　数	331 千字
定　　价	118.00 元

凡购买中国社会科学出版社图书，如有质量问题请与本社营销中心联系调换
电话：010-84083683
版权所有　侵权必究

序

产业结构转型升级需要大批高技能人才的支撑。高技能人才的特点不仅体现在技能之"高",还表现为技能成长之"长"与"跨",且只有通过"长"与"跨"的过程,才能达至技能之"高"的目标。换言之,高技能人才成长的"长期性"与"跨界性"告诉我们,从"新手"到"专家"的过程不是一蹴而就的,不是单靠某一层次和类型的教育就能独自完成的,其道路必然漫长且艰辛。当前,国内外诸多学者意识到了这一点,开始将研究视角从职业院校向后延伸至工作场所,关注高技能人才在工作场所中的持续性学习与发展,关注高技能人才朝向"专家"的不断蜕变。

但仅仅向后延伸人才培养链条是不够的,个体在起点端是否愿意且适合成为技能"新手"同样至关重要,其制约着高技能人才后续发展的广度与深度。《学记》中有云:"三王之祭川也。皆先河而后海;或源也,或委也。此之谓务本。"这句话的意思是说,教育需要尊重且重视个体的早期发展,教育的开端具有虽隐秘但关键的作用。国外的生涯理论也认为,人的发展具有"沉潜性",早期的经历可能会对之后的发展产生一定的"蝴蝶效应"。正因为如此,我们需要将具备"长期性""跨界性"的高技能人才培养链条从踏入职业院校的第一天起向前延伸至处于生源准备阶段的基础教育中,实现普职教育的衔接与协同。

职业教育的类型化发展同样需要普职教育之间的衔接。一般而言,职业教育的类型化通常被理解为其在人才培养模式、办学模式等方面彰显出的作为一种教育类别的特殊性。但职业教育的类型化发展若要长久且深入，更需关注其体系的类型化，形成一种纵向衔接、横向融通以及纵横交错的职业教育体系。长期以来，我国的职业教育研究对于纵向衔接和横向融通的关注较多，忽视甚至漠视了促进职业教育体系开放且稳定的"纵横交错"。本书所探讨的普职教育衔接就属于此地带，纵向衔接着两个教育层次，横向沟通着两种教育类型。综观世界上主要发达国家的职业教育体系，都可以发现"纵横交错"的身影。例如本书中提到的美国的"技术准备计划"、德国的"多次分流与互通"、英国的"14—16岁教育项目"、澳大利亚的基于资格框架的衔接等。

但我国当前的普职教育关系却不容乐观。正如作者在本书中所言，普通基础教育中浓厚的学术化教育内容与方式压抑了潜在职教生源的萌生，违背了"人人尽展其才"的教育规律，"学术化倾向严重的基础教育最终为普通高等教育输送了'智力超群'的'优秀生'，却埋没了潜在'技能优越生'的美好未来，使他们在丧失自信中成为'学术考试的失败者'"。而当前普教化的评价机制特别是学术化的职教招考机制则进一步加剧了这一现象。双重因素的相互作用，最终导致流入职业院校的生源，也即准技能"新手"，呈现出"不愿意且不适合"的双重困境。

普职教育之间的"异质排斥"及其在衔接中出现的诸多问题，是否意味着跨越不同类型与层次的普通教育与职业教育之间本就无法进行顺畅且有效的衔接？事实上并非如此，二者之间的"异质排斥"不是本质上的，且凡是教育皆有相互衔接之可能。即使自由教育与职业教育之间也并非绝对的二元对立。自由教育虽然反对以职业为目的，但不可否认的是，自由教育以"副产品"的形式为人们的工作提供了必要的关键能力与必备品格，包括当前工作中越发需要的审辩式思维、创新素养、沟通能力与合作能力等，以及参与富有公共性的工作所需的公共意识与公共能力等。职业教育虽然以职业为主要目的，但并非仅仅指向个体的谋生需求。诚如黄炎培所言，职业教育的宗旨有四：谋个性之发展、为个人谋生之准备、为个人服务社会之准备、为世界与国家增进生产力之准备。其中"谋个性之发展"充分体现了职业教育与个体自由发展之间的关系。此外，职业教育的过程也可以具有一定的"自由色彩"。杜威认为，教育是自由还是非自由的，并不取决于其内容是关乎闲暇还是关乎劳动，"任何教育如果只是为了传授技能，这种教育就是不自由的、不道德的"，但是"如果教育记住工作的比较大的特征，现在就已经有机会把自由培养和社会服务的训练协调起来，把自由培养和有效地愉快地参与生产性作业的能力协调起来……人们主动地关心控制他们活动的目的，在这个范围内，即使行为的物质方面仍然一样，他们的活动也变成了自由或自愿的，失去了它外部强加的和奴役的性质"①。被人们普遍视为相互对立的自由教育与职业教育尚且存在相通之处，任何教育之间都不存在绝对的割裂和排斥，任何一种教育类型和层次其实都是相通的。无论是普通教育、职业教育，还是基础教育、高等教育以及继续教育，其本质都是不变的，都须关切个体的生命成长，指向个体的自由全面发展。不同的教育之间只是特色化的区分，而非异质化的排斥。概言之，共同的教育本质指向为不同类型与层次的普职教育衔接赋予了基础与可能。

基于此，普职教育衔接需以普通基础教育为主要着力点，在促进学生自由全面发展的目标指向下，尊重其兴趣禀赋、多元智能，通过适时且适切的引导，在中小学中挖掘并培养"愿意且适合"的职教生源。从而以生源的有效供给来助推普职教育的有效衔接。从高技能人才成长的"长期性"与"跨界性"等特点来看，普职教育衔接在动态过程上需做好三个环节。其一，在普通基础教育中，破解教育内容与方式过度学术化的倾向，营造一种有利于技能人才萌芽的环境。此种环境首先是多元的与自由的，尊重学生不同的"智能轮廓"与多样的教育选择，而非依照同一个模子塑造出同质化的高深知识接受者或预备者。其二，职业院校主动出击，与广大中小学校一同识别并培育具有技能偏好和潜能的学生。大环境的变革为技能人才的萌芽提供了土壤，但如果缺少适时且适切的引导，供给方的潜在生源可能会在没有走到需求方的场域时就逐渐混沌、潜隐甚至消逝。故生源的需求方即各级职业院校与主要供给方即各级普通中小学校需在生源早期识别与培育上开展多方面的协同合作。其三，变革评价与招考制度，为具有技能偏好和潜能的潜在生源提供连续性成长的阶梯与通道。

---

① [美]约翰·杜威：《民主主义与教育》，王承绪译，人民教育出版社2001年版，第278页。

本书正是基于此种逻辑与思路，在时代呼唤与现实诉求的背景下，坚守教育的本质，探讨普职教育衔接的一些基础性与关键性问题。包括普职教育衔接的内涵维度、法理基础、逻辑起点与历史之轨，以及普职教育衔接的现实问题、星星之火与他山之石。进而从多个方面揭示了普职教育衔接的必要性、合法性、合理性、可能性与可行性。最后围绕衔接"三要素"——生源的供给方、需求方以及"衔接桥"等方面提出了普职教育衔接的策略建议，例如突破传统观念，创设衔接的外部环境；加强校际合作，激发衔接的持续动力；推动课程融通，明确衔接的核心载体；完善招考变革，保障衔接的关键制度等。

长期以来，人们对职业教育体系的研究集中于同类型与不同层次的教育之间的纵向衔接，如中高职衔接等，或同层次但不同类型的教育之间的横向沟通，如高中阶段的普职融通等，鲜有人涉及不同类型且不同层次教育之间的衔接与沟通。本书的作者从现实关切与理论生长的双重视角大胆开辟了这一崭新的研究领域。众所周知，探索一个新的研究领域并非易事，不仅在分析论证上困难重重，而且研究的独辟蹊径注定了其过程必然是一场孤独的学术之旅。但真正的学术何尝不是孤独的呢？热闹喧嚣的研究终有一天会烟消云散，而以"板凳甘坐十年冷"的毅力默默耕耘的研究也终会在学术思想的长河中留下印记。

纵览陈鹏这些年的研究成果，可以看出他已在这一领域中探索近十年。从最初的人本主义视角下的职业教育研究，到大职教观视角下的现代职业教育体系的建构以及完满职业人的培育，再到学术课程与职业课程之间的整合以及中小学阶段的职业启蒙教育研究等，都从不同的视角和方面体现着其对不同类型与不同层次教育之间相互衔接与沟通的追求。路漫漫其修远兮，希望陈鹏能够继续在这一领域不遗余力地上下求索，为我国的职业教育事业做出贡献！

是为序。

顾建军

2021年2月9日

前　　言

供给与需求相对，二者形成一对相互依存的关系体，如社会发展的程度与人民群众对美好生活的需求，教育对劳动力的产出性供给与产业结构发展对人力资源的需求。劳动力供给产业结构需求的程度又源于教育资源的布局状况。当前，中国已经开启全面建设社会主义现代化新征程，产业结构亟须调整，人才的供给尤其是高技能人才的供给严重不足。《人口与劳动绿皮书：中国人口与劳动问题报告》（2015）显示，中国并不缺少劳动力，缺少的是"适合"的劳动力；《人口与劳动绿皮书：中国人口与劳动问题报告 No. 21》（2020）指出，2017年我国高技能人才仅占就业人员总量的6.2%。技能型人才供给的不平衡不充分，其主要源于教育结构与质量发展的不平衡不充分，尤其是职业教育的供给不足。2017年12月，国务院办公厅在《关于深化产教融合的若干意见》中强调，应面向产业和区域发展需求，完善教育资源布局，加快人才培养结构调整，提高人才培养质量，推进人力资源的供给侧改革。历史上，职业教育曾经作为一种重要的教育类型，成为人们追逐的"宠儿"，具有较高的民众吸引力和较好的培养质量。但自从进入21世纪以来，由于各种原因，与普通教育相比，作为技能型人才的主要供给者，职业教育的竞争力一直处于劣势，吸引力明显不足，形成了中国职业准备教育之"两只脚"（普通教育和职业教育）的不均衡发展态势。技术技能型人才的失效供给源于当前我国职业教育质量不高，而职业教育质量不高的主要原因之一仍是其招不到"合适"的生源，生源得不到有效的供给，致使我国职业教育与普通基础教育的衔接出现严重失范。

我国职业教育与普通基础教育衔接的总体失范，主要表现为基础教育学术化的培养方式压抑了潜在生源的萌生，普教化的招考评价方式遮蔽了对技能潜质学生的辨识，职业院校前置性培养参与的不足引致后期培养的困厄。首先，普通中小学长期以来的学术化培养方式压抑了学生多元发展的可能性，违背了"人人皆可成才、人人尽展其才"的人才发展规律。尤其是那些乡村薄弱中学、城乡接合部中学或农民工子弟学校较少考虑学生本身或家庭背景的需要，一味地在追求普本或普高的"升学率"中"牵引着"学生成长，甚至放弃一些"后进生"的成长，最后这些学生只能在"隐性淘汰"或"暗道交换"中被迫选择职业教育轨道。其次，现有的职业教育招考机制更多地还是沿用学术化的评价方式，对学生的技能潜质难以辨识。统一化的中考完全忽视了职业教育的特殊性，中职招考完全等同于普通高中的招考。高职招考方面，尽管我国目前已经探索出多元的招生模式，但其在实施的过程中仍具有较大程度的"文化取向"，提前单招的"职业倾向性测试"或"技能考核"尚存许多问题；高职注册入学更是为低分考生及落榜生提供的一种升入大学的"兜底"机制。最后，职业院校参与生源早期培育的不足致使很多学校招收的学生不是主动选择的结果，一些学校仅凭招生时的临时性宣传"收揽"一些学生，没有深入中学参与技能型人才的早期识别与培育中，也就难免会产生面对通过"学术化"的评价方式招过来的学生，"巧妇难为无米之炊"的现象，学生的学习兴趣、学习态度和学习能力给职业院校的教师和管理者带来严峻的挑战，致使他们在"二流"学生的培养中面临重重困难。

普职教育衔接框架的理顺，是一个系统性的工程，但它是新时代教育发展的需要，不仅是职业教育保持生命力的现实诉求，还顺应了现代职业教育改革发展的政策导向，而且还有充分的理论依据和现实基础。

其一，生命力的保持，需要职业教育做好生源的入口关。由于职业教育招考机制普教化的选拔倾向以及供给方在早期培养中对潜在生源的学术化压抑，也或许是职业院校早期培育参与的不足，致使在后期的培养中无法充分发挥自身的资源优势，进而也就无法为劳动力市场供给优质的技术技能型劳动力。可见，在高技能人才需求强烈的新时代，职业教育的发展面临前所未有的挑战，使得先天不足的职业教育很难在与普通教育的竞争中获得相对优越的位置，进而会陷入周而复始的负面马太效应。习近平在2014年给全国职业教育大会的批示中指出，职业教育是国民教育体系和人力资源开发的重要组成部分，肩负着培养多样化人才、传承技术技能、促进就业创业的重要责任，对实现"两个一百年"奋斗目标和中华民族伟大复兴的中国梦具有重要的战略性意义，因此必须把发展现代职业教育摆在更加突出的位置。现代职业教育的健康发展，必须在危机中求生存，在竞争中求发展，而破解这一系列问题的关键就是需要有优质的生源提供强劲而持久的生命力。发展职业教育不仅仅要增加存量，在提升职业教育层次和扩大职业教育规模上寻找出路；而且还要充分利用好现有的存量，在巩固和提升现有职业教育质量和内涵的基础上发挥其特有的市场价值。世界发达国家职业教育发展的经验表明，中等职业教育仍是职业教育的重要组成部分；高等职业教育是高技能人才培养的重要突破口。因此，要确保职业教育在我国国民经济发展中的重要地位和作用，必须从影响职业教育发展的根源处或入口处寻求突破，戳中基础教育的要害，实现不同阶段基础教育与职业教育的有效衔接。

其二，教育政策的支持，彰显普职教育衔接的合法性。《国家中长期教育改革和发展规划纲要（2010—2020年）》指出，应为学习者搭建终身学习的"立交桥"，促进各级各类教育纵向衔接、横向沟通，这为普职教育的纵向交叉衔接提供了最为原始的合法依据。2014年，国务院《关于加快发展现代职业教育的决定》和《现代职业教育体系建设规划（2014—2020年）》则强调应推进普通教育与职业教育的相互沟通，建立二者双向沟通的桥梁，"沟通"自然应包括二者的纵向衔接。如果这些政策对于普职教育的异质纵向衔接的支持还比较模糊且抽象的话，那么后续的一系列政策则体现得较为明朗。如2016年《制造业人才发展规划指南》从高技能人才培养的视角提出"贯通制造业人才培养系统"，"普通中小学要在实践活动课程、通用技术课程中加强制造业基础知识、能力和观念的启蒙和培养"，凸显了职业技术教育植入基础教育的政策引领性。2017年，《国家教育事业发展"十三五"规划》强调：应加强中小学生动手能力培养，"在义务教育阶段开展职业启蒙教育"。同年，由国务院办公厅发布的《关于深化产教融合的若干意见》则明确地指出将体现职业技术教育核心要义的"工匠精神"融入基础教育,并强调要"组织开展'大国工匠进校园'活动","鼓励有条件的普通高中开设职业类选修课程,鼓励职业学校实训基地向普通中学开放"等。2019年,国务院《国家职业教育改革实施方案》强调:"鼓励中等职业学校联合中小学开展劳动和职业启蒙教育,将动手实践内容纳入中小学相关课程和学生综合素质评价。"这些举措为普职教育衔接提供了更具操作性的实施指南。

其三,多种理论表明,技能型人才的潜质应该在早期发现与培育。首先,霍华德·加德纳的多元智能理论开启了人的发展的多种可能性。他认为,人类拥有语言智能、数学逻辑智能、空间智能、音乐智能、身体运动智能、人际关系智能、自我认识智能等多元智能要素,但是每个人与生俱来的智能优势可能不同,如水手、雕刻家、画家等具有高度发达的空间智能,手工艺大师则表现出高度发达的身体运动智能,这些角色正是技术技能型人才的典型案例。但是个体的职业生涯系统又充溢着"不确定性",是一种动态的、开放的、非线性的复杂系统,尤其在早期出现偶然性的变化较大。澳大利亚人罗伯特·普莱尔等用混沌理论中的"蝴蝶效应"来解释这种复杂的过程,认为人类的生涯系统对初始条件异常敏感,以至于最初的轻微变化能够对未来产生巨大影响,这凸显出职业生涯早期规划的重要性。如果具有技能型潜质的人才缺乏早期的合理引导,将会埋没于应试教育的统一模式中。青少年积极发展理论认为,所有青少年都有积极成长的潜能,因此教育应聚焦于青少年发展轨迹中的积极方面和个体发展过程中潜在的可塑性,而不是问题和缺陷方面。为此,加德纳建议学校应对每个学生的认知特点给予充分的理解并使之得到最好的发展,他反对将"语言"和"数学逻辑"作为教育选拔重要依据的极端化、精英化机制,认为这种教育评价模式具有"西方主义""测试主义"和"精英主义"的偏见,严重危害着社会的进步。儿童早期某种发展的内驱力,就如同一粒橡树的种子渴望成长为一棵橡树一样,需要肥沃的土壤滋润,需要健康的环境培育。因此,教育需要及时地识别具有技能潜质的儿童,进而进行科学的引导。

其四，国际经验证明，普通基础教育与职业教育可以做到较好衔接。纵观世界，不少发达国家在普通中小学与职业教育的衔接中已经形成了较为成熟的模式。在美国，兴起于20世纪70年代的职业生涯教育贯穿于整个基础教育的全过程，在不同的年龄阶段和年级都有明确的定位、发展目标和课程设置，在教育与就业准备方面引导着全美青少年的健康成长，尤其是开始于20世纪80年代的"技术准备计划"，从服务于"被忽视的大多数"到整合中等与中等后教育再到技术学院预科高中的出现，都无不彰显着普通基础教育与职业教育的衔接要义。在德国，多次分流、多轨互通的教育体系为普职教育衔接提供了有机的土壤，从小学毕业后的第一次分流，到四类中学间的互通往来，再到高中后的第三次分流，在为个体提供多元选择路径的同时，引领着技能型人才的健康成长。而源于劳作学校理念的"前职业教育"始终渗透于普通基础教育内部，通过设置各种类型的劳动技术课程，开启与培育着技能型人才的潜质，引导着他们选择职业教育。在英国，14—16岁作为初中与初中后教育衔接的重要阶段，成为政府教育改革的重点关注对象。尤其在2000年后，英国教育部门通过颁布系列文件，催生了包括增强灵活性项目、青年学徒制项目、第四阶段浸入式项目、学园项目等一批14—16岁教育项目。这些项目通过提前招募对技能感兴趣的学生，在国家课程体系中渗透职业课程模块，进而引导他们在16岁后选择职业教育。在澳大利亚，形成于20世纪90年代并不断发展完善的国家资格框架为普职教育的衔接与互通提供了制度支持，尤其是VET in Schools项目通过职业课程渗透、校本学徒制与培训生制以及成批学分认证的方式，为缺乏学术兴趣、面临辍学危险的学生铺筑多元化的发展路径，进而为普通高中与TAFE学院以及其他私立职业教育和培训机构的衔接搭建桥梁。

其五，历史经验表明，我国普职教育衔接具有厚实的历史积淀。自现代职业教育产生以来，我国不断探索职业教育与普通中小学的衔接，尤其是改革开放以后的十几年间，我国中等职业教育与初级中学在政策的激励下实现着较好的衔接，创造了我国职业教育发展的黄金时期。首先，在政策激励上，"免学费""公费""助学金"的制度解决了大部分家庭尤其是农村贫困家庭子女上学的问题，而统招统分的激励政策，更是大大提高了职业教育的吸引力。其次，在招生机制方面，中职学校的单独招生为职业教育强化了固有的类型优势，使其在与初级中学的招生竞争中有着自己独特的优势；而部分学校尤其是技工学校对专业技能加试或职业技能测试的渗入，则更加凸显了职业教育的类型优势，为职业学校招到更加合适且优质的学生创造了先决性条件。再次，职业技术课程在普通中小学中的渗透，为中小学生毕业后选择职业教育提供了前置性基础。职业技术课程、劳动技术课程、农业生产知识课程，不仅满足了特殊时代背景下教育与生产劳动相结合的教育方针的落实，还激发了一些具有技能潜质的学生的兴趣，具有职业启蒙的效应，进而引导他们毕业后选择职业教育轨道。最后，在政策激励、招生支持、课程渗透的引领下，一批优秀的初中毕业生尤其是贫困家庭的子女争相选择职业教育，职业教育成为他们救济家庭、实现自我人生转折的重要踏板。

其六，地方实践探索，已经展现出当前我国普职教育衔接的星星之火。在我国教育实践的一线中，已经看到部分普职教育衔接的典型案例，这些案例的有效运行也进一步表明普职教育衔接在我国本土的可行性。在小学阶段，尽管不存在毕业后的分流机制，但生动的劳动技术课程和校本资源建设盘活了固有的综合实践活动，培养了小学生热爱劳动、尊重劳动的职业精神，具有早期职业启蒙教育的性质。威海实验小学的"开心农场"和徐州的"太阳花快乐体验营"从校园内外丰富了综合实践活动的内容；而常州市实验小学与常州刘国钧高等职业技术学校的合作，则为小学生直观地感知职业教育的魅力提供了平台，在他们的早期学业生涯中埋下了技能成长的种子。在初中阶段，刘国钧高等职业技术学校为常州市市北实验初级中学量身定制的"特需课程"以及北海中等职业技术学校为周边初中打造的多元渗透模式，为失去学术课程学习兴趣的学生丰富了课余生活，为他们开辟了另一个可能走向成功的路径，引导着他们通过选择职业教育改变人生的命运；而由连云港教育主管部门牵头开办的"普职融通班"则人性化地延迟了普职分流的时间，为技能优势生提供更好的发展平台。在普通高中阶段，南通如皋市通用技术课程实践方式的变革，为普通高中技术课程的弱化填补了沟壑，激发了技能潜质性学生学习的热情；浙江省新高考"技术"课程的融入更是强化了技术课程在衔接高中与高中后教育的重要地位与价值；衢州职业技术学院等高职院校为区域高中打造的"大学先修课程"实现了高职相关专业领域课程的前置，拉近了普通高中与高职院校的距离；由上海东方航空公司牵头，上海工程技术大学、上海市文来中学共同参与的"飞行教育共同体"，则从利益相关者的视角促成了职业技术课程在普通高中的融入，成为高中阶段普职教育衔接的范本。

基于以上普职教育衔接的迫切性、合法性、合理性、可能性以及可行性，作为衔接三要素的供给方、需求方和衔接桥都应该审视变革，实现职业教育生源的有效供给，以实现职业教育人才培养质量的提高，进而为社会供给合格的劳动力。首先，作为生源的供给方，普通中小学应充分利用自己的区域优势，助力培养，开启学生的技能潜质。一方面需要以国家综合实践活动课程为主体，通过校内建设、校际合作、校企合作等多种方式整合、创生教育资源，渐进式地开启学生的技能潜质；另一方面，以普通学科课程为拓展载体，基于学科教材，在学科教学和拓展资源中全方位渗透职业技能启蒙教育。其次，作为生源的需求方，职业院校应充分利用自己的资源优势，主动出击，吸引潜在的职教生源。一方面，实施"走出去"战略，为中小学量身定制职业课程，逐渐引导学生对职业技术知识的兴趣；另一方面，实行"请进来"战略，通过校园文化宣传、职业活动体验和课程教学服务，全方位地影响学生，增强学生对职业院校的感知和理解，提高职业院校的吸引力。最后，作为衔接桥的招考机制，应进行配套改革，突破传统学术主导的评价模式，选拔优质的职教生源。一方面，在普高与高职衔接方面，应进一步规范技能高考，将其面向所有潜在的高职生源，在可能的情况下将技术课程纳入普通高考的范畴，同时在考核内容和方式方面逐步完善"职业适用性测试"；另一方面，在初中与中职衔接方面，应积极探索中考的多元评价机制，尤其是探寻中职招考的特色模式，注重职业技能、职业适应性、综合素质等方面的考查，使中职学校不再成为后"二分之一"学生的聚集地。

本研究正是基于以上思路，从为什么—是什么—怎么办的技术路线展开。首先，从现实问题出发，提出普职教育衔接的必要性和迫切性，进而从政策内蕴和理论之基阐释普职教育衔接的合法性与合理性。其次，分别从国内和国际两个空间视域考察普职教育衔接的历史轨迹和现实样态，其中国内方面在梳理历史变迁的基础上，重点分析普职教育衔接的现实问题和"星星之火"的模式经验；国际方面，以美国、德国、英国、澳大利亚的做法为例，详细剖析四国普职教育衔接的典型模式，总结经验。最后，根据现实问题、国内国际经验，从理念宣传、校际合作、课程衔接、招考变革四个方面提出普职教育衔接的可行之路。因此，本书共七部分。绪论，问题提出，综述前人的研究成果，明确研究的目的和思路；第一章，理性之基，阐释普职教育衔接的内涵维度、法理基础和理论基础；第二章，历史之变，梳理我国普职教育衔接的历史沉浮；第三章，现实之困，分析我国普职教育衔接的主要问题；第四章，星星之火，总结我国基础教育不同阶段与职业教育衔接的模式经验；第五章，他山之石，梳理四个发达国家各具特色的普职教育衔接模式和经验；第六章，未来之路，探讨我国普职教育衔接的基本策略。

  本研究成果得到国家社会科学基金"生源有效供给视角下普职教育衔接"（BJA180098）的资助。围绕课题，负责人陈鹏统筹协调，组织团队成员分别赴常州、连云港、南通、杭州等地进行调研收集数据，并通过多次沟通交流，不断完善研究框架与核心内容，最后汇集成书。在研究团队中，课题主持人陈鹏负责全书框架设计、主要内容的撰写以及统稿工作；团队成员肖龙为书稿的完成做了大量工作，重点完成了子课题"普通高中与高职教育衔接研究"。此外，研究生邵小雪、刘珍珍参与了子课题"初中与职业教育衔接研究"，研究生李蕾参与了子课题"小学与职业教育衔接研究"，皆为本书的完成积累了丰硕的资料。在此，对所有研究团队成员表示感谢。最后，由于课题主持人和团队成员的研究能力有限，书中定有诸多纰漏，敬请诸位读者和同行专家不吝指正。

目　录

绪　论 ……………………………………………………………（1）
　第一节　研究缘起 ……………………………………………（1）
　第二节　研究意义 ……………………………………………（6）
　第三节　核心概念 ……………………………………………（8）
　第四节　研究综述 ……………………………………………（9）
　第五节　研究思路与方法 ……………………………………（18）

第一章　理性之基：普职教育衔接的逻辑起点 ……………（21）
　第一节　普职教育衔接的内涵维度 …………………………（21）
　第二节　普职教育衔接的法理基础 …………………………（27）
　第三节　普职教育衔接的理论诉求 …………………………（33）

第二章　历史之变：我国普职教育衔接的时代轨迹 ………（46）
　第一节　我国职业教育历史变迁的时代使命 ………………（46）
　第二节　我国普职教育衔接变迁的历史轨迹 ………………（56）
　第三节　我国普职教育衔接变迁的历史规律 ………………（75）

第三章　现实之困：我国普职教育衔接的现状审视 ………（81）
　第一节　我国普职教育衔接失范的整体表征 ………………（81）
　第二节　我国普职教育衔接失范的案例剖析 ………………（85）
　第三节　我国普职教育衔接失范的主要原因 ………………（110）

第四章　星星之火：我国普职教育衔接的模式探索 …………（114）
 第一节　我国普通高中与高职教育衔接的模式探索 …………（114）
 第二节　我国初中与职业教育衔接的模式探索 ………………（134）
 第三节　我国小学与职业教育衔接的模式探索 ………………（144）
 第四节　我国普职教育衔接探索的基本经验 …………………（157）

第五章　他山之石：国际普职教育衔接的基本经验 …………（161）
 第一节　美国的衔接经验：基于生涯与技术教育的衔接 ……（161）
 第二节　德国的衔接经验：基于多次分流的衔接 ……………（175）
 第三节　英国的衔接经验：基于14—16岁教育项目的衔接 …（188）
 第四节　澳大利亚的衔接经验：基于AQF的衔接 ……………（218）
 第五节　比较与启示：四国普职教育衔接的主要经验 ………（225）

第六章　未来之路：我国普职教育衔接的策略建议 …………（232）
 第一节　观念突破，创设衔接的外部环境 ……………………（232）
 第二节　校际合作，激发衔接的持续动力 ……………………（241）
 第三节　课程衔接，推动衔接的核心载体 ……………………（252）
 第四节　招考变革，保障衔接的关键制度 ……………………（270）

参考文献 ……………………………………………………………（284）

后　记 ………………………………………………………………（315）

绪　　论

在这个大发展、大变革的时代，融合创新、跨界衔接的理念已经渗透到社会的各个方面。为此，面对未来的教育特别是职业教育需要在教育体系与结构上作出及时回应，因为"社会职责越来越多样化，由此导致的职业和能力也越来越多样化，这就需要教育体系方面也有相应的多样化"[1]，因为"能够满足技术与科学训练新要求的教育结构应该是十分灵活的，以便适应技术与科学的迅速发展"[2]。基于此，来审思我国目前的职业教育体系是否足够灵活？职业教育是否能够独自承担高技能人才的培养？基础教育阶段对于高技能人才的培养是否具有"萌芽"作用？是否应该促使职业教育与普通教育之间的灵活衔接？这些都是在新时代我们应不断追问的关键问题。

第一节　研究缘起

一　产业结构转型升级对技术技能人才的需求

当前，我国经济发展进入高质量发展阶段。面对工业4.0与人工智能的挑战，我国提出包括《中国制造2025》、"一带一路""互联网+"在内的重大国家战略，以促使经济与产业结构转型升级。产业结构转型发

---

[1]　[法]爱弥尔·涂尔干：《教育思想的演进》，李康译，上海人民出版社2006年版，第320页。

[2]　[瑞士]皮亚杰：《皮亚杰教育论著选》，卢濬译，人民教育出版社2015年版，第176页。

展间接或直接地指向了一个着力点——经济社会发展从依托劳动力数量转变为更多依靠科技进步、劳动者素质提高。2015 年发布的《人口与劳动绿皮书：中国人口与劳动问题报告 No. 16》指出，中国并不缺少劳动力，缺的是"合适"的劳动力，总量充足、结构性短缺还将是中国劳动力市场的一种常态。① 2016 年发布的《中国劳动力市场技能缺口研究》指出，"产业升级和现代服务业发展提升高技能劳动力需求，技能回报迅速上升"，"技能劳动者数量目前只占全国就业人员总量的 19%，高技能人才更是仅占 5%"；② 2020 年发布的《人口与劳动绿皮书：中国人口与劳动问题报告 No. 21》显示，2019 年我国技能劳动者占就业人员总量的 22%，2017 年高技能人才占就业人员总量的 6.2%。③ 尽管技能型人才和高技能人才比例有所增长，但当前技术技能型人力资本的积累仍然与经济社会发展的需求不相适应。

除此之外，国际上的一些跨国公司与研究机构也对我国的技能缺口进行了评估，据德国工商大会的调查显示，超过八成在华德国企业面临的最大挑战就是人才，并根据数据预测，截至 2020 年，中国专业人才缺口包括高技能人才缺口将达到 1.49 亿。④ 麦克斯全球研究院（Mckinley Global Institute）分析预测，到 2020 年中国高科技企业大约需要 1.4 亿高技能人才，需要 2200 万技术人才。⑤ 可见，高技能人才成为未来经济社会转型发展的关键。为此，国务院办公厅在 2019 年 5 月发布的《职业技能提升行动方案（2019—2021 年）》中提出"到 2021 年底技能劳动者占就业人员总量的比例达到 25% 以上，高技能人才占技能劳动者的比例达

---

① 蔡昉、张车伟主编：《人口与劳动绿皮书：中国人口与劳动问题报告 No. 16》，社会科学文献出版社 2015 年版，第 96 页。

② 清华大学、复旦大学、摩根大通：《中国劳动力市场技能缺口研究》，2016 年 11 月，http://www.econ.fudan.edu.cn/dofiles/all/20161121160023663.pdf。

③ 张车伟、蔡翼飞编：《人口与劳动绿皮书：中国人口与劳动问题报告 No. 21》，社会科学文献出版社 2020 年版，第 3 页。

④ 冯莉：《技能人才缺口是工业发展的潜在危险》，《中国青年报》2016 年 4 月 25 日第 11 版。

⑤ [美] 彼得·马什：《研究显示全球技术人才短缺》，2012 年 11 月 19 日，http://www.ftchinese.com/story/001047579。

到30%以上"。① 因此，作为服务产业经济发展的现代职业教育必须顺应时代潮流，突破传统式的发展思维模式，适应产业升级，不断提高人才培养质量，变革教育体系，并将变革的焦点指向培养技能人才的主阵地——职业教育，促使技术技能型人才的连续性成长。

二 教育政策对贯通技能人才成长路径的引导

在2010年《国家中长期教育改革和发展规划纲要（2010—2020）》中提出："到2020年，形成适应经济发展方式转变和产业结构调整要求、体现终身教育理念、中等和高等职业教育协调发展的现代职业教育体系，满足人民群众接受职业教育的需求，满足经济社会对高素质劳动者和技能型人才的需要。"2014年，国务院《关于加快发展现代职业教育的决定》中提出加快建设现代职业教育体系。同年，教育部等六部门联合发布的《现代职业教育体系建设规划（2014—2020）》提出："牢固确立职业教育在国家人才培养体系中的重要位置，到2020年，形成适应发展需求、产教深度融合、中职高职衔接、职业教育与普通教育相互沟通，体现终身教育理念，具有中国特色、世界水平的现代职业教育体系。"

通过以上政策，不难看出我国已经初步建立起了外部适应、内部衔接与多元立交的现代职业教育体系。但从字里行间的政策与各地进行的实践中可以透视出当下现代职业教育体系建设存在的问题，即无论是政策中提到的适应发展需求、中高职衔接还是普职融通等都重视多元立交的通道建设而忽视了处在通道中的人的需要与发展。现代职业教育与传统职业教育相比，其"现代性"体现在对人性的观照上，虽然职业教育的职业属性带有功利性，难免会使人成为服务社会发展的工具，但现代职业教育应更为重视其内在的教育性，关注人的自由全面发展与可持续发展。同样，现代职业教育体系的"现代性"也应"尊重学习者的个性，鼓励多元成才，充分提供可持续发展空间"②。因此，现代职业教育体系

---

① 国务院办公厅：《职业技能提升行动方案（2019—2021年）》，2019年5月18日，http://www.gov.cn/zhengce/content/2019-05/24/content_5394415.htm?trs=1。
② 关晶：《现代职业教育体系的"现代性"辨析》，《中国高教研究》2014年第11期。

的建设应摆脱传统教育体系仅关注学制、通道建设的落后性,变为以人的发展过程为建设思路的"现代性"。换言之,现代职业教育体系建设不是在宏观层面构筑职业教育学习者发展的通道,而是根据技能人才自身的发展路径构建职业教育发展的道路,这样的职业教育体系才是具备现代性的与完善的。从高技能人才培养的连续性上看,我国高技能人才培养的起点应该在基础教育,现代职业教育体系要具有促进高技能人才成长和可持续发展的功能,就必须具备相应的结构,因为"任何系统都有结构与功能,是结构与功能的统一"[1],因此构建现代职业教育体系无法忽视普通基础教育阶段的重要地位,故现代职业教育体系应在结构上完善自身,从基础教育对职业教育的有效渗透与融通做起,进而促进普职教育的有效衔接。

三 职业教育质量提升对优质职教生源的诉求

随着高中教育普及程度的大幅提升,广大适龄青年获得教育的机会明显增加。但作为高中阶段的中职教育却在高中教育阶段普及中陷入生源危机。据统计,2016年全国中等职业教育(包括成人中等职业学校)共有学校1.09万所,比上年减少309所;中等职业教育招生593.34万人,比上年减少7.91万人;中等职业教育在校生1599.01万人,比上年减少57.69万人;中等职业教育毕业生533.62万人,比上年减少34.26万人[2]。职业教育生源危机不仅体现在中职的规模危机上,也体现在高职的质量危机上。随着高等教育大众化的深入发展,2019年全国各类高等教育在学规模为4002万人,高等教育毛入学率达51.6%,标志着我国正式进入高等教育普及化阶段。而专科层次的高职教育规模也日渐扩大,已经占据了高等教育的半壁江山,高职成了高等教育大众化进而普及化的主阵地。但作为教育主体和改革核心的学生却长期遭到忽视,"无论教

---

[1] 吴义生主编:《系统科学概论》,中共中央党校出版社1998年版,第81页。
[2] 中国教育在线:《2015年基础教育发展调查报告》,http://www.eol.cn/html/jijiao/report/2015/pc/index.html。

育环境和硬件怎样改变，人始终都是教育的主体，是质量的关键"①，普通高等教育如此，高等职业教育更是如此。近些年的高职生源困境一再发出警报，却难见高职院校主动作出回应，多数学校为了尽快掩饰"零投档"的尴尬，采取了"零门槛"的注册入学制度，而尚未成熟的注册入学制度可能会进一步降低生源质量，仅仅是"治标不治本"的被迫之举。

毋庸置疑，生源质量很大程度上制约着教育质量，而职教生源质量低下则严重影响着技能人才培养质量的提升。有调查显示，在所抽取的样本中有39.1%的职业院校学生对学习几乎没有兴趣，他们"上课总是睡觉，作业抄袭、找人代做或干脆不做"；② 高职学生学习能力整体一般，样本得分均值只有3.14，在"有点符合"与"基本符合"之间，且偏向于"有点符合"；知识获得和应用能力较为薄弱，得分均值仅为3.04；③ 高职学生厌学情况尤其是在消极学习情绪维度显著高于本科生。④ 可见，职业院校的很多学生并不能适应职业教育的学习。因此，职业院校要想提升技能人才培养质量，必须改变传统思维，主动出击，寻找合适的优质生源。2020年，教育部等九部门发布的《职业教育提质培优行动计划（2020—2023年）》将"健全高职分类考试招生制度"和"系统设计中职考试招生办法"作为未来三年提高职业教育质量的重要举措。因此，职业院校必须以此为契机，有目的地对初中或普通高中的生源进行调查与评估，引导一批有职业兴趣或职业特长的学生主动分流到职业教育系统中来，提高生源进入职业院校后的适应性，为职业教育质量的提升奠定基础，有效推动两者之间的衔接。

---

① 衣庆辉、闫广芬：《扩招后影响研究生教育质量的主题因素——对生源、师生比、师生关系的考察》，《现代大学教育》2010年第5期。
② 王国光：《关于职校生学习力的调查报告》，《职教论坛》2011年第21期。
③ 武学慧、刘春娣：《高职生学习能力及其影响因素实证研究》，《职教通讯》2014年第19期。
④ 高明：《高职学生厌学现状及相关因素分析》，《中国临床心理学杂志》2013年第6期。

第二节 研究意义

一 理论意义

（一）有助于拓宽现代职业教育体系的内涵

普职教育衔接是贯穿两种教育始终的有机沟通和衔接形式，不仅仅局限于普职之间的横向沟通或职业教育内部的纵向衔接，也体现为初中与中职教育、普通高中与高职教育的纵向衔接上。在我国，具备外部适应性、内部衔接性和多元立交性等特性的现代职业教育体系现已基本建成，但在目前的现代职业教育体系下，教育之间的衔接与沟通仅仅局限在普职横向沟通和中高职纵向衔接等形式上，普通教育与职业教育的跨界纵向融通长期缺位，不同类型与不同层次教育之间的壁垒仍未打破，不能满足学习者多样化的学习要求，也不能真正体现现代职业教育体系"内部衔接"和"多元立交"的特性。因此，探究普职教育衔接为完善现代职业教育体系提供了一种新的视角。

（二）有助于更新普通教育与职业教育的内在关系

"衔接"具有丰富的内涵。首先，更关注学生素养的持续深化性，而不仅仅是形式上的"门对门"的对接。其次，更注重两种教育之间的纵向跨界融通，而不仅局限于横向融通。因此，衔接两端的不同层次和类型的教育之间会产生一种新型的关系。传统的初中与中职或普通高中与高职教育之间的关系为刚性的"供需型"关系，它不同于普通高中与普通高等教育的"供需"，二者之间缺少对供给侧和需求侧的关注，进入职业院校的学生多为学术考试失败而被迫进入职业教育系统的学生，因而此"供需"为一种假性的"供需"或者说此"供给"为无效"供给"。"有效供给"视角下的普通教育与职业教育之间变传统假性且刚性的"供需型"关系为真实且弹性的"共生型""合作型"关系，院校之间的合作推动学生培养的连续性与系统性，从而由浅至深、层层递进地培养高水平技能人才。

二　实践意义

（一）有助于满足学生对职业兴趣的个别化需求

普通教育的学生通过统一的学术考试进入职业院校接受职业教育本身就是一种教育上的不公平，拥有职业兴趣或者职业技能的学生不能将自己所擅长的知识与职业能力在高考中展示出来，只能随着千军万马一起拥挤于"独木桥"中。以学术考试为指挥棒的普通教育和通过学术考试筛选职业人才的职业教育本质上违背了生涯发展理念。为了适应学生之间的差异性，普职教育衔接尤为必要，通过两者之间的衔接，职业教育思想可以从基础教育一直贯通至职业教育，促使学生个性化的需求得到满足，进而激发进入职业院校的学生的学习积极性和职业院校的活力。

（二）有助于推动职业院校招生考试制度的变革

"衔接"是一种动态存在于两种教育之间的有机衔接和沟通形式，它贯穿于整个教育系统之中。将"衔接"引入普通教育和职业教育之间，从形式、内容和过程三个维度在理论上重新建构了两者的直接衔接形式，特别是对于传统的学术考试起到了变革的作用。传统的学术考试是在选拔"冷冰冰的分"而不是"活生生的人"，与普通教育学校共用的统一考试对于职业院校来说，它早已失去了必要的甄选功能。而"衔接"视角下的招生考试制度，兼顾形式上的选择性与公平性、内容上的学生素养的前后一致性以及过程上的逐步累积性与持续深化性，为"技能考试"基础上的职业院校招生考试制度变革增添了理论指引和动力支持。

（三）有助于技术技能人才培养对优质生源的诉求

普通教育与职业教育通过传统的学术考试进行简单衔接的模式在潜移默化中加深了人们对职业教育成为"次等"教育或者普通教育"附庸"的看法。中职和普通高中、高职和普通高校采用同一张试卷选拔人才，加之对职业教育具有偏见的录取批次政策，致使职业院校成为"学业失败者"的集中地。普职教育的衔接可以使高职招收到符合自己定位的"愿意且适合"的学生。对于高职院校来说，"技能+文化素质"的高职单独招生、提前招生，实现高水平技能人才培养从基础教育到高等教育，从普通教育到职业教育的连续性与深化性，在提高人才培养质量的同时也提升了自身的地位。

第三节 核心概念

一 衔接

"衔接"一词在《现代汉英词典》中的解释为"continue；follow"，在《英汉双向商贸词典》中解释为"succession"。在《当代汉语词典》和《新华汉语词典》中都解释为"接着前面的；继续"；在《现代汉语大词典》中解释为"连续；继承"。Continue 具有四层意思：继续，延续；持续，保持；停留；延长，扩展。Follow 具有三层意思：跟随；追逐，追踪；沿着……而行。Succession 具有三层意思：连续，继续；一系列，一连串；继位。通过英文词义和中文词义可以归纳出"衔接"共有三层意思。其一，表面上的继续。从外部形式上看，衔接主要指衔接主体之间的外在对接，这种"衔接"在要素上需要两个及以上的主体，在运行机制上需要主体之间的相互协同以及主体之间的"黏合剂"的推动作用。其二，性质上的连续。从内部上看，衔接并不是二者断裂式的"门对门"的对接，而是体现为一种内在连续性与一贯性。其三，时间上的深化。从过程上看，衔接涉及诸多利益相关者，是一个复杂的系统过程，主要体现为衔接时间上的"长时段深化"与衔接空间上的"多场域交织"。本研究的普职教育衔接主要指初中与中职教育的衔接以及高中与高职教育的衔接，其中职业启蒙教育贯穿始终。

二 生源有效供给

准确理解"生源有效供给"需要厘清"有效"和"供给"两个核心概念。首先，何为"有效"？查阅《现代汉语词典》，"有效"是指"能实现预期目的，有效果"。可见"有效"一词含有一种价值判断，是对结果的一种判断，判断该结果是否跟自己的预期相一致。有学者在研究技能人才有效培养时提出了自己对"有效"的认识，他认为"有效"具有三个层面的内涵。其一是有效果，即对结果的判断；其二是有效率，即在投入"资本"相同的情况下,产出越多的活动就越"有效";其三是有效益,该学者认为有效益是有效的关键所在,也是活动的价值所在。综上所述,本研究认为在生源有效供给的语境中,"有效"主要体现为两个方面。其一,"有效"指生源的"自愿性",指进入职业教育的生源是自愿的而非被迫强制的,该生源才能发挥自己的才能,因此自愿的生源才是有效的;其二,"有效"是指生源的"适合性",根据加德纳的多元智能理论,每个人具有不同的"智能轮廓",换言之,不是每一个人都适合职业教育,因此适合职业教育的生源才是有效的。综上所述,生源有效供给语境中的"有效"是指进入职业院校的生源"愿意且适合"。

其次,何为"供给"?供给一词早期出现在经济学领域。"供给侧改革"作为我国经济和社会生活中的新词和热词,首次出现在我国大众面前是在2015年11月的中央财经领导小组第十一次工作会议上。在会议上,习近平总书记强调在适度扩大总需求的基础上,着力加强供给侧结构性改革,着力提高供给体系和效率,增强经济持续增长动力,推动我国社会生产力水平实现整体跃升。《当代汉语词典》将"供给"解释为"把物资、钱财、资料等给需要的人使用";《现代经济词典》将"供给"界定为"在一定时期内,生产者针对不同的价格,愿意并且能够提供出售的某种商品(或劳务)的数量";《投资大辞典》将"供给"定义为"厂商出售商品或劳务的能力或意愿"。综上可得出,可被供给的不仅包括物质,还包括劳务或人才,且供给需要有供给侧和需求侧,供给侧必须具有一定的供给能力和意愿。因此,放在生源有效供给的语境中来,职教生源的主要供给侧为普通高中和初中,生源的有效供给是指普通中学需具备一定的职教生源供给能力和意愿,为职业教育提供优质生源,这就需要普通初中和高中作出相应的改革。

第四节 研究综述

一 关于教育衔接的研究

(一)教育衔接的内涵

我国自古以来就有关于教育衔接的论述,宋朝著名教育家朱熹认为

"学之大小,固有不同;然其为道,则一而已"。朱熹认为教育之间在"道"的层面上是一致的,阐明了教育衔接的可能性。而系统的教育衔接研究从20世纪90年代才开始。鄢明明从哲学的视角揭示了教育衔接的动态性本质特征,他认为教育衔接具有"协调稳定性、动态适应性以及异步递进性"。① 也有学者从宏观和微观层面分析了教育衔接,指出宏观层面的教育衔接是指各学段之间,如学前与小学、小学与中学、中学与大学、大学与研究生教育之间的衔接,微观层面的衔接是指各阶段教育内的各组成部分如课程、教学与评价等的互相衔接。② 余立在其《教育衔接若干问题研究》中提出教育衔接是大学、中学、小学教育的系统化衔接,从内容上将教育衔接划分为在德育、学科教学、教师队伍以及其他管理方面的衔接。③

(二) 普通教育的内部衔接

借鉴宏观层面的教育衔接分类我们可以把教育衔接分为普通教育内部的衔接、职业教育内部的衔接以及普通教育与职业教育之间的交叉衔接。而关于普通教育内部衔接的研究则多关注基础教育与普通高等教育之间的衔接。理解基础教育与普通高等教育的衔接首先要明确两者衔接的必要性,有学者从创新人才的培养与学生成长成才的需要指出基础教育与普通高等教育衔接的必要性。④ 也有学者从高中学习经历对大学学术融入的影响出发,探讨高中与大学之间衔接的必要性以及影响因素。⑤ 基础教育与普通高等教育的衔接在国外也备受重视,美国著名教育家赫钦斯(Hutchins)早在20世纪30年代就从教育思想的一致性方面提出,人们习惯于从大学内部思考大学存在的一些混乱问题,而很少从高等教育

---

① 鄢明明:《论高中会考后中等教育与高等教育的衔接》,《湖北大学学报》1993年第2期。
② 于薇:《运用教育衔接思想帮助大学新生适应的必要性论证及实施策略》,硕士学位论文,上海师范大学,2006年。
③ 余立主编:《教育衔接若干问题研究》,同济大学出版社2003年版。
④ 刘建中、徐太水、王江然、王玉国:《论高等教育与基础教育的衔接》,《河北师范大学学报》(教育科学版)2004年第6期。
⑤ 鲍威、李珊:《高中学习经历对大学生学术融入的影响——聚焦高中与大学的教育衔接》,《清华大学教育研究》2016年第6期。

与中等教育联系的角度考虑这些问题。美国高等教育深受这种思想混乱的困扰,"这种混乱开始于中学,并一直延续至大学的最高层次。"① 国外学者除了从宏观和中观层面探讨两种教育之间的衔接,还从学生发展的微观视角对学生从高中到大学的过渡进行了分析。汀托(Tinto)认为,从高中到大学的过渡可分为"分离""过渡""身份认同"三个层面,学生的过渡经历对学生未来的学习具有深刻影响。② 因此,无论是从宏观层面还是微观层面上看,基础教育与普通高等教育的衔接都具有重要意义,但两者之间却受困于一些因素从而衔接不力。例如,教育理念、教学内容、教学具体实施以及学生管理状态的差异导致衔接二者之间统合机制的缺失造成的衔接不力。③ 那么如何解决这些问题,推进基础教育与普通高等教育的衔接,欧美一些发达国家的做法具有重要的借鉴意义。首先,英国普通教育证书"A-Level"通过"上构型"衔接设计,从普通高中教育出发,体现对学生进行学术性知识渗透、专业预修及专业指导,使学生提前了解大学学习的特点,为大学的学术学习奠定基础;其次,通过'下延型'的衔接设计,运用招生考试对普通高中的引导作用,把高校的需求整合到招生考试中,确保人才选拔符合高校需求。④ 有学者总结了美国的经验,认为美国采用学分制与选修制并通过大学预修课程的开设以及各种新生项目,如"新生引导项目""新生研讨课""组织学伴团体""新生发展项目"等实现学生素质从基础教育到普通高等教育的衔接。⑤ 与英国重视招生考试制度的改革、美国重视预修课程的开设相比,我国在基础教育与普通高等教育衔接的具体做法上乏善可陈。

---

① [美]罗伯特·赫钦斯:《美国高等教育》,汪利兵译,浙江教育出版社2001年版,第1页。

② Vincent Tinto, *Leaving College: Rethinking The Causes and Cures of Student Attrition*, Chicago: University of Chicago Press, 1993.

③ 汤宝梅:《高等教育和基础教育衔接不力的问题及对策思考》,《教育与职业》2013年第9期。

④ 苗学杰:《基于中等教育和高等教育衔接的英国大学招生考试制度探析》,《外国教育研究》2014年第12期。

⑤ 周世厚:《美国中等教育与高等教育衔接的多维解析》,《外国教育研究》2015年第7期。

（三）职业教育的内部衔接

从职业教育内部衔接的视角研究教育衔接也是教育衔接的题中应有之义。职业教育的内部衔接主要体现为中等职业教育与高等职业教育之间的衔接、中等职业教育和高职本科教育的衔接，以及高职专科教育与高职本科教育的衔接。近年来，我国中职与高职的衔接问题日益凸显。有学者认为，在我国，中高职衔接问题并不是一个新问题，只是在产业结构层次低、高等教育没有进入大众化之前，二者的衔接问题并不突出。但随着产业结构的转型升级，以及高等教育进入深度大众化时期，二者的衔接问题才显得至关重要。[①] 因此，在新的时期，中高职衔接尤为必要。中高职衔接主要体现在培养目标、专业设置、课程与教学以及教育体系内部的衔接这四个方面。在培养目标的衔接方面，赵志群根据国内外课程衔接的启示指出，我国中高职培养目标的衔接模式包括"纵向提升、横向拓展和纵横延伸三个层次"[②]；而在中高职的专业设置衔接方面，有学者提出中高职专业衔接要"以专业规格、专业目录和专业内涵要素为衔接点，以顶层设计和协同管理为外部环境保障"，衔接整体上呈现为"从上到下、从内到外的立体结构，以及各要素之间的相互影响、相互促进的关系"；[③] 在课程与教学方面，有学者指出，目前我国中高职衔接追求的多是表面上的学制衔接，没有涉及衔接的核心——课程。[④] 从实践上看，经过三十年的探索，我国基本上形成了以学制为基础的学制衔接和非学制衔接这两种主要的课程衔接模式。其中学制衔接模式主要包括五年一贯制衔接模式下的课程衔接方式、"3+2"中高职衔接模式下的课程衔接方式以及"3+X"中高职衔接模式下的课程衔接方式。而非学制模式下的课程衔接主要是以能力培养为指向的灵活课程的衔接方式。如"能力递进、纵横拓展、模块化设置"[⑤]

---

① 张守祥：《中等和高等职业教育衔接的制度研究》，《教育研究》2012年第7期。
② 赵志群：《国外中高职课程衔接给我们的启示》，《职教论坛》2002年第22期。
③ 齐守泉：《中高职专业衔接研究》，博士学位论文，华东师范大学，2016年。
④ 荀莉：《中高职课程衔接研究现状综述》，《职教论坛》2012年第13期。
⑤ 柳燕君：《构建"能力递进、纵横拓展、模块化设置"的中高职课程衔接模式》，《中国职业技术教育》2012年第17期。

以及以"知识、技能、素质为主要衔接着力点"①的课程衔接方式。综合培养目标、专业设置、课程与教学的衔接,我国中高职衔接主要有两大类型,一是独立性衔接,二是一体化衔接。而在欧美等主要发达国家,中高职衔接的方式更为多样,例如以英国为代表的文凭等值衔接、以德国为代表的预备教育衔接、以美国为代表的教学内容系统性衔接等。

除了中高职衔接之外,职业教育内部的中本贯通也日益受到关注,有学者认为,中本贯通是"构建现代职业教育体系的创新之举"②。然而中本贯通却存在着多方面的隐患,如"现代职教体系构建路径出现偏差、人才培养过程各自为政、中职学校人才培养学问化回潮"③等问题。因此,中本贯通应"延续技术技能传统,注重教育的整体性与技术素养生成的阶段性,遵循认知规律与学习实践的情境导向性"④。有学者从课程出发,认为要实现中本贯通,必须建立"整体性"课程衔接理念,"全人发展取向"的衔接目标,"动态联结"的衔接内容以及"能力积累"的衔接模式。⑤ 除了同类型教育之间的衔接,宏观角度的教育衔接理应包括不同类型教育之间的衔接,如普通教育与职业教育的交叉衔接,下一部分将重点介绍有关普通教育与职业教育衔接的研究。

二 关于普职教育衔接的研究

(一) 中小学阶段的职业启蒙教育

关于职业教育在普通基础教育中的渗透研究多体现在中小学的职业启蒙教育与高中阶段的普职融通研究中。其中,中小学阶段的职业启蒙

---

① 祝成林:《中高职课程衔接的着力点:知识、技能、素质》,《职教论坛》2014 年第 3 期。

② 林克松、王亚南:《"中本贯通"政策的逻辑、隐忧及理性实践》,《河北师范大学学报》(教育科学版) 2016 年第 3 期。

③ 林克松、王亚南:《"中本贯通"政策的逻辑、隐忧及理性实践》,《河北师范大学学报》(教育科学版) 2016 年第 3 期。

④ 夏建国、赵军:《从结构到建构:论中本贯通的实践逻辑》,《教育与职业》2016 年第 7 期。

⑤ 孙露、杨若凡、石伟平:《中本贯通课程衔接体系构建的实然与应然》,《中国职业技术教育》2016 年第 32 期。

教育对于学生的生涯发展具有重要的作用，因为基础教育阶段是学生人生观、世界观和价值观形成的关键时期，也是学生多样化发展的关键时期，在基础教育阶段渗透职业教育对学生未来的人生发展具有重要意义。① 因此，职业启蒙教育是"青少年儿童成长的必修课，是开展职业教育的第一道窗口，在构建我国现代职业教育体系进程中，职业启蒙教育承担着外向延展的重任，与职前培养和在职培训的地位同等重要"②。在具体的实践中，探索职业教育以何种形式渗透到普通基础教育中则为研究之重点。舒伯认为，生涯发展课程是促进学生生涯发展的最适宜方式，将生涯发展概念运用融合渗透的方式纳入学校现有课程体系是一条最佳路径。在德国，职业启蒙教育形式各异，在不同的学科中都可以体现出来，可以作为一门独立的课程，但更多时候是作为学科组合的一部分。在教学中，可以运用情境教学或合作教学，让学生了解相关职业并认识到职业技能的重要性。③ 在职业启蒙教育的阶段方面，有学者根据不同的启蒙内容和渗透方式将职业启蒙教育分为"职业体验、职业认知、自我认知、职业探索以及职业规划"五个阶段。④

（二）初中阶段与中职教育的衔接

国内最早关于"初中与职业教育衔接"的研究是 1988 年 5 月双辽县的"衔接实验"课题。课题阶段性成果"关于农村初中普通教育与职业技术教育相结合的研究"，以"双重任务"即"理论+实践"的人才培养模式，改变初中毕业生毕业后"不顶用"、升入高中"不适应"等问题，以更好地促进农村普通初中与职业高中的衔接。⑤ 这一实验虽然没有得以广泛推广，却奠定了初中与职业教育衔接的基础。也有学者从基础

---

① 刘涛、陈鹏：《中外职业启蒙教育的理论与实践述评》，《职教论坛》2015 年第 12 期。

② 刘晓、黄卓君：《青少年儿童职业启蒙教育：内涵、内容与实施策略》，《中国职业技术教育》2016 年第 23 期。

③ 李俊：《德国的职业启蒙教育新解——对历史沿革及课程定位的分析》，《河北师范大学学报》（教育科学版）2015 年第 6 期。

④ 刘晓、黄卓君：《青少年儿童职业启蒙教育：内涵、内容与实施策略》，《中国职业技术教育》2016 年第 23 期。

⑤ 崔天升、李春荣、周广德、聂振兴：《关于农村普通初中与职业高中衔接的实验与思考》，《现代中小学教育》1990 年第 6 期。

教育与职业教育的衔接机制研究出发探讨了初中与职业教育的衔接，认为二者的衔接必须打破不同教育类型间的壁垒，从生源到学习内容再到上升通道必须是畅通的。① 从中职教育生源危机出发，有学者认为要解决中职教育生源问题，要从义务教育阶段开始，在学生的日常生活和学习中融入职业教育。

（三）高中阶段普职教育横向融通

高中阶段普职教育渗透首先体现为普职教育之间的横向融通。普通教育与职业教育的横向沟通，是世界高中教育改革的普遍趋势。我国也在尝试普通高中教育与中等职业教育之间的沟通，但是目前仍存在不少问题。从当前的教育管理体制看，普通高中与高职教育分属不同的管理机构，"条块管理，界线分明，各执行各的政策，各管各的人，各干各的事"②，而职教与普教之间的相互割裂已经越来越显示出其阻碍教育健康发展的弊端。因此，要探究普通高中与中等职业教育可持续融通的策略与路径，有学者从现代职业教育体系的构建层面提出加强顶层设计，推动衔接的制度创新，建立稳定的合作机制，运用多样化的形式促进二者的衔接。③ 也有学者从学校办学层面提出了三种沟通的模式，分别是"试办综合高中""'合并'办学""普通中学高中后分流和小学、初中引入职教因素"的办学模式。④ 从课程上看，有学者认为要实现不同教育类型的相互沟通，关键在于普通高中课程多样化的选择性。他认为，可以将普通高中课程划分为基础部分和非基础部分：基础部分为学生必须要掌握的一些基础知识与技能；非基础部分则根据学生的差异和特点设定不同的学习内容，运用不同的教学方法实现学生的多样化发展。⑤ 而在国外，尤其是一些发达国家，普职融通多通过综合中学的形式来实现，在综合中学中整合学术课程与职业课程，使学生获得一种综合性的教育以实现职业教育在普通教育中的渗透。

---

① 曹五军：《基础教育与职业教育的衔接机制研究》，硕士学位论文，云南大学，2015年。
② 贾洪革：《职业教育与普通教育沟通途径的研究》，《教育与职业》2001年第7期。
③ 刘丽群：《高中阶段普职沟通的问题反思与政策建议》，《教育研究》2015年第9期。
④ 贾洪革：《职业教育与普通教育沟通途径的研究》，《教育与职业》2001年第7期。
⑤ 朱新生：《论职业教育与普通教育的相互沟通》，《教育发展研究》2002年第11期。

(四) 普通高中与高职教育的衔接

高中阶段普职教育渗透还表现为普通高中与高职教育的纵向衔接。美国早在20世纪70年代就开始推动职业教育与普通教育之间的纵向衔接。1971年，由联邦政府发起，要求在全国实施"生涯教育"，生涯教育不是狭义的"职业教育"或"普通教育"或"大学预备教育"的代替物，而是将三者融合成一种全新的课程贯穿于整个教育体系中，要求每个学生必须学习。它试图将社区学院的职业课程前置整合到普通高中，消除狭窄的职业教育与普通教育之间的鸿沟，强调教育与现实生活的联系。此外，美国在20世纪90年代实施的"技术准备计划"与《卡尔·D. 珀金斯职业与应用技术法案》以社区学院为主导实现了中等教育课程与中等后教育课程的整合、职业课程与学术课程的整合以及学校本位课程与工作本位课程的整合，进而实现了职业教育在基础教育中的前置与渗透，引导了一批中学毕业生进入职业教育中来。[1]

除了对国际上一些衔接策略进行介绍以外，对于普职教育衔接这一跨界问题，国内学者也从不同角度展开了一定的研究。刘茂祥从高阶技术技能人才的早期培养出发，研究了普通高中与高职教育、普通高中与高等工程教育的衔接，也提出了构建"专门高中"的设想。刘茂祥还认为，普通高中与中职教育的融通对于高阶技术技能人才的早期培养具有基础性作用，对于普通高中与高等教育的衔接也具有奠基作用。[2] 此外，肖龙从生源有效供给的视角提出了普通高中与高职教育的衔接，指出：衔接的起点为正确观念的树立，衔接的核心在于两种课程的衔接，衔接的保障为招生考试制度的变革。[3] 陈鹏从供给侧视角下的职业教育生源早期培育的视角也提出基础教育要在职教生源培育上与职业教育展开合作，

---

[1] Debra D. Bragg, "Maximizing the Benefits of Tech-PrepInitiatives for High School Students", *New Directionsfor Community Colleges*, Vol. 2000, No. 111, 2000, pp. 23-30.

[2] 刘茂祥、何精华：《论普及高中阶段教育视域下普通专门高中的建构——基于现代教育善治的分析》，《教育科学》2016年第2期。

[3] 肖龙、陈鹏：《高职生源的供给侧改革——普通高中与高职教育衔接的视角》，《中国职业技术教育》2017年第29期。

实现普职教育衔接。①

三　对已有研究的评价与反思

（一）已有研究的基础

已有研究为本研究奠定了重要基础：第一，衔接相关内涵的研究为普职教育衔接研究框定了研究边界，打开了研究思路和视角，为本研究的开展提供了逻辑起点。第二，普通教育与职业教育衔接的相关研究为本研究提供了研究基础。其中，大量的中高职衔接、中本贯通以及普职横向融通的研究凸显了初中教育与中职教育、普通高中与高职教育纵向跨界融通研究的匮乏，进而引出这两种衔接的必要。

（二）亟待研究的方向

通过对已有研究的梳理，发现还有以下亟待解决的问题：第一，对普通基础教育与职业教育的纵向衔接研究有待开拓。在已有的研究中，无论是普通教育与职业教育的衔接还是职业教育自身内部的衔接都有一定的成果基础，而在普通教育与职业教育的交叉衔接中，对初中与中职、高中与高职教育之间的衔接研究非常薄弱，或者说缺少对职业教育在基础教育中的前置性研究，导致已有的衔接体系不甚完整。因此，本研究将聚焦于普通基础教育与职业教育的纵向衔接。第二，需要从高技能人才成长的视角分析衔接的必要与可能。已有研究大多仅从衔接看衔接，没有立足人才成长的内涵或规律探寻衔接的必要与可能，致使衔接难免落入"自说自话"的困境。因此，本研究将试图从高技能人才培养的视角研究职业教育与普通基础教育衔接的适切性。第三，普职教育的系统性研究有待深化。即使存在少数普职教育衔接的研究成果，但也大多从单一维度探究普职教育的衔接问题，系统性不够。因此，本研究将从理性之基、历史之变、现实之困、星星之火、他山之石、未来之路等多个层面研究普职教育衔接系列问题，形成系统性的研究成果。

---

① 陈鹏：《供给侧视角下职业教育生源的早期培育研究》，《江苏高教》2018年第1期。

第五节 研究思路与方法

一 研究思路

本研究基于为什么—是什么—怎么办的研究思路,从理性之基、历史之变、现实之困、星星之火、他山之石与未来之路六个部分对普职教育衔接的内涵与理论、历史与规律、问题与经验、策略与建议等方面展开研究。在理性之基部分,从词源学出发,探究衔接的多层内涵,并对衔接的政策驱动和相关理论进行紧密联系,阐明了普职教育衔接的逻辑起点和理论基础;历史之变部分,基于文本分析法和历史研究法,在阐释职业教育历史时代价值的基础上,重点分析我国普职教育衔接的历史演变过程,总结衔接规律;现实之困部分,基于个案研究法,深入剖析我国普职教育衔接中的主要问题和症结所在;星星之火部分,通过选择各个教育阶段与职业教育衔接的典型案例进行分析,总结普职教育衔接的本土经验;在他山之石部分,以美国、德国、英国、澳大利亚为例,分析发达国家普职教育衔接的实践路径,总结基本经验;未来之路部分,从外部的观念环境、内部的动力机制、核心的课程载体和招考的保障机制四个方面对普职教育衔接提出策略建议。

二 研究方法

（一）文献研究法

文献研究法是指围绕研究的问题,通过文献资料的搜集、整理与分析等,形成对事物或者事实的科学认识的一种研究方法。本研究通过对相关文献的梳理,提炼出有关衔接内涵的阐述,以及普职教育衔接的国内演变过程和国际实践经验。

（二）个案研究法

与大规模的随机抽样分析相比,非随机的"个案"研究能够更深入地了解实践开展的现状。本研究一方面选择有代表性的中小学或职业学校,通过访谈、观察、文献资料发现普职教育衔接中的问题与困惑;另一方面分别选取小学职业启蒙、初中与职业教育衔接、普通高中与高职

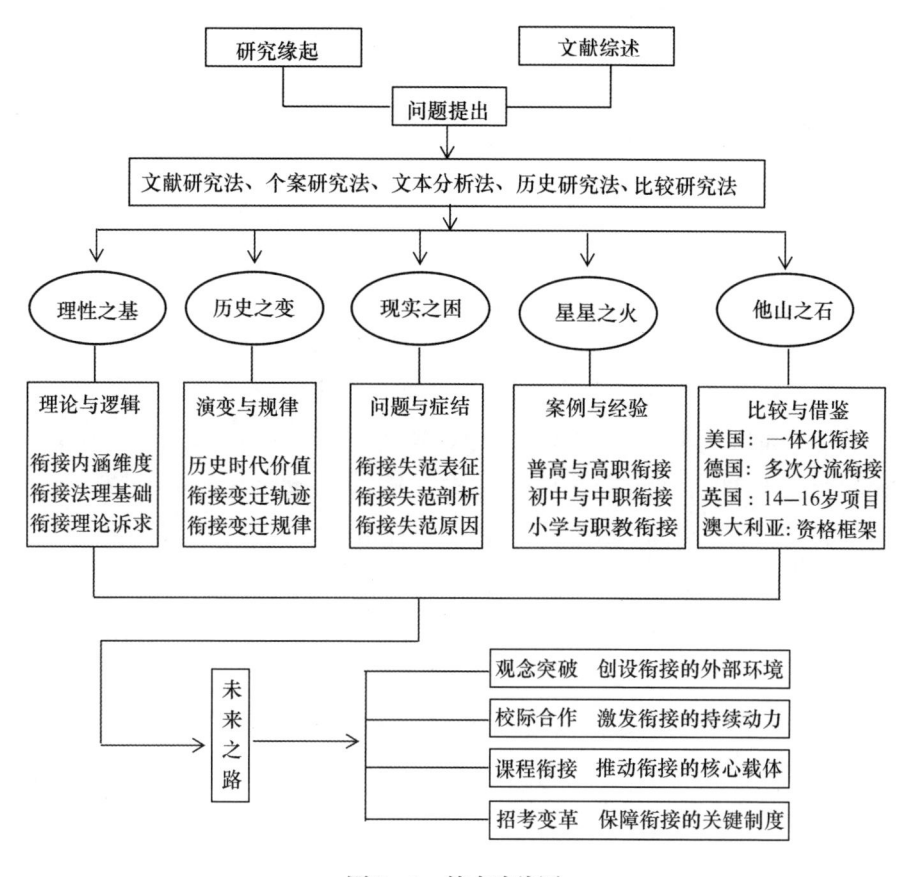

图 0—1 技术路线图

教育衔接中的典型案例，通过访谈、观察、文献资料总结衔接的基本经验。

（三）文本分析法

文本分析法是通过对一手文本材料的解读与分析，考察文本材料中所蕴含的某种理念或思路的研究方法。本研究一方面基于历史上国家相关政策的分析，梳理普职教育衔接的历史轨迹；另一方面通过对现有国家政策法规、部分课程的课程标准、课程设计、教材等一手文本资料进行解读和剖析，分析其中所蕴含的普职教育衔接理念、职业教育要素及其特点，为衔接实践的可能性提供逻辑基础。

(四) 历史研究法

历史研究法是通过对历史上发生、发展的重要事件、相关理论进行梳理的研究过程，旨在发现历史发展的规律，为未来的改革提供启示。本研究基于历史研究法，阐明我国职业教育的时代价值，并梳理现代职业教育探索普职教育衔接的历史变迁过程，进而总结规律，为未来的普职教育衔接提供历史参照。

(五) 比较研究法

比较研究法是根据一定的比较标准，对事物或者事实之间的相似性或者相异性进行科学地考察与分析，从而找到事物背后蕴含的普遍规律与特殊规律的一种方法。本研究采取比较研究法中的国际比较，选取单轨制特色的美国、双元制特色的德国以及资格框架主导的英国和澳大利亚为研究对象，对这几个国家的普职教育衔接的理念、经验进行分析、归纳，为我国职业教育的衔接提供一定的理论和实践上的参考。

第 一 章

理性之基:普职教育衔接的逻辑起点

普通教育与职业教育作为两种不同类型与不同层次的教育,二者之间的衔接与同类型教育之间的衔接有何不同,二者之间的衔接是否合法与合理?这需要我们深入探究普职教育衔接的内涵维度、法理依据以及理论基础。法律作为一个国家规范各项事务开展的国家意志,具有宏观引领性和现实支持性,教育改革如果脱离了法律基础,就如同断了线的风筝,盲目飘移且无价值。与此同时,理论作为实践经验的总结概括,是系统化了的理性认识,对实践的开展具有重要的支撑作用,缺少理论基础的实践如同沙漠中无根的树,外界环境的微小变化都会使正在进行的实践或改革轰然倒塌。尤其是面对已经进入"深水区"的教育改革,面对教育中关键的几种教育——初中与普通高中、中职与高职教育,普职教育衔接可以说是"深度复杂"[①]。为此,需要从多个角度重构二者的衔接内涵,解剖法理依据,深挖理论基础,探究衔接的工具价值和理性价值。

第一节 普职教育衔接的内涵维度

"衔接"多指事物之间的连接。目前教育领域中常见的衔接有幼小衔接、高中与大学衔接(多指普通本科院校)等。可以看出,当下教育衔

---

① 马维娜:《教育改革深度复杂的现实解读——以学生与教育改革远近距离为切口》,《教育发展研究》2017 年第 4 期。

接多倾向于同一种教育类型之间的纵向衔接,而涉及两种不同教育类型的衔接则鲜有研究,因此探究普职教育衔接的内涵理应成为研究的起点。内涵指其概念所描述的对象的本质属性和特有属性,一个事物的内涵会伴随着所描述事物的不断发展而动态更新。因而,衔接所处的不同语境及其所描述的不同事物决定了其特有的内涵,普职教育间的衔接与教育系统中其他衔接不同,其跨界属性决定了对二者衔接的内容需从多个视角展开,从外在制度上的衔接到内在学生发展上的衔接以及动态贯穿两种教育过程上的衔接共同构成了理解普职教育衔接内涵的三个维度。

一 形式维度：衔接的要素与制度

"词源学研究可使我们发本求真"[1],只有真正理解了一个词的本真含义,才能在不断变化的语境中发展其内涵,如若不然,一个词语或一个概念就会变得混乱不堪,以至于使用它们的研究者各执一端,难成共识。因此,探究普职教育衔接这一"深度复杂"的概念需要追本溯源,从词源学研究展开。"衔接"作为二者相互联系的主要动词自然是理解整个概念的核心词汇。"衔接"在《现代汉语词典》中解释为"事物相连接"[2],"衔"字内在蕴含着"接"的意思。可以看出"衔接"是一个组合词,即将意思相近的两个字组合在一起,起到一种增强作用的词语组合形式。所以,还原本意,还需将此二字拆分开来。从中文词源学上看,"衔"是一个会意字,清代学者段玉裁在《说文解字》中讲道,"衔"是含在马口里的金属小棒,所以用"金"字;马棒和马缰绳相连接,用来控制马的行走和停止,所以有"行"字。因此,"衔"字本意强调的是控制马行走的金属小棒,换言之,也就是人控制马的"触碰点"。而"接",《说文解字》有"交也,从手妾声",注重两种事物的交合或交汇;从英文文献上看,"衔接"放在教育语境中,早期多使用"articulation"一词。[3] 运

---

[1] 宫盛花:《维柯词源学视角下的人文教育思想》,《教育学报》2013年第3期。
[2] 中国社会科学院语言研究所词典编辑室编:《现代汉语词典》第七版,商务印书馆2016年版,第586页。
[3] 鲍威、李珊:《高中学习经历对大学学术融入的影响——聚焦高中与大学的教育衔接》,《清华大学教育研究》2016年第6期。

用词源学研究方法研究发现，15世纪早期，"articulation"有"联合或连接；连接骨骼"的意思。词语来自古法语发音，源自中世纪拉丁语"articulationem"即"将分离的部分（主要关节）接起来"，"articulation"所指的关节是相邻两骨借结缔组织囊相连接形成的骨连接，囊内两骨间有腔隙和滑液，可以连接两骨并使两骨具有较大的活动性。词语的动词形式为"articulate"具有"用关节连接；相互连贯"的意思。

对比、分析"衔接"的中文与英文词源，可以清晰地得出"衔接"的外在形式所必备的几大要素及其运行机制。在要素方面，"衔接"两端的对象是不可或缺的，这是整个衔接过程存在的基础。衔接两端对象的属性不尽相同，"articulation"蕴含的"骨骼相连"显示衔接两端需要同一属性的事物，即主要骨骼，而中文"衔"强调的是控制马行走的金属棒，衔接两端的是马和缰绳，则不是同一属性的事物，因此衔接活动开展并不需要两端"同质性"。除此之外，衔接还需要"触碰点"与"黏合剂"将两端的事物组织起来。另外，在运行机制方面，"衔接"活动的开展不是单向性的，而需要衔接双方的协同合作，在此基础上借助"触碰点"与"黏合剂"的中介作用，保证衔接整体的稳定性与衔接对象的相对自主性与灵活性。换言之，"衔接"是依靠中间的运行机制保证双方的协同，而不是将双方绑定在一起。将"衔接"外在形式上的要素与运行机制放在普职教育衔接的语境中，其内涵主要强调的是两个教育阶段各组成部分与核心要素之间的相互对接，主要指的是外在的制度层面上的对接。具体而言，其核心要素主要是处在基础教育阶段的初中和普通高中以及处于职业教育两个阶段的——中等职业教育和高等职业教育，与上文探讨的"衔接"两端的对象可以具有异质性的特点相符。其运行机制即为强调衔接的"触碰点"或"黏合剂"——招生考试制度，对两种教育的异质排斥具有调和作用，同时对于两种教育也具有一定的制约和导向作用。例如，在普通高中与高职教育的衔接中，招生考试制度特指面向普通高中毕业生的高职招生考试制度。长期以来，我国的高考制度一直是传统学术高考"一家独大"，虽然新一轮高考改革提出了分类考试的建议，在研究层面，"文化素质＋职业技能"的考试形式已经得到科学论证，但在实践层面上针对选拔高职教育生源的考试尚未完善。目前我国的高职招考制度主要有统一招考、提前招考、自主招生与注册入学等形式，但运用最为广泛的仍是在学术高考背景下的统一招生，且招生已经丧失了鉴别生源、选拔生源的核心功能，沦为了一种机械的、程序化的录取工作。普职教育衔接因其缺乏互动与联系，加之衔接的"触碰点"与"黏合剂"——招生考试制度的失效，最终还是外在的、形式上的"门对门"衔接。

二 内核维度：衔接的主体与载体

普职教育外在的"衔接"为整个衔接过程框定了边界，明确了衔接过程的要素以及运行机制，却没有涉及二者衔接的内核。探究普职教育衔接内涵的内核维度依然要从"衔接"的词源出发，从本源中探寻理论支撑。在大量的英文文献中，表示事物的衔接有较多学者使用"cohesion"一词。"cohesion"具有"黏合；结合；凝聚"之意，"co"表示加强，"hes"表示黏结。"cohesion"的动词形式为"cohere"，从词源学上看，"cohere"源自16世纪末出现的拉丁词汇"cohaerere"，其英文释义为"to cleave together"，意为保持内在一致，打通道路，凝聚在一起。理解其含义的关键在于理解"cleave"一词，为什么词源中的英文释义没有使用"stick"而使用了"cleave"，主要是因为它本身蕴含的"打通；坚持；忠于"之意，从而进一步明确了"cohere"体现的内在连贯性与一致性的特点。

根据词源释义，结合普职教育衔接的具体语境，从内核的维度上可以分析出衔接的内涵所指。其一，"衔接"不单单是指这两种教育之间的对接，更重要的是指教育中内在的连贯性与一致性，具体表现为"人"的综合职业素养的连贯性与深化性。教育作为培养人的社会活动，人始终是教育活动的主体，因此在教育衔接活动中，衔接的主体依然是人。普职教育衔接的内在驱动力为人才培养的连续性，长期以来，初中与中职、普通高中与高职分属不同层次和类型的教育，普通教育与职业教育长期以来的二元分立，致使二者存在着诸多的"异质排斥"，违背了教育本质，制约了高技能人才培养的连续性。因此，普职教育衔接需要认清衔接主体，从主体内在综合职业素养的连贯性与一致性出发带动外在的要素衔接。其二，"人"本身具有独特性与复杂性，从人发展的连续性上进行教育衔接，在理论上符合教育本质，但在实践上却难以展开。促进主体的有效衔接需要找到合适的载体，课程作为联结教育各要素的纽带，通常被认为是教育活动的核心环节。经验主义认为课程是"所有学习经验的总和"，经验不能脱离人而存在，因此课程也不能脱离人而存在，所以课程理应成为学生学习与成长的重要载体。基于此，普职教育的割裂关键在于课程的割裂，普通教育与职业教育课程在课程目标、课程内容、课程组织与实施以及课程评价上都存在着巨大的鸿沟，加之从义务教育阶段上升为非义务教育阶段、从基础教育阶段上升为高等教育阶段，课程的突变造成了学生的不适应，从而引起学业失败。为此，普职教育内在的衔接需要构建"人—课程—教育"的立体衔接结构，以学生的综合职业素养衔接为核心，以课程的衔接带动整个教育系统的衔接。综上所述，内核维度上普职教育衔接是指通过课程的衔接构建学生个体跨越普职教育之间鸿沟的桥梁，促进高技能人才培养的连续性与深化性。

三　过程维度：衔接的系统与运行

我们依然从词源学研究出发，探究"衔接"所蕴含的过程属性。上文提到，"衔"是马嘴里含的金属小棒，用于控制马的行走，可以看出这里的"衔"属于名词，后引申为动词。作为动词的"衔"就不仅仅是专指含在马嘴里的金属小棒了，而是在马、金属小棒、缰绳、人等一系列要素综合作用、相互影响下形成的一个控制马的停止和行走的过程，所以"衔"字里含有一个"行"字。"接"字本意是"接触"，《说文解字》中解释为"交也"，后引申为"连接；接合；连续；继续"，因此，"接"字本身含有一种动作的连续性与过程性。从英文上看，联合国教科文组织发布的诸多文件中"衔接"多使用"transition"一词，强调从一种教育到另外一种教育的演变过程，在普职教育衔接的语境中解释为学生综合职业素养的持续深化过程。通过上文的分析，英文"cohesion"也具有"连贯性；连续性"的内涵，同时其"凝聚；聚合（内生）"的释义体现了多方自内而外的协同作用，最终达到"整体大于部分之和"的系统衔接效果。无论是"cohesion"的蕴含系统性抑或"transition"强调的过程性变化都体现了二者衔接的过程维度。

所以，在"衔接"蕴含的丰富内涵中，"系统性"与"过程性"不可或缺，它将外在的要素和运行机制以及内在的主体和载体整合贯穿在一起，突破机械对接造成的功能叠加冲突的困境。将其置于普职教育衔接的具体语境中，可以更为清楚地阐释衔接的"系统性"与"过程性"。首先，系统是"相互作用的诸要素的复合体"①，系统论的观点认为系统无处不在，大千世界是由一个个系统构成的。教育系统是社会大系统内的一个子系统，与社会内的经济系统、文化系统等相互联系。在教育系统内又存在许多小的系统，宏观上包括学前教育系统、基础教育系统、高等教育系统和职业教育系统以及继续教育系统等。初中教育与普通高中教育属基础教育系统，中职教育与高职教育则属职业教育系统。唯物辩证法认为，现实世界的一切事物都是生成的，系统也不例外。所以，普职教育衔接也是一种系统生成的过程，而系统生成过程也是整合普通教育与职业教育差异的过程，"既包含创制或选择组分的操作，也包含在组分之间建立一定相互联系、相互作用的操作，以便形成一个能够和环境互动互应的统一体"②。从微观上看，普职教育衔接是生成的新系统下各子系统和组成要素之间相互联系、相互作用的过程，具体而言，即为不同的教育理念、培养目标、课程设置、教学实施以及评价等多种要素的相互联系、相互作用的融通性过程。其次，在过程性上，普职教育衔接是一个持续的过程。从实践层面上看，衔接过程是教育活动的延续与展开，所有的衔接要素、教育因素以及相关的规律、效果，最终都要通过教育过程来体现，普职教育衔接过程就是对学生持续的教育过程。此过程不仅体现在从初中到中职、从普通高中到高职教育的时间跨度上，更体现在学生身心发展与综合职业素养提升的生成变化上，换言之，衔接过程即为学生发展变化的过程。学生作为整个衔接过程的主体，从普通教育进入职业教育需要突破身心变化和时空转换带来的阻隔，实现自身的综合职业素养从"萌芽"到"生长"最终达到"深化"，解决技能人才培养断层的问题，为职业教育输送大批具有职业教育基础的优质生源。

---

① 魏宏森：《系统科学方法论导论》，人民出版社 1983 年版，第 24 页。
② 苗东升：《系统科学精要》，中国人民大学出版社 2010 年版，第 43 页。

第二节 普职教育衔接的法理基础

"教育政策是一个党政或国家为实现一定时期的教育任务而制定的行为准则。"[1] 具体而言，教育政策具有两个维度，其一是文本层面的教育政策，包括国家与地方颁布的一些纲要、决定、意见等，又称为静态的教育政策；其二是实施层面的教育政策，包括教育政策的执行、监管、评估与调整等一系列实施过程，又称为动态的教育政策。"教育改革是教育政策的逻辑展开"，[2] 教育改革的推进离不开教育政策的指引，动态的教育政策需要以静态的教育政策为基础，故本节主要探究静态层面的教育政策——政策文本，通过分析国家层面的相关教育政策，为我国普职教育衔接提供合法性依据。

研究通过查阅中国政府网、教育部等政府部门网站，共挑选出国务院及各部委从2010年到2020年印发的与本课题相关的15份政策文本（见表1—1）。基于文本分析法，从普职教育衔接的视角出发，从衔接体系建设、衔接策略、衔接保障制度三个维度挖掘并解析各政策文本蕴意的衔接要素。

表1—1　　2010—2020年我国颁布的"相关"政策分类统计

序号	类型	文件名称	年份	颁布主体
1	综合规划	国家中长期教育改革与发展规划纲要（2010—2020年）	2010	国务院
2		关于加快发展现代职业教育的决定	2014	国务院
3		高等职业教育创新发展行动计划（2015—2018年）	2015	教育部
4		中国制造2025	2015	国务院
5		国家教育事业发展"十三五"规划	2017	国务院
6		国家职业教育改革实施方案	2019	国务院
7		职业教育提质培优行动计划（2020—2023年）	2020	教育部等九部门

---

[1] 袁振国主编：《教育政策学》，江苏教育出版社1996年版，第115页。
[2] 范国睿：《教育政策与教育改革的逻辑展开》，《教育科学研究》2016年第9期。

续表

序号	类型	文件名称	年份	颁布主体
8	体系建设	现代职业教育体系建设规划（2014—2020年）	2014	教育部等六部门
9	人才培养	高技能人才队伍建设中长期规划纲要（2010—2020年）	2010	国务院
10		关于开展中学生科技创新后备人才培养计划试点工作的通知	2013	中国科协、教育部
11		关于做好首届职业教育活动周相关工作的通知	2015	教育部、人力资源社会保障部
12		关于加强中小学劳动教育的意见	2015	教育部等三部门
13		制造业人才发展规划指南	2016	教育部
14		关于深化产教融合的若干意见	2017	国务院办公厅
15		关于全面加强新时代大中小学劳动教育的意见	2020	中共中央、国务院

一 衔接体系支撑：健全技能人才培养体系

普职教育衔接是教育体系的重要构成，但长期以来，二者衔接的政策散见于基础教育、高等教育、职业教育的相关政策与法律条文中，鲜有直接体现，需要从各级各类的政策中挖掘并分析。纵观上述的政策与法律，无论是综合宏观还是专项微观型，教育体系尤其是现代职业教育体系建设都是政策中的要点。

《国家中长期教育改革与发展规划纲要（2010—2020年）》提出要构建体现终身教育思想、中等和高等职业教育协调发展的现代职业教育体系，从宏观上把握了现代职业教育体系建设的外部适应、内部衔接的基本特点。2014年的《关于加快发展现代职业教育的决定》和《现代职业教育体系建设规划（2014—2020年）》进一步细化并丰富了现代职业教育体系建设的规划，尤其是《现代职业教育体系建设规划（2014—2020年）》从大的教育体系出发，厘清基础教育体系、职业教育体系与高等教育体系之间的交叉关系，明确了体系建设的基本架构、重点任务与制度保障和机制创新，提出到2020年建设成"适应发展需求、产教深度融合、中职高职衔接、职业教育与普通教育相互沟通,体现终身教育理念,具有中国特色、世界水平的现代职业教育体系",相比 2010 年的规划纲要,增添并强调了普通教育与职业教育的相互融通,该政策指出"建立职业教育和普通教育双向沟通的桥梁","学习者可以通过考试在普通学校和职业院校之间转学、升学",为普通高中与高职教育的衔接提供了政策依据。除此之外,2016 年年底出台的旨在落实《中国制造 2025》战略的《制造业人才发展规划指南》,从高技能人才培养的视角提出"贯通制造业人才培养系统渠道""普通中小学要在实践活动课程、通用技术课程中加强制造业基础知识、能力和观念的启蒙和培养",将职业教育、生涯教育贯穿普通基础教育始终,进一步凸显了普职教育衔接的时代必要性。

二 衔接策略支持:职业课程前置与院校合作

普通教育与职业教育的衔接不同于中高职衔接或高中阶段的普职融通,以初中与中职、高中与高职教育衔接为主的普职教育衔接,跨越两种不同层次与类型的教育,让二者的衔接充斥着各种阻碍,外部传统观念的强势与内部两种教育的"异质排斥"长期阻滞职业教育思想在基础教育中的萌芽,难以为职业教育培养优质的生源。宏观的政策对疏通阻滞、实现衔接具有重要的指导作用,因此需要深入发掘政策中关于衔接的指导策略。虽在上述政策文本中没有指导二者衔接的显性衔接策略,但蕴含在相关教育政策中的隐性策略却一直存在并指引教育改革。运用内容分析法对所选的政策与法律文本进行分析,发现当下主要存在以下两种隐性策略。

其一为职业课程前置策略。普职教育衔接的核心载体为课程,课程是最能体现教育核心理念的要素,只有通过课程衔接才能带动两种教育的真正衔接。而初中与中职、高中与高职长期存在的类型上的异质排斥与层次上的割裂导致二者难以建立一体化的课程衔接,所以职业课程的前置与渗透则成为课程衔接带动教育衔接的最优策略。

《国家中长期教育改革与发展规划纲要(2010—2020 年)》指出"推进培养模式多样化,满足不同潜质学生的发展需要。探索发现和培养创新人才的途径。鼓励普通高中办出特色。鼓励有条件的普通高中根据需要适当增加职业教育的教学内容。探索综合高中发展模式。采取多种方式，为在校生和未升学毕业生提供职业教育"，通过课程的多样化与职业课程的前置探索普通高中的多样化发展，从而带动学生的多样化发展，促使有职业兴趣与潜能的学生主动选择职业教育。2015年，教育部、人力资源社会保障部联合印发的《关于做好首届职业教育活动周相关工作的通知》提出"各类职业院校开放校园，面向中小学生、家长和社区居民开展职业体验活动、观摩教育教学成果，组织师生开展技能竞赛或演示，让社会了解职业教育，培养职业兴趣和职业意识，扩大职业教育影响"，从体验活动的视角促进职业课程的前置，既能让基础教育的学生了解职业教育、接受职业教育，又可以激发学生的职业兴趣与职业意识，为职业课程前置营造了良好的外部环境。

2015年，教育部、共青团中央、全国少工委发布的《关于加强中小学劳动教育的意见》强调要"抓好劳动教育的关键环节""各地各校可结合实际在地方和学校课程中加强劳动教育，开设家政、烹饪、手工、园艺、非物质文化遗产等相关课程。在德育、语文、历史等学科教学中加大劳动观念和态度的培养，在物理、化学、生物等学科教学中加大动手操作和劳动技能、职业技能的培养，在其他学科教学和少先队活动课中也应有机融入劳动教育内容"。以劳动为荣、崇尚技能，是现代职业教育发展的前提，不忘职业教育最本质、最真实的初心，才能牢固职业教育的根基，才能踏上最光辉的征程。2016年《制造业人才发展规划指南》明确提出"普通中小学要在实践活动课程、通用技术课程中加强制造业基础知识、能力和观念的启蒙和培养"，通过在中小学课程中渗透职业教育，为高技能人才的早期识别与培养奠定基础。2017年《国家教育事业发展"十三五"规划》也就此提出建议，该政策建议加强中小学生动手能力培养，"在义务教育阶段开展职业启蒙教育"。2017年底，国务院办公厅发布的《关于深化产教融合的若干意见》也明确提出要将工匠精神培育融入基础教育，"将动手实践内容纳入中小学相关课程和学生综合素质评价""鼓励有条件的普通高中开设职业类选修课程"。2020年，中共中央、国务院在《关于全面加强新时代大中小学劳动教育的意见》中指出，"将劳动教育纳入中小学国家课程方案"，培养学生的劳动素养和劳动习惯。劳动教育课程逐渐成为沟通中小学和职业岗位的重要载体。

其二为院校合作策略。普通教育与职业教育的衔接可以通过二者的行为主体即中小学和职业院校的合作来展开，两种教育的合作可以实现资源共享，为衔接增添动力。

近些年，随着高等教育的大众化进而普及化，中等教育与高等教育的衔接带来的普通高中与高等院校之间的合作逐渐受到关注。早在 2010 年，国务院颁布的《国家中长期教育改革和发展规划纲要（2010—2020 年）》就提出"支持有条件的高中与大学、科研院所合作开展创新人才培养研究和试验，创建创新人才培养基地"。为此，中国科协与教育部合作开展了"科技创新后备人才培养计划"又称"英才计划"，该计划提出鼓励一批高水平高校与科研机构开放优质的教育资源，选拔一批有科技特长的中学生提前进入高校学习，激发中学生对科学技术的热情，进而探索并建立高校、科研机构与中学联合发现与培养青少年科技创新人才的有效模式。此外，《国家教育事业发展的"十三五"规划》也明确提出"支持有条件的普通高中与高等学校、科研院所开展有效合作，推进创新人才培养。继续推进中学生科技创新后备人才培养计划、全国青少年高校科学营等活动，积极试点探索大学先修课程"。

随着对劳动教育的强调，职业院校参与中小学劳动教育的实践开始受到政策的积极驱动。2017 年年底，国务院办公厅发布的《关于深化产教融合的若干意见》从企业介入、师资共享的角度出发，提出基础教育要"加强学校劳动教育，开展生产实践体验，支持学校聘请劳动模范和高技能人才兼职授课"，"鼓励有条件的地方在大型企业、产业园区周边试点建设普职融通的综合高中"。2019 年，国务院颁布的《国家职业教育改革实施方案》也提出"鼓励中等职业学校联合中小学开展劳动和职业启蒙教育，将动手实践内容纳入中小学相关课程和学生综合素质评价"。因此，对于中小学的劳动教育、技术教育、职业体验教育，职业院校理应积极参与其中，可选取一批优质的职业院校，为中小学劳动与技术课程的实施提供硬件与师资的支撑，并通过识别、选拔一批具有职业兴趣、潜质与技能特长的学生提前进入职业院校参观学习，为其提供一定的"技能补习"，为职业院校优质生源的选拔捕获信息和寻找潜在的对象。

三 衔接制度保障：职教招生考试制度改革

普通教育与职业教育的衔接需要制度保障，而制约二者衔接的关键性制度障碍则为招生考试制度。长期以来，普职教育衔接都是依靠传统的学术性考试，在此背景下，职业院校选拔的是被淘汰的"冷冰冰的分"，而不是合适的"活生生的人"，传统学术考试对于职业院校招生选拔早已失效。有学者将目前高中与大学的衔接比喻为两个相切而不相交的圆，相切也仅仅是外切而不是内切，相切点正是传统的学术高考。这一比喻对于普通高中与高职教育来讲，更加贴切。正是传统学术高考对于高职教育强大的排斥力导致普通高中与高职教育仅仅靠着这一相切点对接，高职生源的连年困境已充分证明了这一点，最终引起了教育顶层设计者对于制度改革的思考。

从 2010 年《国家中长期教育改革和发展规划纲要（2010—2020年）》简单的"改革招生与教学模式"到 2014 年《关于加快发展现代职业教育的决定》提到的"健全'文化素质+职业技能'、单独招生、综合评价招生和技能拔尖人才免试等招生考试办法，为学生接受不同层次高等职业教育提供多种机会"，政策的逐渐细化也说明了改革探索的逐渐深入。《现代职业教育体系建设规划（2014—2020 年）》进一步提出"建立符合职业教育特点的招生考试制度""建立符合技术技能人才成长规律的选拔机制"，改革的重点也指向了探索"文化素质+职业技能"的招生考试制度。

《国家教育事业发展"十三五"规划》也提出实行高职分类考试，突出"文化素质+职业技能"的评价方式。"文化素质+职业技能"成为高职招生考试改革中的焦点与热词，将这种技能高考的形式引入高职教育可以充分发挥高考的正向引导作用，推动普通教育关注对学生的职业启蒙以及职业课程的开设，关注对学生动手能力的培养，进而从人才培养的连续性上有效地实现普通教育与职业教育的衔接，促进职教优质生源的有效供给。2019 年，《国家职业教育改革实施方案》提出建立"职教高考"制度，继续完善"文化素质+职业技能"的招生考试办法，提高高等职业教育的生源质量。2020 年，教育部等九部门印发的《职业教育提质培优行动计划（2020—2023年）》不仅提出建立"高职分类考试招生制度"，完善"文化素质＋职业技能"的评价方式；还对中职招生改革提出方向，主张"系统设计中职考试招生办法"，为持续多年的中职、高中统一招生制度提供变革路径。

同时，与职业院校招生考试制度相配套的评价制度也亟须改革，如果仅依靠单次技能考试选拔技能人才，难以体现招生考试制度的科学性，因此探究支撑职业院校招生考试的逐步累积的评价制度至关重要。政策制定者也意识到了这一点，2014年颁布的《关于加快发展现代职业教育的决定》对此进行了探索，指出"建立学分积累与转换制度，推进学习成果互认衔接"，《国家教育事业发展"十三五"规划》提出"允许学习者通过课堂学习、在线学习、自学等方式获得学分，建立健全职业教育与普通教育、学历教育与非学历教育、职前教育与职后教育沟通衔接的机制"，《国家职业教育改革实施方案》《职业教育提质培优行动计划（2020—2023年）》也都提出建立"国家学分银行"制度。统一的学分互认制度为普职教育衔接提供了可能的路径，也为职业院校运用"文化素质＋职业技能"的评价方式选拔人才提供了支撑，保证了选拔的科学有效性。

第三节 普职教育衔接的理论诉求

通过对"衔接"内涵的分析，解决了普职教育衔接"是什么"的问题；通过衔接政策的分析，解决了普职教育衔接"可以做"的问题；接下来需要探讨二者"为什么"要衔接的问题。深入挖掘衔接活动的缘起与目的，离不开对这一活动现实需求与理论基础的契合性找寻。

一 解决职教生源困境的渴求与供给侧理论

普职教育衔接具有重要的现实关切性与问题导向性，其中关切的最主要的现实问题就是职教生源困境。对于高职教育来说，近些年，由于适龄人口的减少，高等教育的不断扩招以及留学热衍生的生源外流，规模上占据高等教育"半壁江山"的高职教育面临着严峻的生源问题，高职外延规模的不断扩增与高职毕业生的高就业率也不能作为高职生源危机的遮羞布。据有关报道，截至 2016 年 9 月，全国各地多所高职院校面临着"零投档"的尴尬境遇，据陕西省公布的 2016 年统计数据显示，在陕西参加招生的文史类高职院校有 541 所，其中 150 所遭遇"零投档"，在 584 所理工类高职院校中，"零投档"的多达 106 所[①]，除了西部的陕西省外，东部沿海省份，如河北、山东、广东等职业教育大省也纷纷遭遇生源危机。对于中职教育来说，2016 年全国中等职业教育（包括成人中等职业学校）共有学校 1.09 万所，比上年减少 309 所；中等职业教育招生 593.34 万人，比上年减少 7.91 万人；中等职业教育在校生 1599.01 万人，比上年减少 57.69 万人；中等职业教育毕业生 533.62 万人，比上年减少 34.26 万人[②]，在《国家中长期教育改革和发展规划纲要（2010—2020 年）》和《现代职业教育体系建设规划（2014—2020 年）》文件中，政府将 2015 年中职在校生人数目标设定为 2250 万人，但实际人数距离这一预定目标值相差高达 26%。

  面对此困境，高职院校只能不断降低自身的招生门槛，为此多数省份开始实行"零门槛"的注册入学。注册入学是指在学生自愿的情况下，不参加高考，不填报志愿，高职院校通过注册直接录取的招生形式。虽然"零门槛"的注册入学在一定程度上缓解了高职院校生源数量危机，却在一定程度上加剧了原本就严峻的生源质量危机。相比高职来说，中职教育在生源危机的应对上更是捉襟见肘。因此，无论是通过学术高考进入高职院校的"学业失败者"，还是通过注册入学进入高职院校的"大学圆梦者"，抑或是被普通教育"抛弃"而进入中职的"差等生"，都具备职教生源共同的特点。其特点有三：其一，进入职业院校的学生并非"自愿"，而是考试失败或学业成绩过差被迫进入职业教育的伪"自愿"者；其二，职业院校中的多数学生缺乏学习兴趣与动力，没有良好的学习习惯与态度；其三，这部分学生缺乏职业院校学习所必备的职业基础

---

  ① 郭妍：《高职生源危机持续扩大，"零投档"是尴尬也是转机》，《陕西日报》2016 年 11 月 11 日第 6 版。
  ② 中国教育在线：《2015 年基础教育发展调查报告》，http：//www.eol.cn/html/jijiao/report/2015/pc/index.html。

知识，且文化基础和综合素质都相对较弱。

因此，职业教育生源危机已经由单一的数量危机演变为由数量危机引发的更严峻的质量危机。根据上文对职教生源特点的分析，不难发现，职教生源危机产生的表层原因为职教生源的"自愿性"不强以及职教生源的职业教育基础缺失，而此现象的深层次的原因为我国社会长期"积淀"形成的"鄙薄职业教育"思想以及学术化考试制度带来的负面影响。无论是表层因素抑或深层原因，最终都指向了职业教育的前一阶段，即职业教育生源的供给侧——普通高中和初中。生源供给侧的教育理念左右着潜在生源对职业教育的认知与动力，同时处于供给侧与需求侧中间的招生考试制度作为中介力量很大程度上引导着整个供给侧的教育方式。

但是普通教育中的教育理念、教育目标与职业教育存在着巨大的差异，传统学术考试影响下的普通教育不断挤压零星的职业教育元素，对学生的"身份塑造"以及学生的"被俘现象"致使学生将职业教育排除在自己未来的生涯规划外[①]，普通高中的学生试图通过"千军万马过独木桥"挤入普通本科院校，初中的学生则非进普通高中不可。有"独木桥"自然有"落水者"，所以进入职业院校的学生即职教生源就是由这一批"落水者"构成的，其中多数的学生对职业教育并不认同，对职业教育也一无所知，职教生源质量危机越发严峻。

但是，转换思想，职业院校既无能力与普通院校去争夺成绩优异的学生，也不能被动地接受被其淘汰的学生，而是努力开发属于职教的潜在生源才是职业教育扭转生源困境的可行之举。在被挤落的"落水者"中虽存在一些"不愿意且不适合"的学生，但是也不乏众多"不愿意但适合"的学生。对于普通高中与高职教育衔接来说，这批学生被美国学者称为"被忽视的大多数"[②]，即在班级中学业成绩和能力处于中间位置的学生群体：因为处于前四分之一的学生早已成为"高校绑定组"从而获得教师和学校的关注，后四分之一的学生因为在学习、生活等方面都

[①] 李宝庆、张善超、樊亚峤：《多重制度逻辑下普通高中学业水平考试改革的风险及其规避》，《教育发展研究》2016年第6期。

[②] 王璞、李玲玲：《技术准备计划：美国衔接中学与中学后教育的策略》，《比较教育研究》2012年第6期。

存在不小的问题同样经常被教师和学校关注，而处于班级中间位置的两个"四分之一"的学生则成了"被忽视的大多数"。这个群体的学生虽然在学业成绩方面不及前四分之一，但其中多数学生拥有较好的学术和能力基础，因此，与其让这批学生最终被迫选择自己内心不认同的职业教育，不如高职院校主动出击，与普通高中实现衔接，在其生源的核心供给侧——普通高中学校中尽早识别出他们并合理引导他们正确认知职业教育、给予他们足够的关注，最终使他们接受并选择职业教育。高职教育如此，中职教育也是如此。

普职教育衔接，在职教生源的供给侧发力，发掘"潜在的生源"，提高职教生源的质量进而解决职教生源危机的思路蕴含着当下最热的理论——供给侧改革理论。"供给侧改革"作为我国经济和社会生活中的新词和热词，首次出现在我国大众面前是在2015年11月的中共中央财经领导小组第十一次工作会议上。会议上，习近平同志强调在适度扩大总需求的基础上，着力加强供给侧结构性改革，着力提高供给体系和效率，增强经济持续增长动力，推动我国社会生产力水平实现整体跃升。"供给侧改革"理论的提出不是偶然的，不仅有我国从改革开放以来的不断探索和经济新常态下的创新，也有供给学派深厚的理论逻辑支持。

"供给侧改革"虽然是个新鲜词汇，但是"供给"一词对于经济领域绝不陌生。经济学家萨伊（Say）提出了"供给创造需求"的论断，即著名的"萨伊定理"，标志着供给学派的诞生。供给学派认为只有不断提高生产力水平才能创造出消费力，因此主张政府减税，扩大生产，刺激创业，增加就业。然而在20世纪30年代的经济危机中，"萨伊定理"失效，"凯恩斯主义"盛行。"凯恩斯主义"主张实施国家调控，通过国家投资拉动经济增长，但由于"凯恩斯主义"是经济危机时期的特殊战略，所以其过分注重国家调控以刺激需求的方法在经济危机后遭到了许多批评。"拉弗曲线"的提出使供给学派开始重新占据主导地位，20世纪70年代时任美国总统的里根明确提出，"政府不是解决问题的办法，政府恰恰是问题所在"，根据供给学派的理论，里根政府开始实施大规模的减税政策，不过由于当时美国的积债严重，里根的"供给革命"未能成功。里根政府改革的失败并未挫败供给学派，而是进一步丰富了其理论，从而产生了新供给学派,即"供给管理"理论,该理论强化对供给侧的分析,"对制度供给的认识与重视,将各种要素的供给问题纳入紧密相连的制度供给问题的分析体系"①。供给侧改革理论的产生经历了"萨伊定理—拉弗曲线—供给革命—供给管理"的逻辑演变,最终形成了通过优化供给侧要素资源配置,促使经济提质增效的供给侧改革的理论。

放在职教生源危机的解决上,即通过对职教生源的供给侧——普通基础教育的要素资源进行最优配置,促进普职教育的衔接,实现普通教育的改革,进而为职业教育提供众多优质生源。

二 服务"人"的发展需求与多元智能理论

康德曾言:"人唯有通过教育才能成为人",② 同样,教育只有通过人才能成为教育,教育作为培养人的社会活动,永远无法脱离人而存在。教育改革实际上就是对人的改革,改革教育何以让人成为人,改革教育让人成为什么样的人,所以,研究教育改革首先要观照教育改革中人的发展问题。人的发展需以人的活动为基础,"人的活动是社会及其全部价值存在与发展的本原,是人的生命以及人作为个性的发展与形成的源泉",③ 放在教育活动中,这里的活动是指学生的主体活动,可以看出,教育必须通过学生的主体活动才能促进学生的发展。而"主体"一词蕴含丰富的内涵,"主体"首先体现的是人本身,更重要的是"主体"彰显了人的主观能动性,换言之,学生的主体活动是学生主观能动参与的体现,是学生发展的需求促进自身自由全面发展的活动。故人的主体活动中蕴含的人的发展是自由全面的发展,这也正是人的内在发展需求。人的自由全面发展不同于传统意义上的自由发展或全面发展,而是以马克思关于人的全面发展学说为理论基础的关于人的发展的新思考,自由全面发展的根基在人,"自由为出发点与最终目标,自主为路径,发展为落

---

① 贾康、苏京春:《论供给侧改革》,《管理世界》2016年第3期。
② [德]康德:《教育学》,李秋零译,中国人民大学出版社2010年版,第443页。
③ [苏]休金娜:《活动——教育过程的基础》,高文译,人民教育出版社1991年版,第3页。

脚点",① 其实质是"人按照自身固有的内在本性的要求去支配自身的发展,而不是被动地从属于某种外在的强制,使自身的发展偏离和压抑了自己的内在本性"。② 值得注意的是,自由全面发展并不意味着发展的"大而全"与无目的性,这里的自由不是指"自由主义",这里的全面也不是指全部,而是在充分满足学生发展的需求上达到的一种个性化的发展。总的来说,作为培养人的社会活动的教育,作为以人为核心的教育,需要满足人自由全面发展的需求,同样,作为一种贯穿两种教育的普职教育衔接也需要满足人自由全面发展的需求。

理性地看,依照马克思主义的观点,人的自由全面发展需要高度发展的社会作为基础,换言之,当下的社会发展水平还无法真正实现人的自由全面发展,目前所谓的自由发展或全面发展都是有条件的、限制性的发展。但是,教育改革虽然是关注现实问题并解决现实问题,但更为重要的是为了创造未来,所以我们需要接受并明确促进人自由全面发展的教育改革中存在的"不能"与"不为"。孟子曰:"挟泰山以超北海,语人曰'吾不能',是诚不能也。为长者折枝。语人曰'吾不能',是不为也,非不能也。"对于教育改革,真正实现人的自由全面发展为"不能",而忽视人的发展潜能与需求则为"不为",若要改变"不能"需不断地解决"不为"。根据自由全面发展的内涵,实现人的自由全面发展的基础是关注并满足人"自身固有的内在本性",用教育的话语可以理解为关注人的发展潜能,满足人的发展需求,换言之,人的发展潜能与需求是人实现自由全面发展的动力与基础。

因而,改变上述教育改革的"不为",首先要关注并满足人的不同发展潜能与需求,正如雅斯贝尔斯所言"教育活动关注的是,人的潜力如何最大限度地调动起来并加以实现,以及人的内部灵性与可能性如何充

---

① 刘铁芳:《追寻生命的整全:个体成人的教育哲学阐释》,高等教育出版社 2017 年版,第 430 页。

② 涂艳国:《走向自由——教育与人的发展问题研究》,华中师范大学出版社 1999 年版,第 19 页。

分生成"①。潜能与需求是一对相互作用、互为基础的概念，需求的产生往往伴随着潜能的支撑，所以满足人的发展需求，首先需要挖掘人的发展潜能。关注潜能首先要了解潜能，什么是潜能，有哪些潜能，哪些潜能的人适合哪些发展路径等都是通过普职教育衔接实现学生的自由全面发展所不可忽视的。"潜能是一个核心概念，因为它不仅在教师、父母以及规划人员的思想中占有绝对突出的位置，而且在教育决策以及过去与现实、事实与价值的批判性关联等方面都具有非常重要的作用"②，潜能的重要性决定了关注学生的发展潜能理应成为本研究——普职教育衔接的核心与逻辑起点。

20 世纪中期伊始，就有学者开始研究人的潜能，美国哈佛大学的霍华德·加德纳教授提出的多元智能理论则把关于人类潜能的研究推向高潮，加德纳从潜能的视角对人的智能进行了扩展与再定义，他认为，传统的智力观仅关注人的语言、数理与逻辑能力，忽视了人发展的其他方面，比如在音乐、肢体运动与社会交往等方面显示出的特殊潜能。因此，加德纳将智力表述为智能，并定义为"智能是在特定文化背景或社会中解决问题或制作产品的非常重要的能力"③，他认为智能离不开实际生活背景，智能应该被运用于解决实际问题而不是智力测验与考试。根据加德纳的研究，每个人至少有七种智能，包括语言智能、音乐智能、数理逻辑智能、空间智能、身体运动智能、人际交往智能、自我认识智能等。其中空间智能与身体运动智能与职业教育关系较为密切，空间智能是指能准确感知视觉空间的才能，身体运动智能即善于运用肢体来表达的才能。

加德纳进一步指出，虽然每个人都有不同的智能组合，但是每个人与生俱来的智能是不同的，建筑师、摄影师、画家和雕塑家等艺术工作者一般具有较强的空间智能，而运动员、服装设计师、工匠技师等职业

---

① ［德］雅斯贝尔斯：《什么是教育》，邹进译，生活·读书·新知三联书店1991年版，第4页。
② 杜高明：《教育与人的发展新论》，《教育评论》2009年第2期。
③ 吴志宏、郅庭瑾等：《多元智能：理论、方法与实践》，上海教育出版社2003年版，第5页。

的身体运动智能较强。审视这些角色，其中多数可归为技术技能型人才，因而职业教育最需要关注学生的这两项智能。然而，我国应试教育下的普通教育恰恰忽视了学生的多元智能，尤其是空间智能与身体运动智能，片面地将语言智能与数理逻辑智能认为是学生的全部智能，忽视学生个性化发展的需求。所以，通过职业教育元素在普通教育的前置促使普职教育衔接，让职业教育介入普通高中和初中，改变普通教育的传统生态。多样化的高中和初中教育可以改变学生智能发展单一化、固定化的束缚，充分挖掘学生的优势智能，使空间智能和身体运动智能较强的学生有效发挥自身的优势，选择适合自身发展的职业教育，从而由个性发展到自由全面发展。

三　满足技能人才成长诉求与生涯发展理论

普职教育衔接的重要价值归宿就是为社会培养大批高技能人才，然而高技能人才的成长为什么需要跨越两种不同的教育层次与类型，高技能人才的成长与一般技能人才的成长有什么不同？回答这些问题首先要回答什么是高技能人才。根据我国《高技能人才队伍建设中长期计划（2010—2020年）》中的表述，高技能人才是指具有高超技艺和精湛技能，能够进行创造性劳动并对社会做出贡献的人，主要包括技能劳动者中取得高级技工、技师和高级技师职业资格的人员，高技能人才在《中华人民共和国职业分类大典》中的定义与上文定义较为相似但更为具体，其指出高技能人才是在生产、运输及服务等领域岗位的一线从业者中，具有精湛专业技能，在关键环节发挥作用，能够解决生产操作难题的人员，可分为技术技能型、复合技能型和知识技能型三类人员。

国家政策法规多从人才分类的角度定义高技能人才，概念较为明确与具体，但在一定程度上却难以体现高技能人才所需的各种素质以及高技能人才成长的特点。刘春生认为，高技能人才不可用职称或职业资格等硬性标准来划定，高技能人才的概念具有相对性、广义性和复合性。著名教育家黄炎培先生曾就高技能人才给出自己的定义，他认为技师

"俾学与术悉臻完美",① 意思是高技能人才需要同时具备高深的学识与精湛的专业技能。刘春生在此基础上认为,高技能人才"不仅具备着深厚的理论基础和专业理论知识,而且具备高超的生产技艺和技巧,担负着技术含量较高的操作任务;他们不仅具备运用交叉技术知识解决实际问题的综合技能,而且具备一定的技术和工艺方面的研发创新能力,并同时具备较高的职业素质和敬业精神"。② 也有学者从《中国制造 2025》所需的人才方面对高技能人才进行了界说,认为高技能人才应该"具备丰富的专业理论知识和精湛高超的技术技能,拥有突出的实践操作能力,并且能适应时代需求,具备创新精神和企业家精神,为社会和经济发展作出贡献"。③

综上,我们不难发现,高技能人才概念的复杂性与高技能人才所体现的"高"素质性。因此,从高技能人才的成长过程来看,从"新手"到"专家"的道路是漫长且艰辛的,不是单靠某一层次或某一类型的教育就能培养出来的,在"专家"环节需要从职业院校学习到企业实习的长时间洗礼,同样,在"新手"环节也需要经历从基础教育的启蒙、认知到职业教育的选择这一漫长的阶段。根据高技能人才的内涵,我们可以清晰地得出高技能人才成长的特点——长期性与跨界性,因此,需要将高技能人才培养的起点从进入职业院校的第一天前置至处于准备阶段的初中或高中阶段,实现普职教育衔接以及人才培养的协同。

同样,从人的发展特点与职业生涯理论可进一步印证,高技能人才成长的长期性与跨界性诉求,作为普职教育衔接的逻辑起点的合理性。

首先,从人的发展特点上讲,人的发展具有历时性和阶段性。"人活在时间之中,时间是个体生命存在的基本形式,个体成长的时间秩序乃是个体成长的基本维度",④ 个体从出生到成长为一个社会人,需要历经

---

① 中华职业教育社编:《黄炎培教育文集》,中国文史出版社 1987 年版,第 274 页。
② 刘春生、马振华:《高技能人才界说》,《职教通讯》2006 年第 3 期。
③ 刘晓玲、庄西真:《高技能人才:"中国创造 2025"与职业教育的最佳结合点》,《职教论坛》2016 年第 1 期。
④ 刘铁芳:《追寻生命的整全:个体成人的教育哲学阐释》,高等教育出版社 2017 年版,第 27 页。

不同的成长阶段,柏拉图在《理想国》中提出,儿童从出生到进入社会再成为"哲学王"需要经历四个阶段,亚里士多德也描述了从自然人到道德人所需经历的三个七年的阶段。因此,个体从生物个体走向社会个体,人从自然人到道德人,都需要长时间的学习与训练,同样,个体从一无所知的生物个体到理论与技能、素质与道德兼备的社会高技能人才,从自然人到技能"新手"再到"专家"或工匠也必须历经长时间的学习与训练。成为一名社会人如此,成为一名具有高技能的社会人更应如此。

其次,从职业生涯理论上看,生涯发展具有"沉潜"性。传统职业生涯理论的主要代表为约翰·霍兰德的职业性向理论,提出了实际性向、调研性向、艺术性向、社会性向、企业性向、常规性向等六种职业性向。除此之外,还有舒伯(D. E. Super)的生涯发展理论,将职业生涯划分为职业成长、探索、确立、维持、衰退五个阶段。传统的职业生涯理论都是基于人的职业心理和结构特征而研究的,而对于经济、社会的复杂变化带来的职业选择的不确定性、复杂性分析不够,难以适应当下日新月异的复杂社会情况。对职业生涯理论的研究因而发生了转向,出现了以复杂科学、系统科学为基础的职业生涯混沌理论。该理论弥补了传统生涯理论仅关注和描述个人心理结构和作用过程的局限性,认为人的职业生涯是一个复杂系统,是动态的、开放的、非线性的。其中比较有代表性的是职业生涯发展的蝴蝶效应理论,该理论认为人的发展是前后相互联系且具有沉潜性的,将职业选择和发展视为一个系统,该系统"对初始条件异常敏感,以至于最初的轻微变化能够对未来产生巨大影响"。[①]这种初始敏感性需要我们将人的发展看成一个整体或一个系统,也把教育视为一个连续不断的过程,关注早期的教育与对未来的"沉潜"效应。

正如我国著名历史学家钱穆在阐释历史的变化时所说,"历史是一种经验,是一个生命,更透彻一点讲,'历史就是我们的生命',生命不可能由半中间切断,不能说我们今天的生命与昨天无涉","生命一定会从

[①] 周满玲、张进辅、曾维希:《职业发展的混沌理论》,《心理科学进展》2006年第5期。

'从过去透视直到未来'"①。雅斯贝尔斯在论述"教育即生成"时，也曾言"生成来源于历史的积累和自身不断重复努力""人的生成似乎是于不知不觉的无意识之中达到的，但这种无意识曾是在困境中以清醒意识从事某事的结果"②。放在高技能人才的培养上看，这提示着我们，高技能人才的成长需要更多地关注成长的过程，关注早期的培养对现在的"沉潜"，能够实现"从过去透视，直到未来"。无论是高技能人才的内涵特征、成长规律还是人的发展特点和职业生涯混沌理论都最终指向了人发展的整体性与长期性，都指向了早期教育的重要性，所以通过普职教育衔接，实现高技能人才培养起点的前延以及职业教育的前置，从理论与实践上看都是必要的与迫切的。

四 支撑基础教育衔接变革与劳作学校理论

凯兴斯泰纳的劳作学校理论起源于德国工业化大发展时期。19世纪末20世纪初，伴随着第二次工业革命的爆发，科学技术在生产生活中的广泛应用，欧美各国进入了一个崭新的历史阶段。德国准确把握住"电气时代"历史机遇，使经济不断向前发展，这也改变了德国的行业结构，从事传统农业、林业的人数比例出现下降，而从事工业、商业的人数比例明显提升，德国由一个落后的农业国家转变为新兴的资本主义工业技术强国，迫切需要大量有文化、有能力的新型技术人才。在政治上，19世纪后半叶的德国仍然是半封建主义的君主制国家，对内实行封建专制，对外不断扩张。而德国工业的快速发展使得工人队伍不断壮大，进而出现了一个新兴的工人阶级。为争取更多的社会利益，工人阶级对德国政府表现出反抗和斗争。面对这种情况，德国政府迫切需要采取措施来缓和工人的敌对情绪。基于政治、经济对职业教育的双重需求，德国大力倡导国民教育思想，主张培养大量技术娴熟的工人和忠实于统治集团的有用公民。凯兴斯泰纳即为社会本位教育之国民教育的主要倡导人之一，

---

① 钱穆：《中国历史精神（新校本）》，九州出版社2011年版，第8—9页。
② ［德］雅斯贝尔斯：《什么是教育》，邹进译，生活·读书·新知三联书店1991年版，第14页。

他出生于慕尼黑的一个普通市民家庭，为解决家庭生计问题，小学毕业后就进入师范学校学习，毕业后成为一名国民学校的教师，之后他不断进修，成为慕尼黑的教育局局长。这些学习和工作经历，使他对德国教育的优势与不足十分熟悉。结合德国当时的时代背景，他积极吸收了裴斯泰洛奇的儿童教育要与生产劳动相结合的观点和杜威的实用主义哲学思想，提出了促进经济发展的"劳作学校"理论。

"劳作学校"理论主张国民教育思想，以劳作学校的形式，使教育既能服务于国家社会的发展，又能满足个人自身的成长完善。这种教育方式培养出来的人被称为有用的国家公民，包括三方面的能力：掌握有关的国家公民知识，有忠于祖国的民族意识；具备从事某项职业的能力和职业道德；在校期间从事手工劳动，养成一丝不苟的工作习惯和艰苦奋斗的劳动精神。"劳作学校"理论同时还主张个体应该从小学就开始学习这些知识和能力，因为个体的才能并不是首先展现在脑力劳动中，而是表现在手工劳动中。凯兴斯泰纳认为公立学校的最重要的和最紧迫的任务是发展职业教育，或者说是就业前的准备教育，他提出了具体的课程改革、教学改革和师资建设等方面的改革举措，使教育为个体未来的职业发展做准备。[①] 具体而言，强调专业的、系统的劳作课的开展，例如木工、缝纫、园艺、厨艺以及与家务劳动有关的操作等，不仅注重培养学生的动手操作能力，更要从"劳动集体"观念出发，引导学生在完成任务时互帮互助，养成协同合作的道德品质，并了解个体之间、个体与国家社会的关系。[②] 凯兴斯泰纳缓和了近代教育史上"技能训练"和"精神陶冶"的对立矛盾，把劳作课列为国民教育中的必修课程，将"职业生活"和"书本生活"相结合，兼顾职业训练和性格陶冶，通过发展职业教育达到完善普通教育的目的，实现职业教育和普通教育的融合。劳作学校理论一方面对促进德国经济的快速发展起到了指导作用；另一方面也满足了广大民众对生活技能的诉求。

---

① [德] 凯兴斯泰纳：《凯兴斯泰纳教育论著选》，郑惠卿译，人民教育出版社2003年版，第19—20页。

② [德] 凯兴斯泰纳：《凯兴斯泰纳教育论著选》，郑惠卿译，人民教育出版社2003年版，第70页。

我国当前一方面处于制造业转型升级的时期，高技能人才短缺；另一方面"人民日益增长的美好生活需要和不平衡不充分的发展之间的矛盾"愈演愈烈。因此，必须借助"劳作学校"理论引发基础教育的变革，在早期技能潜质的开启中培养经济发展所需的人才，并满足个体的多元化成长需求。鉴于此，我们应该汲取凯兴斯泰纳"劳作学校"理论中重视发展职业教育的思想，提高职业教育在社会上的地位。同时注重职业教育的育人功能，职业学校要培养学生正确的职业道德观和社会责任感，帮助学生形成健全的人格，而不仅仅是训育职业技能。在具体的教学中，改变传统过于注重知识的传授，打破填鸭式、灌输式的教学风格，尊重学生在学习中的主体地位，在掌握基础知识和基本技能的基础上，增强学生动手操作的机会，强化课程与学生生活的联系，增加课程中创新思维的培养，以唤起学生真正的劳动热情和良好的意志品格。教育的供给不仅仅在于提高一个国家国民的综合素养，还应该给予公民更多的伦理观照，帮助他们找到更加适合自身的职业兴趣和领域，进而提高其为国家所做贡献的质量。

第二章

历史之变：我国普职教育衔接的时代轨迹

在历史上，职业教育应时而生，在不同的时代发挥了其独有的价值。尤其是现代职业教育产生以来，职业教育在救国济贫、促进就业、提升学历等方面发挥了重要作用，逐渐积累起相对的类型优势，到20世纪80年代，职业教育已经发展成为国家经济发展需要、民众热切追逐的优质教育类型，在与普通基础教育尤其是与初中教育的衔接中显得极为顺畅。然而，20世纪90年代中期以后，随着高等教育大众化、高中教育普及化的到来，职业教育在与普通教育的竞争中逐渐失去已有的相对优势，进而与普通基础教育的前置性衔接逐渐从耦合走向断裂。

第一节 我国职业教育历史变迁的时代使命

自职业教育产生的那一天起，就承担着重要的社会使命，通过技术技能型人才的供给，推动着经济社会的发展；与此同时，作为直接获益者的个体，不仅获得了维系生存的"一技之长"，而且取得了相应的学历，提升了自己的综合素养；职业教育作为教育的一个重要教育类型，在推动中高等教育大众化进而普及的过程中发挥着"半壁江山"的重要角色。

一 社会价值：供给技能人才，促进经济发展

职业教育的意义从根本上说在于满足社会对技术技能型人才的需求，

进而借助人力资本的输出和技术转化，推动经济社会的发展。因此，技术技能型人才的供给应当是职业教育的首要历史使命。

通过对职业教育的历史发生学考察发现，职业教育形成与发展的初心就是传承社会相关职业所需的技术与技能、培养技术技能型人才。回溯到原始社会时期，当时还处于萌芽阶段的职业教育就承担着传递专门技术技能的职责。虽然原始社会时期的社会分工并未明晰，专业化的职业也没有形成。但是，"当时社会的运作和人类的生存总是需要社会中的个体承担一定的工作，这些工作广泛分布在当时的农耕、畜牧、手工业等领域，从而逐渐具有了职业的特点"。[1] 随着原始社会进入氏族社会时期，不同的"职业领域"已经积累了各自较为丰富的"领域技能"，旨在传递这些所谓的"领域技能"的教育也就是职业教育的最初样式。以秦汉时期为始，中国古代社会逐渐形成了"士农工商"的四大社会基本分工，强调四民分业，各尽其职，[2] 并且各自都开展了相应的传承职业技能的教育活动，职业教育以此为基础得以开展。在这一时期，职业教育的目的就是分别传承"士农工商"领域的专业知识与技能，培养对应的专业技能人才。

如果说中国古代萌芽状态下的职业教育更倾向于生活性的小农经济和作坊经济的话，那么实业教育的产生，则为中国职业教育与民族社会的联系做了坚实的铺垫，使得职业教育在挽救民族危机、发展民族经济中起到越来越重要的作用。清朝末年洋务运动时期兴办的各类新式学堂，特别是农、工、商、矿等实业学堂，彰显着专业化技术与技能人才培养的定位。随着1922年新学制的颁布，中国现代职业教育正式建制，也正式宣布了职业教育在振兴民族经济、促进社会发展中的历史使命和时代价值。职业教育的目的最重要者为"在授以生产上一般知识，使得理解现实产业组织及国家产业发达之如何，又与以农工商业初步之技能，使为实际职业之准备"；[3] 对于职业学校的设定，应关注不同地区的差异，

---

[1] 米靖：《中国职业教育史研究》，上海教育出版社2009年版，第2页。
[2] 米靖：《中国职业教育史研究》，上海教育出版社2009年版，第49页。
[3] 天民：《小学校职业教育实施法》，《教育杂志》1917年第4期。

"经济充裕教育发达省份,亦得设职业教育强迫制度"。① 黄炎培认为,职业教育的终极目的是"为世界、国家增进生产力",这一认识不仅从理论上切中了职业教育的本质,而且对当时的中国乃至中国现代化的进程来说都具有深远的意义。② 在高等职业教育方面,1929 年的《专科学校组织法》将原来的专门学校改为专科学校,以"教授应用学科,养成技术人才"为宗旨,预示着我国现代高等职业教育的开端及其服务经济发展的功能定位。

新中国成立后,职业教育在促进国家经济重建中发挥着重要价值。为了加快恢复国民经济,党和国家提出了一系列整顿、改造和发展职业教育的措施。其一,重视"技术教育",大力发展技术学校。1952 年《关于整顿和发展中等技术教育的指示》强调:"培养技术人才是国家经济建设的必要条件,而大量地训练与培养中级和初级技术人才尤为当务之急。"技术学校在学校系统的地位得以明确,分为技术学校和初级技术学校,重点培养工业、农业、交通、运输等领域的中级和初级技术人才。其二,将职业学校、技术学校以及其他各类职业学校统一称为中等专业学校,推进中等专业教育发展。1954 年《政务院关于改进中等专业教育的决定》规定:"中等专业教育的任务在于有计划地培养中等专业干部,以保证国家经济发展的需要。"1957 年中等专业学校的学校数比 1949 年增加了 149 所,在校生数增加了 2.4 倍。③ 这些中专培养出来的学生具有扎实的理论知识基础,在国民经济各行业发展的过程中发挥了十分重要的作用,在一定程度上解决了新中国经济发展对中等专业人才的迫切需要。其三,积极创办技工学校,发展技工教育。国家将技工学校的基本任务定位于为国民经济各部门培养具有社会主义觉悟、能够掌握现代化生产知识和技能、身体健康的技术工人。"一五"期间,全国技工学校培养技术工人近 14.7 万人,学徒培训仅在工业企业、交通运输业就培训

---

① 邓萃英:《学制改革》,《教育丛刊》1921 年第 5 期。
② 米靖:《中国职业教育史研究》,上海教育出版社 2009 年版,第 217 页。
③ 国家统计局编:《新中国五十五年统计资料汇编(1949—2004)》,中国统计出版社 2005 年版,第 77—80 页。

106.1万人。① 可以看出，技工教育在我国国民经济重要领域开始发挥重要的作用。

改革开放后，随着社会主义市场经济的逐步建立，职业教育在我国经济社会发展中的价值更为凸显。20世纪80年代，以改革中等教育结构为切入点，恢复发展中专和技校，创新发展职业高中，提升职业教育在中等教育结构中的比例，扩大招生规模，满足产业结构调整尤其是第三产业发展对技术工人的大量需求。同时，推进高等职业教育发展，试办五年制高职，以培养社会主义现代化建设所需的数以千万计的各领域的经济技术人员。此外，还大力发展农村职业教育，解决"三农"问题。20世纪90年代中后期以后，随着社会主义市场经济体制的进一步确立，职业教育不断市场化和法制化，中等职业教育开始从规模化走向内涵式发展阶段，确保"多出人才、出好人才"；高等职业教育大力发展，成为"实现社会主义现代化的一项具有战略意义的基础建设"。②

改革开放40年来，我国职业教育在推动社会现代化建设、全面建设小康社会的过程中，为社会培养了数以亿计的高素质劳动者和技术技能人才，实现了其服务经济发展的初衷。如今，职业教育已经是国民教育体系和人力资源开发的重要组成部分，肩负着培养多样化人才、传承技术技能、促进就业创业的重要责任，对实现"两个一百年"奋斗目标和中华民族伟大复兴的中国梦具有重要的战略性意义。

二 个体价值：提供教育机会，养成生计能力

教育机会的供给以及生计能力的养成也是职业教育的重要功能，尤其是生计能力的养成是职业教育作为类型教育的重要特色。在历史上，作为教育体系中的重要组成部分，职业教育为社会民众提供一定的教育机会，并使其获得谋生的"一技之长"。古代中国的职业教育就已具备了这项功能，例如古代中国的手工业作坊就为许多普通民众提供了一定的

---

① 方展画、刘辉、傅雪凌编著：《知识与技能——中国职业教育60年》，浙江大学出版社2009年版，第50页。

② 方展画、刘辉、傅雪凌编著：《知识与技能——中国职业教育60年》，浙江大学出版社2009年版，第134页。

受教育机会,特别是到了隋唐时期,手工业已有了较大的发展,形成了规模较大的官营和私营手工业,官营手工业中产生了较为系统和发达的艺徒教育和培养制度,成了古代中国职业教育的一种重要形式。① 这些规模庞大的官营和私营手工业为普通民众的子女提供了一定的受教育机会,在手工劳动过程中,学徒掌握了一定的读写能力,技术技能也得以逐渐积累,进而生计能力不断得到规训,解决了个体及其家庭的基本生计问题。

到了20世纪初,黄炎培带头建立了真正意义上的中国现代职业教育,他始终提倡"使无业者有业,使有业者乐业"的职业教育目的观,并将"谋生"作为职业教育的首要目的。黄炎培通过考察后发现"方今世界竞争,日益激烈,一国之教育,非注重生计,绝不适于生存",欧美国家为"救生计""达生存",多注重职业教育;而中国由于"地未辟,而人若多,故失业者甚众",加之"向来贵士而贱工,学生毕业有为工者,人必以为降格",造成中国失业者越来越多,进而导致中国生计短绌。② 因此,中国必须学习美国,加强学校与社会的联系,通过举办职业学校、职业补习学校、职业指导机构、农村职业教育实验区等各类职业教育,解决当时中国社会百业不良、社会生计恐慌、广大青年失学失业等一系列问题。国民政府《职业学校法》的颁布,催生了职业教育的一时繁荣,推动职业教育济贫扶智功能的进一步彰显。该法将"培养青年生活之知识与生产技能"作为职业学校的办学宗旨,具体而言,初级职业学校的培养目标为"授予青年较简易之生产知识与技能,以养成其从事职业之能力";高级职业学校的培养目标为"授予青年较高深之生产知识与技能,以养成其实际生产及管理能力"。③

新中国成立后,职业教育在解决民生问题上也一度发挥了重要作用。新中国刚刚成立时,职业学校不足千所,在校生不满十万,尤其是技工

---

① 米靖:《中国职业教育史研究》,上海教育出版社2009年版,第83页。
② 黄炎培:《调查美国教育报告》,载中华职业教育社编《黄炎培教育文集》第1卷,中国文史出版社1994年版,第280页。
③ 米靖:《中国职业教育史研究》,上海教育出版社2009年版,第250页。

学校，全国仅有 3 所。① 而当时的工人失业严重，仅旧中国遗留下来的失业工人就有 400 多万人，现有的职业学校根本满足不了民众的需求。② 为了给众多失业工人创造受教育机会，新中国成立后的一段时间内，职业学校数量增长迅速。据统计，1957 年中等专业学校的学校数量比 1949 年增加了 149 所③；就农业中学和其他职业中学而言，1959 年的学校数量高达 22302 所④。当时的中等专业学校和技工学校的生源除了学生外，还有许多失业工人。这些数目众多的职业学校为社会提供了大量受教育机会，尤其是满足了失业工人再就业的需要。但是，学校数量的剧烈增长只是教育补偿性增长的表现，当补偿达到一定水平后，教育的扩张就明显受经济发展水平的制约而发生停滞。1957 年以后中小学出现了"升学难"的现象。为此，中共中央一方面通过建立"两种教育制度和两种劳动制度"，创办半工半读学校，解决高小毕业生的升学问题；另一方面通过批复中专招收高中毕业生，解决高中毕业生升学与就业问题。

改革开放以后，职业教育在补偿教育机会方面的作用开始凸显。一方面，高考制度开始恢复；另一方面，"文化大革命"期间大量的中专和技校被破坏，造成中等教育结构单一，普通高中占绝对优势，因而形成"千军万马过独木桥"的现象。然而当时高校的资源非常有限，高等教育毛入学率仅有 4%—5%，⑤ 能够上大学的高中生只占极少的比例。这就导致大量没有一技之长的高中生走向社会，很多成为闲散游民，不利于社会稳定。为此，20 世纪 80 年代伊始，我国一方面调整中等教育结构，大力发展中等职业教育，到 1984 年高中生中接受中等职业教育的比例已由

---

① 方展画、刘辉、傅雪凌编著：《知识与技能——中国职业教育 60 年》，浙江大学出版社 2009 年版，第 43 页。
② 李蔺田、王萍编：《中国职业技术教育史》，高等教育出版社 1994 年版，第 241 页。
③ 国家统计局编：《新中国五十五年统计资料汇编（1949—2004）》，中国统计出版社 2005 年版，第 77—80 页。
④ 吴玉琦：《中国职业教育史》，吉林教育出版社 1991 年版，第 76 页。
⑤ 方展画、刘辉、傅雪凌编著：《知识与技能——中国职业教育 60 年》，浙江大学出版社 2009 年版，第 80 页。

1978年的7.6%提高到32.3%;[①] 另一方面开始培育高等职业教育,提高民众高等教育的获得率,1985年单独设置的高等职业院校招生数达3.01万,在校生数达6.31万。[②] 如果说从20世纪80年代开始一直到20世纪90年代是我国中职教育大发展时期的话,那么从20世纪90年代末期开始,则是我国高等职业教育的蓬勃发展期。伴随着高等教育的大扩招,高等职业院校的学校数、招生人数和在校生数都急速增长,2004年高职院校的在校生数占高等教育在校生数已近"半壁江山",2005年高等职业院校数占普通高等院校数的比例已达60.88%。[③] 因此,改革开放以来,在我国中高等职业教育相继大规模扩招的情况下,职业教育已经不单是简单地为民众提供"一技之长"的类型教育,而且还是满足人们获得中等教育和高等教育机会的一种层次教育,对于提升国民综合素质具有不可或缺的贡献。

三 教育价值:支撑半壁江山,助推规模发展

职业教育作为一种类型教育,不仅在培养个体生计能力以及社会所需的技术技能型人才方面发挥着特殊的价值,而且在整个教育体系中也扮演着重要的角色。在历史的沿革中,中等职业教育和高等职业教育逐渐演化为各自教育层级中占据"半壁江山"的角色,在推动高中教育、高等教育从精英化到大众化再到普及化的过程中发挥着重要作用。

其一,中等职业教育在推动高中教育体系规模化发展中的价值。改革开放伊始,由于受"文革"的影响,职业教育几乎被摧残殆尽。1978年,中等职业教育招生人数与普通高中招生人数比为1∶10。改革开放后,为响应经济复苏的迫切需要,中等职业教育重新受到国家的重视,此后的一系列政策促使中职教育在高中阶段教育中"半壁江山"的地位

---

① 中国教育年鉴编辑部编:《中国教育年鉴(1982—1984)》,中国大百科全书出版社1985年版,第59页。

② 方展画、刘辉、傅雪凌编著:《知识与技能——中国职业教育60年》,浙江大学出版社2009年版,第95页。

③ 方展画、刘辉、傅雪凌编著:《知识与技能——中国职业教育60年》,浙江大学出版社2009年版,第149页。

逐步被确立。1978年，邓小平在全国教育工作会议上强调要"扩大职业技术学校的比例"；1983年，教育部等部委《关于改革城市中等教育结构、发展职业技术教育的意见》要求，力争到1990年，使各类职业技术学校的在校生数与普通高中的在校生数比例"大体相当"；1985年，中共中央、国务院《关于教育体制改革的决定》提出，力争用五年左右的时间，使大多数地区的各类职业学校招生数"相当"于普通高中的招生数；1991年，国务院《关于大力发展职业技术教育的决定》提出继续扩大中等职业教育的招生规模，要求在全国高中阶段职业学校的在校生数"超过"普通高中的在校生数；1994年，国务院《关于〈中国教育改革和发展纲要〉的实施意见》要求到2000年各类中职学校招生数和在校生数占高中阶段相应学生数的比例在全国保持在60%左右。

改革开放后，在国家政策的大力支持下，我国中职教育实现了规模化的发展。从1981年到1993年，我国各类中职学校无论是学校数还是招生数和在校生数都有较大增长，尤其是职业高中学校数增长2.17倍，招生数增长4.05倍，在校生数增长5.37倍；[①] 1987年中职学校在校生数为高中阶段学生总数的40%，到1990年，这一比例提高到45.7%。[②] 从20世纪90年代末期以后，尽管中职教育的发展出现一定程度的起伏，但"大体相当"的积极引导性政策一直被保留，如《国家中长期教育改革和发展规划纲要（2010—2020年）》要求今后一个时期普职招生规模保持大体相当；2019年，国务院《国家职业教育改革实施方案》强调"把发展中等职业教育作为普及高中阶段教育和建设中国特色职业教育体系的重要基础，保持高中阶段教育职普比大体相当"。截至2019年，我国高中教育阶段的毛入学率已达89.5%，相比1978年的35.1%可谓提升巨大，这其中离不开中职教育的突出贡献，2019年我国具有各类中职学校1.01万所，招生数600.37万人，在校生数1576.47万人，分别占据高中阶段相应数据的57.3%、41.7%、39.46%。[③] 可见，中等职业教育作为

[①] 李红卫：《教育分流与职普比政策变迁研究》，《职教论坛》2012年第27期。
[②] 何沁主编：《中华人民共和国史》，高等教育出版社1999年版，第319页。
[③] 中华人民共和国教育部：《2019年全国教育事业发展统计公报》，2020年5月20日，http://www.moe.gov.cn/jyb_sjzl/sjzl_fztjgb/202005/t20200520_456751.html。

高中阶段的一种教育类型，不仅在促进就业方面具有独特的价值，而且在促进高中阶段教育从大众化到普及化的过程中起到了重要的助推作用。

其二，高等职业教育在推动高等教育体系规模化发展中的价值。我国现代高等职业教育发轫于1866年建立的福建马尾船政学堂。新中国成立后，为重建我国高等教育体系，高等专科学校获得一定程度的发展。1950年颁布了《专科学校暂行规程》，1951年颁布了《关于学制改革的决定》，对原有专科进行整顿改造，当年，全国有专科学校71所，学生达40941人。[1]但是，自1952年我国全面学习苏联教育经验开始，中等专业学校得到了大力发展，而高专被大量压缩。直至1980年，国家同意将一部分办过大专和本科院校的中专学校升级为大专，高等教育的结构得到一定调整。1983年《关于加速发展高等教育的报告》提到，"积极提倡大城市、经济发展较快的中等城市和大企业举办高等专科学校和短期职业大学。"1985年《中共中央关于教育体制改革的决定》明确提出，"积极发展高等职业技术院校"，高等职业教育被首次提出。至1985年，独立设置的高等职业院校招生数达到3.01万，在校生数达6.31万；[2]1986年，专科生的比重已经达到35.9%，至1989年，高专招生数已占50%。[3]到1990年已经形成高等职业师范院校、短期大学和五年制技术专科三足鼎立的高职教育发展态势。

如果说从改革开放到20世纪90年代中后期是我国高等职业教育发展的起步期的话，那么从20世纪90年代末期开始，高职教育在我国开始进入快速发展的快车道，在整个高等教育大众化过程中扮演着越来越重要的角色，"半壁江山"的地位被逐步确立。首先是高职教育法律地位的确立，1996年颁布的《中华人民共和国职业教育法》，明确了"高等职业学校"在职业学校教育体系中的位置；1998年颁布的《中华人民共和国高等教育法》则将"高等职业学校"作为高等教育体系中的重要组成部分。至1999年，形成了职业大学、职业技术学院、高等专科学校、普通

---

[1] 杨金土：《20世纪我国高职发展历程回顾》，《中国职业技术教育》2017年第9期。
[2] 方展画、刘辉、傅雪凌编著：《知识与技能——中国职业教育60年》，浙江大学出版社2009年版，第95页。
[3] 杨金土：《20世纪我国高职发展历程回顾》，《中国职业技术教育》2017年第9期。

本科院校、重点中专、成人高等学校"六路大军办高职"的局面。《面向21世纪教育振兴行动计划》指出，高等教育招生计划的增量主要用于地方发展高等职业教育。进入21世纪，高职教育快速推进，院校数、招生数、在校生数都有突飞猛进的增长。从1999年到2005年，高职院校的数量增长了1.3倍，占高等院校数的比例从44.26%增加到60.88%；从1999年到2004年，高职院校在校生数占据高等教育在校生总数的比例从32.3%增加到44.7%，接近"半壁江山"，而高等教育的毛入学率已经在2003年达到15%，其中高职教育扮演了重要的角色。此后高职教育在保持与普通高等教育"大体相当"规模的基础上，走向内涵式发展的道路，为高等教育从大众化走向普及化贡献力量。至2019年，我国高等教育正式进入普及化阶段，高等教育毛入学率达51.6%；2019年我国拥有本科院校1265所、高职（专科）院校1423所，本科招生数为431.2万人、专科招生数为483.6万人。[①] 无论是从院校数还是从招生人数而言，高职教育都超越了普通本科教育。可以说，高职教育助推了我国高等教育普及化的进程。

总体而言，改革开放以来，无论是中职教育还是高职教育，在相应层级的教育体系中的比例都呈现出总体增长的趋势，并逐步建立了与普通教育比例"大体相当"的角色地位，一直延续至今。但是，比例的增加并不意味着挤压普通高中教育和普通高等教育的教育资源和招生数量，而是在普通高中教育和普通高等教育资源和招生人数增加的基础上，职业教育的资源和招生人数也同步增加，两类教育共同助推高中教育和高等教育从精英化到大众化、再到普及化的过渡，只是相对于普通教育而言，职业教育的增速更快，在整个教育体系中占据的比例越来越大，彰显着其推动教育规模化发展的教育价值。

[①] 中华人民共和国教育部：《2019年全国教育事业发展统计公报》，2020年5月20日，http://www.moe.gov.cn/jyb_sjzl/sjzl_fztjgb/202005/t20200520_456751.html。

第二节　我国普职教育衔接变迁的历史轨迹

自现代职业教育产生以来，职业教育以其独有的类型优势发挥着重要的价值。回顾职业教育发展的历史轨迹，尽管不同时期国家都采取了积极的职业教育政策，鼓励职业教育与中小学的衔接，鼓励人们选择职业教育，但是职业教育对民众的吸引力却并不同步，体现出从自然的选择到主动的选择，再到被动的选择的过程，致使职业教育在与普通基础教育的衔接中呈现出曲线的发展态势，即从开始的探索性衔接到后来的耦合性衔接，再到后来的断裂性衔接。

一　1922—1949年：救国救民背景下的初始性衔接

20世纪初，面对当时中国百废待兴、失业严重的局面，一批爱国人士掀起教育救国救民的热潮，在他们的倡导下，现代职业教育被引入我国。随着1922年新学制（《壬戌学制》）的颁布，中国现代职业教育正式诞生。在学制、招生、课程、教育成本激励等方面体现出一定程度的衔接意蕴，但衔接效果并不理想。

（一）学制与招考衔接

新学制在借鉴美国学制的基础上，将中国的学制由原来的"七四制"改为"六三三制"，小学六年，初高中各三年。其中，小学在高年级最后两年可根据地方情况增加职业准备课程，以实施职业准备教育；初中阶段在实施普通教育的同时，兼设职业科；高中阶段实施分科教育。旧学制的甲种职业学校改为职业学校或高级中学农、工、商等科；乙种实业学校改为职业学校，接收高级小学毕业生，以及相当程度者。各地设中等程度的补习学校或补习科。大学或专门学校附设专修科，招收高中毕业生。[①] 因此，在新学制的框架下，职业教育体系包括小学高年级的职业准备教育、初级中学兼设的职业科、高级中学兼设的职业科、职业学校、

[①] 璩鑫圭、唐良炎编：《中国近代教育史资料汇编：学制演变》，上海教育出版社1991年版，第989—993页。

大学及专门学校兼设的职业科,以及补习学校的职业科等形式。与之前的学制相比,职业教育在一定程度上与普通基础教育融为一体,形成了所谓单轨制的教育体系,为普职教育衔接提供一定的便捷渠道。

然而,普职一体的学制体系,并没有起到提高职业教育地位的效果,"普教职教化"的路径反而削弱了职业教育的效果,从而造成"职教普教化"甚至普教、职教两败俱伤的境地,学生无一科成绩良好,使谋生、升学都达不到预期目标。[①]因此,1932年通过颁布《职业学校法》,对职业教育的学制进行修订,将职业教育独立于普通教育体系之外进行单设,分为初级职业学校和高级职业学校。其中,初级职业学校招收小学毕业生或者具有相当程度者;高级职业中学招收初中毕业生或者具有相当程度者,或小学毕业生或者具有相当程度者;职业学校招收学生均应经"入学试验"并取得及格及以上成绩。

就高等职业教育而言,1929年将"专门学校"变更为"专科学校",专科学校作为高等职业教育的重要组成部分登上历史舞台。在招生方面,根据1931年《修正专科学校规程》的规定,专科学校招生对象为公立或已立案之私立高中或同等学校毕业,或具有与高中毕业同等学力经"入学试验"及格者。"入学试验"由校务会议组织招生委员会,于每学年开始以前举行。可见,从招考机制来看,高等职业教育与普通高中的衔接较为灵活,由招生学校自行组织考试,这就确保了各科高等专科学校能够招收到较为理想的学生。

(二)职业课程衔接

在新学制的引导下,中小学阶段的职业课程和职业科与普通教育融为一体,在普通教育的框架下进行,兼有就业和升学的功能,尤其是升学的功能表现得较为明显。例如,对于初中阶段的职业课程,廖世承建议,应更多地体现预备升学或职业陶冶的性质,因为办职业教育不仅需要学生具备"职业智识"和"职业技能",还需要具有"其他职业上之

[①] 李蔺田、王萍编:《中国职业技术教育史》,高等教育出版社1994年版,第132页。

普通智识",以适应时代潮流的变迁。① 那么,对于小学高年级的职业课程更应如此。可见,中小学的职业课程为学生进入高一级的职业课程学习提供了重要基础。其中,小学职业准备课程为小学高年级毕业生进入职业学校或初级中学的职业科提供了衔接性支持,为学生积累了最为基础的课程知识;初中学校的职业科为初中毕业生进入高级中学的农、工、商等分科项目奠定重要基础,引导他们从课程领域向科目领域选择;高级中学的分科教学为高中毕业生进入大学的分科课程或者专门学校就读提供了较好的专业知识基础,引导他们向更加高深的分科课程学习。

在新学制的框架下,职业学校的课程主要有职业学科课程(农、工、商、家事等职业知能课程)、职业基本学科课程(职业知识的基本课程如农科的生物和化学等)和非职业学科课程(与职业间接相关的课程如公民、体育、艺术等)②。这些课程不仅为学生毕业后直接就业做准备,而且还为学生提供了基本的通识教育和职业基础知识教育,为他们进入高一学段职业课程的学习奠定重要基础,彰显着职业教育前置性衔接的图景。抗日战争爆发后,为响应战时的需要,通过鼓励引导,职业教育获得进一步的发展。这一时期职业学校的课程主要由普通基础学科、职业学科及实习三部分组成,强化了职业教育的类型特色及实践特征,成为提高职业教育吸引力的重要举措之一。

就高等职业教育的课程而言,有关政策还倡导高等专科课程与高中课程的衔接。例如,1930年《改进全国教育方案》强调,专科学校课程应与高中尤其是高中职业科联络,这在一定程度上表明普职教育衔接在尝试从形式到内容的过渡。

(三)教育成本激励

抗日战争爆发后,为积极鼓励民众选择职业教育,满足前线对技术工人和干部的需求,全国职业学校以"不收学费"为基本原则。1941年教育部要求职业学校一律免收学费,并提供至少30%的公费名额;私立

---

① 璩鑫圭、童富勇、张守智编著:《中国近代教育史资料汇编:实业教育师范教育》,上海教育出版社2007年版,第246页。
② 李蔺田、王萍编:《中国职业技术教育史》,高等教育出版社1994年版,第122页。

职业学校也应提供一定的公费名额。1944年又经行政院批准，提高各科公费名额的比例，农、工、医科学生80%享受公费，商科学生40%享受公费。[①] 免收学费或公费的政策大大提高了职业教育的吸引力，提高了职业教育与普通基础教育的衔接程度，吸引了一批家庭经济困难但成绩优秀的学生入学，一方面扩大了职业教育生源，另一方面在一定程度上解决了过早失业的问题。至1946年，职业学校已经达到724所，创民国以来的最高数。但1947年暑期以后，公费制度又被取消，改为奖学金制度，名额减少至20%。

对于高职学生，虽然没有公费或免学费制度，但也有积极的支持政策，如1938年《公立专科以上学校战区学生贷金暂行办法》指出，战区无经济来源的大专学生可申请贷金，毕业后以服务所得交还学校。在毕业生发展方面，为确保专科学校毕业生的出路，1930年《改进全国教育方案》还为学生积极争取多种绿色就业渠道：对专科学校成绩优良的学生，毕业后有担任相当公务的优先权；考试院应将专科以上学校毕业生中尚无职业者，甄别发往各处录用；对专科以上学校毕业生实行年度信息上报，分发各省机关、会社、工厂，就其所学试用；有关技术、专门事业管理部门及其他机关应优先使用专科以上学校毕业生。[②] 积极的就业政策为高中毕业生选择高等专科学校提供一定的政策利好。

（四）普职教育衔接效果

从1922年新学制到新中国成立，我国现代意义上的职业教育体系初步建立，无论是20世纪20年代的单轨制还是20世纪30年代以后的分轨制，都在一定程度上激发了职业教育的办学活力，扩充了职业教育的规模，提高了职业学校的在校生数，并通过免学费、公费制度、就业激励等政策，提高了职业教育的吸引力，为部分优秀的学生选择职业教育轨道提供了便利。但是，总体而言，这一时期职业学校毕业生的就业并没有得到较好的保障，部分学校仍面临"毕业即失业"，且很多学生就业不对口。根据1935年对11个省、市28所农、工、商科职业学校的毕业生

---

① 李蔺田、王萍编：《中国职业技术教育史》，高等教育出版社1994年版，第153页。
② 李蔺田、王萍编：《中国职业技术教育史》，高等教育出版社1994年版，第154页。

去向调查显示,失业率占 11.5%;在就业人员中,有 30% 的用非所学,有 19% 的是相近职业。① 究其原因,现代职业教育尚处于起步阶段,尽管投入了较大人力、物力、财力,但没有从教育供给侧的视角周全考虑专业与课程设置问题,也没有对人才需求进行充分调研,同时对毕业生的出路还没有一个相对完善的制度性保障。

二 1949—1978 年:经济重建背景下的探索性衔接

新中国成立至改革开放,国家处于社会主义建设的探索阶段,政治与经济的建设是这一时期发展的重心。职业教育就在这种国家对政治与经济发展的迫切需求中重建与发展起来,并承担起为国家输送政治与经济建设所需人才的重任。在这一时期,在学制、招考、课程衔接以及教育成本激励方面都有积极的政策性探索,但由于政策的起伏性与环境的特殊性,衔接效果依旧一般。

(一) 学制与招考衔接

新中国成立之初,由于当时社会成分复杂,经济还未进入有序状态,中等技术学校的招生对象较为宽泛,招生对象带有一定的政治色彩。1951 年,政务院《关于改革学制的决定》规定,中等技术学校在招生时对学生的"入学年龄不作统一规定",其中初级技术学校,招收小学毕业生或具有同等学力者,吸收"难以受到完全初等教育的学生入学";技术学校以招收初中毕业生为主,也招收部分小学毕业生,但修业年限要延长,显示了职业学校与中小学间接衔接的政策意蕴。1952 年《中等技术学校暂行实施办法》除规定招生对象向特定人群倾斜外,还提出"务使小学毕业生及失学工、农青年、成人有入学的机会",明确小学毕业生为其重要的生源之一。1954 年《中等专业学校章程》规定中专学校招生对象为初中毕业生或同等学力者,提高了职业学校的入学条件和学历层次,而且对于报考建筑艺术、美术、体育、音乐等专业类学校者,须加试专业课程。1955 年《中等专业学校招生办法》规定,对于加试的专业科目须"先期进行考试",不及格者不得参加以后的考试。专业加试成为普职

---

① 李蔺田、王萍编:《中国职业技术教育史》,高等教育出版社 1994 年版,第 153 页。

衔接在招考内容中的彰显，且强化了专业的重要性。当时的技工学校则主要招收高小毕业生或初中毕业生。初级师范学校以招收小学毕业生为主，对于小学毕业生成绩优秀者，可由小学保送入学，这无疑对师范学校吸引优秀的生源提供绿色通道。

1957—1958年中小学普遍出现了"升学难"的问题。为此，刘少奇于1958年提出了"两种教育制度和两种劳动制度"，通过创办半工半读学校拓宽职业教育的实践路径，这在一定程度上解决了高小毕业生的升学问题，吸收了不少往届的高小毕业生。[1] 同时，这一时期还积极鼓励创办农业中学，以"使不能进普通初中的小学毕业生都能升学"。[2] 为解决高中毕业生升学与就业的问题，1963年教育部批复中专学校开始招收高中毕业生，通过创办城市职业学校，为不能升学的初、高中毕业生提供职业训练与教育的机会，这一举措虽然对后来我国职业教育的复杂化带来一定不利影响，但是对促进职业教育与普通高中的衔接创造了良好的机遇。因此，从学制和招生机制方面，新中国成立后的职业教育体现出与中小学衔接的尝试。在具体招收对象方面，政策倡导这一时期的职业学校向工农子弟倾斜，例如1958年教育部规定，中等专业学校招收初中毕业生的应优先吸收工农子女和参加过劳动锻炼的优秀者；中等师范学校也必须大力贯彻向工农开门的方针，以学习成绩、操行成绩等条件为标准，但对工农子女在学业成绩方面应适当放宽尺度，尽量吸收，确保工农或工农成分学生比例争取达到80%以上；对于技工学校的招生，1964年教育部规定，对于工人及贫下中农家庭出身的学生，特别是老工人的子女，应在同等条件下优先录取。[3] 向工农群众倾向，体现出职业教育与一线工农群众的血脉联系，也为他们更好地选择职业教育提供便捷的渠道。

---

[1] 方展画、刘辉、傅雪凌编著：《知识与技能——中国职业教育60年》，浙江大学出版社2009年版，第58页。
[2] 中国教育年鉴编辑部编：《中国教育年鉴（1949—1981）》，中国大百科全书出版社1984年版，第180页。
[3] 李蔺田、王萍编：《中国职业技术教育史》，高等教育出版社1994年版，第312—313页。

(二) 职业课程衔接

在课程衔接方面,当时的普通中小学渗透一定的农业课程。在小学阶段,面对有一半左右的高小毕业生不能升学的问题,1951 年全国中等技术教育会议给予特别关注,同意让高小毕业生通过各种方法学习一技之长。在政策的指导下,1953 年很多农村小学开始组织学生参加各种形式的生产劳动,同时还通过开设相关课程补充相应的职业知识。在初中阶段,农业理论与实践课程的开设被特别强调。首先是 1955 年中共中央对广东省委的《关于在初中增加劳动课程问题的报告》作出批示,同意在大城市以外地区的初三年级暂设农业生产知识课,每周两课时。随后是 1956 年教育部门要求全国中学逐步实施基本生产技术教育,并组织编写工业和农业基础知识小学大纲以及建设实习园地、工厂等基地,为中学生了解农业技术基本原理、获得农业生产劳动技巧、培养从事劳动的兴趣提供平台和基础。[①] 1963 年教育部文件强调中小学教育要为农村提供技术后备力量,要求全日制中小学分别设置生产知识和生产常识课,分别在初中三年级和小学六年级开设。这些中小学对农业知识的渗透与实践体现出特定的时代背景下教育与生产劳动相结合的实践理念,而且对部分兼有升学和就业需求的学生来说,对他们升入高一阶段的职业教育轨道有着重要的启蒙和奠基意义。

(三) 教育成本激励

为提高职业教育的吸引力,1952 年《中等技术学校暂行实施办法》和《师范学校暂行规程(草案)》等文件规定,各类中等技术学校提高人民助学金标准,减免学杂费。将原有的学生公费制度统一改为人民助学金制度,并适当提高中等专业学校助学金标准,师范学校和其他中等专业学校学生的人民助学金标准要高于普通中学,其中师范学校学生一律享受人民助学金;原有享受供给制人员及产业工人入学的,人民助学金高于一般学生,优先照顾到革命烈士家属、革命军人、工农干部、产业工人、少数民族及归国华侨子女的实际困难。这一举措提高了工农子弟

[①] 方展画、刘辉、傅雪凌编著:《知识与技能——中国职业教育 60 年》,浙江大学出版社 2009 年版,第 53 页。

选择职业教育的比例，至1952年，全国中等技术学校学生中，工农成分的学生比例已高达45.7%。①

在就业方面，1952年《中等技术学校暂行实施办法》《师范学校暂行规程（草案）》和1954年《中等专业学校章程》《技工学校暂行办法（草案）》等文件规定，中等技术学校、师范学校和技工学校的学生都将获得较好的支持。其中，中等技术学校毕业生，原则上由各主管业务部门分配工作，如果在校成绩或工作服务成绩优良者，也可以保送至高一级同一性质的学校继续深造；对于师范学校的毕业生，分别由各地方统筹负责分配工作；对于技工学校的毕业生，由主管部门负责分配工作。

（四）普职教育衔接效果

在这种大力发展中等职业教育的社会环境之下，民众的教育需求并没有被有效激发出来。由于当时的国民家庭生活条件较为艰苦，加之教育发展水平较为低下，社会整体受教育水平不高，家长大多希望子女早日参与农业劳动，而放弃接受教育。当时的民众在教育选择上的自我话语权较低，多受制于国家发展和家庭经济水平等外部条件。国家对经济发展的需求使得国家大力普及教育，推广中等职业教育，民众在这种环境之下不得不顺应国家需求的潮流；家庭经济水平的低下使得儿童被迫弃学，帮助家庭进行生产劳动，主动进入城市中等职业学校、乡村农业中学等职业教育轨道的学生比例并不多，而进入高等专科学校的学生更是少之又少，大部分中小学毕业生会直接参加劳动或在接受短暂的职业教育后参加劳动。正如《关于讨论试行全日制中小学工作条例草案和对当前中小学教育工作几个问题的指示》中提出的那样，当时的"中小学校学生除极小部分将升入高等学校以外，一小部分将要在城市就业，绝大部分将要在农村参加生产劳动"②。这也导致了新中国成立初期严重的辍学现象，据统计中学生辍学人数一般在10%左右，在部分学校甚至达

---

① 李蔺田、王萍编：《中国职业技术教育史》，高等教育出版社1994年版，第232页。
② 何东昌主编：《中华人民共和国重要教育文献1949—1975》，海南出版社1998年版，第1187页。

50%以上。① 辍学率高的现象一方面可能是教育机会并不是学生主动选择的结果；另一方面可能是因为他们向高一级教育阶段进阶的无望。

三 1978年至20世纪90年代中期：经济复苏背景下的顺畅性衔接

随着改革开放的不断深入，国家对"大力发展生产力"的宏观需求为职业教育的繁荣发展奠定了重要的社会基础。在改革开放之后的十几年里，是我国职业教育尤其是中职教育发展的黄金期，在提高招生比例、促进职业课程渗透、统招统分等政策的激励下，职业教育有了较大的吸引力，成为我国职业教育发展史上一个具有里程碑意义的时期，普职教育衔接非常顺畅。

（一）学制与招考衔接

改革开放以后，中等职业教育逐渐发展成为我国中等教育的"半壁江山"，在与普通高中的竞争中处于相对优势的位置。1980年发布的《关于中等教育结构改革的报告》强调："经过调整改革，要使各类职业（技术）学校的在校学生数在整个高级中等教育中的比重大大增长。"② 不仅如此，还提出要改革普通高中的课程，增设职业（技术）教育课程，将部分普通高中改办为职业（技术）学校、职业中学、农业中学等职业高中，并鼓励集体或个人开办职业（技术）学校，积极发展技工学校和中等专业学校。可以看出，在当时的背景下，有"强职弱普"的趋势，增强了职业教育在民众中的接受度。1985年中共中央《关于教育体制改革的决定》指出，我国广大青少年一般应从中学阶段分流，初中毕业生要有一部分接受高中阶段的职业技术教育，高中毕业生要有一部分接受高等职业技术教育；小学毕业后接受过初中阶段职业教育的可以就业，也可以升学。至此，我国职业教育形成了从初等职业学校到中等职业学校再到高等职业学校的健全的学校教育体系。而初中、高中阶段的职业教育内容为毕业后升入高一级职业教育的学生提供了衔接基础。

---

① 何东昌主编：《中华人民共和国重要教育文献 1949—1975》，海南出版社 1998 年版，第645页。

② 何东昌主编：《中华人民共和国重要教育文献 1949—1975》，海南出版社 1998 年版，第1855页。

在招生方面，改革开放后，中专和技校改变了"群众推荐、领导批准"的招生办法，恢复了通过招生考试招收初中毕业生的制度，从而推动了学生报考的热情。中等专业学校招生对象以应届初中毕业生为主，部分特殊专业兼招高中毕业生；技工学校也兼招初中毕业生和高中毕业生。在政策的激励下，在与普通高中的生源竞争中，中职学校逐渐取得了优先权。例如，1979 年的中专招生政策明确提出："中专学校中的重点学校，部、委所属的学校和跨省招生的学校，应与重点高中同等对待，实行优先录取"；[1] 1988 年《普通中等专业学校招生暂行规定》具有相似的规定，并开始将生源拓展为国家统招、委培和自费三种形式，增强招生的灵活性。1980 年《关于中等教育结构改革情况和今后意见的报告》在招生政策中也凸显出这一时期职业教育招生的优越地位：职业（技术）学校、职业中学、农业中学从自愿报名的应届初中毕业生中择优录取新生，有些专业除文化考试外，还可以进行技术技能加试，对于文化考试成绩较差，而技术技能成绩突出的，亦可予以录取。[2] 可见，在这一时期，中职招收到的学生不仅是综合素养方面优秀的，而且还通过技能测试遴选出符合职业学校要求的学生，且有特殊的照顾，体现出职业教育与普通基础教育在招考衔接中的科学性。

对于技工学校的招生，1990 年劳动部《技工学校招生规定》明确，技工学校主要招收初中、高中毕业生或同等学力者，且身体条件要符合工种（专业）的要求。1992 年劳动部《关于试行技工学校招生考试增加职业技术能力测试科目的通知》要求各地技工学校招生考试适当压缩文化课程的比例，增加职业能力测试科目，主要内容包括"职业常识、空间概念、数字反应、注意力集中、手指灵活、双臂协调、反应灵敏程度"等，以考查考生在未来职业中的潜在能力，实现人的能力与职业的最佳匹配。考试形式主要采用笔试进行，也可以根据需要借助仪器设备。由此可见，技工学校对学生的要求较高，凸显技术工人培养的特殊性，开

---

[1] 何东昌主编：《中华人民共和国重要教育文献 1949—1975》，海南出版社 1998 年版，第 1688 页。

[2] 中国教育年鉴编辑部编：《中国教育年鉴（1949—1981）》，中国大百科全书出版社 1984 年版，第 185 页。

创了职业教育增加职业技能测试的先河，实现了通过考试建立普职教育衔接的桥梁。

对于高职教育的招生，根据1983年《关于加强和改革农村学校教育若干问题的通知》的要求，改革高等学校招生办法，对来自艰苦地区的职业中学毕业生，降低文化课程要求，其中专科学校实行免试外语的政策。这对于专业成绩优秀、有着升学愿望的优秀职业中学学生来说无疑具有较强的吸引力。

（二）职业课程衔接

20世纪80年代，国家积极鼓励普通中小学开设职业技术课程，确保职业技术教育成为普通教育的一个重要组成部分，这成为普职教育衔接的重要载体。1980年《关于中等教育结构改革的报告》规定，普通高中要逐步增设职业（技术）教育课，学习科目由学生自己选择，学习成绩合格的在毕业文凭上注明，这为他们选择高一级的职业教育提供了专业优势和竞争砝码。1983年《关于加强和改革农村学校教育若干问题的通知》指出，要在农村普通高中和初中增设职业技术课或劳动技术课，注意联系生产实际；在初中三年级可分为普通科与职业科，重视对没有升学的高中、初中和小学毕业生的职业技术教育，使他们获得一技之长；各类小学的教学内容要注意联系农业生产、生活的实际，小学高年级应适当增加农业应用知识和技能的内容。

劳动技术课程作为职业教育渗透在基础教育中的一种重要形式，也同样在中小学受到关注。1984年《全日制六年制城市/农村小学教学计划（草案）》规定小学从四年级开始开设劳动课，且农村小学要增设农业常识课。1987年国家教委发布《全日制普通中学劳动技术课程教学大纲（试行稿）》，认为劳动技术课程是中学教育的不可缺少的部分，应作为必修课，初中三年144课时，高中三年288课时，以培养学生的劳动观念和劳动习惯，初步培养学生基本的生产技术知识和劳动技能，为毕业后升学和就业打基础。1988年《义务教育全日制小学、初级中学教学计划（试行草案）》将劳动课程纳入小学初中教学计划内。1989年国家教委《现行普通高中教学计划的调整意见》将劳动技术作为高一到高三的必修课，职业技术作为高三的选修课。这就使得劳动教育作为职业教育的重要形式，嵌入普通中小学，成为普职教育衔接的重要路径。1992年《九年义务教育全日制小学、初级中学课程计划（试行）》除了规定有劳动技术课程外，还增设了职业指导课，为学生毕业后选择合适的教育轨道提供了前置性衔接。

（三）教育成本激励

这一时期虽然进行了多元化改革，引入了"委培生"和"自费生"制度，但是中等专业学校和技工学校还是基本沿用统招统分的招生和就业制度。计划经济体制下中等职业教育所具有的"包分配""人民助学金""干部身份"等硬性优势在这一时期体现得非常明显，技工学校和中等专业学校的毕业生几乎都包分配。技工学校为社会培养中级技术工人，100%的学生在毕业后能够得到岗位分配；中等专业学校为社会培养中级技术管理人才，100%的学生在毕业后不仅能够得到工作分配，还能够获得"干部身份"。而且，75%中等专业学校学生、100%的技工学校学生还可享受助学金。[①]这些优厚的奖学金、包分配制度、干部身份认定政策为更多的优秀初中毕业生选择中专和技校提供了前所未有的激励性支持。

除了技工学校与中等专业学校，这一时期迅速发展起来的职业高中也受到民众的青睐。相对于中专生和技校生，职业中学的学生并没有助学金，也不包分配，但党和国家也制定了有利于职业中学发展的相关政策。如1983年《关于改革城市中等教育结构、发展职业技术教育的意见》提出，要对职业中学的毕业生实行"三结合"的就业方针（劳动部门介绍就业、劳动服务公司组织就业、自谋职业）和择优录用的招工政策，使得职业中学的毕业生不受劳动指标的限制，就业形式较为灵活。因此，尽管职业高中的学生在硬性的待遇方面不比中等专业学校和技工学校的学生，但是，由于职业高中的毕业生就业去向好，开设的专业也较适应社会的岗位要求，因而也具有较高的人气，有些学生的中考成绩即使达到了普高分数线，也选择了职业高中。

[①] 周正：《谁念职校——个体选择中等职业教育问题研究》，教育科学出版社2009年版，第59页。

(四) 普职教育衔接效果

在以上种种激励政策的促动下,这一时期的民众对职业教育颇为青睐,因而也使得普通教育与职业教育之间的衔接颇为顺畅。走职业教育道路在能够获得优厚待遇的同时,还能够更早地就业,无疑是一种巨大的诱惑。由于民众对职业教育的主动选择,加之"预选制度""技能加试"等较为主动的招生政策,职业教育生源供给呈现出一片繁荣的景象,在生源质量得到保证的同时,师资力量与教学质量也颇有优势,职业教育的大力发展也带来了一定的规模效益。在这一时期,许多原本能够上普通高中的学生也主动选择了职业教育,并且当时准备选报中等专业学校的学生需要首先经历一次校内的预选,通过预选的学生才能够正式报考中等专业学校。"弃普投职"的主动选择与预选制度的初步遴选保证了当时职业教育的生源质量。在这一时期,就连不包分配、无助学金的职业高中的招生形势也比较乐观,录取的新生不仅质量较高,也比较适合进入职业教育轨道。

在一所职业高中的校志中,描述了该校20世纪80年代中期到90年代初期的繁荣景象:"良好的办学声誉和令人满意的就业出路吸引了一批比较优秀的初中毕业生选择报考我校。由于生源充足、报名人数众多,招生名额有限,我校旅游专业在文化课考核的基础上,加入了面试程序,每到招生季节操场上总会人潮涌动,会聚大批等待面试的学生。由于生源质量不断提升,教师的教学积极性倍增……这一阶段我校培养的技能型人才受到用人单位的广泛好评,甚至出现了提前一年预订的局面。我校的毕业生质量高、出路好,逐步形成了良性循环。"[①] 可见,即使职业高中不包分配、没有助学金,在当时职业教育受到重视的大环境下,也得到与中专学校一样繁荣发展的景象。由于招生名额有限,在生源火爆的基础上,加入的面试环节为职高学校选择更加适合专业要求的学生提供了更好的机会。

促成这一阶段职业教育繁荣的原因众多,除了政策激励外,还有教

[①] 转引自周正《谁念职校——个体选择中等职业教育问题研究》,教育科学出版社2009年版,第62—63页。

育资源供给、家庭经济状况、兴趣使然等因素的影响。首先，当时普通教育所具有的局限性是造就职业教育繁荣的重要原因。当时的高等教育还未大规模扩招，教育机会稀缺，通过普通教育道路获得学历提升与就业的希望非常渺茫，很多学生担心选择普通高中不但学不到一技之长，还考不上大学，因此即使学习成绩优秀也会选择职业学校。其次，当时的家庭经济状况及人口结构情况也是促使农村学生选择职业学校的重要原因之一。20世纪后半叶是个多子化的时代，尤其是20世纪80年代，学龄人口多，教育资源不足，在"重男轻女"观念的驱使下，为减轻家里的经济负担，对于学习成绩优秀且排名靠前的子女，家长们多鼓励他们就读职业学校。最后，很多家庭条件优越的学生也选择职业学校，主要源于对专业的热爱。这些学生认为，职业学校的有些专业可以发挥他们的特长，能够实现他们对未来职业梦想的追逐。因此，这一时期，职业教育在"国家积极倡导""家长建议选择""学生主动选择"等多种因素的驱动下获得较好的发展，进而确保其与中学衔接的程度较为密切。

四 自20世纪90年代中期以来：市场改革背景下的断裂性衔接

自20世纪90年代中期以来，伴随着我国经济体制与教育体制的改革和高等教育的扩招，职业教育的社会地位直线下滑，民众对职业教育的接受度开始减弱，职业教育的黄金时期一去不复返。多方面原因致使职业教育的招生越来越被动，愈发被动的招生局面使得职业教育的生源质量一度下降，最后沦为"落榜生"的"无奈选择"，职业教育与普通基础教育的衔接也陷入逐渐割裂的状态。

（一）学制与招生的衔接

随着经济体制转轨和教育体制的改革，职业教育的招生制度在这一时期发生重大变革，打破国家统招统分的计划招生模式。这一改革在1994年国家教委《关于普通中等职业学校招生与就业制度改革的意见》（以下简称《意见》）中开始预演。该《意见》指出，普通中等专业学校实行国家任务计划和调节性计划相结合的招生计划形式，并逐步扩大调节性计划的比例，逐步实现学校面向社会，人才走向市场；并强调今后要积极制定相应的配套政策,建立起"学生上学自己缴纳部分培养费用,毕业后大部分人自主择业"的机制,逐步代替现有两种"招生计划";大力拓展农村招生渠道,以有利于人才流回农村,农村不包分配的招生制度继续执行;继续扩大对艰苦行业、边缘地区定向招生、定向培养、定向分配的比例。在具体招生考试内容方面,以文化考试为主要考核形式,并逐步扩大普通中专选拔新生的自主权,逐步实现招生办法的多样化,把考试、推荐和专项考核结合起来。① 至 1993 年,调节性招生计划数已占中专招生总数的 59%,② 冲击了中专教育长久以来的招生制度,也为今后中职教育逐渐失去吸引力埋下隐患。

如果说 1994 年的《意见》是一个引导性政策文件的话,1997 年国家教委和国家计委《关于普通中等专业学校招生并轨改革的意见》(以下简称《并轨意见》)则直接把中职教育推向了市场。《并轨意见》的"并轨"是指将"国家任务计划"和"调节性计划"两种招生计划形式并轨,统一实行一种招生计划,并统一录取标准,学生缴费上学,旨在改变政府对中职招生包揽过多的现状,实现大多数毕业生在一定范围内自主择业制度,培养更多适应社会主义市场经济建设需要的中等专业人才。在具体招生形式上,国家级和省部级重点中专可提前一个批次录取;对艰苦行业的考生,可适当降低分数线投档;并向老、少、边、穷地区和艰苦行业安排一定比例的定向招生计划。③ 招生计划的并轨尽管为学生未来的职业选择提供一定的灵活性,但也为他们带来一定的隐忧,成为职业教育走向式微的一个分水岭。

20 世纪 90 年代末期高等教育的大扩招使得中职教育的生存空间再次遭受挤压,但却促进了高等职业教育的大发展,为民众增加了接受高等教育的机会。世纪之交,在"六路大军办高职"的背景下,形成了"三

---

① 何东昌主编:《中华人民共和国重要教育文献 1949—1975》,海南出版社 1998 年版,第 3616—3617 页。

② 方展画、刘辉、傅雪凌编著:《知识与技能——中国职业教育 60 年》,浙江大学出版社 2009 年版,第 137 页。

③ 何东昌主编:《中华人民共和国重要教育文献 1949—1975》,海南出版社 1998 年版,第 4318—4319 页。

教统筹（高等专科教育、高等职业教育和成人高等教育）、协调发展"的局面，高职院校招生数迅速增长。1999年《面向21世纪教育振兴行动计划》指出，高等教育招生计划的增量主要用于高职教育，高职教育应探索多元的招生方法，"中等职业学校毕业生中有一定比例（近期3%左右）可进入高等职业学校学习，普通高中毕业生除进入普通高等学校外，多数应接受多种形式的高等职业教育"。这为高职院校招收到更多的普通高中毕业生提供了较好的时机。然而这一时期高职教育的发展是一种虚假的繁荣，短期内勃兴的高职院校一时间出现招生质量下降，教学质量难以保证的局面，定位并不明确。

2000年后，中等职业教育的招生改革继续进行。教育部在《关于做好2001年中等职业学校招生工作的通知》中要求，从2001年起各省教育行政部门和招生部门不再单独组织中等职业学校的招生考试，"中等职业学校招生按照初中毕业生统一升学考试成绩录取学生"。这一规定显然使本来就处于招生低谷的中等职业学校更加失去竞争力，弱化了职业教育本应具有的类型优势，职业学校与普通高中招生混杂在一起，统一考试标准，招生内容陷入学术化评价标准，在与普通高中招生竞争中处于明显劣势，使其最后招到的学生注定是被普通高中教育淘汰的学生，逐渐失去职业教育的"光环"，与初中的衔接也逐渐变得疏远。

(二) 职业课程的衔接

这一时期普通中小学的职业课程设置伴随着新一轮基础教育课程改革而进行。2001年，教育部《基础教育课程改革纲要（试行）》为改变过去基础教育阶段注重知识导向、学科导向的弊病，强化课程内容与学生生活和社会科技发展的联系，培养学生正确的价值观和解决问题能力，提出课程综合化的改革理念，尤其提出从小学到高中设置综合实践活动，作为必修课。综合实践活动包括信息技术、研究性学习、社区服务与社会服务、劳动与技术教育，将之前的劳动教育课程作为综合实践活动的主要内容之一，旨在培养学生了解必要的技术和职业分工，形成初步技术能力。综合实践活动虽然包罗万象，但却掩盖了之前作为单项的劳动教育课程的地位，使得劳动教育课程在我国基础教育阶段被埋没了将近20年，也进而引发了广大青少年不爱劳动、不珍惜劳动成果的现象，这无疑对他们选择与劳动课程具有血脉联系的职业教育轨道产生一定的负面影响。

同时,《基础教育课程改革纲要(试行)》也鼓励中学根据地方经济发展需要开设相应的职业技术课程等地方课程和校本课程。尤其是农村中学应根据农业发展和农村产业结构的调整设置符合当地需要的课程,深化"农科教结合"和"三教统筹"改革,开展"绿色证书"教育及其他技术培训,在获得学历证书的同时也能获得职业资格证书;城市普通中学也要逐步开设职业技术课程。但这一效果也不甚明显,随着新时期城镇化进程的加快,农村中学普遍萎缩,"接地气"的课程建设较为薄弱;城市中学为了追求升学率,职业技术课程建设也不被重视。而后,教育部于2003年发布《普通高中课程方案(实验)》,将技术课程作为必修课程纳入普通高中课程方案,并发布《普通高中技术课程标准(实验)》,规定技术课程包括信息技术和通用技术两个模块,旨在培养学生的技术情感态度、价值观和技术能力等素养。[①] 尽管如此,由于技术课程不是一门高考课程(后来浙江除外),其在不同学校中的实践效果也参差不齐,甚至在有些学校形同虚设,不利于引导普通高中学生毕业后选择高职教育。

(三) 教育成本的增加

进入20世纪90年代中期以后,中职教育不仅在招生方面逐步走向市场化,而且在教育收费和就业制度方面也逐渐从计划转向市场,倡导"谁上学、谁缴费""自主择业"的政策。1994年国家教委《关于普通中等职业学校招生与就业制度改革的意见》(以下简称《意见》)强调,要"逐步实行收费和奖学金、贷学金相结合的制度""学生原则上要缴纳学费",对于艰苦专业的学生,可减免学费或设立专项奖学金。在就业方面,《意见》强调改革毕业生统包统配政策,逐步实现毕业生自主择业、人才走向市场的就业制度。对于统招、委托培养的学生,如不服从分配,

---

[①] 中华人民共和国教育部编:《普通高中技术课程标准(实验)》,人民教育出版社2003年版,第2页。

可以通过缴纳培养补偿费的形式来补偿,自费生毕业后自主择业。[1] 有条件的地区和学校可进行试点。这一《意见》的发布宣告职业教育不包分配、自己缴纳学费的时代即将到来,瞬间在学生中间引发了种种猜测和担忧。

1997 年《关于普通中等专业学校招生并轨改革的意见》(以下简称《并轨改革》)则将中职教育彻底推向了自费上学、自主择业的时代。《并轨意见》强调,"实行学生缴费上学""学费是学校经费重要来源之一""收取学费的标准应根据学校实际培养成本和学生家庭及社会的承受能力"来制定;在自费的基础上,改革就业制度,逐步实现"大多数毕业生在一定范围内自主择业的就业制度",并强调这一政策于 1998 年在全国大部分省、市实行,到 2000 年在全国基本实现全面覆盖。[2] 尽管为弥补自费制度带来的弊端,政府和学校也为经济困难的学生实行减免学费和贷学金制度,但是并轨之后的完全自费制度对于大多数农村地区经济困难的学生仍是一个不小的打击。至此,相对于普通高中有着保障性资助和就业优势的中职教育顿然失去耀眼的"光环"。

世纪之交蓬勃兴起的高职教育也随着高等教育市场化的到来,开始全部收缴学费,且普遍高于普通本科的学费。1999 年《面向 21 世纪教育振兴行动计划》(以下简称《行动计划》)指出,要进行高等职业教育"学校面向市场自主办学,学生自谋职业"的试点,到 2000 年左右,建立起"通过人才劳务市场双向选择、自主择业"的毕业生就业制度。当然为保证家庭经济困难学生入学,《行动计划》也强调通过多种形式对高校特困生给予资助,开展高校学生贷学金制度。但这并没有彻底解决农村家庭子女上学难的问题,同时由于没有就业的保障,社会难以消化短期之内毕业的大量高职生,使得高职教育面临招生、就业的双重压力。

(四)普职教育衔接效果

这一时期中职教育的市场化改革以及高等教育的大规模扩招为中职

---

[1] 何东昌主编:《中华人民共和国重要教育文献 1949—1975》,海南出版社 1998 年版,第 3616—3617 页。

[2] 何东昌主编:《中华人民共和国重要教育文献 1949—1975》,海南出版社 1998 年版,第 4318—4319 页。

教育招生带来双重的压力，吸引力严重下降。社会分层理论认为，社会资源具有相对稀缺性，由于不同主体占有不同的社会资源从而造成了主体间社会地位的差异，当社会演进到一定阶段，社会分层的主流标准是学历，而职业则是个人社会地位的综合性标志。[①] 正是由于这种"社会分层的主流标准"的存在，同时伴随着高等教育的扩招，激发出了民众心中"劳心者治人，劳力者治于人"的社会秩序观、"学而优则仕""万般皆下品，唯有读书高"的读书观等积存已久的观念。这时，在教育资源相对富足的背景下，个体对教育的选择从之前的是否上学转向对哪种教育类型的选择。一方面，中职教育的市场化改革，使得职业学校失去了原有的经济成本和就业优势，很多原本优秀的学生群体开始远离职业教育的轨道；另一方面，高等教育的扩招倒逼普通高中招生人数的增长，于是大部分学生蜂拥而至冲向普通高中教育，最后留给职业教育的生源只能是在普通教育的洪流中被排挤出轨道的边缘生，职业教育的生源供给彻底变为被动局面。

正是在高等教育大扩招之时，中职教育招生在世纪之交的1998—2000年出现连续三年大滑坡的现象。1998年中等职业学校招生数出现了改革开放以来首次负增长，尤其是1999—2000年的招生数量更是剧降，1998年全国中职学校招生数和在校生数分别为442.26万人和1212.7万人，到2000年降至333.36万人和1044.18万人；[②] 从1999年到2000年，中职学校招生人数占高中阶段招生人数的比例下降了7.94个百分点，在校生比例下降3.32个百分点。与此同时，多数中等职业学校还出现第一志愿报名人数减少、新生报到率降低的现象，例如江苏省中专新生报到率1998年仅为86%，比1997年减少9个百分点。[③] 即使招收到的学生也大多是因考不上普通高中而被迫选择职业教育的成绩较差的学生。招生

[①] 江静、许正道：《研究生人力资本与创新驱动的经济增长效应研究》，《中国高教研究》2021年第1期。

[②] 方展画、刘辉、傅雪凌编著：《知识与技能——中国职业教育60年》，浙江大学出版社2009年版，第148页。

[③] 周正：《谁念职校——个体选择中等职业教育问题研究》，教育科学出版社2009年版，第72—73页。

数量、招生质量的双重下降，导致中职教育办学质量也日趋下降，陷入了恶性循环中。尽管后来在政策的激励下有了一定好转，但依旧是步履蹒跚，并没有从根本上改变职业教育地位低下的问题，至此，我国中职教育发展的黄金时期已经成为过去，职业教育与普通基础教育的衔接陷入断裂的境地。

第三节 我国普职教育衔接变迁的历史规律

自现代职业教育产生以来，伴随着国家经济发展方式从计划到市场的转变，我国职业教育在政府有关政策的激励下，在与普通基础教育的衔接中从尝试到探索，逐渐走出一条顺畅的衔接道路，但是最后却在市场化的改革中走向割裂。这一演变历程在招生机制、课程衔接中都具有明显的痕迹，最终都体现在民众对职业教育的选择度上。

一 政策驱动：从计划走向市场

自1922年我国现代职业教育起步以来，不同时期的政府在促进职业教育大力发展的过程中，都投入了较大精力，尤其是为提高职业教育的吸引力，提高民众对职业教育的选择度，计划经济时代的公费或奖学金制度以及统一分配的就业政策成为长期以来巩固职业教育地位的优良政策。民国时期的"不收学费"和"公费"制度吸引了一批家庭经济困难的优秀毕业生选择职业教育，避免了过早失业的问题；高职学生虽然没有公费或免学费制度，但在就业方面获得一定的支持。新中国成立后，公费制度改为人民奖学金制度，且对特殊的学生群体有着较高比例的奖学金照顾，提高了农民子弟选择职业教育的比例；就业方面的统一分配政策解除了中职学生的就业顾虑。改革开放以后，为进一步激发职业教育的办学活力，中专和技校继续沿用之前的"人民助学金"和"包分配"制度，毕业后获得"干部身份"成为当时选择职业学校的学生时常炫耀的资本；职业中学学生虽然没有优厚的资助和分配政策，但在"三结合"就业政策的激励下，也都找到了较好的工作，因此这一时期的中职学校从初中学校招到了非常优秀的学生，形成与初中学校的紧密衔接。

然而，进入20世纪90年代中期以后，随着我国经济体制从计划经济向市场经济体制的转轨，教育体制改革也逐渐走向市场化进程，职业教育在这一改革的过程中将办学自主权下放，招生计划并轨，开始逐步实施"谁上学、谁缴费""自主择业"的办学模式。尽管政策规定，收取的学费标准要考虑学生家庭及社会的承受能力，但在那个时代，改革的步伐远远快于家庭经济发展的速度，大多数贫困家庭的子女根本无法承担高昂的学费以及每月的生活费；同时"自主择业"的政策虽然在一定程度上增加了学生就业的灵活度，但在市场经济还很不成熟的时代，有限的就业岗位根本无法吸收规模猛增的毕业生，再加上大多都是农村家庭出身的孩子，就业门路更为狭窄，农村家庭也无法面对不太健全、不太公平的就业市场。在当时，"靠关系找工作""金钱交换"的现象时常发生，农村家庭出身的孩子好不容易付出高昂的学费成本熬到毕业，再让他们拿出"天文数字"的金钱找工作，可谓对他们来说是一个耻辱。而一时间蓬勃兴起的高职教育也存在相同的现象，尤其是毕业于民办高职院校的毕业生也有不幸的遭遇。这一现象直至2005年以后就业市场逐渐健全后才得以缓解，但是并没有从根本上改变职业教育是"另类教育"的命运，职业院校的毕业生依旧"低人一等"。

二 招生衔接：从耦合走向断裂

在政策的驱动下，经过改革开放之前的探索以及改革开放后的大胆尝试，职业教育在招生中一度获得较为优越的地位，且招生中逐渐渗透有专业内容的考核。1922年新学制将职业教育融于普通教育之中，通过设置职业科的形式实现普职教育的融通，为职业教育招到更加合适的学生提供了前置性基础。新中国成立后，职业学校的招生对象逐渐升级，1953年政策特别规定对于专业性比较强的专业，还需进行专业加试，增强选拔的针对性和专业性；初级师范学校还对学习优秀的小学毕业生实行免试入学的政策；1958年半工半读学校的建立在一定程度上解决了高小毕业生的就业问题。改革开放以后，职业教育的招生逐渐走向科学化的发展道路，招生单独进行，实行优先"预选"制度；重点职校与重点高中同等对待，优先录取；职业中学部分专业应进行技能加试，技能优异者文化课程成绩降分录取；技工学校招生不但提出身体条件要符合工种的需要，还在 1992 年特别强调要压缩文化课程考核的比例，增加职业能力测试，以实现人—职匹配。因此，20 世纪八九十年代，我国职业教育在招生方面逐渐建立了与初中学校较为密切的耦合性机制，为职业学校招到更加优秀的学生提供了衔接性平台。

进入 20 世纪 90 年代中期以后，职业学校招生开始逐步增加调节性招生计划比例，最终演变为"国家任务计划"和"调节性计划"两种招生计划的并轨，实行各种类型的招生统一计划、统一录取标准，试图改变过去政府对中职招生管得过严的问题。招生的并轨伴随中职学校自费和中职生自主择业时代的到来，使得职业教育突然失去原有的制度优势。尤其是 2000 年后中职教育与普通高中招生考试的并轨，更把职业教育推向了越发困难的境地。教育部要求中职学校从 2001 年开始不再单独安排考试，按照初中毕业生统一升学考试成绩录取学生，言外之意就是将中职学校和普通高中的招生统一标准、统一测试、统一时间。瞬间，职业教育失去了既有的招生竞争优势，一方面，中职学校提前预选不能正常进行，更多优秀的初中毕业生面临流失；另一方面，初中毕业生统一升学考试在内容上主要以学科知识为导向，更有利于普通高中招生的选拔，缺少对专业技能和职业潜质的测试，使得职业学校不能招到合格的学生，在招生竞争中没有话语权，面对普通高中的大规模扩招，必然失去大量优秀的生源，进而使得职业学校与初中学校的衔接走向断裂。而在这一时期开始蓬勃发展起来的高职教育也因高考招生的统一模式，也不能招到优秀的生源，在与普通本科高校的招生竞争中，同样处于劣势。

三　课程衔接：从融入走向隔离

课程不仅是教育实践的核心载体，而且也是普职教育衔接的重要载体。不同时期普职教育之间在衔接的过程中都体现出一定程度的课程融合，总体来看呈现出从逐渐融合走向中职学校隔离的态势。在新学制的框架下，无论是职业课程本身还是职业科中的课程都融入在普通中小学中，不仅为普通中小学毕业生解决了就业问题，而且还通过技能培养、职业陶冶的方式实现了引导学生向上选择职业教育轨道的目的。20 世纪

30年代高等专科的课程也特别强调与高中尤其是高中职业科的联系，这为高中毕业生选择高等专科学校提供了知识性先导。新中国成立后，无论是小学还是初中阶段都特别强调对农业知识、生产劳动技术知识的渗透，为中小学生了解农业基本原理、培养劳动习惯提供重要基础，同时为他们选择高级别的职业教育轨道奠定较好的专业基础。改革开放后，不仅要求农村中小学开设职业技术课程，加强与农业生产的联系，而且还要求城市高中也增设职业技术课程，学习成绩也可以在毕业文凭上得到认可，增加了学生选择高学段职业教育的可能性；从80年代末期开始，我国普通中小学在课程计划中开始将劳动技术课程作为一门必修课予以嵌入，在培养学生劳动习惯的过程中，也对他们选择高级别的职业教育轨道产生启蒙效应。

20世纪90年代中期以后，伴随职业教育地位的下降以及新一轮的基础教育课程改革，职业技术课程逐渐失去了职业教育本身的味道，开始以正式课程的形式成为普通基础教育必修课程体系的一部分，但在应试教育的驱使下实施效果并不明显。从《基础教育课程改革纲要（试行）》综合实践活动课程的提出，到2003年《普通高中课程方案（实验）》技术课程的单列，体现出我国普通基础教育对信息技术、劳动技术、通用技术等课程的重视。但是，一方面由于这些课程具有职业课程的性质，在职业教育备受鄙视的时代，这些课程似乎并不被广大师生待见；另一方面在高中教育普及化和高等教育大众化到来的时代，民众对优质教育的追求远大于对是否能够接受教育的追求，进而导致了应试教育的愈演愈烈，一些不在考试范畴的课程不被重视，进而这些课程的实践效果可想而知。因而从普职衔接的视角，这些课程逐渐失去职业教育的味道，成为形同虚设的"空中楼阁"，更谈不上通过课程的学习引导学生对职业教育的选择了。因此，从课程载体上看，职业教育与普通基础教育的衔接处于相对隔离的状态。

四 民众选择：从主动走向被动

总体上看，在中国现代职业教育发展的百年历程中，民众对职业教育的接受程度从开始的逐渐接受，到后来的主动选择，再演变为最后的被动接受。在改革开放之前的较长时间内，尽管政府在不断倡导职业教育，但更多的还是国家的美好愿望，由于民众教育意识的薄弱和农业生产劳动的负担，尤其是"推荐制度"入学政策的约束，大多数家庭尤其是农村家庭的子女还是选择在家劳动赚取工分，用没有技术含量的身体劳动维持家庭的基本生活。改革开放以后，随着家庭联产承包制的实施，民众对教育的追求意识逐渐觉醒，再加上中职学校的大规模扩招，以及优越的免学费、包分配等激励政策，一些劳动力富余的家庭开始主动将自己优秀的长子或长女送到中专就读；即使没有激励政策的职业高中也因为良好的就业市场被广大优秀学生主动选择。

改革开放以后，促使民众主动选择职业教育的原因主要有以下方面：其一，教育资源的有限。改革开放以后，尽管中职学校大规模扩招，但是普通高中和高等教育资源仍然十分有限，只有极少一部分考入重点高中的学生才有机会升入大学，如果选择普通高中放弃职业教育，将很可能面临既考不上大学又找不到工作的尴尬境地，因此大部分优秀的学生将直接指向就业的职业教育作为自己的首要选择。其二，家庭结构的多子化。尽管 20 世纪 80 年代我国开始实施计划生育政策，但是之前生育政策的过于宽松造成了 80 年代正好处于学龄人数尤其是初中学龄人数暴涨的高峰期。据统计，1979 年和 1980 年我国户均人口分别为 5.08 人和 4.6 人。[①] 在这种情况下，为减轻家庭的经济压力，家长就希望在家排行靠前且学习成绩优秀的子女选择职业教育。其三，对生存技能的渴望。无论是从减轻家庭经济负担的角度，还是追求个人职业梦想的立场，优秀初中毕业生对职业教育的选择都充溢着对生存技能的渴望。这些优秀的学生沐浴着改革开放的春风，试图通过自己的努力，实现"鲤鱼跳农门"的身份蜕变，离开家乡，开辟出属于自己的一片天地。

但是，这种主动选择的趋势未能延续，伴随职业教育的市场化改革，自 20 世纪 90 年代中后期开始，职业教育开始进入"收费"时代，且同步伴随"分配工作"政策的消逝，进而使得学生普遍"弃职趋普"。首先，教育资源的充裕引导学生选择更加优质的教育资源。随着普通高等

---

① 史宝琴：《论家庭变迁与人口的生育行为》，《人口学刊》2003 年第 2 期。

教育的大规模扩招，以及普通高中教育资源的富足，使得学生对未来高级别教育更加期待，同时随着国民总体受教育程度的提高，中等学历教育已经不是人们追求的终点，因此越来越多的优秀毕业生开始主动选择普通教育而非职业教育。其次，少子化时代的到来使得家长更加重视子女教育。随着计划生育政策的普及，我国家庭结构逐渐呈现出3—4人的结构形态，在2000年我国家庭户均人口数下降为3.60人。① 在这种情形下，同时伴随家庭经济收入的多元化，多数家庭经济压力开始缓解，部分家长开始对子女寄予更大的期望，在"望子成龙"的心理驱使下，"上大学"成为从小被灌输的思想，职业教育也就自然而然地受到排挤。最后，个体对自由教育的向往同样成为学生选择普通教育的重要原因。从人类的发展史看，从生存取向到自由取向的过渡是人类发展的自然规律，在"吃不饱、穿不暖"的年代，迫于生存的需求，民众自然选择学制较短、就业较早的中等职业教育，但随着家庭经济发展水平和社会整体实力的提高，人们对更高、更好教育的需求就愈加强烈，以就业为导向的职业教育显然已经无法满足民众对较高层次教育的需求，通过普通教育获得学术化的教育也因此成为大多数人的选择。综合上述因素，选择职业教育的学生大多是被普通教育筛选之后的"落榜生"，他们进入职业教育是一种被动的、无奈的选择。

---

① 史宝琴：《论家庭变迁与人口的生育行为》，《人口学刊》2003年第2期。

第 三 章

现实之困:我国普职教育衔接的现状审视

我国普通基础教育与职业教育的衔接在现实中无论从宏观的体制、中观的运行还是微观的机理都存在不同程度的问题和障碍。普通基础教育作为职业教育生源的供给者,面对知识导向的评价机制和家长的传统文化观念束缚,供给的整体意识较为薄弱,尤其是一些薄弱的初高中难以改变固有的发展模式,处境艰难;而广大的职业院校作为生源的需求者在招生的过程中过于功利化,主动意识不强;教育行政管理部门也难以协调各方的利益,改革步伐推进缓慢。

第一节 我国普职教育衔接失范的整体表征

长期以来,与普通教育相比,职业教育的竞争力一直处于劣势,吸引力明显不足,形成了中国职业准备教育之"两只脚"(普通高等教育和职业教育)的非均衡发展态势。技术技能型人才的失效供给源于当前我国职业教育质量的不高,而职业教育质量不高的主要原因之一乃是其生源供给方面的问题。生源供给作为普职教育衔接的核心节点,成为反映普职教育衔接问题的主要指标。长期以来,我国职业教育生源存在供需不均衡的问题,出现严重的结构性供需失范,基础教育供给的生源类型和质量不能满足职业教育的真正需求。[1]

---

[1] 陈鹏:《供给侧视角下职业教育生源的早期培育研究》,《江苏高教》2018年第2期。

一 职业教育：难以提振基础教育供给的"二流"生源

就生源的需求而言，职业教育与普通教育有着显著的不同。根据技术技能型人才的成长规律，职业教育的生源应该是技能见长者，他们应该具有动手操作的技能潜质和对技能岗位的憧憬向往。然而，这并不等于说学术学习不感兴趣者就是技能见长者，而一个时期以来职业教育从基础教育获取的生源恰恰是这类学生，他们被认为是普通教育的"学业失败者"或者"二流"生源。由于中国职业教育长期以来在与普通教育的比较中处于弱势的地位，因此就没有拒绝这些"二流"生源的理由。

事实上，这些"二流"生源并不能完全胜任职业教育的学习与生活，尽管职业院校在想方设法加强内涵建设，但学生们在学习兴趣、学习态度和学习能力等方面仍存在不同程度的问题。有调查显示，在所抽取的样本中有39.1%的中职学生对学习几乎没有兴趣，他们"上课总是睡觉，作业抄袭、找人代做或干脆不做"；[①] 高职学生学习能力整体一般，样本得分均值只有3.14，在"有点符合"与"基本符合"之间，且偏向于"有点符合"；知识获得和应用能力较为薄弱，得分均值仅为3.04；[②] 高职学生厌学情况尤其是在消极学习情绪维度显著高于本科生。[③] 可见，职业院校的很多学生并不能适应职业教育的学习，这就恰恰反驳了"学术失败者＝技能擅长者"的谬论。值得反思的是，"学业失败""学习力差"恰恰是阻碍这些学生技能发挥的主要原因之一。普通初高中的"学业后进生"往往在基础概念理解、知识记忆与迁移等方面不太擅长，而这些弱势会严重阻碍他们对专业理论知识的学习，进而影响专业技能的习得；而基础教育阶段所累积的不良的学习习惯同样会影响进入职业教育轨道后的学习态度。因此，职业教育在生源素养的要求方面不仅仅追求技能突出，同样需要他们拥有厚实的知识基础和良好的学习习惯。

[①] 王国光：《关于职校生学习力的调查报告》，《职教论坛》2011年第21期。

[②] 武学慧、刘春娣：《高职生学习能力及其影响因素实证研究》，《职教通讯》2014年第19期。

[③] 高明：《高职学生厌学现状及相关因素分析》，《中国临床心理学杂志》2013年第6期。

二 基础教育：学术化的教育方式压抑潜在生源的萌生

从生源供给的视角，职业教育的供给方主要为普通中小学。尽管高职院校的生源还有来自中职学校以及社会的各类人员，但是这两类学生群体最初还是源于普通中小学。在中国，尽管职业教育的供给受到传统文化"学而优则仕"的影响，但是普通中小学在供给职业教育优质生源方面仍应承担一定的责任。长期以来，普通基础教育一直在应试教育、压抑个性等方面饱受诟病，为的是给学生一个"光明"的未来，但较少有人去考虑开启学生技能潜质、供给职业教育成长等相关问题，因此关于职业教育生源供给的反思更不多见。

事实上，应试式的基础教育在扼杀学生个性的过程中，也在压抑学生未来的多元发展可能性，违背了"人人皆可成才、人人尽展其才"的人才发展规律，更多的是按单维教育模式培养"人才"，就像丰子恺的漫画中所讽刺的"按照预先设定的模具制作批量千篇一律的人"。这种"模子造人"的教育现象没有考虑学生多元化发展的可能性，更没有顾及部分技能见长者的成长需要。再加上传统文化的影响，基础教育无论在课程实践还是教学评价中似乎都在为学生未来能进入普通高中或普通本科高校而努力，学术味浓厚，缺失对部分有技能潜质的学生的循循善诱。一方面，在基础教育阶段，虽然有综合实践活动、劳动技术、通用技术、信息技术等蕴意技能潜质开启的国家课程，但在很多中小学这些课程的开设效果并不理想。尤其是在广大的乡村学校，由于师资短缺、设施薄弱，更不具备开设这些课程的条件，升入普通本科高校更是乡村家庭几代人的梦想。对这些课程的不重视，致使本该进行技能启蒙的课堂经常被常规的学术课程所占据，从而不能为部分拥有"工匠梦"的学生提供滋养技术生涯的土壤。另一方面，中小学的教学评价也是更多地以"学术指挥棒"为导向，对认知能力、知识记忆等素养的考核仍占据主导地位，缺乏对动手操作潜能的考查和识别。尽管"知识与技能、过程与方法、情感态度与价值观"三维课程目标强化了对学生过程性、审美、兴趣、动作技能等素养的考核要求，但是在实践中并没有看到太多对"技"的早期辨识性考查。学术化倾向严重的基础教育最终为普通高等教育输送了"智力超群"的"优秀生",却埋没了潜在的"技能优越生"的美好未来,致使他们在丧失自信中变成"学术考试的失败者",进而在进入职业院校后由于知识基础薄弱难以实现技能的增长。

三 招考机制:普教化的评价方式遮蔽技能潜质的辨识

随着近年生源基数的总体减少,职业教育尤其是高职教育面临严峻的招生形势,生源竞争已经进入白热化阶段。在生源数量供给不足的情况下,已经对生源质量没有太多的奢求,"二流"生源的现象愈演愈烈。尽管目前有些地方教育行政部门联手职业院校探索了多元的招生机制,如单独招生、对口单招、五年一贯制高职、中本贯通等,旨在吸引更多优质的生源,但仍难以抹去招考机制的普教化色彩,如普通高招、注册入学、中考后分流等形式,主要还是考查学术能力,难以辨识技能潜质,致使职业院校招录的多数学生还是"学业失败者"。

首先,目前职业教育招生的主流还是来自普通高考和中考的选拔,这些考试形式的初衷是为普通高校和普通高中遴选优质的学术见长者,以便更加有利于高一层级阶段学生对高深知识的学习。在教育资源短缺的时候,这些"学术考试"的失败者如果想继续高一阶段的学习,通常会采取"留级复读"的形式,以便下一学年以优异的成绩进入普通高校或高中。但是随着高等教育和高中教育普及化的到来,高职、中职学校的规模蓬勃增长,以致部分地方的高等教育和高中教育招生规模大于基础教育毕业生的数量,这就使得与普通教育竞争处于劣势的职业院校吸纳的生源更是末流的"学术考试失败者"。传统的学术考试选拔机制较少考虑对学生技能潜质的甄别,更多的是枯燥的公式、原理以及古文经典的考查,对职业教育严重不公。

其次,作为传统学术考试背景下延伸出来的注册入学,更使得职业教育雪上加霜。例如,山东省高职教育的注册入学是在学生没有被高考统招批次录取的情况下,为低分考生及落榜生提供的一种"兜底"机制,同时也是高职院校补录招生计划的一种弥补性招生政策。这种招生形式其实是普通招考机制的一种恶性变种,在执行的过程中过于简单,仅仅通过考生申请、院校审核、考生确认三个线上流程,[①] 在短短几天内就可以确定,并没有对学生执行任何形式的技能潜质考查。

最后,为缓解生源竞争的压力,招收一些相对优质的学生,近年一些省份为高职院校搭建了提前单独自主招生的平台。但是在实践中仍存在一些问题。例如,江苏省对学生的测试形式主要还是局限于语数外三门文化课程的考查,且命题依据普通高中课程标准;除了对享受免文化课程测试的考生要求"必须进行技能考核或面试"外,对其他考生只是建议招生学校"可"组织技能考核或面试,[②] 并没有提出强制性要求。因此,这种单独自主招生机制还具有某种程度的"文化取向",并没有充分把握"技能考查"的机会。所谓"优秀"的学生只能通过自愿报名的形式获取,但谁又能保证在这种自愿报名中没有那些为了逃避普通高考而提前寻求"解脱"的学生呢?

第二节 我国普职教育衔接失范的案例剖析

研究使用个案分析法,选取一所处于危机中的乡村初中、一所走向消亡的城乡接合部初中、一所陷入低谷的中职学校和一个高中阶段的普职融通班试点项目,深入考察普职教育衔接失范的要素机理。与大规模的随机抽样统计分析相比,非随机性"个案"研究能够通过对社会现象的"深描"[③],深入地考察事物发生、发展的内部机理、运行规律和问题症结。在现实的实践中,不乏在普职教育衔接中陷于困境的学校,包括普通中小学和职业院校。通过对这些个案的深入剖析,可以折射出我们目前普职教育衔接的核心问题以及症结所在。

[①] 山东省教育厅:《山东省高等职业学校注册入学试点方案》,2014年1月14日,http://www.sdedu.gov.cn/eportal/ui?pageId=465425&articleKey=559777&columnId=465614。

[②] 江苏省教育厅:《关于做好江苏省2017年高职院校提前招生改革试点工作的通知》,2016年12月13日,http://www.jseea.cn/contents/channel_80/2016/12/1612131553879.html。

[③] Patton M. Q. , *Qualitative Research and Evaluation Methods* (3rd ed.), Thousand Oaks, CA: Sage, 2002, p. 46.

一 在边缘中维系生命：以泰州 KQ 学校为例

作为乡村"空心化"学校的代表，KQ 学校是于 2006 年在原有三所学校整合的基础上成立的新学校，但在发展中仍然步履蹒跚，在与城区和周边优质学校的竞争中，没有找到适合自己的发展道路。部分乡村学生尽管有着报考职校的意愿，但是，在现实中并没有获得足够的支持，学校依旧在应试教育的旋涡中挣扎着。

（一）在整合中积累资源优势

随着农民工的进城和乡村家庭的市区化，乡村生源逐渐减少，部分学校的班级人数开始出现个位数，从而引发乡村教育资源的相对富裕。为进一步整合优化资源，减少师资的重复利用，根据上级政府的统筹安排，GG 镇于 2006 年将原 LZ 中学、KQ 初中和 KQ 中心小学三所学校合并，在原 KQ 校区的基础上，成立新的 KQ 学校。作为一所新的九年一贯制学校，KQ 学校与 GG 镇政府只有一墙之隔，拥有便利的区位优势。源于此，KQ 中学在教育资源的获取性和就业资源的可挖掘性方面，都具有得天独厚的优势。

在教育资源方面，KQ 学校拥有便利的学区优势。自 2006 年资源整合后，该镇只有一所学校，方圆五千米之内没有其他学校，理论上所辖区域的适龄儿童都是该学校的生源。因此，学校凭借优越的教育区位优势，在起初获得了相对富足的生源，尤其是作为九年一贯制学校，初中生源得到了足够的保证。在 2006 年刚合并的时候，初中每个年级有 4 个班，平均每个班级的人数比现在也多，大约 56 人。而且，根据教师们的回忆，当时的普通高中升学率比现在好很多，在没有指标生的情况下，每个班也能有 4—5 个学生考入四星级高中。有些教师认为，这可能源于合并之初，校领导抓得比较紧，那时晚上要上晚自习。但是，笔者认为，这更多的是源于三校合并以后出现的集群优势，且当时乡村生源流失尚不那么严重。

在就业资源方面，学校周边逐渐发展起来的乡镇企业为农村子女的学成归来准备了潜在的职业岗位。越过一墙之隔的镇政府，再往西 500 米左右，有一个面积约 70 万平方米的 GG 工业园，涉及汽车、机械、电子、医疗、新能源、纺织等多个行业领域，吸引着当地和周边村庄的富余劳动力前来务工；学校东边300米左右则有江苏金泰泵业制造有限公司和江苏维娜时装有限公司，与西边的工业园互为补充；学校往南500米的街道两旁则是美容美发、家具家电、服装制衣、超市商店等涉及民生的商业场所；学校往北1000多米处则是另外一个乡镇的工业园区，KQ学校是离该园区最近的学校。这些潜在的就业资源看上去和普通的非就业义务教育没有任何瓜葛，但是这种就近的劳动力市场如果得到足够重视和科学利用的话，可能就是某些初中毕业生未来的栖息地。

（二）在衔接中教育供给不足

时至今日，KQ学校渐渐失去了当初的教育资源优势，生源逐渐缩水，四星级高中升学成绩更多地靠指标生来完成。统计显示，截至2020年2月，KQ学校初中部每个年级只有3个班，每个班平均不到50人，共有371名学生。根据对随机抽取的98名初三学生的毕业意向调查结果显示，有85人选择普通高中，有13人选择职业学校或就业市场。事实上，这一数据和最终的选择结果是不匹配的。根据近几年的最终流向显示，有大约一半的学生都会进入职业学校或走向社会。从中可以看出，大多数学生是希望进入普通高中，然而最后有相当比例的学生没能进入普通高中。原因很简单，很多学生并不具备升入普通高中的学业水平要求，但是他们迫于家庭传统文化或虚荣心的需要，将超出自己能力水平范围的"普通高中"作为生涯意愿。而对于选择职业学校的学生来说，他们对职业学校或专业"并没有什么概念"，有些同学表示"到时候再说，听父母安排"。这主要因为平时学校并没有对这些学生进行合理的关照，有些教师表示，"学校领导的关注点主要集中在'后进生'的补差，提高'升学率'上"。因此，当问及学生希望学校对他们提供什么帮助时，有些学生表示"应该开点我们感兴趣的课程"；对于希望职业学校以什么形式介入学校为他们提供帮助，大多学生希望"职业学校来学校开设一些职业讲座或课程"，或者"组织学生去职校参观"，以了解"在职业学校都学些什么"。可见，这些学生们对职业学校还是有所期待的，只是他们没有途径了解职业学校，更不知什么专业适合他们。

不仅在读生如此，毕业生的状况也是堪忧的。根据近几年的数据反馈，KQ 学校的初中毕业生有超过 50% 的都进入了职业学校或就业市场。如 2017 届 150 人中有 85 人进入职业学校，10 人直接就业；2018 届 152 人中有 80 人进入职业学校，9 人直接就业；2019 届 141 人中有 54 人进入职业学校，4 人直接就业。尽管三年来进入职校或就业市场的比例有所下降，但仍然不可忽视这批学生的规模。通过对进入职业学校学生的跟踪调查结果显示，这些学生大多是迫于无奈才做出选择的，因为"成绩不理想""上不了普通高中""没得选了"，只能选择进入职校。有些学生对现在所学的专业并不感兴趣，至于当初选择专业的理由大多是"亲戚朋友推荐的"，自己对职校和专业并不是非常了解，学校也没有给予有针对性的指导和帮助，只是在毕业前的几个月职校来做招生宣传时有个一知半解，同时有些学生还表示"上哪些职校也要看家里的经济情况"，可见，家庭背景对职业学校区域或专业的选择也有一定的影响。对于他们目前的学习状态，大多表示"很轻松"，"学习压力比初中小很多"，"语数外课程也有开设，但是不做硬性要求"。可以看出，这些学生在学业承受度方面是适合职业学校的，不仅表现出对文化课程的"轻松"，而且对专业课程也没有表现出排斥感，折射出职业学校的环境是适合他们的。但有些学生却抱怨，当初是"被坑进职业学校的"。"坑"的结果是造成他们没有选到合适的职业学校或专业。"坑"一方面源于职业学校的粗暴宣传，另一方面源于初中学校的"安排"性推荐。在学生眼里，学校的宣传和推荐并没有打动他们的内心，更多的是迫于无奈，但有时也只能接受这样的安排。

  对于直接进入社会的学生，用"直接就业"来形容他们的选择未必完全合适。因为大多数学生并没有真正的就业，用他们的话说就是"混社会的，平时耍子、打架和吸烟的"。可能对于未成年的他们来说，并没有感受到生存的压力，靠父母就足够了，因此也没有什么明确的职业规划。其他所谓"就业"的学生也几乎是非正规的。有两位女生因受不良网络环境影响，还没等到毕业就辍学了，而后直接从事"主播"或"微商"的生意。用她们的话说就是，这些行当"根本不需要什么文凭"，"现在做得挺好的"。其他学生还有从事厨师、理发、木匠的，但都需要从学徒工做起，大多是在亲戚家开的店工作，或者朋友推荐的。他们认为,"在哪里都是学,干吗非得去职业学校学习"。因此,对他们来说,在实体店学习才是更真实的,而且还能挣一点钱。对于打算直接进入社会的在读生来说,他们目前的学习状态很差,没有目标、没有动力,用老师的话说"在学校就是混日子等毕业的"。对于选择就业的理由,他们大多表示"上学太辛苦,不是学习的料","考不上高中,又不想花家里的钱"。对于未来的职业规划,他们并不明确,有的直接表示"就想在家里混混"。当被问及"为什么不选职校时",有些同学表示"没有什么兴趣","进职校也是去混日子的";有些同学认为"不需要学习什么技术","打游戏"就是技术。对于这部分学生的科学引导,任务异常艰巨。

可以看出,对于很多学生来说,尽管进入社会是他们"获得解脱"的一种选择,但是,总的来讲,他们对"职业技术"的学习还是有些憧憬的,例如对于厨师、理发师、木匠的选择,对于"游戏"的爱好,对于"主播""微商"的酷爱,等等。但是,为什么这些学生没有进入职业学校而直接走向社会了呢?或许是他们只看重眼前的利益,或许是为了逃避学业压力,但更多的是他们对职业学校了解甚少,并不知道职业学校有哪些专业。其实,职业学校恰恰有着他们喜欢的专业,如"计算机动漫与游戏制作""播音与节目主持""移动商务""网络营销",等等。与此同时,现在的职业学校环境也有很大改观,实习实训基地建设足以满足学生们实践技能的需要,在实习时还能有些"学徒工"的补助。但对于很多初中尤其是农村地区的初中来说,职业学校的进驻宣传并不到位,招生时的一两天"动员"根本起不了什么效果,从而导致一批生源的流失。而对于进入职业学校的学生来说,他们更需要提前了解职业学校的相关专业,在认识自己与认识职业中做出一个合理的选择,但实际上往往是在中考失败后只能做这一种"无奈"的选择。学校几乎将全部精力用在了"提高学业成绩"上。这一方面源于学校对普通高中升学率的片面性追求,另一方面也和现有的职业学校招考机制有关。现有的中职招考并没有单独的评价方式,而是和普通高中招考使用同一张试卷,这就导致即使有些学生想进入职业学校尤其是好的职业学校或专业,也得有较好的文化课程成绩。也就是说,文化课程成绩是初中学校必须要抓的。但是,在这个基础上,初中学校也应对部分学生的技术成长作出适当的引导和支持，然而它们并没有做到。

（三）在后续发展中摇摇欲坠

随着城市化进程的加快，乡村家庭继续向城市流动着。根据国民经济与社会发展统计公报显示，2018年我国城镇人口比重已由2000年的36.22%上升到59.58%。乡村人口的城镇化迁移继续加剧着农村学校尤其是公立学校的"空心化"，生源危机更为严峻，即使"撤点并校"和"二胎化"政策的双重"利好"也难以抵消生源游离的速度，KQ学校也在所难免。近年来，随着对优质教育资源的追求，越来越多的农村家庭通过在县城买房子为孩子获得城区的教育资源，GG镇的村民也不例外，有些村庄超过一半拥有学龄子女的家庭都在县城买了房子。KQ学校的潜在生源被城区学校隐性地剥夺着。与此同时，在相邻乡镇学校中，两千米外的ZY初级中学也是KQ学校强有力的竞争对手。用一位教师的话说，就是"ZY比我们要好，它是老牌的农村初中了，目前是我们教研站里最好的了，教师和学生人数都很多，可是我们的竞争对手"。该教师在诉说的过程中，还用一个流泪的表情表达内心的委屈与无奈（网络访谈）。在双重竞争对手的夹击下，KQ学校的生源已经缩水，从2018年开始小学一年级已经由原来的3个班减为2个班。可以想象，在六年以后甚至还不到那时候，初中部也将减到更少的班级，学校发展面临着新一轮的危机。

面对乡村学校的"衰败"和"空心化"，KQ学校在2019年换了新校长，但是改革的举措并不明显。有些教师表示，"新校长总喜欢搞活动，搞花架子，想法很多，但是学校实际不允许，总的还是想提高成绩，提高学校口碑，但是具体措施还没有细化"；"总的说来就是，校领导有目标没措施，教师工作积极性也不是很高"。可见，面对危机，学校管理者想改但不知道怎么改，教师们的工作情绪也深受影响。在现实中，他们仍是想通过"提高成绩"这种应试教育的老路来"提高学校口碑"，没有根据自身的特色形成与其他学校错位发展的竞争态势。反观前述的分析，KQ学校主要有两大优势，一是"学业后进生"优势，二是乡土产业优势。KQ学校的危机也是和学校没有利用好这些资源优势有关。

其一，没有根据"学业后进生"的需求设计个性化的教育方案。根据调查显示，教师们最大的感受就是，很多成绩不好的学生到了初三的时候"不想学，也学不进去，在学校等着毕业"。与其让他们等，还不如与职业院校合作开发一些技能性的选修课程，让他们提前了解职业学校的学习性质和专业集群，激发学习兴趣，进而引导他们在毕业后选择一条适合自身发展的教育之路。但是学校并没有给他们提供足够的支持。例如，在访谈中，有些教师表示"平时授课时在职校问题上涉及的比较少"，了解职校的机会"可能就在初三下学期"，因为那时候"职校的招生人员来发传单"。对此，有些老师给出的理由是"我们区的初中几乎都没有和中职学校合作的"。但是，学校与学校不同，薄弱学校固然要有自己的独特生存之路。

其二，没有结合乡镇产业资源优势谋划出路。根据前面的描述，该学校地处乡镇政府所在地，四周皆有配套的工业园等劳动力输入地。根据对学生的跟踪调查显示，有一定比例的学生在初中毕业后直接流入劳动力市场，但大多数并没有留在家门口，而是出去做了美容美发、厨师、木匠等行业的学徒工，因为工业园区企业需要技术知识，这些学生没有任何技术专长，只能做一些低端的劳动。要想让这些打算就业的学生留下来，扎根乡村、服务乡村、振兴乡村，初中应该与职业学校合作，结合乡村产业集群现状，围绕机械制造、汽车维修、电子电器、纺织加工、医疗卫生等领域开发一些技能课程模块，供有需要的学生选择学习，甚至可以将这些课程的教学搬到工业园，通过师徒制的传承方式，使得学生提前感受企业文化，在熏陶中激发职业兴趣，厚植乡土情怀。但是，仅有这些课程还不够，还需要在合作中培养学生对参与职业学校的认同感，消除他们对职业教育的偏见，进而在毕业后引导他们继续选择进入相应的职业学校和专业，等职业学校毕业后再来反哺乡村，为乡村产业提供更加高端的技术支持。而对于这些，KQ 学校并没有意识到。

二 在融合中走向消亡：以南京 SZ 中学为例

2004 年，地处城乡接合部的南京市 SZ 中学被当地政府指定为唯一一所招收农民工子弟的公办学校。在学生基础水平、家庭背景、职业意向等因素的交织作用下，普通高中升学率不高，理论上为职业教育提供了富足的生源,为普职教育衔接奠定良好的基础。实际上这种普职衔接更多的是无奈中的选择,SZ 中学并没有在竞争中取得自己的生存之道。也正因为如此,该校在政府的"拆迁"中走向消亡之路。

(一) 在融合中陷入应试旋涡

南京市 SZ 中学始建于 1965 年,位于南京市建邺区,地处城乡接合部,是一所随时面临拆迁的薄弱学校。该学校所在的镇是流动人口的聚集地,学校周边店面林立,有经营饮食、订做皮鞋、卖衣服的,也有理发、开五金店和杂货店的。这些店面老板大多是来自周边河南、安徽、苏北等省份和地市的外来务工人员,因为父母的到来,很多子女也会随迁过来,而随迁子女的教育问题成为萦绕家长和当地政府心头的一个重要问题。随着 2001 年《国务院关于基础教育改革与发展的决定》的颁布,"流入地区政府"和"公办中小学"成为农民工子女教育的主要责任者,专门的农民工学校逐渐丧失原来的地位,学校数量骤然减少。统计数据显示,2005—2009 年,当地农民工中小学从 11 所减少到 3 所,而唯一的农民工中学在 2008 年也被撤校。[1] 为了保障当地外来务工子女接受正常的义务教育,2004 年,建邺区政府指定 SZ 中学为当地唯一一所接受农民工子女的公办学校。在此基础上,2005 年,南京市建邺区政府先后出台了《关于进一步做好进城务工就业农民子女义务教育指定公办校工作的通知》《关于加强对建邺区外来民工子弟学校管理和指导的通知》等多个文件,对公办学校接收农民工子女教育作了更加明细的规定。就此,SZ 中学被贴上了"农民工子女学校"的专属标签,走向融合之路。

SZ 中学虽然在 2004 年之前也在招收农民工子女,但还有相当比例的学生是当地生源,不过随着大门对农民工子弟的彻底开放,大量涌入的外来生源严重挤压了当地学生的学习空间。为了躲避和农民工子女就读同一所学校,很多当地的优质生源相继转走,留下来的本地生源多是"走不了的"和"走不走无所谓的"[2],他们和外来农民工子女一起构成

---

[1] 史秋霞:《农民工子女教育过程与分层功能研究》,社会科学文献出版社 2017 年版,第 53 页。

[2] 史秋霞:《农民工子女教育过程与分层功能研究》,社会科学文献出版社 2017 年版,第 67 页。

了"农民工子女学校"的学生生态。在整个学生群体中，外来务工子女占据90%以上。为了使外来学生尽快地融入当地的城市生活，学校新任校长提出了"做一个顶天立地的城市人"的"融合教育"的办学理念，以"成长在南京""成人在南京""成才在南京"作为学校的办学目标，并通过建立区域化的管理规范和营造隐性的"蜕变"校园文化，引导学生健康成长。尽管学校付出了较大努力，但是学生的学习状态仍摆脱不了固有的"气质"。课题组成员通过田野调研发现，在 SZ 中学的教室里，经常看到学生赶、抄作业的场景，学生经常将"有意违规"作为主要的娱乐方式，例如，在课堂上坐在后排讲鬼故事、看小说，或用手机上网、聊天，或聚在一起讨论某某老师的着装，甚至打牌等。[1] 此外，虚拟的非主流网络文化成为他们融入城市生活的另一种重要方式，如网红、混乱的歌曲、自残的图片等；有时他们还通过日记甚至直接辍学的方式来挑战教师和学校的权威。[2] 这些学习生态成为促使他们沿袭父母阶层再生产的重要方式。

之所以出现这种现象，是因为 SZ 中学并没有充分地考虑这些学生的性格特点和生涯发展需要，依旧通过传统的方式评价学生，将教学质量和升学率作为自身发展所追求的重要目标。为了提高教学质量和最终的升学率，SZ 中学通过两个阶段的分班来实现：一是在刚入学的时候，根据诊断性测验，将成绩好、综合表现好的学生编入快班，其他学生被编入慢班；二是在进入初三后，根据初二第二学期期末的成绩排名，前 30 名组成提优班，之后的 30 名组成提合班，其他学生组成普通班。在此基础上，学校将最优秀的班主任和任课教师配备到快班、提优班和提合班。[3] 由此可以看出，SZ 中学将优秀的教学资源和所谓的"优秀"学生联系在一起，其他"差生"或者"普通生"则在无形中被放弃。在学校

---

[1] 史秋霞、范艳萍：《学校教育中的再生产漩涡——关于农民工子女教育的研究》，《河海大学学报》（哲学社会科学版）2015 年第 4 期。

[2] 史秋霞、王毅杰：《片面洞察下的"反学校"生存——关于教育与阶层再生产的探讨》，《华东师范大学学报》（教育科学版）2015 年第 3 期。

[3] 史秋霞：《农民工子女教育过程与分层功能研究》，社会科学文献出版社 2017 年版，第 75—76 页。

管理者的眼中,"优秀"的学生就是文化课程学习好的学生,如果文化课程成绩不好即被归入"差生"的行列,违背了"农民工学校"的办学初衷,"融合教育"有形无神。农民工子弟融合教育,不仅需要通过校本课程的教化和校园文化的隐性渗透,还需要学校为他们提供"合适的"向上层流动的教育方式。诸多调查研究显示,农民工子弟在初中毕业后的升学选择中,更多的人选择职业学校。[①] 作为拥有90%以上比例农民工子弟学生的SZ中学,理应通过不同的方式,为学生提供合理的职业教育分流策略,使他们在另一种教育类型中找到适合自己的发展路径。

(二) 在暗道中衔接职业学校

遗憾的是,SZ中学并没有对大多数农民工子弟进行合理的引导,而是通过"隐性淘汰"和"暗道交换"的方式将他们推向职业教育轨道。"隐性淘汰"意即为提高升学率,将"差生"提前排除在中考队伍之外。具体做法为:将中考无望的学生由教育局出具证明,委托学校自己组织中考测试,通过降低考试难度,既能让学生顺利通过考试拿到毕业证,又能提高学校显性的中考升学率,实现"对他们好,对我们也好"的共同目的。但从一些数据的对比可以看出SZ中学升学数据背后的假象。例如,作为学校正面宣传的数据显示,该校2007年中考均分位列全区第四,语文、数学中考均分分别位列全区第一和第三,2008年有25名外来农民工子女考上重点高中;2007届"融合班"初三(1)班43人的成绩均分超过省重点高中分数线24分。[②] 但是,作为研究者视角的研究结果显示,SZ中学2007年和2008年考入高中的人数分别为53人和42人,仅分别占学生总数的27%和28.4%。[③] 两组数据或许均无错误,但是,由于呈现方式不同,形成鲜明对比。显然,大部分学生已经通过"隐性淘汰"

[①] 杨东平、王旗:《北京市农民工子女初中后教育研究》,《北京社会科学》2009年第1期。杨东平主编:《流动儿童蓝皮书:中国流动儿童教育发展报告(2016)》,社会科学文献出版社2017年版,第196页。

[②] 傅ști宝、邬晓莉:《教育公平不是梦——南京市SZ中学融合教育的故事》,南京师范大学出版社2011年版,第223—232页。

[③] 史秋霞、王毅杰:《片面洞察下的"反学校"生存——关于教育与阶层再生产的探讨》,《华东师范大学学报》(教育科学版)2015年第3期。

的方式被过滤掉了,他们对中考的"未参与"在某种表象上使得学校宣传的升学数据更加好看。他们没有进入普通高中的机会,却又通过"暗道交换"的方式被安排到"弱势联盟"的职业学校。因为面对生源严重萎缩的市场形势,中职学校往往会主动找上门来与初中学校合作,形成"弱势联盟",而与其初中学校又会将这种契约通过另一种形式绑架到学生身上,如 SZ 中学将"进入学校指定的几所中职学校"作为"隐性淘汰"的学生获得初中毕业证的前提。这也难怪会出现学校宣传的"在 2008 年 60% 的外来农民工子女在南京市上省重点以上学校的中专和大专"的数据。[1]

事实证明,不管进入重点职校还是非重点职校,在很大程度上,这些被"隐性淘汰"的学生的选择都是一种无奈或被动之举。在临近毕业时,面对职业学校信息的涌入,他们对学校和专业并无详细的了解,更多的是茫然无措。在填报志愿的时候,往往跟随同辈群体。[2] 在访谈中,有同学起初并没有想好报什么专业,而是直言"看看别人是怎么选的吧",以便能够和同学继续"在一起"学习;也有同学认为"学什么都行""在哪里都一样",因为自己"适应性特别强",认为班里很多人都报了××学校,所以他自己也很可能去那里。这种"随波逐流"的从众行为在同学们中占据着大多数。还有些较为理智的学生将专业选择与文化课程成绩联系在一起,如认为学汽车维修、计算机等专业需要外语成绩好;学汽车美容专业需要美术好,但是当他们面对各科成绩的弱势时,又不知所措,有的干脆等到职校来做招生宣传时再决定。尽管有位同学最后选择了计算机专业,但她对这一专业所在的职业学校并不了解,认为学校的"三星级"不值得一提。事实上,江苏省三星级职业学校是仅次于四星级的等级,在社会上具有较好的声誉,该学校不仅是江苏省首批三星级中职学校,同时还是国家级重点中职学校。此外,直接报考普

---

[1] 傅明宝、邬晓莉:《教育公平不是梦——南京市 SZ 中学融合教育的故事》,南京师范大学出版社 2011 年版,第 223 页。

[2] 王刘飞、王毅杰:《农民工随迁子女初中后教育选择研究》,《江汉学术》2017 年第 5 期。

通高中的同学则认为上职校"就那样",会被亲戚"瞧不起"。[1] 可见,大多数同学对职业学校以及专业的了解仅是凭借主观臆断或受他人的影响,而主要原因之一在于缺少学校的合理引导。学校并没有将职业教育的理念和要素渗透在初中学校人才培养的全过程,而是在日常的教学中将这些学生中的"大多数"逐渐淘汰,唯一与职业学校交流的时机是在职校来校宣讲时。但此时,学校也没有与职校一起协同为学生的选择作出科学的指导,更多是做这些"弱势联盟"学校的"帮凶",督促学生们尽快作出决定。

选择时的鲁莽必然带来后果的不堪设想。通过对升入职业学校的学生的跟踪调查显示,很多学生对职业学校感到比较失望,感觉并不是想象中的样子。例如,就读南京市一所职业学校的同学所学的专业是面点专业,但进入学校后发现面点制作的很多材料都需要自己去买,他认为开销太大,这是当初报考这个专业时没有想到的。可见,这位同学当初并没有对这所学校和这个专业做深入的调研和了解,起初报考的"随波逐流"必然要为现在的额外"开销"埋单。同在一所职业学校的另一位同学,面对"比初中还乱"的职校学习氛围,干脆入学后不到一个星期就辍学了,随后进入一家美容店做按摩学徒工,自认为生活重新燃起了希望。[2] 可能当初在他看来,上一层级教育系统的环境或许是更加优越的,而当理想的楼阁在现实中崩塌时,他的内心被深深地触动了。当然,个人的决策仅仅是一个直接的原因,最为关键的还是,在他们当初作选择时缺少可靠的外在力量的支持,尤其是职业学校在普职教育衔接中所做的工作是远远不够的。在招生宣传时,他们往往把"好就业""有补助""能上大专"作为主要的"卖点",但并没有深度地考究学生的兴趣爱好和学业基础,更没有明确入学后的一些隐性消费。而且,职业学校的衔接也仅仅是在招生宣传时的介入,并没有将自己的元素主动渗透到初中学校人才培养的全过程,而是任凭初中学校将这些学生进行"隐性"淘汰。

---

[1] 史秋霞:《农民工子女教育过程与分层功能研究》,社会科学文献出版社 2017 年版,第 166—198 页。

[2] 史秋霞:《农民工子女教育过程与分层功能研究》,社会科学文献出版社 2017 年版,第 199 页。

(三) 在整合后继续沿袭宿命

SZ 中学的校区是不幸的。早在转型之初，周边就有步步逼近的高层建筑，预示着该校迟早将被城市化的楼体所侵蚀。如初所料，在学校被指定招收农民工子弟的第十个年头，也就是 2013 年，SZ 中学在政府的规划中消失了。学校及其周边的区域被新城科技园取代，曾经农民工生活起居的棚户区、各种经营店面荡然无存，显然 SZ 中学也没有存在的价值了。根据政府的统一规划，从 2013 年秋季开始，SZ 中学与原 SZZ 中学、SZZ 小学的资源合并转入到一所新建的九年一贯制学校——南京市 LH 实验学校，用以配套新建立的 LH 新城小区。此时的气氛不免有些悲凉。曾经被当地政府指定的第一所面向农民工子弟开放的公办学校，尽管创立了所谓的"融合教育"模式，也获得了业界的高度评价和广泛的社会反响，但是它在学生的毕业流向规划中没有探索出一条属于自己独有的生存之道，反倒是仍然在重复优质学校固有的轨迹，将普通高中的升学率作为唯一的评价指标，将大多数农民工子弟在中考之前就进行"隐性淘汰"，严重刺痛着这些"无辜者"的内心，同时也没有为他们合理地引出另一条适合其发展的道路，而是以"暗道交换"的方式将他们强塞给了与其订立"弱势联盟"的职业学校。倘若通过与职业学校科学合作，形成与其顺畅衔接的成功模式，SZ 中学或许会为自己赢得更大的发展空间。实则不然，而这种办学理念的痕迹在某种程度上也继续影响着合并后新的学校的发展，注定遗传的基因不断轮回着。

尽管根据政府的规划，LH 实验学校是为配套新的小区而建，但是，由于小区是安置房和中低价房的混合区，且租房者较多，注定新的学校仍是农民工子弟的聚集地。根据相关调研数据显示，新的学校有将近 70% 的学生是外来务工人员子女，而普通高中的升学率不到 20%。[1] 因此，大部分农民工子弟毕业后都将进入职校，如果不直接就业的话。为了让这些孩子更加无缝地融入所在地城市，新的校长在原有"融合教育"理念的基础上提出了"无痕教育"。尽管孩子们普遍感受到学校安排的课

---

[1] 夏云云：《学校的力量：薄弱学校的自我改造的个案研究》，硕士学位论文，南京师范大学，2017 年，第 44—60 页。

程、活动以及校园文化对他们的性格改变较大,使他们找到了参与感和归属感,但是在普职教育衔接的过程中,该校依旧没有太大的创新。尽管有些学生表示在教师的推荐下会选择一些合适的职校或专业,但这更多的也是微观镜像下的"师生之交"。学校层面,并没有为这些学生向职校的流动提供一个系统的规划设计和实施方案。学生们了解职校的渠道更多的还是通过"传单""网络"等途径,他们有时甚至不知道中专与专科、专科与高中的区别。例如,有一位学生在谈及未来规划的时候讲道,"我们大多数还是想选一个职业吧,护士、幼师什么,因为成绩达不到高中录取线,所以就会选中专,但最想上大专。大专出来之后,拿到证也是相当于高中毕业,所以找工作也好找些。"① 可见,在这位学生的话语体系里,尽管他知道尽早就业就要选择职业学校,而且也有向上层流动的强烈渴望,但是他却将"大专"学历等同于"高中"学历,可谓是高尚的"无知"。因此,尽管作为薄弱学校在自我改造的道路上不断前行着,但是这一新的学校在普职衔接的道路上仍有漫长的路要走。不然,将继续轮回着 SZ 中学的宿命。

三 在竞争中寻找方向:以徐州 GY 学校为例

作为职业学校的代表,徐州 GY 学校曾经依靠"对口单招"赢得一时的辉煌,但是面临招生政策的突然变化和不良的生源环境等,学校深陷招生危机,招到足够的学生都是问题,更谈不上招到合适的学生了,尽管近两年招生问题有所缓解,学校也尝试着与初中衔接的探索,但仍有很长的路要走。

(一)在对口单招中成就辉煌

徐州 GY 学校始建于 1985 年,位于徐州市城郊,可以说是近似于农村的中等职业学校。和其他学校一样,也有着辉煌的历史。打开 GY 学校的网页,在学校概况以及年度质量报告中便可以看到学校拥有厚实的历史积淀。20 世纪 90 年代以来,在辉煌的办学实践中学校创造了一个又一

---

① 夏云云:《学校的力量:薄弱学校的自我改造的个案研究》,硕士学位论文,南京师范大学,2017 年,第 49 页。

个职教品牌。该学校于1996年被评为江苏省重点职业中学，2000年被评为首批国家级重点中职学校（全国960所），2010年成为江苏省四星级中职学校，同年被认定为江苏省高水平示范性中等职业学校，2005年由铜山GY职业高中更名为开发区GY学校。"首批国家级""江苏省四星级""江苏省高水平"，一张张名片，不是每所职业学校都能取得的，这足以证实GY学校在成立后的20年间所取得的辉煌成绩。与此同时，GY学校还有着厚重的文化积淀，"厚德·精技"的校训凸显着职教人"德技并修"的人才培养定位，"求真、向善、开拓、进取"的校风昭示着学校积极向上的发展面貌，"修身、敬业、务实、创新"的教风折射出教师们"忠于职守"的工作风格，"勤学、善思、求实、创新"的学风体现出职校生们"手脑并用"的学习品格。可见，GY学校在办学的历史中，一直保持着职业教育的办学初衷。

在访谈中，该校负责人透露GY学校建校以来主要经历了三个发展阶段。第一阶段，起始阶段，从1985年建校到20世纪80年代末期，主要以服务于地方经济发展为主。学校的诞生得益于国家当时"调整中等教育结构，大力发展职业技术教育"的红利政策，在多元化普通高中又适当压缩的时代背景下，新成立的职业中学迅速吸引一批优秀的初中毕业生，职业学校在与地方经济的互动中逐步站稳了阵脚。第二阶段，迅速发展阶段，从1990年到2008年，"对口单招"逐渐成为引领学校发展的主要引擎。"普高看郑侯，职高看工职"是当时广为流传的一个口号，也是每一位"工职人"值得骄傲的名片，这主要源于"对口单招"的辉煌成绩。"对口单招"主要是国家为了鼓励高职发展、培养更多高级技术人才的一项专门针对中职学校的高考政策，这也就为广大中职学生向上层流动提供了可持续发展的通道。GY学校在这一政策的促进下，迅速在与同行的竞争中打出了自己的品牌。作为土生土长的"工职人"，该校负责人满怀自信地回忆道，"那个时候，我们每一年对口单招的成绩，都占到全市很大的一个份额"，"有一年，我们学校的单招本科，都考上了98个"。可见，在"单招"的基础上，"升本"成为该校吸引优质生源的金色"招牌"，学校的辉煌成绩和荣誉称号也几乎都是在这十几年中取得的。

升学，还是就业？一直是摆在职业教育面前的一道难题。与普通教育不同的是，职业教育与经济社会发展联系最为密切，人才培养的主要定位在于服务地方经济发展，因此"就业"自然成为职业院校的主要面向。然而，在那个时代尤其是职业院校刚刚迅速发展之时，职业教育作为"类型教育"的呼声还没有那么强烈，职业教育更多是作为弥补普通教育在学历提升方面的供给不足而大规模产生的，因此，"升学"自然成为广大学生选择职业院校的主要动机。在这一原始动机的驱使下，入学后的职校生自然也就继续有着向上层流动的希望，因此也就产生"升专""升本"的持续动力。而 GY 学校正是在这一外在动力的驱使下，打了"对口单招"政策的一个擦边球，为自己赢得一时的辉煌。但是面对就业，该校并没有积累出服务区域经济发展的本体优势，这也就为后期发展埋下了隐患。于是来到第三个阶段，式微阶段。2007 年江苏省教育厅突然宣布，从 2008 年起江苏省普通高校对口单招将"以专科层次为主"，原则上"不再安排本科计划"，除省级以上重点职业学校外，其他各类中职学校的毕业生不得参加对口单招考试。省里给出的理由就是部分中职学校片面追求升学率，单独组织"对口单招班"，严重偏离了职业教育的发展方向，而这恰恰是 GY 学校多年打出的一个品牌。新政策即刻像一把撒了盐的利剑击中"工职人"的心脏，让人措手不及；又像似一阵惊涛骇浪将其拍打在干涸的海岸上，使 GY 学校陷入泥潭困境。

（二）在生源竞争中步履维艰

突如其来的对口单招政策变革使得 GY 学校很快失去了原有的生源优势，在与当地其他中职学校的竞争中显得越来越被动，生源规模和质量都陷入严重的危机。即使还有"升专"的计划，但是，由于政策卡得严，GY 学校也不敢再招或多招"对口单招班"了。而在区内除了有 GY 学校外，还有经贸高职校、机电工程高职校以及机电高职校云龙校区，职业学校面向区内的八所初中，生源竞争程度可想而知。事实上，其他三所职业学校在竞争中，无论在就业还是在学制方面都大大优于 GY 学校。在就业方面，与 GY 学校积极打造的"对口高招"金色招牌不同的是，这些高职校在长期的发展中积累了厚实的就业优势，吸引着有就业倾向的学生前来学习。就学制方面，这些高职校具备五年一贯制的学制优势。

GY学校的学生想升入专科，在第三年毕业的时候必须参加对口单招考试；而这些高职校的学生在五年后毕业的时候就可以直接获得专科文凭，不仅中间不用参加升学考试，而且比对口单招学生的潜在专科时间成本还少了一年。双重因素无疑使得GY学校丧失了大批优质的生源，只能被动地接受一些被其他学校淘汰的学生。因此，在"四面楚歌"中，GY学校的发展陷入长期的低谷期。从2008年到2018年，长达10年的时间，每年也就只能招到200多人。与其他中职校相比，该校的分数线非常低，连数量都保证不了，更别说质量了，可以说在全市处在较低的水平，有些年甚至在整个徐州市都是最差的。

与此同时，不良的招生环境也影响了GY学校在当地的生源市场。曾经的民办教育培训机构靠着"包分配""毕业即可获得大专文凭"的过度宣传风靡一时，尤其是外地的民办职业院校或培训机构前来与初中校变相合作，在"收买"初三班主任后，将生源赤裸裸地"买到"自己名下。在GY学校所在辖区内的初中，一个班十个、八个被"买走"的情况时有发生，甚至有一年某个初中三年级的一个班45人全部被安徽一所培训机构整体"搬走"，对当地公办中职校尤其是处于困境的GY学校而言无疑是个致命的打击。在"有偿招生""利益交换"氛围的笼罩下，家长和学生们看到的只是"包分配""大专文凭"的字眼，但是他们并不了解其中的真相。事实上，民办职业院校或培训机构的"包分配"在某种程度上往往是针对家长"好就业"心理期待的一种虚假宣传，这种"就业"并没有公办学校来得更正规、更实惠；"大专文凭"只是一种"套读"成人函授而获得的成人高等教育学历，含金量更比不上通过"对口高招"获取的全日制大专文凭。在迷惑的"买卖"中，无知的学生便在似懂非懂中流向了外地的民办职业教育机构。此外，家长对专业的陈旧观念也影响着职校生源市场的健康发展。在很长的一段时间内，诸如幼师、护理等"文职"行业成为家长们心目中的理想职业，他们不愿意自己的孩子将来在电子或机械行业就业，认为电子行业有辐射，机械行业既"脏"又"臭"，这无疑对以电子、机械等为主打专业的GY学校来说又是一个沉重的打击。

"升学"没有了优势，就业比不上对手；对内竞争不过兄弟职校，对外竞争不过民办教育机构，GY学校教学、管理的整个教育生态也因此大受影响。班级学习氛围整体不好，尤其是技能班的学生，上课玩手机、睡觉的大有人在，上课的时候"被动听一点儿"，课后作业"被动地做一点儿"，总之就是"没有学习目标，没有学习压力"，硬性的管理制度在这些学生面前显得苍白无力。不仅如此，GY学校学生的流失率也很高，除了严重违纪被开除外，还有迫于学业压力、学习氛围不好等多方面因素退学的。根据当时班主任的回忆，有些学生到学校后就是"学不下去"，认为当初来的时候是"家长逼着来的"，"学着学着，发现自己根本学不了"；也有学生对学校的管理感到失望而退学的，认为不良的校园氛围严重影响了他们的学习状态，甚至那几年在当地坊间流传着"GY学校就是混子学校"的说法；还有些学生因中途被家长安排去当兵或者工作而退学的。日渐缩小的班级规模也会影响部分学生的学习心态，有的专业有时一个班就只有十个人，这使得个别学生因不能适应"空荡荡的教室"而选择退学。就部分对专业不感兴趣的学生来说更换专业或许是一个控制辍学率的好机会。GY学校也就此为学生提供一定比例的专业二次选择的指标，但一般在高一军训之后进行。然而，这个时候学生还没有对现有专业有理性的认知，更多只是感性的看法，且常常受同伴的影响，这时选择更换专业还为时过早。可见，无论从招生入口，还是入校后的二次选择，GY学校的生源供给与选拔都受到一定的影响，而后期"升学导向"的人才培养方式同样影响了其生源供给的良好生态。

（三）在尝试衔接中任重道远

在经历了长期的低迷后，GY学校从2018年开始似乎看到了新的希望，招生从原来的不到200人，逐步上升到1000多人。2018年招收741人，2019年招到1300多人。对于出现这种现象的原因，学校负责人提得最多的是"新的管理理念"的运用。尤其是在招生方面，他总结出10条改革举措。第一，制订年度招生方案，全体教职工参与招生；第二，根据区域产业的需求动态调整专业，近两年增加了城市轨道交通等学生和家长喜爱的专业，并正在申请工业机器人、新能源汽车、跨境电商等新的专业；第三，加强与周边知名企业的联系，通过"订单式"培养等模式吸引更多的学生就读；第四，拉长宣传战线，强化与初中校的联系，为初中生开设小夜灯制作、直通互联网、扎染围巾等职业体验项目,组织教师带着实习工具、学习材料"送课"到初中,让初中生提前了解职业学校及专业情况;第五,加强管理,引入 6S 管理和半军事化管理理念,打造学校口碑;第六,招生包干到校,面向辖区内每个初中都配有招生小组,包干到个人,完成奖励,完不成就罚;第七,通过多元渠道宣传学校成绩,如省市级奖励、金龙湖榜样、金龙湖好少年等,提高学校的社会影响力;第八,召开不同范围的家长会,让家长更好地了解职业学校和孩子的学习状态;第九,改善办学条件,增添先进的设施设备,优化吃住等生活环境;第十,利用大数据对升学和就业等信息进行分析,引导学生选择适合自己的学校和专业。当然,这十个方面是一个组合,缺哪一项都不行。

到底是内部主观管理理念的变化所致,还是另有其他外在客观的因素?当研究者继续追问时,该校负责人表示可能存在两点外在的客观因素。其一,是周边其他学校招生政策变化引起的生源"溢出效应"。一方面是从 2018 年开始,经贸高职校拨款方式发生变化,由按照学生人头拨款调整为按照教师数量拨款,于是核减了招生指标;另一方面机电高职校尽管招生计划变化不大,但是,由于这几年在升格的过渡阶段,招生形势较好,分数线逐年抬高,一些分数低的学生自然被淘汰。一个学校核减招生计划,一个学校淘汰了部分低分学生,为 GY 学校溢出了相对规模的潜在生源。其二,是招生市场更为规范。为了遏制各种不良的有偿招生,近年从教育部到教育厅和当地教育局,都相继出台了一些办法,将"有偿招生"视为一种违规行为。如江苏省教育厅在 2018 公布的《职业院校有偿招生行为处理办法》中明确规定可以认定为有偿招生的系列行为,如违反相关规定,将对个人或集体进行处分,情节严重的个人或集体将被移交司法机关处理或给予停止招生的处理。相对规范化的招生市场在一定程度上遏制了外地民办教育机构"上门"的不法行为,为包括 GY 学校在内的区内中职学校归还了应有的一批生源。

至此,笔者不禁想问,这些内部的变革以及外部的环境变化真的为 GY 学校备足了合适的生源了吗?或者他们近两年招到的 2000 多名学生都是适合学习职业教育的吗?学生们的选择是主动的吗?其实不然。根据被访者的总结,"现在的很多学生在选专业时都是比较茫然的,从小到大都不知道什么叫专业","上了职业学校说实话对他们来说都是无奈的选择"。他们选什么专业一般是听从家长的,或者初三老师的意见,抑或是朋友的推荐,还有就是职业学校招生老师的意见。可见,对于大部分学生而言,他们并不真正了解职业学校和相关专业。仅仅靠招生时的宣传远远是不够的,而所谓的一张量表定终身的"职业倾向性测试"也未必完全合适。加强与初中学校的深入合作才是更为可靠的手段,对此GY学校也做了初步探索,但还有进一步开拓的空间。例如,在给初中校定做职业体验项目的时候,GY学校还没有更好地结合初中学科课程进行衔接性、系统性设计;在具体实施的过程中,也仅仅是职业学校教师的独角戏,缺少与初中学科课程教师的合作与互动,同时也没有引入企业的能工巧匠来活跃初中的课堂气氛。GY学校也说出了自己的困惑,因为在合作的过程中他们遭到了部分初中校"追求普高升学率"的阻击,并希望地方教育主管部门给出统筹的政策,如为职业体验项目设置必修学分。因此,在招收"合适的学生"的道路上,我们看到了GY学校迈出的探索的步伐,但是还需要初中学校、企业乃至地方教育管理部门的通力合作与支持。

四 在变革中梦碎摇篮:以连云港"普职融通班"为例

面对职业学校生源的危机以及学生未来可持续发展的需要,连云港市教育局从2016年开始探索普职融通的教育模式,创造性地提出"普职融通班"的改革路径,在普通高中和中职学校的合作中虽然有了一定的起色,但仍无法冲破现有的种种壁垒,面对各种难以消解的冲突,夭折于襁褓,可谓一大遗憾。

(一) 在生源危机中撮合合作

连云港虽是沿海城市,但地处偏远的苏北地区,经济发展缓慢是长期困扰该市的难题。经济发展亟须人力资源的支撑,而职业教育作为与经济发展联系最为密切的教育类型,必须主动寻求变革。尤其是中职教育作为当前国家精准扶贫的重要战略,必须与地方经济实施互动式发展。正如连云港教育局职业教育与社会教育处负责人认为:"经济面貌的落后需要职业教育改革,职业教育落后依然要思变,'普职融通'就是这个变。"①为激活当地职业教育以及经济发展的活力,进一步贯彻国务院《关于加快发展现代职业教育的决定》和江苏省教育厅《关于加快推进现代职业教育体系建设的实施意见》中"普职融通"的有关指导思想,落实国务院《关于深化考试招生制度改革的实施意见》等文件精神,探索多元化的人才培养机制,为社会经济发展培养创新型、实用型和复合型人才,2016年5月,连云港教育局下发了《关于做好2016年普通高中与中等职业教育融合贯通试点的通知》(以下简称《通知》)。《通知》要求,应"统筹普通高中教育和中等职业教育协调发展,拓宽高中段学生的发展空间,建立普职融通、多元立交、合作共赢的人才培养机制",探索普通高中与中等职业学校"学分互任、学籍互转、课程建设"等方面的机制和方法,"办人民满意的教育"。

根据《通知》要求,连云港市将在全市范围内开展普职融通试点,参与首批试点项目的学校为四星级中职学校和三星级以上普通高中学校。2016年参与市级首批试点项目的学校为连云港中等专业学校、连云港高级中学和连云港外国语学校,其中连云港高级中学和连云港外国语学校分别招收100名和50名"普职融通班"学生,连云港中等专业学校负责接收后期转入的学生。在招生的过程中,"普职融通班"单列招生计划;在录取批次上,与四星级普通高中、3+4分段培养、国际课程班、连云港外国语学校同属第一批次。由A、B两个平行志愿,按照分数优先、志愿顺序依次录取。录取后,"普职融通班"学生高一期间在普通高中学习,注册普通高中学籍;高一结束后,经考核合格[九门文化课程总成绩不低于普通高中("普职融通班"除外)一年级全体学生的平均分数],继续在普通高中就读,保留普通高中学籍,参加普通高中学业水平测试和普通高考;其他学生继续留在"普职融通班"学习,转入中等职业学校学籍,在中职学校就读,毕业后可直接就业也可以参加高职对口单招考试。同时,还鼓励对专业学习有浓厚兴趣的普通高中学生在高一

---

① 辛夷:《为学生铺就成长新道路——记江苏省连云港中等专业学校普职融通试点改革》,《江苏教育》2017年第44期。

结束时申请转入"普职融通班"就读，但九门文化课程成绩必须不低于"普职融通班"全体学生的平均分数。① 例如，连云港外国语学校和连云港高级中学的 2015 级学生中就分别有 12 人和 1 人转至连云港中等专业学校就读。

在课程方面，依据"普职融通"的教育理念，项目承接学校设计了"普职融通"的课程体系。以连云港中等专业学校为例，该学校与连云港外国语学校和连云港高级中学两所普通高中共同开发了"职业技术课程"＋"基础文化课程"的双轨课程体系。职业技术课程由"职业生涯规划指导""职业探索课程""技能导向课程"和"毕业衔接课程"四个模块组成，分别在高一上、高一下、高二和高三开设。其中，"职业生涯规划指导"包括职业生涯、自我情况、国家政策、就业形势，"职业探索课程"包括通用技术、产业概况、发展指导，"技能导向课程"包括通用技术（选修）、专业知识、技能实训和社会实践，"毕业衔接课程"包括就业指导（选修）和专业对接课程。职业技术课程的教学将根据课程性质分别采用授课、讲座、实践等方式进行，考核方式有交流研讨、规划设计、纸笔测试、实践评定等多种形式。基础文化课程由"普通高中基础文化课程"和"专业倾向的文化课程"两个模块组成，高一和高三分别开设基础文化课程和专业倾向的文化课程，高二两个模块混合式开设。② "普职融通"课程体系的建立，发挥了职业学校的特长，基于学生可持续成长的思路，提供了渐进式和专业化的支持。在合作的过程中，也有意外的收获，例如中职学校利用自身的专业优势，帮助普通高中完善了"通用技术课程"实训设施，建立了通用技术实训室，并定期派专业课教师为普通高中送课，为普通高中生提供了生涯指导、技术支持服务，弥补了普通高中的资源缺失。

（二）在融通变革中成就衔接

"普职融通班"的设立，不仅为职业学校选拔优质的潜在生源提供了

---

① 连云港市教育局：《关于做好 2016 年普通高中与中等职业教育融合贯通试点工作的通知》，2016 年 5 月 26 日，http://www.lyg.gov.cn/zglygzfmhwz/zsks/content/shibmzdlyf_9992.html。

② 耿珺杰：《打破壁垒搭建普职立交桥——主动探索现代职教体系建构的新途径》，连云港中等专业学校内部资料，2016 年。

一条绿色通道，而且也为学生的发展提供了二次选择的机会，让有些学生重新燃起希望的梦想。在首批项目开始实施的 2016 年，就有 13 名 2015 级的普通高中的学生选择转入连云港中等专业学校学习；2016 级"普职融通班"共有 22 名学生转入中专校学习。这些学生普遍在文化基础课程的学习中遇到困难，与同班的其他学生相比，无法在文化课程的学习中找到自信，来到中职学校后，虽然少了一年专业课程的学习，但是学校给他们提供了特别的支持。转入中专校后，"普职融通班"的学生由"综合教育部"专门负责，独立成班，语数外等公共课一起学习，专业课程实行走班制。为使这些学生得到有针对性的指导，学校为他们配备了以班主任为中心的教学与管理团队，班主任以情感指导感化他们，以心理辅导引导他们；专任教师为他们制订个性化成长方案，在课余时间为他们补"短板"。通过教师们春风化雨般的关怀与教化，这些学生慢慢地找到了自信和人生发展的方向。

　　研究团队在对 2015 级 13 名学生的实地跟踪访谈中，也亲身感知到他们的阳光与发自内心的自信。① 例如，正在就读建筑专业学二年级的一位男生说："以前在读普通高中的时候，自己学业成绩不是很好，总是被别人看不起，可是到了连云港中专，经过一个学期的学习，现在的成绩在班级里名列前茅，以前是我请教别人功课，现在都是别人来'抱我大腿'，这种感觉真的很棒。"言辞间，流露出无比的自信以及对学习的满足感，原来是被别人"看不起"，现在是被别人"抱大腿"，从被动到主动，在半年的时间里，就实现了在同伴间的角色的转变，完成了人生道路上的一个"蜕变"。又如，就读会计专业的一位女生告诉我们："我在普通高中时数学基础不太好，经常考不及格，但转入这个学校后却选择了跟数学关系密切的会计专业，并且成绩一跃成为专业第一。"同样是"数学"，不同的侧重指向了两个完全不同的方向，普通高中的学术性数学曾经让她"痛不欲生"，而如今的应用性数学让她"得心应手"，可以看出职业学校的课程更适合她，她在应用型知识的学习中找到了属于自

---

① 辛夷：《为学生铺就成长新道路——记江苏省连云港中等专业学校普职融通试点改革》，《江苏教育》2017 年第 44 期。

己的"一片天地"。成就动机学习理论认为，一个人越在某些方面获得正向的激励，就越容易在某些方面获得成功，曾经的普通高中学习方式或许给他们造成了无形的伤害，不再"适合"他们，而如今的职业课程学习内容和方式更适合他们，他们从中获得了满足感，进而更加发奋学习。在访谈结束时，请他们分别用一个词来表达一下在中职学校的感受，他们分别回答的是"轻松""天天向上""思考""缓解压力""加油""挺好的""目标明确""开心""踏实""朴实""享受""不能松懈""清醒"。一组组充满正能量的词语表达出了他们愉悦的心情，折射出对此时学习方式的"接受"，彰显出对此种学习状态的"享受"。

经过对这两个年级"普职融通班"学生的跟踪调查结果显示，他们都获得了不错的发展，几乎全部都在中专校通过对口高招的方式进入到高等教育系统。2015级11人升学，其中1人升入应用本科，10人升入高职；2016级20人升学，其中1人升入应用本科，19人升入专科，升学比例远远高于同年级中专班学生。可以看出，与其他学生相比，他们获得了更好的成长机会与平台，这也是他们应该享有的发展路径。用一个家长的话来说，就是"把孩子转到职校来，是我在他身上做得最正确的一个决定"。处于普通高中学生与普通中专学生的狭缝中，在学术知识学习的擅长者与被学术知识评价淘汰的学习者中间的他们，曾经被普通高中的同学冷眼相看，也或许暂时不被中职学校的学生接受，但是他们却在政府与学校提供的一条专有通道上寻找到属于自己的"适合"的教育路径。曾经就读普通高中的一些同学或许面对高三学习的压力早就退学了，或许在学术性知识的痛苦折磨中同样走进了高职院校；而这些转入中专的学生却早早享受到了职业教育带给他们的甜头，而且正在追逐更高层次的职业教育。

（三）在多元冲突中梦碎摇篮

改革纵然能够带来新生，但是在前行的道路上却荆棘满丛，有些改革勇于披荆斩棘，幸然得以冲破牢笼，走出窠臼，脱胎新生；而有些改革则刚刚萌发新芽就遭遇重重困难，不幸夭折，梦碎摇篮。连云港市"普职融通班"的试点是不幸的，这一由教育局亲自组织、职业学校忙于奔波、学生拍手叫好的改革项目在第二年就停止招生了。从当时的访谈中，我们就看出了一些危险的迹象，正如综合教育部主任告诉我们，"面向未来，我们感觉到一些不确定性，面对着重重的压力……"这些压力来自各种冲突，有学生与家长的冲突，有学生学习与教师教学的冲突，也有教育局基础教育管理部门和职业教育管理部门的冲突。

其一，学生与家长的冲突。"普职融通班"的孩子如果文化课成绩低于普通高中学生的平均分，于理于情，都有转入中职学校的理由。从学理上讲，他们的文化课程成绩既然低于普通班的平均分，那么就很有可能不擅于学习文化课程知识，按照加德纳的多元智能理论，这些学生的智能优势可能不在逻辑推理，但或许在运动或空间智能方面拥有优势，技能导向的职业教育或许更适合他们。从情感上讲，这些学生如果继续留在普通高中学习，那么就会在学习中遇到很多挫折，丧失信心，进而在同伴中没有共同语言，人际交往受到影响；如果转入职业学校，正如前述被访者所言，就会找到足够的自信和成长空间。但是家长对此并不买账，2017 年 3 月，部分试点项目学生的家长就强烈要求教育局取消文件中关于"九门文化课程总成绩不低于普通高中学生平均分数方可申请在普通高中继续就读"的规定。言外之意，就是家长希望通过"普职融通班"这一绿色通道让自己的孩子继续留在普通高中就读，与学生的就学意向形成鲜明反差。可见，家长的传统文化观念依旧阻碍着教育改革的进程。

其二，学生学习与教师教学的冲突。这批学生尽管是通过第一批次录取而来，但是他们在录取分数上还是远远低于普通高中生的录取分数。其中，连云港外国语学校试点班 50 人的录取线低于学校分数线 10 分；而连云港高级中学试点班的 100 人的录取线甚至在普通学生分数线的基础上降低了 100 多分。如此差距巨大的分数必然给教师的教学与管理带来困难。因为学生高一结束后分流的主要依据还是考试分数，而且还要与普通高中班进行比较，因此对于这部分学生必须关照到位，在教学内容、教学进度、教学管理、师资配备等方面与普通班都要保持严格一致，而且在具体的实施上还要更加尽心。但是面对这部分学生，教师们却十分为难。大部分学生不能适应正常的教学节奏，难以完成超出自己能力的学业，而为了和普通班保持进度一致，教师们也不能随意调整教学目标和内容，教学运行举步维艰，影响了普通高中整体的教学秩序和工作常态。这或许是试点项目失败的直接原因。访谈中，普通高中的有关负责人就透露，将在 2017 年向市教育局申请取消这类学生的招生指标。项目的取消对于中职学校的打击是致命的，因为中职学校是推动这一项目运行的主要力量，且会因为项目的取消丧失一条优质生源的主渠道。

其三，基础教育管理部门与职业教育管理部门的冲突。体制问题是长期困扰教育改革的一大顽疾。职业教育与基础教育是不同类型的两种教育，在管理上固然是分属于两个部门，但是在两个部门的沟通上，向来存在一头热、一头冷的态势。由于长期以来职业教育在社会上的吸引力不足，群众戴着有色眼镜看待职业教育，基础教育管理部门对职业教育部门的诉求也不会买账。连云港市的基础教育由基础教育处管辖，职业教育则属职业教育与社会教育处负责，但在项目的实施中两个部门的沟通并不顺畅。在开放式访谈中，教育局职业教育与社会教育处负责人无奈地表示："我们一直是弱者，尽管局里给了政策，但是在实施的过程中，需要与基础教育处沟通，然而在沟通的过程中我们向来是被动的，基础教育处并不主张这么做，因为这影响了人家的正常教学管理秩序。"诚然，追求学术高考是普通高中自认为的唯一的目标，也是基础教育处希望普通高中这么做的，但是这并没有考虑学生多元化成长的需要，没有给学生一个二次选择的机会，如果有的话也仅仅是希望普通高中班学习成绩落后的学生转入到职业学校，而不会接收对方转入的学生。

第三节　我国普职教育衔接失范的主要原因

从上述描述的相关案例可以看出，普职教育衔接失范的问题很多，但问题背后的症结还需从利益相关者视角出发，从参与普职教育衔接的主体剖析背后的原因所在。学生作为核心的当事人，其主观性原因不容忽视；中学作为职校生源的输出者，影响生源的健康成长；职业院校作为生源的输入地，对推动一体化的人才培养责无旁贷；政府作为政策的制定者，主导着普职教育双方的互动协调。

一 学生自我定位的不明确

学生作为普职衔接的核心当事人，在某种情况下影响着普职衔接问题的根本性转变。正如在前述的一系列案例中所描述的那样，在普通中学面对高压的学业负担，很多"后进生"选择"熬日子"或"等毕业"，在课堂上他们"不想学"，也"学不进去"，只能选择消极应付，诸如"玩手机""聊天""看小说"；更有甚者，受社会不良风气的影响，选择辍学，从事"主播"或"微商"的生意；对未来的规划更是茫然无措，对于升学还是就业"没有概念"或者选择"听从安排"。对于已经升入职业学校的学生来说，他们对所选择的职业教育轨道也并非完全认可，由于之前对职业学校和专业的不了解，他们在学习上很被动，没有积极性，继续"玩手机"和"睡觉"，甚至中途退学。本来这个年龄阶段的学生，应是一个青春活泼、志向远大的青少年群体，而现实的真实情况却与他们该有的状态差距很大。继续刨根问底，一个学生代表一个家庭，无数个家庭又代表一个社会。或许社会的现实影响着他们的选择和对自我的认可，诸如普通基础教育的应试氛围和"苛刻"的评价方式，上职业学校"低人一等"，"知识无用论"，等等。但是外在的环境仅仅是客观的，一个人要觉醒，攀登属于自己的学业、事业高峰，必须提高自己的主动性和能动性，明确自己的发展方向和职业定向，就如同"普通融通班"的部分学生毅然选择转向职业学校时的那种"向上层流动"的动力和渴望，最终将他们引向更高层次的职业学校。

二 中学主动求变意识不强

中学作为普通基础教育的代表，是职校生源的主要供给者，应主动适应技能型人才培养的前置性需要，尤其是广大城乡接合部中学或乡村中学更是如此。然而，通过对现实的考察，大多数这样的学校并没有充分利用好这一功能，或者根本没有意识到这一功能的存在。如同上述案例中的两所学校50%左右的毕业生都是职业学校的潜在生源，但是他们却忽略了这部分学生的发展需要，要么在关注"优等生"时任由"后进生"自由发展，要么想方设法提高"后进生"的学业成绩，除此之外，并没有考虑这些学生的真正需要。调研中显示,部分学生希望学校为他们开设一些技能性课程,也希望为他们举办一些职业类的讲座,但是学校却没有主动求变的意识,只有在传统的应试教育中追求高的升学率,获得家长和社会的表面认可。初中如此,面对更高学业压力的普通高中更为严重。有些薄弱普通高中为了提高自己的本科升学率,竟然让学生在高二末期转学音乐、美术和体育,甚至在高一的时候就让学生放弃英语,转而学习俄语或日语。这似乎也在变,但并不是真正的变,所有的学生都适合学习艺术吗?英语不好的学生就能学好俄语或日语吗?有没有为学生可持续发展的未来考虑呢?与其这样,还不如在通用技术课程、信息技术课程方面做一下文章,通过优化课程设计与实施来引导一部分学生选择适合自己生涯发展的职业学校和技能性专业,而大多数薄弱高中在这方面的条件严重不足,并且意识淡薄,认为凡是搭上"职业技术"的东西都是在降低自己的身份。

三 职业院校招生的功利性

职业院校作为职校生源的输入地和技能性人才的培养者,更应该主动参与普职教育衔接的活动。但是经过对现实的考察,大多数职业学校在招生的过程中存在过于功利的现象,与中学的前置性合作不足,更多地仅仅是在招生季节做一些包装与宣传。有些所谓的优质性职业院校常常将"升学"作为宣传自己的砝码,吸引有升学意愿的学生前来就读,虽然这违背了职业教育发展的初衷,前述案例中的学校也曾经吃过相应的苦头,但在现实中仍是普遍存在的现象;广大的民办职业院校则是通过"就业""套读本专科"来标榜自己,靠过度的、虚假的宣传来迷惑家长和学生们,利用经济利益诱惑初中校和有关班主任;薄弱的职业院校只能在招生季依靠在校师生们的"感情牌"打动初高中学生,但更多的还是在捡拾别的学校"漏掉"的学生。这些功利性的招生行为必将导致入校后的学生学习动力不足,进而造成大批学生退学、厌学现象的产生,尤其是被民办职业学校"坑进去"或"安排进去"的学生更是苦不堪言。事实上,职业院校在招生之前完全可以参与到中学人才培养的全过程,去主动发掘一些潜在的生源。如前述调研显示,有些学生在"等毕业"

时，还是希望职业院校介入普通中学为他们开设一些技能类课程。但很多职业院校并没有意识到这个问题，认为自己的生源很好，不需要去合作；尽管部分职业院校也在探索与初中校的合作，但是合作的方式还较为单一，实施的力度还较小，有待进一步深入。

四　普职衔接缺少制度支持

组织关系的有序运转，需要体制机制的理顺，需要政府决策者的支持。在普职教育衔接中，普通中学、职业院校、学习者三方的协同配合，尤其是两种学校的协同合作，需要更多的政策支持和制度保障。然而，在现实中普通基础教育与职业院校的合作往往是一种被动的沟通，存在着某些合作的藩篱，主要表现在两个方面。一是，两种管理部门的隔阂。虽然现有的国家政策倡导普职衔接的"立交桥"贯通，然而落实到地方教育行政部门，普通基础教育和职业教育却分属于基础教育处和职业教育处两种性质完全不同的部门。部门管辖的不同可能就会导致普通中学和职业院校的衔接不畅，即使有些职业院校主动送上门来，也会将其拒之门外，认为这是在影响他们的办学秩序、转移师生的注意力，更不会让他们深入参与其中，这或许是造成前述"普职融通班"夭折的主要原因之一。在访谈中，职业院校也希望地方教育行政部门出台保护他们与基础教育合作的政策，但由于现有的体制障碍使得政策推进较为缓慢。二是，职业院校的招生考试制度还没有发生根本性变革。尽管高职院校推出了对口单招、提前招生等一系列的改革创新举措，但是很多高职学生还是在普通高考落榜后无奈选择的；中职学校的招考更是陷于普通中考的漩涡，没有体现任何职业教育的特色，严重抹杀了部分"学业后进生"的求学渴望，阻碍着潜在职校生源的学业及其职业生涯成长。

第四章

星星之火：我国普职教育衔接的模式探索

尽管由于各种原因我国普职教育衔接在实践中还存在诸多无法破解的问题，但经过考察，多地的实践探索已经触及二者衔接的诸多要素甚至核心要素，并逐渐形成一定的衔接模式，开启了新时期我国普职教育衔接的"星星之火"。研究分别在普通高中、初中和小学三个阶段选取在实践探索中的与职业教育衔接的典型案例，分析普职衔接中的核心机理与运作机制，进而提炼出衔接的基本经验，以形成我国普职教育衔接的"燎原"之势。

第一节 我国普通高中与高职教育衔接的模式探索

一 课程内生模式：以普通高中通用技术课程为例

普通高中与高职教育衔接的核心在于课程的衔接，鉴于二者之间存在异质排斥与层级割裂，难以构建一体化的课程，因此需要通过在普通高中增加职业教育课程或者有效实施普通高中原有的蕴含职业教育元素的课程如通用技术课程来实现职业教育的融入，以提升学生的职业兴趣、职业认知以及相关职业技能，为普通高中连接高职教育夯实坚固的基石，引导一批愿意且适合的优质生源进入高等职业教育。本研究将通用技术课程的实践称为普通高中与高职教育衔接的课程内生模式，即普通高中通过有效实践原有的课程要素来衔接高职教育。

（一）通用技术课程标准的课程衔接理念

职业教育在通用技术课程标准中的意蕴主要体现在两个方面。其一，课程性质与基本理念中蕴含职业性，体现其作为课程衔接着力点的合理性。以普通高中原有的国家课程——通用技术课程作为课程衔接的载体需要阐明通用技术课程与职业课程之间的关系。课程作为教育的核心，自然体现着教育的核心特点，课程作为教育所依托的"结构物"[1]，体现着教育的功能。换言之，教育与课程之间存在一种相互依赖性，教育的层次与类型自然就决定了课程的层次与类型。所以，探究通用技术课程与职业课程之间的关系，首先要探究其上位概念，通用技术教育与职业教育之间的关系。从本质上看，理解二者关系，绕不开"技术"二字，技术成为二者赖以存在的基础。我国《普通高中通用技术课程标准》在课程性质部分对技术是这样描述的："技术是指从人类需求出发，运用各种物质及装置、工艺方法、知识技能与经验等，实现一定使用价值的创造性实践活动。"此处的技术为狭义的技术。技术冠以"通用"一词后，原本狭义、专业的技术便日常化、基础化了，这里的通用技术变成了"在日常生活应用中较为广泛、育人价值较为丰富，并与专业技术相区别的技术，是学生主动适应社会、高等教育和职业教育发展所必需的技术"。相比通用技术的基础性和日常化，职业教育（职业技术教育）中的技术多为高端性与专业性，可以看出通用技术中的技术与职业技术中的技术存在着一种层次上的关系，换言之，通用技术教育与职业教育是相似类型不同层次的教育，通用技术教育中蕴含着大量的较为基础的职业教育理念与元素，且多蕴藏在课程之中。因此，从层次递进的角度看，职业课程尤其是高等职业教育中的职业课程是通用技术课程的提升与深化，所以将通用技术课程作为普通高中衔接高等职业教育的前端课程与着力点具有一定的合理性。

其二，课程目标与课程结构的层次化与递进化，凸显职业教育课程衔接的结构性，顺应了高技能人才成长规律。普通高中对职业教育课程

---

[1] 马健生、李洋：《为每个孩子提供合适的教育：何以不可能或何以可能——基于课程的教育功能的分析》，《北京师范大学学报》（社会科学版）2016年第6期。

的衔接不是简单地、毫无结构地将职业课程植入普通高中的某个时期，而是要根据学生的发展变化不断深化课程目标与课程内容。《普通高中通用技术课程标准》中的课程目标与课程结构充分地凸显课程衔接的基础性和层级性。课程目标中的"技术学科核心素养"从技术意识、工程思维、创新设计、图样表达到物化能力这五个素养层级出发，明晰了学生在学完通用技术课程之后要达到的目标；且这五个层次是相互递进的，每个层次中又包含五个相互递进的水平，将学生的技术学科核心素养不断细化与层次化，为衔接高等职业教育做准备。在课程结构中，通用技术课程分为由不同的课程模块组成的"必修Ⅰ""必修Ⅱ""选修Ⅰ""选修Ⅱ"，其中必修模块由"技术与设计1""技术和设计2"组成（见表4—1），两个必修模块的基本内容呈递进关系。

表4—1　　　　　　　　普通高中通用技术课程结构

	必修Ⅰ	必修Ⅱ	选修Ⅰ	选修Ⅱ
课程模块	技术与设计1	技术与设计2	技术与生活 技术与工程 技术与职业 技术与创造	传统工艺及其实践 新技术体验与探究 技术集成应用专题 现代农业工程专题
使用群体	面向全体普通高中学生		面向普通高校、高职院校未来取向的学生	面向学有余力的和特别兴趣需要的学生

"技术与设计1"侧重基础性技术设计，主要让学生经历和了解基础的设计过程，培养学生的技术意识。"技术与设计2"则偏重专题性技术设计，让学生在"学中做"，培养学生的设计和物化能力。此外，两个选修模块是在必修模块的基础上根据学生不同的兴趣倾向和发展要求开设的层级相对较高的模块，其中"选修Ⅰ"分为"技术与生活""技术与工程""技术与职业"以及"技术与创造"四个相互并列的模块，主要面向高等院校特别是高等职业院校取向的学生，而"选修Ⅱ"则是根据地方特点和学生发展需要，由学校自己开发为主的课程模块，主要分为

四个不同的专题。《普通高中通用技术课程标准》中课程目标与课程结构以层次化和递进化的设计充分体现了课程衔接的结构性，适应了高技能人才成长的过程性与系统性，促进了高技能人才识别与早期培育，有助于普通高中与高职教育的有效衔接。

（二）通用技术教材文本的课程衔接要素

普通高中与高职教育衔接有赖于课程的衔接，而鉴于二者的异质排斥性，课程衔接多以含有职业教育元素的课程在普通高中的渗透为主要方式，普通高中通用技术课程以其蕴含的职业性、技术性与生涯性凸显了其作为衔接课程的适切性。教材作为课程实施的载体，能够有效支持课程的衔接与渗透，因此本研究选取了普通高中苏教版通用技术必修教材《技术与设计1》《技术与设计2》作为研究对象，运用文本分析法对教材内容展开分析，以揭示教材中的目标、内容对于课程衔接与渗透的意蕴价值。本研究从教学目标、教学内容、教学方法和教学活动四个维度对教材文本进行定量与定性相结合的分析。

首先，教学目标。总体来看，《技术与设计1》与《技术与设计2》是相互递进的两本基础性教材，教学目标依据三维目标理论可以分为，在知识与技能方面，通过体现时代特征和社会发展需要的案例形成技术基础知识、基本技能，形成对技术的敏感性、亲近感；在过程与方法上，经历技术设计的全过程，形成简易的工艺选择、图样表达、技术设计等技术方法与技术能力；在情感态度与价值观上，能够领悟技术思想、形成初步的工程思维和系统思维，发展创造性思维，形成理性精神、责任意识，以及对技术的文化感悟等。具体到教材的每个模块上，以《技术与设计1》第一模块"走进技术世界"为例（见表4—2），"理解技术的产生与人类需要之间的关系""理解技术对个人的生活、经济、社会和环境等方面的影响，能对典型案例进行分析""知道技术的发展需要发明和革新""理解技术活动需要综合运用多种知识""知道知识产权在技术领域的重要性"等主要为"知识与技能"目标，且"过程与方法"也蕴含其中；"了解技术发展趋势，形成对技术的积极情感与理性态度"则为"情感态度与价值观"方面的目标。

表4—2　　　　《技术与设计1》(苏教版)"走进技术世界"
教学目标分类

	教学目标表述
知识与技能	1. 理解技术的产生与人类需要之间的关系 2. 理解技术对人的生活、经济、社会和环境等方面的影响，能对典型案例进行分析 3. 知道技术的发展需要和革新，能通过案例说明 4. 理解技术活动往往需要综合运用多种知识 5. 知道知识产权在技术领域中的重要性 6. 理解技术对伦理道德的影响，能对典型案例进行分析
过程与方法	1. 理解技术对人的生活、经济、社会和环境等方面的影响，能对典型案例进行分析 2. 知道技术的发展需要和革新，能通过案例说明 3. 理解技术对伦理道德的影响，能对典型案例进行分析
情感态度与价值观	1. 了解技术未来发展趋势，形成对技术的积极情感和理性态度

其次，教学内容。教材内容主要从教材模块和具体环节两个方面分析（见表4—3）。教材模块方面，《技术与设计1》《技术与设计2》是两本层次递进的教材，《技术与设计1》包括"走进技术世界""技术世界中的设计""设计过程原则及评价""发现与明确问题""方案的构思及其方法""设计图样的绘制""模型或原型的制作""技术产品的使用和保养"等八大模块和21个具体环节，内容上逐步递进，从认识技术到动手制作。《技术与设计2》与《技术与设计1》相比模块化更为明显，主要分为"结构与设计""流程与设计""系统与设计""控制与设计"四大模块和14个具体环节，内容基本涵盖了技术学科的几大基本概念。

表 4—3　　　　　普通高中苏教版通用技术课程内容统计

	课程模块	具体环节
技术与设计 1	走进技术世界 技术世界中的设计 设计过程、原则及评价 发现与明确问题 方案的构思及其方法 设计图样的绘制 模型或原型的制作 技术产品的使用和保养	技术的价值 技术的性质 技术的未来 技术与设计的关系 设计中的人机关系 技术试验及其方法 ……
技术与设计 2	结构与设计 流程与设计 系统与设计 控制与设计	常见结构的认识 稳固结构的探析 简单结构的设计 经典结构的欣赏 ……

最后,教学方法和教学活动。《技术与设计 1》和《技术与设计 2》两本教材的亮点在于与教材内容相匹配的教学方法。整体来看,这两本教材主要运用了基于项目的教学与基于设计的教学两种方法。教学活动方面,两本教材主要由"案例分析""讨论""马上行动""小试验""思考""探究""辩论""阅读""小词典""链接""练习"以及每个模块结束后的"综合实践"等部分构成。通过整合,本研究主要将这 12 个部分重组为"动手实践活动""拓展阅读活动""思考讨论活动""案例分析活动"四种教学活动。以《技术与设计 1》为例,通过统计发现,"动手实践活动"次数最多(90 次),占比 39%;"思考讨论活动"排第二(72 次),占比 31%;"案例分析活动"(36 次)与"拓展阅读活动"(33 次)的次数较少,分别占比 16% 和 14%(见图 4—1)。

综观整个普通高中通用技术教材,在教学目标、教材内容到教学方法、教学活动(包括教学评价)中无不显示着"实践性"的特征,实践是职业教育的本质支撑,实践也是通往创造的基本途径,通用技术教材

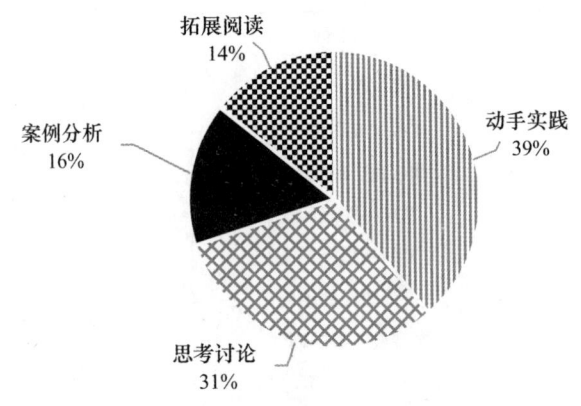

图4—1 《技术与设计1》(苏教版) 教学活动频率统计

动手实践 39%
思考讨论 31%
案例分析 16%
拓展阅读 14%

从实践出发,为学生传授技术、职业、生涯等知识,让学生从对职业技术的认识、理解方面对职业教育产生一种敏感性、亲近感,在动手实践中培养学生的基础技能以及职业技术兴趣,引导学生发现自身的"多元智能",对于提前识别与培养高职教育的优质生源奠定了认识上和技能上的基础。

(三) 通用技术课程实施的课程衔接保障

通用技术课程中体现职业性、生涯性的课程要素在当下的课程实施中被不断遮蔽与消解。无论是课程目标中蕴含的职业理念抑或教材文本中潜藏的职业内容最终都要依托有效的课程实施来保障,而当下通用技术课程实施中存在着诸多不可忽视的问题。首先,从教学资源来看,除东部发达地区少数学校外,我国多数学校,尤其是西部地区的学校都不具备通用技术课程实施所需的"硬资源",如实验器材、实验教室等。"硬资源"的匮乏使通用技术课程落入了"巧妇难为无米之炊"的困境,致使多数西部地区的学校将具有实践属性的课程"知识化""学术化"甚至直接放弃此类课程。"硬资源"的匮乏带来的连锁反应还引发了作为"软资源"的通用技术教育师资的不足,大部分高中的通用技术教师没有受过专业的培训,缺乏通用技术课程实施所需的"技术思维","赶鸭子上架"后的课程实施难以得到保障。其次，从教学内部来看，最为明显的问题是教学方法的"知识性"与"单一化"，受限于教学资源的不足，通用技术课程的实践属性被教师传统僵化的教学方法所遮蔽，以致课程深度不够，学生兴趣不高。在教学评价上，许多学校以试卷考试的形式草草了事，甚至直接忽略这一环节，教学效果难以保障。通用技术课程实施的诸多问题需要教育实践者改变传统思路，大胆创新。面对教学资源匮乏、师资力量薄弱以及随之引发的教学实践上的一系列问题，南通市锐意改革、另辟蹊径，以如皋市通用技术教育实验学校的实践平台的形式解决了上述的一些关键问题，取得了些许成效。下文以该学校为个案展开分析。

如皋市通用技术教育实验学校成立于2013年6月，是南通市为深入贯彻落实《江苏省普通高中课程改革实施方案（试行）》与《江苏省普通高中通用技术课程改革实施指导意见》的相关理念与精神，动员全市力量在如皋市青少年素质教育实践基地的基础上建立的一所面向全市的通用技术教育实践基地。如皋市通用技术教育实验学校，占地53000平方米，建筑面积25000平方米，拥有必修实践实验室12个，选修实践实验室19个。师资力量强大，拥有南通市学科带头人2名，南通市骨干教师1名，南通市教坛新秀1名，如皋市骨干教师若干名。学校每年承担南通市多所中学的通用技术教育必修与选修的集中教学任务，以其完备的硬件设施与雄厚的师资力量保障了整个南通市的通用技术教育实践。

具体来看，首先该学校的课程安排体现一定的递进性与层次性，且能够开足开齐必修课程。如皋市通用技术实验学校的课程以通用技术教材即《技术与设计1》与《技术与设计2》（苏教版）为基础，并依托地域文化与南通市丰厚的职业教育底蕴，开设了一些与选修课程相联系的校本课程作为辅助。针对学生学习时间相对较短的问题，学校将必修课程重新整合，以项目活动为主线，贯穿主要知识点。在32+2学时的前提下，确定侧重八个知识单元的学习项目（见表4—4）。

表4—4　　如皋市通用技术实验学校必修课程整合计划①

制作与专题		行政	组长	组员	备注
孔明锁的设计与制作	技术性质				技术及其性质、工具、工艺
学习工具盒的设计与制作	设计过程				设计的一般过程
桥梁模型的设计与制作	结构设计				
插接式板凳的设计与制作	设计评价				人机关系、技术试验、设计原则
手机架的设计与制作	设计交流				方案构思、图样表达、设计表现图
儿童自行车的设计与创作	系统设计				
魔方的设计与制作	流程设计				
光控灯的设计与制作	控制设计				

首先，在教学内容上，八个学习项目分别来自《技术与设计1》和《技术与设计2》中的"走进技术世界""技术世界中的设计""结构与设计""设计过程原则及评价""系统与设计""流程与设计""控制与设计"等模块。学习项目依据学生的学习水平和课程的难度、关联度，整合两本必修教材中的实践内容，将需要教授的知识点融入实践中，实现了课程内容的层次性与实践性。其次，教学方法凸显情境性与多样性。如皋市通用技术教育实验学校依托自身的教学资源与苏教版通用技术教材进行课程校本化，整合理论知识与实践活动，解决了理论与实践、知识与技能"两张皮"的问题。整合式的课程需要整合式的教学方法，该学校运用以实践活动为主、课堂教学为辅的教学方法，充分发挥学生在学习中的主体性。以"孔明锁的设计与制作"为例，这一学习项目的主要目标是促进学生对技术性质的理解，通过动手制作孔明锁，在"做中学""做中体验"，感受技术的目的性、创新性、综合性、两面性与专利

---

① 如皋市通用技术教育实验学校：《通用技术必修课程整合计划》，2017年7月12日，http://www.rgtyjs.net/Show_news.aspx?id=543。

性①，提高学生的动手实践技能和基本的创新思维能力，并运用"自主合作探究"的教学方式引导学生之间的合作与交流，培养学生的团队合作能力。在"桥梁模型的设计与制作"模块中，教师充分利用本地资源，带领学生感受南通濠河上的六座桥梁之美，身处真实情境，在教学中融入历史、语文、物理等知识，让学生从多学科的视角体验桥梁的结构之美，激发了学生的学习热情，为接下来的桥梁模型制作奠定了坚实的基础。最后，在教学评价方面，如皋市通用技术实验学校打破传统的试卷考试形式，采用学分制和等级制的方法，根据学生的出勤情况（10%）、课堂表现（10%）、设计与作业质量（10%）、操作实践（20%）和模块考试（50%）来计算学生的最终成绩②（见表4—5），突破了终结性评价的束缚，融入了过程性评价，能够更好地激发学生动手实践的兴趣与动力。

表4—5　　　　　　如皋市通用技术教育实验学校成绩评定标准③

姓　名		班级		学号	
项目	A等	B等	C等	D等	得分
考勤 （10分）	全勤。（10分）	病事假2节以内（有正规手续）。（8分）	病事假4节以内（有正规手续）。（6分）	病事假超过1天。（3分）	
课堂表现 （10分）	学习积极主动，参与程度高，回答问题质量高，能提出新的问题或观点。（10分）	学习积极性较高，参与程度较高，回答问题较好。（8分）	学习积极性一般，参与程度一般，回答问题一般。（6分）	不遵守课堂纪律，不完成课堂作业。（3分）	

---

① 顾建军主编：《技术与设计1》，江苏凤凰教育出版社2015年版，第11页。
② 如皋市通用技术教育实验学校：《通用技术必修课程整合计划》，2017年7月12日，http：//www.rgtyjs.net/Show_news.aspx？id＝543。
③ 如皋市通用技术教育实验学校：《组织学生来校集中学习通用技术课程材料汇编》，http：//www.rgtyjs.net/Show_news.aspx？id＝259。

续表

姓　名		班级		学号	
项目	A 等	B 等	C 等	D 等	得分
设计与作业质量（10分）	全部完成作业，质量高。（10分）	基本完成作业，质量较好。（8分）	有时完成作业，质量一般。（6分）	经常不按时完成作业，质量较差。（3分）	
操作实践（20分）	成绩为80—100分。（20分）	成绩为70—79分。（16分）	成绩为60—69分。（12分）	60分以下。（6分）	
模块考试（50分）	年级单科分数前30%。（50分）	年级单科分数前60%。（40分）	年级单科分数前90%。（30分）	年级单科分数在95%以下（原始分<60分）（20分）	
等级					

二　课程先修模式：以浙江高职院校先修课程为例

课程内生模式在普通高中内部形成了职业教育渗透的良好载体，可以有效促进普通高中学生的自我认知与职业认知。但是高中与高职教育衔接不只是普通高中内部的事情，高职院校必须参与其中，其中大学先修课程成为衔接二者的重要载体。大学先修课程（Advanced Placement Courses，AP 课程）肇始于20世纪50年代美国的高中课程改革，是一种高中与大学合作开发的大学基础课程，① 旨在为高校尤其是知名大学培育优秀的生源，加速优秀人才的培养。经过60多年的发展，这种课程模式已经遍布全球。高职院校作为高等教育的一种重要类型，其承担着卓越技能型人才培养的重要职责，要强化这些人才的培养，必然要求其将部分基础课程前置到中等教育阶段尤其是没有专门技能课程的普通高中。近年来，在一些地方政府的推动下，辖区内高职院校与普通高中开始深度合作，并将先修课程作为合作的一个切入点，取得一定成果。其中，

---

① 刘清华：《美国大学先修课程60年：卓越与公平的互动》，《高等教育研究》2014年第11期。

浙江省就是一个典型代表。

(一) 区域政策引领的先修课程合作

为贯彻落实《国家中长期教育改革和发展规划纲要（2010—2020年）》，推进普通高中多元化、特色化发展，为每个学生提供"适合的教育"，满足不同潜质学生的学习需要，浙江省教育厅于 2012 年 6 月发布《浙江省深化普通高中课程改革方案》（以下简称《课程方案》）。[①] 此次《课程方案》的最大特点就是增加选修课程的学分，将选修课程学分从原来的 28 学分提高到 48 学分，占据总学分（144 学分）的三分之一。根据《课程方案》的要求，选修课程模块包括知识拓展类、职业技能类、兴趣特长类和社会实践类四种课程，其中知识拓展类课程旨在形成学生厚实的知识基础；职业技能类课程旨在提高学生的动手能力，培养学生的专业倾向；兴趣特长类课程旨在发展学生的潜能，提高综合素质；社会实践类课程旨在引导学生关注社会，培养学生的实践能力、科学人文素养和社会责任感。

其中，职业技能类选修课程，对于丰富学生今后所学专业甚至所从事职业的认识和体验，培养专业兴趣、形成职业定向，具有重要的奠基性作用。根据《课程方案》对该类课程"实施方案"的描述，职业技能类课程包括生活技能、职业技术、地方经济技术等具体模块，选修学分占选修总学分的比例在一级特色示范学校不低于 15%，其他高中不少于 10%，且每个学生选修职业技能类课程不得少于 6 学分。其中，生活技能课程主要包括家政、理财等课程，旨在帮助学生获得有效处理生活事务的各种技能；职业技术课程主要指面向社会的职业课程、面向高校的专业课程，以及通用技术和信息技术的拓展性课程，旨在帮助学生掌握一定的职业技能，培养专业倾向，为适应社会和大学专业学习奠定基础；地方经济课程主要指与地方产业发展密切相关的特色经济技术课程，旨在传承地方经济文化，激发学生的乡土情怀。

为推动普通高中职业技能类选修课程模块的建设与实施，2012 年 9

[①] 浙江省教育厅：《关于深化普通高中课程改革的通知》，2012 年 6 月 12 日，http：//jyt.zj.gov.cn/art/2012/6/19/art_1532973_27485038.html。

月 24—25 日，浙江省教育厅组织相关处室领导、课程专家以及 11 个地市的教育局工作人员、课改试点学校的校长代表召开推进会。会上，时任教育厅副厅长韩平强调，要通过各种渠道拓展职业技能类选修课程的资源，如挖掘学科课程资源、充分利用校内各种资源、积极争取社会资源，其中社会资源包括职业高中、高职院校等。[①]《课程方案》也要求普通高中应通过多种方式开发开设职业技能类课程，其中特别指出"可以依托当地中等职业教育资源、高等教育资源，或产业行业优势"，开发适合普通高中学生的职业技能类课程。

可见，围绕职业技术课程展开的职业技能类课程为普通高中与高职院校的衔接提供了重要机遇（见图 4—2）。因此，高等院校尤其是以技能见长的高职院校成为助推浙江省普通高中课程改革、推进职业技能类课程实践的重要资源主体。为此，浙江省教育厅于 2012 年 10 月发布《浙江省高等学校面向普通高中学生开发开设大学先修课程的指导意见》（以下简称《指导意见》）。《指导意见》特别强调大学先修课程在促进高校参与普通高中课程变革、引导学生自主发展中的重要性，同时也有利于高校优质生源的供给。《指导意见》从课程建设原则、课程类别、课程开发、课程开设、学分认定、保障措施等多方面对大学先修课程的开发开设进行了专门规定。对于先修课程的开发、开设方式，《指导意见》明确可以由高校独立开发，也可以由高校与普通高中合作开发，积极鼓励省内各类高校包括高等职业学校以多种形式，面向普通高中学生开发开设大学先修课程；鼓励学生有计划地到高等学校包括高职院校选修先修课程。

（二）高职助推技能类先修课程实践

根据《指导意见》的要求，大学先修课程分为知识拓展、职业技能、兴趣特长和社会实践四类课程，其中职业技能类课程成为衔接普通高中与高职院校的主要先修课程。《指导意见》发布后，为配合于 2012 年秋季开始实施的普通高中课程改革方案，面向普通高中的大学先修课程战略随即启动。据统计，2012 年 9 月—2013 年 6 月，浙江省共有 15 所高校

[①] 韩平：《推进普通高中职业技能类选修课关键是认识——在浙江省普通高中职业技能选修课程建设现场会上的讲话》，《浙江教育科学》2012 年第 5 期。

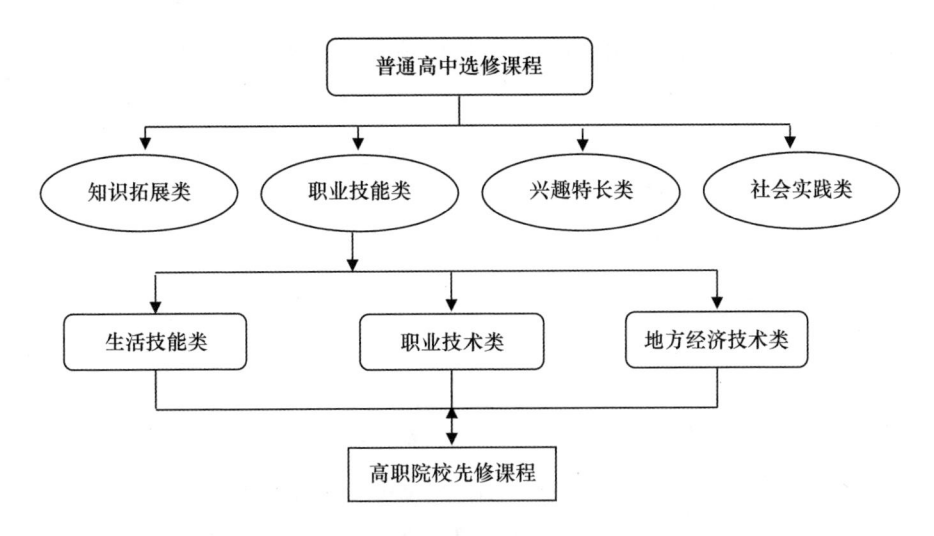

```
                    ┌──────────────────┐
                    │  普通高中选修课程  │
                    └──────────────────┘
         ┌──────────┬─────┴────┬──────────┐
    ┌────┴───┐ ┌────┴───┐ ┌────┴───┐ ┌────┴───┐
    │知识拓展类│ │职业技能类│ │兴趣特长类│ │社会实践类│
    └────────┘ └────┬───┘ └────────┘ └────────┘
         ┌──────────┼──────────┐
    ┌────┴───┐ ┌────┴───┐ ┌────┴─────┐
    │生活技能类│ │职业技术类│ │地方经济技术类│
    └────────┘ └────┬───┘ └──────────┘
                    │
            ┌───────┴────────┐
            │ 高职院校先修课程 │
            └────────────────┘
```

图4—2　高职院校先修课程体系

为普通高中开设58门大学先修课，其中有八所高职院校开设32门先修课程，超过总课程门数的55%；职业技能类课程为38门，占据总课程门数的65%；就授课的方式而言，主要有高校教师到高中授课（定期授课或举办讲座）、高中生到大学听课和网络授课三种形式，其中前两种授课方式占据所有授课门数的91%（53门）。[①] 从中可以看出，高职院校在职业技能类先修课程的开设中发挥着重要的作用，且更多的是通过到高中"送课"或到大学"走读"的现场方式进行。

浙江旅游职业学院作为省内第一所为普通高中开设大学先修课程的高职院校，在2012年秋季首次为浙江省第十四中学、杭州第二中学和萧山第六高级中学合作开发社交礼仪、明日导游、小小救生员、西餐烹饪和中餐烹饪等五门职业技能类先修课程，选修人数超过1800人次。[②] 这些课程充分体现了高职院校的"旅游"特色，发挥出应有的专业优势，职业性、实践性较强，参与授课的教师均为具有丰富教学经验的骨干教

[①]　叶志良、徐洁：《普通高中大学先修课程建设、管理和质量评价研究——以浙江省为例》，《教育与教学研究》2014年第8期。

[②]　徐洁：《高职院校开发普通高中大学先修课的实践与对策研究——以浙江旅游职业学院为例》，《湖北广播电视大学学报》2014年第7期。

师。每门课程都采用理论讲授和实操训练相结合的教学方式。其中，理论教学环节主要由高职院校的教师到普通高中课堂进行"送课"；实操训练环节主要由专业教师组织高中生在职业院校内的专业实训室进行实践操作。相同的课程名称在不同的职业院校也有不一样的教学内容和实施方式。如浙江广厦建设职业学院也开设了"社交礼仪"课，但是不同的是这所学校侧重礼仪方面的知识，而浙江旅游职业学院则侧重调酒方面的内容。

衢州职业技术学院充分利用自身教学优势，于2013年春季学期主动与衢州市高级中学对接，根据高中的课程体系和学生特点，结合地方特色开发为高中生量身定制了汽车文化、CAD/CAM、Flash动画设计、图形图像处理、电子信息技术前沿与展望、投资理财、生活中的经济学、农产品营销、人体的奥秘及健康保健、急救医学、中国传统绘画作品欣赏、职业生涯规划共12门职业技能类先修课程。[①] 在合作的过程中，前期课程主要通过高中生校内走班、教授走校的方式在高中学校进行，后期课程则通过学生"走读"大学的方式在高职院校的实训室进行，在每周五高一、高二的学生来校轮流上课。[②] 教学团队主要由相关专业资深教授和骨干教师组成。同时，在校大学生也积极参与相关课程的助教、助学中，手把手地为高中生传授相应专业技能。据统计，2013年度衢州职业技术学院与衢州市高级中学共合作开发开设24门课程，受益学生达2467人次，部分课程如急救护理、摄影等已经发展为衢州高中的特色课程，成为高中评选省级重点高中的重要砝码。

嘉兴职业技术学院也根据自身专业优势，与嘉兴一中和嘉兴高级中学等重点高中合作开发了系列职业技能类选修课程，包括汽车修理、电脑维修、动画制作、建筑绘画、插花设计、互联网技术、绿色食品生产、食品营养、面包烘焙、宠物美容等课程；甚至还依托普通高中的资源条件，派遣教师到高中从事园艺学、食品营养配餐、绿色食品生产、电脑

[①] 王建：《我校将高职"先修课程"开进高中》，《衢州职业技术学院报》2013年4月30日第2版。

[②] 吴昊斐：《高中生"走读"大学课堂》，《衢州职业技术学院报》2013年10月31日第2版。

维修和互联网技术的教学工作，一方面缓解了自身的场地和设备受限的问题，另一方面也解决了高中生的安全问题。① 教师们充分利用自己的专业特长，根据高中生的学业水平和兴趣特点，引导学生通过亲身实践掌握相应的职业技能。根据《指导意见》要求，先修课程开发合作的双方应签订合作协议，明确课程开发的教学目标、教学大纲、修读条件、考核形式、学分认定，以及授课教师的资质等。围绕这些要求，嘉兴职业技术学院与合作高中签订了课程开发协议，明确了双方的权利和义务。

（三）衔接高职院校的课程认证评价

开设先修课程旨在促进学生自主发展，为高校输入优质生源做准备。因此，在课程评价方面也有专门的规定。根据《指导意见》要求，合作双方学校应设立学分认定委员会，负责学生先修课程学分的认定工作，"学生参加先修课程学习，实际修读课时数不少于规定课时数三分之二、学习过程表现良好、通过学校组织的考核合格者，即可取得学分"。与此同时，根据《课程方案》的规定，学分认定还可以通过"参加教育行政主管部门认可的考试或比赛"进而取得"某项资格或证书"的形式获得。通过先修课程获得的学分在高职院校自主招生中将有优惠政策，例如浙江旅游职业学院通过制定学分互认的实施细则，规定普通高中学生在该校获得的选修课程学分，在学校自主招生时将享有加分待遇。② 在此基础上，这些学分还有望被带入大学，"经所在高校审核通过后"予以认定，用来抵消部分专业基础课程的学分。可见，先修课程不仅使学生获得了普通高中要求的选修课程学分，而且也为未来进入理想的高校和专业提供了便捷的通道，顺畅地实现了从普通高中到高职院校的"无缝"过渡，确保了学生的"不间断"发展。

总体而言，通过职业技能类先修课程的开设，学生们的动手能力得到普遍提高，并在学习中找到自信，专业意向和追逐梦想的动力得以激发。尤其是在实践训练环节，将同学们带到大学校园内，让他们近距离

---

① 贺伟强、贾艳、禹海杰：《高职院校开发普通高中技能选修课的教学研究与实践——以嘉兴职业技术学院为例》，《轻工科技》2015 年第 11 期。

② 杜金玲：《AP 课程本土化模式探索》，《湖南科技学院学报》2015 年第 12 期。

感知大学生活，并引导他们参与实践训练，激发了学生们的技能爱好和专业倾向，为他们以后的专业选择和适应大学生活提供重要基础。有位选修衢州职业技术学院《急救医学》课程的学生直言，"在急救实践课上，我由于动作做得标准，得到了老师的表扬，我的信心也大增，在那刻，我觉得我终于可以用我的双手来救人了"，并感慨"贵在坚持"的重要性。[①] 由此可以看出，有些高中学生可能在平时的知识类课程学习中由于不够出色而被教师冷落，而职业院校为他们开设的技能类课程却让他们重新找回了自信，这种自信可能就会引导他们毕业后向高职院校的方向选择。因此，先修课程一方面丰富了高中生的业余生活，培养了他们的动手能力和相关专业技能；另一方面也引导学生向大学校园迈进了一步，在自我探索中逐渐找到适合自己的发展轨道。在长期的合作中，不仅高中受益、学生受益，高职院校也受益良多，通过输送特色专业资源赢得优质生源的反哺，甚至将合作的部分高中确立为重点生源基地。

三 三方协同模式：以上海"飞行教育共同体"为例

普通高中与高职教育的衔接是一个复杂的系统，多元利益相关者的存在促使双方衔接不仅仅局限在二者之间的合作，而是要在多元主体的协同合作下，以普通高中为主要着力点，实现生源培育与人才培养的立体衔接。上海东方航空公司与上海工程技术大学、上海文来中学合作创建"飞行实验班"，组建"飞行教育共同体"。上海工程技术大学作为地方应用本科高校的代表，具有本科层次职业教育的性质，因此这种指向飞行员以及飞行技术技能人员培育的"飞行教育共同体"则成为普通高中与高职教育衔接的优秀案例。

（一）化外为内：衔接中利益纷争的组织协调

普通高中与高职教育因其"异质排斥"的存在，在教育上难以实现有效衔接，因而需要第三方的介入，为二者提供有效的衔接平台。但衔接中，多元利益相关者的增多自然就会产生不断的利益博弈与纷争，如

[①] 陈娅：《大学教授走进中学课堂：我校"先修课程"受中学生欢迎》，《衢州职业技术学院报》2013年5月31日第2版。

何有效消解利益纷争所带来的负面影响成为多主体合作能否成功的关键。上海文来中学与上海工程技术大学、上海东方航空公司组建的"飞行教育共同体"通过合作,"化外为内",在一定程度上具备了"微型"职业教育集团的特征。职业教育集团是"以职教集团为组织基础,以促进产学合作、产教融合,提升职业教育技术技能人才系统培养和服务能力为目的,以开放共享、优势互补、互利共赢为途径的多元主体合作办学模式"①,因而在一定程度上该"教育共同体"具备职业教育集团的特点,可以发挥出职业教育跨界跨部门的利益协调功能。因为职业教育具有天然的跨界属性,在人才培养的过程中必须顺应此规律实现与行业企业等多元利益相关者的合作。但在合作中,因为合作体系的松散,外部合作中的各利益相关者多从自身利益出发,造成诸多利益纷争与冲突,阻碍了人才培养。通过"化外为内",具有职教集团特征的"飞行教育共同体"利用其集团化的内部治理,有效地将各自的利益凝合成共同利益,在共同利益的驱使下形成诸多"利益结合点",最终产生"部分之和大于整体"的正向作用。具体而言,三方协同模式——"飞行教育共同体"主要表现为上海东方航空公司和上海文来中学合作成立"飞行实验班"与上海工程技术大学的"飞行学院"相衔接,航空公司为其提供资源支撑与实践平台。在利益诉求方面,"飞行实验班"的学生们追求更高层次的优质教育,而"飞行学院"则寻求有一定基础的优质生源,"飞行实验班"与"飞行学院"的衔接恰恰满足了二者的诉求,为二者的衔接提供了利益契合点,同时也促进了飞行技术技能人才培养的持续深化,为航空公司提供大批高技能人才。

(二)职责明确:衔接中教育资源的有效利用

由企业、高校、普通高中三方合作构成的"教育共同体"需要各利益相关者明确各自的职责与定位,才能保障共同体的有效运行和共同体内普通高中与高职教育的顺畅衔接。而设计中的"飞行教育共同体"较好地遵循了此原则,普通高中"飞行实验班"、高校"飞行学院"以及航

---

① 刘晓、石伟平:《职业教育集团化办学治理:逻辑、理论与路径》,《中国高教研究》2016年第2期。

空公司分别明确了各自的职责与角色,在人才培养上发挥各自的作用。

首先,上海文来中学在充分研究未来人才发展趋势的基础上与东方航空公司合作成立了"飞行实验班"。上海文来中学依托其多元创新的文化始终在普通高中特色化、多元化发展的道路上走在前列。飞行实验班的招生简章中明确指出:"普通高中的一个重要任务是承担应用型人才的早期培养,有很多高技术性人才的培育可以在高中阶段完成,即在完成基础型课程的前提下,利用拓展型课程渗透专业知识和素养的学习,加强创新人才的培养,提升创新素养的培育。"[1] 基于此,上海文来中学组建了"飞行实验班",学制三年,"由于飞行员职业的特殊性,在招生时,会注重学生的身体条件和心理素质,同时,对学生的英语水平也比较看重。进入'飞行实验班'后,要求在完成上海市教委规定的普通高中相关课程外,还将学习航空类特色课程,包括航空知识、飞行模拟、航空体验等课程"。[2] 通过此招生简章可以看出,高中阶段"飞行实验班"的主要任务是促进学生对飞行职业的正确认知,充分激发学生对于飞行职业的兴趣,并通过多样化的体验与启蒙,促进学生的潜能与兴趣的统一。简而言之,"飞行实验班"主要担负"职业启蒙"的职责。

其次,上海工程技术大学"飞行学院"主要担负学生理论知识的积累与技术技能的养成等职责。相较于"飞行实验班","飞行学院"中的课程更为专业,专业门类划分更细,学院现拥有飞行技术、交通运输(空中管制/飞行签派)、交通运输(航空器械维修)、工商管理(航空经营管理)、物流管理(航空物流)、航空机电设备维修、空中乘务、民航商务等八个专业。教学方式多为理论与实践相结合,学院拥有众多实训室,例如飞行模拟器训练中心·飞行仿真技术实验室、航空货站模拟实训实验室、航空物流案例分析室、航空发动机实验室、民航客货运实验室·物流系统仿真实验室、航空机务数字模拟实验室等。

最后,上海东方航空公司主要负责学生的实习实训以及职后培训等

---

[1] 上海文来中学:《文来高中 2017 年度 "飞行试验班" 招生简章》,2017 年 3 月 16 日,http://www.wlhs.icampus.cn/cms/app/info/doc/index.php/27659。

[2] 上海文来中学:《文来高中 2017 年度 "飞行试验班" 招生简章》,2017 年 3 月 16 日,http://www.wlhs.icampus.cn/cms/app/info/doc/index.php/27659。

工作，实现高职院校与企业的直接对接。普通高中的"飞行实验班"、高校的"飞行学院"以及航空公司在相互合作中重塑其在教育中的角色定位，明确各自的职责，避免了"职责混乱、定位模糊引起的诸如功能叠加冲突造成的教育资源的浪费"①，做到各方教育资源的有效利用，为普通高中与高职教育的衔接做了有益的探索。

（三）协同合作：衔接中人才成长的持续深化

从空间上看，教育共同体之间的职责较为明确，实现了教育资源利用的最大化。从时间上看，"飞行共同体"实现了高技能人才成长的持续深化。"飞行共同体"中普通高中、高校、企业等多元培育主体的协同合作，符合高技能人才成长的跨界性、长期性与系统性的特点。从跨界性上看，从"飞行实验班"到"飞行学院"，从"飞行学院"到航空公司的转换体现了高技能人才成长的跨界性特点，因为"社会所需要的各种人才，并不是单凭某一类或某一层次教育就能完成和实现的，必然要在相对完整的国民教育体系中通过多种类型多种层次的教育共同培养"②。从长期性上看，从高中到高校再到企业，飞行技术技能人员的成长符合高技能人才成长长期性的特点，且普通高中阶段的萌芽作用至关重要。从系统性上看，首先，"飞行教育共同体"形成了一个系统，"飞行实验班""飞行学院"以及航空公司都是其中的子系统，各子系统相互作用，协同合作，共同促进人才的成长。其次，从"飞行实验班"到"飞行学院"再到航空公司，飞行技术技能人才成长的历程体现了从"萌芽期"到"奠基期"再到"质变期"的系统过程。普通高中阶段的"航空知识、飞行模拟、航空体验"等课程启蒙了学生的"飞行"生涯，激发了学生的"飞行"兴趣；"飞行学院"为学生传授丰富的飞行理论，并运用专业的实验室、实训基地促进学生技术技能的形成与熟练；进入航空公司后，学生在真实情境中不断实践，通过技能的不断积累实现技能由量变到质变的转化，最终成为优秀的飞行员或飞行器技术人员。

---

① 肖龙、陈鹏：《我国普通高中与高职教育接续的困厄与出路》，《教育与职业》2017年第5期。

② 鲁武霞：《职业教育的阶梯——高职专科与应用型本科衔接》，高等教育出版社2015年版，第44页。

第二节　我国初中与职业教育衔接的模式探索

一　特需课程模式：以常州市市北实验初中与常州市刘国钧高职校合作为例

常州市市北实验初级中学积极引进高职校资源与常州市刘国钧高等职业技术学校（以下简称"刘高职"）、常州旅游商贸高等职业技术学校（以下简称"旅高职"）达成合作协议，以常州市市北实验初级中学（以下简称"市北初中"）为主体方，面向部分学生开设特需型课程。《国家中长期教育改革和发展规划纲要（2010—2020年）》明确指出，应"尊重教育规律和学生身心发展规律，为每个学生提供合适的教育，注重因材施教，关注学生不同特点和个性差异，发挥每一个学生的优势潜能"，"实行优质普通高中和优质中等职业学校招生名额合理分配到区域内初中的办法"。市北初中是一所位于常州市区的公办初中学校，其生源来自周边社区，约60%学生来源于外来务工或新市民家庭，且家长文化程度普遍不高（平均大专学历以上家长占了不到10%），学生学习基础整体薄弱，普通高中升学率较低。基于校情的客观需要，课程开设适用于大部分将要升入中等职业学校的初中生。为此，市北初中从2017年开始与刘高职和旅高职合作探索指向学生特殊需求的特需型课程。特需型课程的开设不仅遵循国家深化课程改革与培养学生核心素养的政策需求，还积极推动了普通初中特色课程发展与内涵建设，满足了学生个性化发展的诉求。

（一）特需课程的设计

常州市市北初中校长认为，特需型课程是：普通初级中学结合地域特色，与区域内重点中等职业学校共同开发多种适合初中生个性化发展、有益未来职业生涯规划的专业基础课程，旨在引导有意愿接受职业技术教育的初中毕业生正确选择专业领域、开展职业生涯规划，从而实现由传统知识学习向职业技术学习的完美过渡。[1] 由此，从实质上看，市北初中特需型课程开设是一种职业性质的校本课程开发，该课程是以学生个

---

[1] 杭佳楣：《特需型课程：普通初中特色发展新思路》，《江苏教育》2017年第6期。

体为本位，根据学生个体知识水平、生理特点和发展倾向，探索整合校内外资源，开发出的职业前置课程及配套管理体系与评价机制，从而保证市北初中学校 60% 的学生顺利在分流阶段升入高级职业学校就读。

其一，目标设计。市北初中特需型课程目标设计主要包括四个维度，即获取知识、生成能力、养成品格、学会方法。获取知识是使普通初中学生通过校本教材、数字资源（视频、微课等学习课程）、实地观摩等特需课程学习加深对职业教育课程的了解、认识。生成能力则是为融合学生个人兴趣与职业能力，通过实践活动培养学生感知、记忆、想象、思维等一般能力，然后通过专业知识实训培养学生专业所需的审美、绘画等创造能力的过程。养成品格则是学生经过对职业课程、职业学校正确认识后，积极接受职业教育，并对自己作出相应的职业规划与职业生涯选择，形成勇于探索、勇于实践并在职业中精益求精的"匠心"。学会方法则是指通过特需课程学习，初中生能够正确定位自我，客观进行自我评价、教师评价、同伴评价，并在学习过程中生成知识获取、达成能力、养成品格的方式方法。因此，市北初中特需型课程的目标是促进学生个性和社会化的养成，使其和谐统一。

其二，内容设计。特需型课程项目均取材于与市北初中合作的两所高等职业技术学校的优质特色课程，其内容分为影视剪辑、中西面点制作、电子产品的安装与调试、环境与食品检测四大特需模块，前两种模块为七年级设计开发，后两种为八年级设计开发。内容开发基于宽基础、重实用及个性化原则，既要注重为高职校阶段奠定知识和技能基础，又要兼顾初中学生的个性化特点与学习差异。[1] 由于课程内容适度拓宽，初中文化基础知识与高职专业技术知识结合，所以各模块教学都分为初中与高职校两个层次，两部分内容实施也有初中、高职校教师分别传授，教学方式以体验式、探究式为主。课程实施采用项目式教学法，课程具体活动以项目为驱动，实现在项目主导下的递进任务学习，并辅以必要的知识教学，重在技能培养，知识教学服务于技能实践。比如环境与食品检测课程，分为基础化学实验、水质检测、大气检测、食品营养成分

---

[1] 杭佳楣：《特需型课程：普通初中特色发展新思路》，《江苏教育》2017 年第 6 期。

及检测、食品添加剂及有害物质检验五个项目,每个项目包括若干具体学习内容(如表4—6)。

表4—6　　　　常州市市北初中八年级环境检测课程表

学段	模块	具体课程内容		课时	上课地点	教师	学生人数
		项目	主要内容				
八年级上学期	环境检测	基础化学实验	药品的取用、加热	1	市北初中	市北初中教师、刘高职教师	30人
			药品的称量、配置	1	市北初中	市北初中教师	
		水质检测	水污染介绍、过滤操作	1	市北初中	市北初中教师	
			硬水的软化实验、活性炭吸附实验、明矾净水实验	1	市北初中	市北初中教师、刘高职教师	
			净水机净水原理讲解	1	市北初中	刘高职教师	
			比色法测定水中的汞	2	刘高职	刘高职教师	
		大气检测	大气污染介绍、模拟酸雨的形成实验	1	市北初中	市北初中教师、刘高职教师	
			滴定法测定酸雨的酸度	2	刘高职	刘高职教师	
			考核展示	1	市北初中	市北初中教师、刘高职教师	
八年级下学期	食品检测	食品营养成分及检测	食品营养成分、淀粉检验	1	市北初中	市北初中教师	30人
			食品中的微量营养物质、维生素C测定	1	市北初中	市北初中教师、刘高职教师	
			食品中的微量元素	1	市北初中	市北初中教师	
			食品安全	1	市北初中	市北初中教师	
		食品添加剂及有害物质检验	食品添加剂、食品包装袋成分分析	1	市北初中	市北初中教师、刘高职教师	
			紫外线分光光度法测定食品中的苯甲酸钠	2	刘高职	刘高职教师	
			HPLC法测定可乐、咖啡中的咖啡因含量	2	刘高职	刘高职教师	
			考核展示	1	市北初中	市北初中教师、刘高职教师	

（二）特需课程的实施

在项目实施的过程中，学校从七、八年级，每期分别双向选择30名学生进入相应年级的特需课程班学习，采用走班分类形式，每周一节课，学习期限为一年。在课程的具体实施过程中，课程管理方面以初中教师为主，高职教师为辅，因此初中教师要参与上课、听课、陪课的全部过程，并负责组织、考勤、纪律教育、课程评价等。课程选择方面，采用学生按兴趣选科和导师选课相结合的选课方式。学生在七年级就要对学校课程的所有科目内容、研习方式、评价方式、教师状况及课程资源，以及课程在当前社会生产、生活中的价值有所了解，以便让学生学会选择、学会规划人生。初中学校学生成长指导中心的导师，要帮助学生分析自身学习状况与潜能以及特需型课程科目对个人发展、职业选择等自身成长的影响，便于学生将个人学习基础、兴趣爱好、学科发展前景、社会需要有机结合从而选择合适的科目。为此，在课程评价方面，特需型课程采用以过程性评价、项目活动评价与加分型评价的多元评价方式，对学生学习过程作多角度、全方位的考量。过程性评价结果由学生通过对自己上课出勤、课堂纪律以及学习态度等方面自评再由师生互评得出；项目活动评价按学生在每个项目中知识点的完成度给予评分；加分型评价主要针对学生在特色学习活动中的突出表现给予评价。[①]

二 多元渗透模式：以北海市中等职业技术学校合作集团为例

中等职业教育既是在我国高中阶段实施的职业教育，与普通高中同属于高中教育阶段，又是我国职业教育的重要主体，是九年义务教育的后续教育，为各行各业培养专业技术人员。为贯彻2014年《国务院关于加快发展现代职业教育的决定》，广西壮族自治区人民政府明确了"加强职业教育与普通教育沟通……为学生多样化选择、多路径成才搭建'立交桥'"。在地方政府的支持下，广西北海市中等职业技术学校利用自身生产实训基地的优势，根据区域初中学生实际需求，结合地方特色经济，

---

① 杭佳楣：《特需型课程：普通初中特色发展新思路》，《江苏教育》2017年第6期。

积极主动地开展面向地方初级中学的职业教育衔接服务，通过多元渗透的方式，推动区域初中与职业教育的衔接。

北海市中等职业技术学校创办于1981年，1996年被教育部评定为国家级重点中等职业学校，2013年被教育部、人社部、财政部"三部委"评定为"国家中等职业教育改革发展示范学校"。学校主要开设的专业领域为：港口机械、建筑装饰、汽修、计算机、电子电器、旅游工艺品设计与制作、旅游服务与管理、学前教育等。作为试点，学校于2014年开启普职衔接实践，面向所在地区基础教育阶段学校开展职业生涯意识教育、职业基础知识教育等课程，其中以普通初中为重点衔接对象。试点初中分布在北海市辖区内外，其中辖区内试点初中包括北海市银海区中日友谊学校、北海市第五中学等20多所初中学校（含公立、私立）；辖区外试点单位包括20多所初中学校，分布在桂平市、北流市、灵山县、博白县等地区。北海市中等职业技术学校主要为试点初中开设了职业基础课程、职业技能课程和职业体验课程等不同形式的课程。

（一）职业基础课程

本模块课程是由北海市中等职业技术学校初中学校开设的一类职业入门性基础知识课程，主要以"送教"的形式进行，由北海市中等职业技术学校教师深入初中学校，给学生"送"课。课程内容以职业教育准备阶段课程为主，突出技术入门、职业岗位性质，注重调动课堂趣味性。[1] 教学设计遵循以职业教育教学设计与初中教育教学设计的综合要求，灵活采用职业岗位角色体验、案例教学、自我组织等教学方法，充分体现"学生中心"原则。北海市中等职业学校希望通过模块式的综合实践活动增加初中职业教育内容，从而提高学生对职业教育的认识度；利用在教学中潜移默化的影响，使学生增强职业意识，从而规划自己未来可能的职业生涯。

---

[1] 汤霓：《大职教观视野下"普职渗透"的实践探索——访北海市中等职业技术学校》，《中国职业技术教育》2017年第22期。

(二) 职业技能课程

北海市中等职业技术学校利用自身"教、学、研、产、销"一体化的办学优势，以初中学生的兴趣爱好为出发点，并结合综合实践课程的切入方式，设计开发了一系列校本技能课程，主要在职业学校内开展。订单培养模式课程（贝雕、电子品制作）就属于该校本课程系列，由职业学校联合培养企业共同设计开发。[①] 亲子互动课程也属于校本课程系列，课程邀请家长和孩子共同参加职业体验：参与餐饮制作过程、参观艺术作品、体验茶艺、模仿折叠艺术等，使家长、孩子置身其中。在此基础上，北海市中等职业技术学校还开发了"普职衔接"校本教材，如系统的课堂演示课件、体验式教材、养成式教材等，囊括了如电子产品制作、茶艺、花折叠、贝雕手工等各项教学题材。为推进校本课程的有效实践，保证教学的效果，北海市中等职业技术学校还竭力打造复合型"普职衔接"教师，有计划地选派教师到企业实践考察，让教师参与生产性实训，使教师在生产性实训基地实行教学、教研、经营管理，提高其综合素养。同时，通过"职教周""职教论坛"等方式邀请专家为教师开展"普职衔接"教学研讨，围绕学生特点探索普职衔接的教学方式，从而加大"普职衔接"活动开展的深度。

(三) 职业体验课程

北海市中等职业技术学校以提高学生学习能力、实践能力和实践创新能力为课程目标，还为合作初中学校开设了基于职业体验的综合实践活动课程，主要面向初三年级学生开设。实际上，北海市中等职业技术学校已与北海市烹饪协会、合浦县惠来宝机械制造有限公司、北海一手贝艺企业等有着深度的合作。因此，职业体验模块在校企合作的基础下形成了得天独厚的生产性实训基地。具体来说，该模块中综合实践课程强调实物实地的具象化教学，所以在课程实施中有时会用到大型专业器械器材，比如，车辆美工器械、雕塑工具及材料、机械维修辅助机械

---

① 张艳：《中等职业学校生产性实训基地的实践探索——以北海市中等职业技术学校生产性实训基地为例》，《中学教学参考》2016 年第 10 期。

等。① 教学设计环节强调学生对生产实训基地的参观、体验及对相关职业的了解，如在教师的指导下连续完成器械操作、动画制作、美食烹饪、咖啡煮调等趣味性体验。该环节是从学生主体角度通过改变学生对职业教育的刻板印象，引起学生对职业岗位的兴趣，从而增强中等职业教育的吸引力。

为保障职业体验课程的实施，北海市中等职业学校还创建专门的"职业教育体验园"，为中小学职业体验、技能了解提供实践基地。为保障"体验园"有效运行，北海市中等职业技术学校积极制定园区相关运行机制，包括运行管理办法、活动组织制度、实训手册等，通过该平台有计划、有组织地引导初中、小学生规划自己未来职业方向。因此，"职业教育体验园"在控制该市高中阶段辍学率、保障中等职业教育生源数量等方面都起到良好的衔接作用。此外，北海市中等职业技术学校还依托初中学校网站，建立网络交流平台，在教学过程中通过网络平台向初中学生提供职业知识、岗位招聘知识等信息，从而激发学生的职业生涯意识。同时，北海市中等职业技术学校还组织学生登录企事业单位、国家机关等网站，学习、归纳职业需求信息，引导学生规划职业生涯方向。

北海市中等职业技术学校自 2014 年后已在多元普职衔接模式的探索中取得一定成绩。与 2014 年北海市中考招生相比，在 2016 年职业学校与普通高中学校招生比已由 1∶3.2 上升至 1∶1.39，吸引了相当一部分初中后普职分流阶段的学生，同时很大程度上降低了该市高中阶段的辍学率。②

三　后续进阶模式：以连云港"普职融通班"为例

后续进阶模式的培养目标、教育内容、教育形式涉及初中与职业教育衔接的后续阶段，与前两种衔接模式涉及的职业准备教育相比，

---

① 郭鹤：《中等职业学校特色课程的开发与应用研究——以广西北海市中等职业技术学校民间贝雕工艺课程为例》，硕士学位论文，广西师范大学，2016 年。
② 汤霓：《大职教观视野下"普职渗透"的实践探索——访北海市中等职业技术学校》，《中国职业技术教育》2017 年第 22 期。

体现为衔接服务的立体性和持续性特点。后续衔接模式在我国比较典型的实践形式便是"普职融通班"。"普职融通班"涉及职业学校、初中、普通高中等多方办学主体，主体间采取学籍互通、学分互换方式推进生源的纵横交织流动。具体来说，"普职融通班"学生在规定的时间内如果考核成绩达到普通高中标准，便可分流到对接的普通高中学校进行学习；其他学生则进入与"普职融通班"对接的中等职业学校进行学习，由此完成初中后普职教育分流的互通衔接。一般而言，普通高中与中职学校对接的"普职融通班"设在普通高中校园内，本研究选取连云港中等职业学校和连云港外国语学校合作的"普职融通班"为典型案例。

(一) 基于首批招录：衔接初中与中职教育

连云港位于江苏省北部，经济发展相对落后，加上近年来中等职业教育生源规模大幅度下降，以及初中后分流阶段普职衔接道路不畅等因素，导致地区劳动力市场需求与教育输出的人才结构产生不匹配现象。为改变这种状况，2016 年连云港市教育局联合连云港高级中学、连云港外国语学校、连云港中等专业学校等开办"普职融通班"试点项目，为学生的成长搭建"立交桥"，满足学生多元化成长的需求。该项目从 2016 年中考后开始实施，在招生录取批次上，"普职融通班"与市四星级普通高中、"3＋4"分段培养和国际课程班同属于第一批次。这就保证了"普职融通班"在普职教育衔接中的优越性地位，并能提前吸引部分优质的生源，且提高了选择职业教育的学生的地位，让他们不再觉得自己因未来选择职业教育而低人一等。

(二) 双轨课程体系：融会职业与文化课程

根据"普职融通"课程体系设计理念，"普职融通班"的课程体系由"职业技术课程"和"基础文化课程"双轨课程构成（见表 4—7）。其中，职业技术课程分为"职业生涯规划指导""职业探索课程""技能导向课程"和"毕业衔接课程"四大模块，基础文化课程分为"普通高中基础文化课程"和"专业倾向的文化课程"两大模块。每个模块在不同的时期分阶段实行，所包含的内容也依据内容的渐进性、连贯性和系统性进行设计。

表 4—7　　　　　　　　"普职融通班"课程体系

年级	开设课程				基础文化课程
	职业技术课程				
	一级课程	二级课程	开课形式	考核方式	
高一（上）	职业生涯规划指导	职业生涯	讲座/授课	论文	普通高中基础文化课程
		自我情况	讲座/软件测试	标准测试	
		国家政策	讲座	交流会	
		就业形势	讲座	交流会	
高一（下）	职业探索课程	通用技术	授课	测试、方案、过程记录、活动报告等	普通高中基础文化课程
		产业概况	讲座/授课	交流会	
		发展指导	讲座/授课	交流会	
高二	技能导向课程	通用技术（选修）	授课	测试、方案、过程记录、活动报告等	普通高中基础文化课程＋专业倾向的文化课程（选修）
		专业知识	授课	测试、等级鉴定	
		技能实训	实践	实践评定、等级鉴定	
		社会实践	实践	实践评定、等级鉴定	
高三	毕业衔接课程	就业指导（选修）	讲座	规划报告	普通高中基础文化课程
		专业对接课程	授课	测试	普通高中基础文化课程

（三）面向未来成长：衔接中等与高等教育

连云港外国语学校作为合作项目的主体之一，内设"普职融通班"。"普职融通班"的所有学生在高一阶段主要在普通高中学习，注册为普通高中学籍，其文化课程由连云港外国语学校教师任教，且单独组班上课。"普职融通班"的学生，在高一学习结束后，根据自己的学习成绩选择是继续留在普通高中就读，还是选择进入连云港中等职业学校的"对口单招班"。分流的具体标准为学生高一年级期末考试文化课的成绩，若成绩考核达到年级总成绩的平均分，则可以申请留在连云港外国语高中继续学习，高中毕业时与其他普通高中生一起参加高考。

连云港中等职业学校作为合作项目的另一主体，负责管理"普职融通班"学生的学籍，并委派该校最好的专业课教师到普通高中为"普职融通班"学生上专业课。中职学校在高一结束后接管"普职融通班"中成绩"不达标"的学生，并按照分数高低和专业志愿为他们单独编制"对口单招班"。在分班时，学生可以根据自己的兴趣爱好，选择适合自己的专业进行学习。在实施的过程中，相对其他以就业为目的的班级而言，"对口单招班"的课程设计、教学实施和日常管理都相对独立，而且是抽调全校各学科优秀教师从事教学和管理工作。

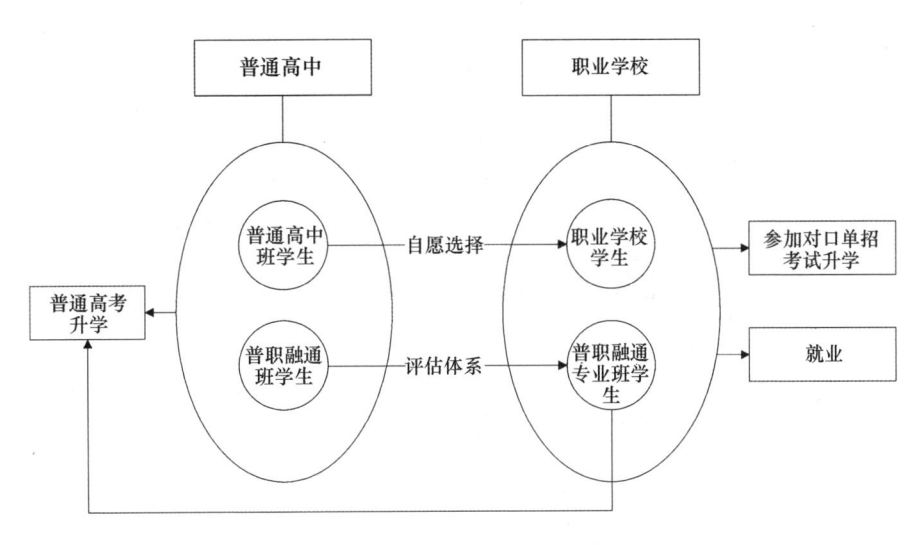

图4—3 "普职融通"衔接体系

可喜的是，连云港中等职业学校对"对口单招班"设有升学的绿色通道。作为江苏省现代职业教育体系建设试点的合作单位之一，连云港中等职业学校与江苏省内部分高职、应用本科分别建有3+2、5+4、3+4的合作关系。这些学生可以通过参加对口单招，进入高职专科院校或应用本科院校。其中应用本科高校的就读机会是"普职融通班"的最大"卖点",也因此吸引了部分学生陆续就读并进而转入"对口单招班"。对于这部分学生来说,他们一方面较早逃离了学术高考的压力,另一方面又比进入普通高中的同水平学生有着更大的进入本科高校的机会,可谓一举两得。

因此,"普职融通班"尽管作为普通高中与中职学校间横向沟通的纽带,但从长远发展来看,却是实现初中后分流阶段后续衔接的助推器,为学生进入更高层次的教育阶段提供可行的路径,因而也是普职纵向衔接通道的一部分。可以说,"普职融通班"的最终结果是多方受益。由于教育主体的相互合作,主体学校间通过"学籍互通""学分互认"衔接通道为学生提供多元化、持续性的发展路径,使学生成为最大的利益获得者。除此之外,合作主体的双方甚至三方也从中获益。首先,对于普通高中而言,提前减轻了部分学习困难学生的指导与管理压力,使其更加专注地关注学术高考的指导任务;其次,对于中职校而言,可以招揽一批相对优质的职教生源,提高自身的教育教学质量;最后,对于后期的合作者高等职业院校而言,则也是提前招揽了一些相对优质的职教生源,解决其因高考统招时生源危机带来的困惑。

第三节　我国小学与职业教育衔接的模式探索

一　校内衍生模式:以威海市实验小学开心农场为例

威海市实验小学坐落于山东省威海市,学校以"启智养正"的核心理念为引领、以"养德、健体、尚思、笃行"为校训,构建了"环翠生态课""中华经典诵读课""弟子规养正课""学科融合课""晨诵午读暮省微课""传统文化特色课""亲子技能课"等系列特色课程,并于2013年基于国家课程综合实践与校本课程"环翠生态"的整合,设计出"开心农场"主题教育项目,其开展以来,成为最受师生青睐的校本课程之一。

（一）开心农场的设计思路

威海市实验小学开心农场的组织设计与该校推进素质教育、落实育人目标为主题的教育理念紧密联系。以此为指导，实小以深化教学改革、提高教育质量为核心，更新教育教学观念，结合"绿色教育"特色学校文化，制订了"深化教学改革，提高教育质量，促进教育优质均衡发展"的实施方案。以"为学生的终身发展奠基"为方案总目标，通过六个解放：解放孩子的头脑、眼睛、嘴巴、双手、空间和时间，让学生适时地离开课堂、离开书本，走入社会实践的大殿堂。以"自己动手，丰衣足食"的生活观念，奠定正确的劳动观念和切实的劳动行为。

基于学生的习惯、兴趣、爱好、特长和综合实践能力培养出发，构建系列校本课程，并打破班级的界限，进行"菜单式"开课，主要包括基础学科课程（如基于语文学科的三字经、课本剧、小作家、中国导游等）、综合实践课程（如开心农场、小小摄影家、美影欣赏等）和个性特长课程（如弦乐、书法、绘画等），积累涵养、开发潜能、引导成长。

其中，开心农场作为综合实践课程的重要实践方式，将曾经在学生群体中爆红的网络虚拟游戏"开心农场"现实化。实验小学通过建立环翠楼教育实践基地，为学生提供种、养、研三个不同层次的实践活动场域，学生不仅可以种植植物，也可以饲养小动物，更可以探究动植物成长的奥秘，从而培养学生勤于动手、善于思考、热爱生活的好习惯，从而具有"面对一丛野菊花而怦然心动的情怀"。

（二）开心农场的组织实施

开心农场根据学生的年龄和年级特点，分梯度实施种植养殖活动。

- 一年级："快乐水精灵"

一年级学生初次接触农场，同时动手能力还不够强，可以种植一些简单易生长的水生植物，如大蒜、大葱、吊兰等。水养植物可以省去管理土壤和饲料的程序，且养护简单，易于管理，一般无须特殊照顾。学生主要负责植物浇水、卫生清洁、生长记录等基本工作，通过对植物的初步了解，养成种植植物的耐心和细心。

- 二年级："快乐花仙子"

经过了一年级的接触和感悟，学生的动手能力也得到提升，二年级可以开始独立种植植物。种植植物以"花草"为主，分为"草本植物组"

"木本植物组""开花植物组""赏叶植物组"四组,学生根据自身兴趣自由选择。在教师的指导下,学生学习一般的种植方法,松土、平土、播撒、浇水等,让学生在亲身实践中体会劳动的意义,并以此锻炼自己的实践能力。

- 三年级:"快乐小菜农"+"爱心饲养员"

三年级的学生生活技能已经有了较大提升,由种植花草转变为种植可以食用的绿色蔬菜,如油菜、菠菜、韭菜、香菜、生菜等。三年级正是培育学生耐心的关键阶段,适合种植培育周期较长且程序较复杂的蔬菜。并且,待蔬菜成熟后,可以学习采摘、清洗、烹饪,与父母分享自己的劳动成果,体会劳动带来的收获。同时,在三年级开展"小小爱心饲养员"养殖项目,提倡每人喂养、照看一种小动物(小鱼、小兔、小狗、小猫、桑蚕)或昆虫(如蚂蚁、蜗牛、蝉)均可,在养护的过程中,培养学生的耐心与爱心;提高观察力,获得一手实践知识。

- 四年级:"累累硕果香"

四年级学生的实践技能又有了进一步提升,在前几阶段的种植之后,这一阶段应该品尝到付出后的回报,所以种植能够收获果实的农作物更合适,例如草莓、花生、土豆等,同时开展"二十四节气与农作物种植",结合学校的"实践基地",亲身体验二十四节气与农作物种植的联系,更深刻地了解我们的非物质文化遗产的魅力。

- 五年级:"神奇大自然"

五年级的学生各方面习惯日渐成熟,需要更具挑战性的种植任务,因此学校鼓励学生走出校门家门,走进环翠,走遍威海,研究了解本地自然生态,引发思考,查阅资料,得出有价值的结论,提高综合实践与探究能力。

总之,学生于每周二、四下午的课外活动时间都会走入学校的"开心农场",或悉心照料自己的劳动成果,或互相观摩大家的辛苦结晶,或请教指导教师养殖的注意事项,学生能够快乐地参与到植物的种养和动物的呵护中,受益匪浅。

在师资的建设上,实小整合学校已有的教师力量,根据各个学科的知识特点,将不同的指导任务分配给相关学科教师,如数学教师可以带领学生测量农场中农作物的尺寸，指导学会测量；美术教师可以带领学生对农作物写生、拍照，指导学生学会摄影；语文教师可以带领学生撰写观察日记、种植感想、劳动感言等，指导学生学会写作……实现了学校师资力量的高效利用，也促进了综合实践活动与数学、美术、语文等学科的有机整合，提升了学生的综合能力。

（三）开心农场的衔接价值

在学校内部自建综合实践活动基地已经成为很多学校开展素质教育、劳动技术教育、道德教育等教育内容的重要载体，"开心农场"作为一个投资小、收益率大的教育形式获得了很多小学的一致好评，不仅在山东省威海市有这样的"开心农场"，在其他地区，例如江苏省无锡市华西实验学校、江苏省宜兴市培源实验小学、浙江省诸暨市店口镇文裔完全小学等都开展了类似的主题教育活动。

总体上看，"开心农场"主题教育活动的开展有效引导了学生从书本知识的学习扩展到自然世界，架起了课堂与生活的桥梁。由于生活在城市地区的孩子少有机会接触农作物，而"开心农场"由于其设计形式的多样化、灵活化，能够帮助学生认识和了解本地区的常见农作物及其生长、成熟的过程，更重要的是在这个种植过程中培养了学生的劳动意识和劳动习惯，达到职业启蒙教育的目的，属于广义普职教育衔接的范畴。

同时，笔者通过查阅威海实验小学官方网站，发现该学校在"深化教学改革，提高教育质量，促进教育优质均衡发展"实施方案中非常注重对学生的多元评价，构建出多元激励的评价体系。对于"开心农场"主题教育活动的评价，分为教师评价和学生评价。在对学生评价时，注重评价内容的多元性，即能够认识学生是独特的、学生个体间发展是不均衡的、每个学生身上的闪光点也是多种多样，在评价内容上教师根据学生在养成教育过程中的闪光点，以建立学生自尊、自信为目的，自行设计能够体现学生个性发展的评价内容。注重评价平台的多样化，即从做人、处世、学习、生活等各个方面的细节上提出明确的要求，建立月主题、周细节，由个人到班级的多层评价体系。注重评价形式的趣味性，如给予大红花、笑脸等形象化物质奖励，或者给予富有激励性和指导性的评语等。

二 校际合作模式：以常州市实验小学与常州市刘国钧高职校合作为例

拥有丰富职业体验教育资源的职业院校与小学之间的交流和合作，是一种在小学渗透职业要素的创新合作模式。江苏常州市实验小学（以下简称"常州实小"）与常州市刘国钧高等职业学校（以下简称"常州刘高职"）完美演绎了这种实践模式，携手为孩子们量身打造了一个"走进劳动与技术世界"的综合实践活动方案。

（一）"走进劳动与技术世界"的设计思路

常州市实验小学坚持以"学校发展之需、时代发展之需、儿童成长之需"组织设计综合实践活动课程，以活动为载体，着眼学生的全面发展，在"关心学生的需求、尊重学生的人格、赏识学生的进步"的教育目标指引下着力深化素质教育。2005年，学校提出了给孩子"100种经历"的教育主张，通过开展丰富多彩的课外实践活动，全面推进学校课堂教学改革，尊重学生学习的主体地位和激发学生学习的趣味性。学校开设"劳技课"，根据小学生身心发展特点，在校内举办包书皮、削苹果、钉纽扣等生活技能大赛，得到学生的广泛参与和大力支持。但是，常州实小的教师认为这种简单的技能并不能充分体现综合实践活动的自主性和开放性，学校内有限的场地和器材不足以带给学生现实生活中真实的感受和体验，职业体验应向更广泛的领域和更真实的场景扩展。而职业院校拥有真实的实验场地、完善的实验设备和专业的技术人员，能够为孩子的职业体验活动提供重要的资源支持。于是，2007年常州市实验小学与常州刘高职展开合作，两校共同开发小学毕业班的综合实践课程。每年，常州实小六年级的孩子们走出校门，走入刘高职，开启另一种模式的课堂，感受动手又动脑的快乐。

本研究团队专门采访了劳技课程的组织者和设计者——常州市实验小学杨文娟校长。在与杨校长的交谈中了解到，课程起初，常州市刘高职会选派部分专业教师走入常州市实验小学进行劳技课教学，后来，随着报名人数的增多以及活动空间的限制，校长决定带领六年级学生走入刘高职校内，真切感受职业技能，这是在原有劳技课基础上的一次革新，它打破了每周固定节数的综合实践活动模式，将一学期的课程集中起来，让学生在劳动技术方面得到更全面、更真实的锻炼。另外,劳技课程的内容也是每年不断发展变化的,一开始是根据刘高职的课程资源来开设,即有什么教什么,后来在每学期的课程结束后,学校教师以调查问卷的形式,根据学生和家长的反馈,将课程的内容重新整理,删减掉不受欢迎的无意义体验课程,增加新的职业类型课程。同时,设计出"课程菜单",课程开始之前,让学生自主选择想要参加的课程,这样充分保证了学生学习的热情程度和资源的最大化利用。

(二)"走进劳动与技术世界"的组织实施

在项目的实施中,常州刘高职的指导教师与常州实小全体参与教师密切配合,负责学生的教学指导、纪律、安全和教室的卫生、常规工作,全体教师本着高度负责、安全第一、热情服务、注重实效的原则,使小学生在轻松愉快的氛围中激发乐趣、体验职业、增长技能。

2017年4月8—9日,研究团队来到刘国钧高等职业技术学校,在刘高职教务负责人的带领下,走进常州实验小学另一种模式的课堂——劳动与技术世界,分别观摩了15个课程项目(如表4—8),并重点观察了工具制造和模拟企业经营两个项目。

表4—8　　　　　　　　2017年劳技教学项目安排

合作单位	常州市刘国钧高等职业技术学校—常州市实验小学集团			
活动主题	走进劳动与技术世界			
活动时间	2017年4月8—9日(周六、周日)			
活动地点	常州市刘国钧高等职业技术学校			
序号	项目	活动内容	人数	需带物品
1	手工制作	水果蛋糕+零钱包	40	剪刀、签字笔
2		扎染(小熊斜挎包)	26	剪刀、签字笔
3	手工DIY	DIY发饰	22	手工剪刀
4	计算机	维修、拆装	22	无

续表

5	手工家饰	捕梦网、麻绳花瓶	21	剪刀、玻璃瓶（玻璃牛奶瓶、玻璃饮料瓶均可用）
6	创艺装饰绘画	装饰画、创意造型手绘	17	黑色签字笔
7	航模	飞机模型	45	创可贴
8	趣味电子	电子闪烁灯	16	无
9	网上开店	建立模拟网店	33	数码相机、读卡器或相机数据线
10	工具制造	小锤等	16	水杯
11	超轻黏土	小动物、笔筒、微景观	17	一次性水杯
12	趣味化学	肥皂制作、叶脉书签制作	34	无
13	模拟企业经营	体验创建、采购、生产、销售环节操作流程	26	黑笔、A4纸若干张、剪刀、水彩笔、胶水
14	创客空间	智能小车安装与竞技	26	无
15	汽车奥秘	汽车日常使用维护常识	15	无

根据观察，在工具制造实训室，有充足的制造材料和制造工具，保证了参与课程的每一位同学都能亲自动手体验制作流程和做出实验成品。课堂上，指导教师首先为同学们展示了他们将要制作的成品——金属小锤，然后细致讲解了制作小锤的材料、工具和注意事项并演示了小锤的制作方法；之后，每个学生都撸起袖子，在教师的指导下亲自画线、锯削、锉削……学生之间互相交流沟通，比一比谁制作的精度更高、锤面更平整，现场气氛轻松活跃。大家不怕脏不怕累，干劲十足！

模拟企业经营课程也开展得如火如荼。第一天上午，学生根据抽签分组，每组6—7人，每组的成员模拟成立一个汽车公司，每个公司需要配备总经理、财务总监、采购总监、销售总监、生产主任、副主任、仓储总监，人数为6人组别的采购总监兼任仓储总监；各组成员共同商议公司名称、汽车标识、广告语，并设计公司海报，在海报正面列明公司名称、标志、广告语，在海报反面列明人员分工；总经理要根据黑板上的开会时间准时参加会议，领取任务。第一天下午的内容为：总经理就职演说，时间为 3 分钟，由评委打分；与供应商洽谈，签订采购合同，以最优价格采购汽车配件，采购总监需准备好名片，至少 2 张，谈判时间每人 5 分钟；汽车配件入库，仓储总监对配件进行分类；学习点钞技能，在第二天下午举行点钞比赛，总分前三名会赢得奖金。第二天上午的课程内容为：强化点钞技能，选拔比赛选手；生产主任领料，投入生产；销售总监布置展厅，制订促销方案。第二天下午的课程内容为：点钞比赛；销售产品，赢得订单；财务总监梳理现金记账；总经理总结。在整个课程实施过程中，孩子们兴趣高涨，针对公司经营讨论激烈，或询问教师或互相交流，每个学生都不甘示弱，纷纷积极动脑，为自己的公司出谋划策。

在第二天下午所有课程结束后，学校会举行学生成果汇报展以检验学生的实践成果，该次的汇报展是以"给母亲节献礼"的多幕剧为主线，串起了 15 个项目的展示。有通过"走台秀"展示的，有通过"实际操作"展示的，有"台上台下呼应"展示的，最有创意的，要数开网店与模拟企业经营的孩子们，他们用自己所学的技能将其他小组的成果串联了起来，为小小作品赋予了社会价值。

（三）"走进劳动与技术世界"的衔接价值

这种校际合作的职业启蒙教育模式实现了学校资源的优势共享，全面发展。职业院校为小学提供丰富的职业启蒙资源与专业的师资力量，高职院校也可借此机会承担起资源分享、服务社会的责任。两所学校都一致认为综合实践活动对小学生的成长成才具有重要的意义，特别是现在社会独生子女多，父母宠溺子女现象普遍，不舍得让孩子做家务，使他们动手劳动的机会少之又少。通过社会实践活动能够让学生在真实的职业体验中发现劳动的兴趣，唤醒学生动手劳动的意识和促进学生劳动习惯的养成。

2017 年已经是常州市实验小学与常州市刘国钧高等职业技术学校合作的第十一个年头，本次活动共吸引六年级 376 名学生参与。"走进劳动与技术世界"是实小六年级孩子们的综合实践活动，也是走进"技术"的启蒙活动，冲着"学技术"而来，带着"学会的技术"离开。在活动结束后，孩子们不仅能获得自己亲手制作的具有纪念价值的手工艺品，还能获得学校颁发的实践活动课程结业证书,表现优异的学生还能获得专门的奖状。这是对学生综合实践能力的一种肯定和赞扬,在学生懵懂的意识中埋下了"劳动光荣"的种子。

常州实小—刘国钧高职根据学生的性格爱好和身心发展规律设计出职业体验课程,可以说既考虑到了职业启蒙教育中职业认知的内涵,又体现出关注学生自我认知能力的培养。学生能够根据兴趣自主选择体验课程项目,并在体验过程中尝试独立思考、独立解决问题。同时,小组合作制的活动形式也帮助一些学生培养集体主义观念和沟通、交流、协作的能力。

但是,在小学学科课程繁重的学习压力下,两天的综合实践活动可以说也是很难得的,同时,也应该清醒地认识到,一个学期只有两天的活动是否能够保证实践活动不是短暂的激情,而是能够对学生未来的成长和发展产生深远的影响。庆幸的是,常州市实验小学不只有针对六年级学生的为期两天的校外实践,还组织低年级的学生到职业体验基地参加有趣的职业体验,同时带队到刘高职的小学教师也与学生一起主动学习掌握新技能,互相交流讨论,将自己擅长的领域在合适的时间教给学校里感兴趣的其他学生。

总之,要珍惜校际合作的来之不易,要形成职业启蒙教育的工作机制及长效机制,使职业启蒙理念真正深入小学生的日常学习与生活。要实现这一目标,还有很多工作要做,比如可以开展系列化的职业启蒙教育活动,促进职业启蒙实践活动的常态化实践。

三 校外基地模式:以徐州"太阳花快乐体验营"为例

近年来,徐州的中小学生在周末和寒暑假都有机会参加"太阳花快乐体验营"。"太阳花快乐体验营"是由共青团徐州市委、市少工委以体验教育为宗旨,"依托活动,分层实施、广设岗位、角色扮演、体验生活",将岗位体验作为少年儿童校外实践体验服务的重要载体。

(一)太阳花快乐体验营的设计思路

共青团徐州市委、市少工委依托太阳花体验教育基地,积极构建家庭教育、学校教育和社会教育有效衔接的"时空枢纽"。运用好学校教育的桥梁作用，沟通社会和家庭，形成三方教育的合力，促进学生健康成长。

通过沟通、协调，40多家单位对体验营项目设计、活动内容开发进行了指导，营造了"大社会"支持"小社会"的良好氛围。同时，建立了长效"专职工作人员+志愿服务人员"的联合工作机制，积极整合高校资源，形成了青年志愿者为体验营提供人力支持、体验营为青年志愿者提供实践基地的双赢模式。

体验营面向小学中年级（三、四年级）、小学高年级（五、六年级）和初中低年级（七、八年级）的学生，体验活动围绕"把活动设计得有意思，既能让孩子们受教育，还要让孩子们喜欢"的活动设计思路，对体验项目的每个环节、每个步骤都进行了细致雕琢，精心设计了岗位应聘、就职演讲、岗位职责、技能要求等环节。孩子们在完成当天工作之后，还将获得一定面值的太阳花币作为"薪酬"，并可自行存入营内的"银行"或兑换相应的礼品。项目设计受到孩子们的欢迎和喜爱，同时也实现了预定的教育目标。

（二）太阳花快乐体验营的组织实施

体验营以"重活动设计、重兴趣参与、重教育效果"为出发点，强化活动设计与实施，在带领少年儿童"玩"的同时，逐步探索形成了具有徐州特色的"参与式、互动式、体验式、实景式"体验教育模式。活动尊重少年儿童身心发展规律，将体验营划分为"学农、学军、学商、学工、学学"五个主题体验营。具体而言，依托贾汪区织星庄园、凤鸣海景区、久久农业基地开发"学农"课程体系；依托驻徐某部队、空军勤务学院等，助力少年儿童"学军"课程体系；以"城市生存挑战"为主题，依托雨润集团、七里沟农贸市场等，建构"学商"课程体系；以中国少年儿童平安行动为主题，和铜山消防大队共同推进建设"消防体验馆"，创新"学工"课程体系；依托牛津大学、剑桥大学OCEP志愿服务项目，开展"学学"体验营，丰富"学学"课程体系。其中，学农主题体验营的活动流程，如表4—9所示。

表4—9　　　　　　太阳花快乐体验营"学农"活动流程表

太阳花快乐体验营（2017 暑假·学农）活动安排表				
时间安排			活动主题	活动内容
第一天	上午	8：30—9：00	活动准备	进入营地，安排住宿，领取物品，统一服装。兑换太阳花币，领取"太阳花"存折。
^	^	9：00—9：30	开营破冰	开营仪式，入营教育（营地管理、纪律教育、设计队名），建立团队归属感。
^	^	9：30—10：30	岗位应聘	模拟招聘（小城管、采购员、导游、会计、小记者、菜农、餐厅服务员等10个核心岗位招聘），就职演说。
^	^	10：30—11：00	拓展游戏	准妈妈体验。为蛋宝宝命名，画蛋，护蛋。
^	^	11：00—12：30	手工体验	自己动手制作美味（DIY饼干、巧克力），清洗蔬菜等。
^	^	12：30—13：30	生活体验	午餐。补救站：洗碗、打扫卫生等打工赚"钱"。午休。
^	下午	14：00—17：30	拓展体验	走进军事体验基地，通过丛林穿越探险、过梅花桩、走独木桥、低空溜索、高空滑索，感受老一辈革命家不怕艰难险阻、勇往直前的精神。水上拓展、水球、过绳索桥体验，培养孩子们团队合作的精神，互帮互助，团结就是力量。
^	晚上	17：30—18：30	生活体验	晚餐。职业体验：餐厅服务员、城市管理员、保洁员，体验打工挣"钱"。
^	^	18：30—20：00	知识讲座	规范少先队礼仪，提高少先队队员的素质，做一名合格的少先队队员。
^	^	20：00—21：00	总结感悟	在专业老师的指导下，完成一篇日记或者作文，优秀作品发表在《徐州少先队》上，还能领取稿费。
^	^	21：00—21：20	岗位体验	小售货员职业体验。营员购买晚上加餐食品。
^	^	21：20—22：00	岗位体验	洗漱。职业体验：警察，维护营内的安全和班级秩序。

续表

太阳花快乐体验营（2017暑假·学农）活动安排表

	时间安排	活动主题	活动内容
第二天	早上 6：30—8：00	生活体验	早起。洗漱。早训，中队会。部分营员进行餐厅服务员、小保洁员、城市管理员岗位体验。早餐。
	上午 9：00—10：00	农村体验	走进全国最古老的自然村——圣沃村。（腰鼓队演奏）通过竞技寻找、感受历史人文景观的奇特，自然风光的优美，亲临诗意"油画"，看看大汶口时代的古人类遗址，尝尝山泉的甘甜。
	上午 10：00—11：30	农业调查	通过调查、寻访了解农村小伙伴的生活以及图书阅读的情况，知道农村小伙伴的课余生活，通过图书捐赠等方式，结交一些好朋友，并留下最美的合影。
	上午 11：30—12：30	农村大席	尽享"状元饭"、喇叭吹起来。孩子们通过一个上午的竞技比拼，享受"状元饭"（八大碗）不同口味，感受农村大席不一样的氛围（吹喇叭）。培养孩子们的团队意识、荣誉感。一粥一饭当思来之不易。和农村的小伙伴一起共食，共度美好时光。
	下午 13：40—14：40	农业劳动	农业劳动我能行。让学生亲自参与到农业生产中，让孩子亲身感受"劳作"的辛苦和欢乐。进行除草、松土、施肥、打杈、浇水、灭虫等农业体验，感受田间管理的喜悦。
	下午 14：40—15：30	采摘体验	丰收的喜悦。学生在感受田间管理辛苦的同时，可以尽情地摘豆角、西红柿、辣椒、茄子、黄瓜、生菜、空心菜、丝瓜、苦瓜等，先苦后甜，让学生更加珍惜现在美好的生活。还可以带回家和家人分享这份辛勤劳动收获的果实。
	下午 15：40—16：30	总结感悟	太阳花币结算和兑换。用自己辛勤劳动挣到的太阳花币兑换自己喜欢的学习用品、小礼品、小玩具等。多余的太阳花币存入太阳花银行，兑换神秘礼物。（腰鼓队演奏）
	17：30		学生返回接领地点。

孩子们在营内出行、就餐、住宿、购物、打工等全部以"太阳花币"进行结算,每天需填写"收支一览表"。设置"打工岗位",通过业余时间的劳动,可以获得一定的"薪酬"。体验营对孩子应聘的体验岗位进行科学设计,具体归纳为自选体验和常规体验两大类。自选体验包括菜农、餐厅服务员、售货员、哨兵、小警察、记者、编辑、工人、消防员、勤务员、城市管理员、会计等69个体验岗位;常规体验包括准妈妈、小厨师、包饺子、手工 DIY 饼干(巧克力)、珍珠画、水果沙拉、结绳、野外生火等12个体验项目。

(三) 太阳花快乐体验营的衔接价值

在徐州市太阳花快乐体验营,孩子们在角色转换中模拟社会与职业生活,体验应聘、就职演说、工作、领薪、储蓄等多种生活与职业情境,实现了思想道德、法制、安全、劳动技能、职业、公民意识等多元化教育内容的有效融合,帮助少年儿童初步了解和掌握相关行业知识和职业技能;通过让孩子们参加各类团队协作及感恩体验项目,有效强化了少年儿童团结合作、感恩社会的意识和理念;通过让孩子们全程参与体验营各个环节的活动,促进少年儿童对社会结构功能以及社会运行规则有了比较系统全面的认识。

在职业体验教育方面,通过一种岗位体验,使少年儿童扮演一个角色、养成一种品质、学会一种本领、获得一种感受。这种职业体验能够很好地符合基础教育中"教育与生产劳动相结合"的理念,并且孩子通过亲身的岗位体验获得了深入的认知和感悟,能够真正实现德、智、体、美、劳的统一协调发展。总体来看,太阳花快乐体验营的教育内容是丰富多彩的,且能够根据中小学生的身心年龄特点分阶段设计,能够满足不同年龄阶段学生的认知需求和体验需要。

另外,太阳花快乐体验营能够结合当地的特色资源,积极联合部队、消防、企业、高校等,充分发挥各单位的资源优势,带领中小学生走入实际的工作岗位体会劳动人民的职责与使命。例如,学农主题营,以培养学生艰苦朴素、勤俭节约的优良品质为目的,以农村体验、生活体验、岗位体验、农业劳动、采摘体验等专题带领孩子们走进农村、接触农民、深入社会,了解我国农业社会的真实情况,增强劳动观念。在学农主题体验营中，每个孩子都化身为一名职业人员，有餐厅服务员、城市管理员、售货员、保洁员、警察、农民等角色，虽然天气炎热，但孩子们坚持生产劳动，不怕苦、不怕累，"在劳动中快乐，在劳动中成长"就是他们的真实写照。活动结束后学生家长曾向体验营工作人员反映，孩子们在参加完体验营之后变得爱劳动了，会经常帮父母做一些家务，而且在花钱方面也懂得节约了，会在买东西时有思考、有选择。事实证明，这些多样化的实施途径对于培养孩子树立正确的劳动观念起到了良好的引导作用。

总体来看，太阳花快乐体验营的教育内容是丰富多彩的，且能够根据中小学生不同年龄阶段的身心特点分层次地设计教育内容，能够满足不同年龄阶段学生的认知需求和体验需要。但是，在认真研读其内容体系和观察其活动开展之后，也发现太阳花的教育内容依然存在需要改进的地方。例如，太阳花的岗位体验更多关注的是个体对于职业的认知和体会，缺少了学生对自我概念的认知及其指导。职业启蒙教育的内涵不仅包括职业认知和职业探索，自我认知也是其内涵的重要方面。在大集体环境下，个体能更好认清自身兴趣、情绪、个性特点以及人际交往能力，这时更应该正确地引导少年儿童增强对自我的认知水平。另外，小学阶段是学生职业观、价值观开始形成的关键时期，在儿童进行职业岗位体验辛苦劳动之后，教育工作者要趁热打铁，指引儿童树立"劳动最光荣"的思想观念，帮助儿童形成正确的劳动观和职业观。

第四节　我国普职教育衔接探索的基本经验

一　中小学综合实践活动是衔接的切入点

早在2001年《基础教育课程改革纲要》中，"综合实践活动"就被列为中小学的必修课程予以提出，包括信息技术教育、研究性学习、社区服务与社会实践以及劳动与技术教育，并在2003年《普通高中技术课程标准（实验）》的基础上逐步延伸出高中阶段的通用技术和信息技术课程。随着2017年《中小学综合实践活动课程指导纲要》的颁布，综合实践活动有了新的时代内涵，包括考察探究、社会服务、设计制作、职业体验四个模块。尤其是职业体验和设计制作要求学生在实际工作岗位或模拟情境中通过见习、实习体认职业角色，激发兴趣特长，提高动手能力，涵养工匠精神。在广大中小学缺乏实践教育资源的现实情况下，职业院校能够成为可靠的资源供给者。

根据前述的相关区域与学校的探索，可以看出中小学综合实践活动课程成为普职教育衔接的重要切入点。正如常州市两所高职校分别为中小学开发开设的"特需课程"和"走进劳动与技术世界"，充分考虑了中小学综合实践活动开设的困难和需求，通过课程开设与评价为中小学生积累了国家规定的综合实践活动课程的必修学分。再如，威海市实验小学的"开心农场"、徐州的"太阳花快乐体验营"，尽管没有职业院校的参与，也没有生源招录的导向，但通过学工、学军、学农、学商的方式，学生们在体认职业角色的同时，培养了勤于动手的劳动习惯，养成了健康的职业价值观。通用技术课程作为综合实践活动在高中阶段的衍生课程，无论是其课程标准中"选修Ⅰ"和"选修Ⅱ"课程模块，还是教材中对于教学目标、教学内容和教学方法的预设，无不体现出实践性、职业性的导向，而如皋市通用技术教育实验学校的设立，为普通高中通用技术课程的有效实施提供了技术支持；浙江省高职院校先修课程的植入则为普通高中综合实践活动课程的拓展与实施提供了普职教育衔接的"源头活水"。

二 职业院校主动延伸服务是衔接的关键

职业教育衔接的根本目的在于打通技能型人才成长的通道，而直接的目的则是为职业院校供给优质的生源。作为职教生源的需求侧，职业院校肩负着技能型人才早期发现与培育的重要责任。从上述的案例分析中可知，职业院校主动出击成为普职教育衔接的关键。在当前的中国，依旧是学术高考的"指挥棒"在主导着广大中小学生及其家长对普通高等教育的选择。在普职教育衔接中，也普遍存在着"一头冷、一头热"的现象。因此，这就要求职业院校放下身段，主动与周边的中小学合作探索技能人才的早期培养问题，而不是等到招生的季节再"守株待兔"。

在高职院校方面，正如在浙江省先修课程政策的引领下，衢州职业技术学院、嘉兴职业技术学院、浙江旅游职业学院等职业院校主动与当地高中合作开发系列职业技能类课程，引领了浙江省高等教育先修课程开设的潮头。尤其是衢州职业技术学院多次"走入"高中，进行课程需求的调研；多次"走进"高中，进行技能类课程的授课；甚至将学生的录取通知书"送进"高中。为了解决学生的安全问题，学院派专车和专人接送衢州高级中学的学生来校上课；为了拓展学生的校园沉浸机会，除了实训技能课程的教学外，还通过组织"校园开放日""攀岩比赛"等活动，丰富学生对高职校园文化的体验。在中职学校方面，常州市两所五年一贯制高职校、北海市中等职业技术学校皆围绕本区域中小学尤其是初中校学生的需要，主动开发开设系列职业课程，如常州市刘高职为常州市北实验初中量身定制的四门"特需课程"，不仅丰富了学生的课业生活，还为一些农民工子弟的升学选择搭建了普职教育衔接的平台。而连云港中等专业学校主动出击的目标不是初中，而是在教育局和普通高中学校之间游说，最终促成了"普职融通班"的产生，为生源的转入、高阶技能人才的培育铺就了普职教育衔接的"立交桥"。

三 区域共同体的整合是衔接的推动力量

在新的时代，区域共同体合作是发挥区域教育资源优势，增强区域学校竞争力的必要路径。《中国教育现代化2035》也将"完善区域教育发展协作机制"作为推进中国教育现代化的重要实施路径。基于大职教观视野，技能型人才的培养不是职业教育内部的事情，也不是职业教育与普通教育双方合作就能解决的问题。早在100多年前，黄炎培的大职业主义教育观就强调，职业教育要与教育界、实业界相联系，才能实现发达职业教育的目的。基于"三螺旋"理论，教育除了与产业界相联系外，还与政府界保持着紧密的互动关系。因此，普职教育之间的顺畅衔接需要区域内政府、企业、学校的协同参与。通过上述案例的分析可以看出，我国普职教育衔接在实践探索中也遵循了这一原则，主要体现为政府主导、企业主导两种模式。

政府作为教育改革的主导者，引领了浙江省先修课程、北海职业教育合作集团、连云港"普职融通班"的探索与实践。以浙江省先修课程为例，为了对接普通高中课程改革方案中"选修课程"尤其是其中的"职业技能类课程"模块的学分需要，省教育厅通过发布关于大学先修课程的《指导意见》、组织试点学校召开动员会等方式，引导职业院校参与普通高中选修课程的开发开设，并取得阶段性进展。与浙江省相似，2015年5月，石家庄市教育局发布了《石家庄市普通高中与市属高职院校普职融合贯通改革试点工作方案》，牵头市内11所普通高中和3所高职院校合作，通过开设实践技能类课程、开发校本教材、建设实践基地、培养师资队伍、建立衔接学制的方式，计划用3年的时间为本市高高衔接探索经验，以全面推进技能型人才的系统培养。上海东方航空公司作为企业的代表，主导着"飞行教育共同体"的建立与运行。上海东方航空公司作为高端技能型人才飞行员或飞行器技术员的接收方，对于"培养什么样的飞行员或飞行器技术员"最有话语权，因此在其主导下，联合普通高中代表上海文来中学和应用本科高校代表上海工程技术大学形成职业教育集团，在明确各自职责、追求"利益结合点"的基础上，协同推进飞行员或飞行器技术员的培养。

第 五 章

他山之石：国际普职教育衔接的基本经验

他山之石，可以攻玉。先进的国际教育经验可以为我国的教育改革与探索提供不同的思路，厘清国际上教育发展的脉络可以增强我国教育改革的战略性与先进性。本章主要从美国、德国、英国与澳大利亚四个国家不同的教育体系出发，探究每个国家不同的教育衔接策略，归纳总结出不同衔接策略中的共同规律，为我国普职教育衔接的理论建构与实践探索提供经验借鉴。

第一节 美国的衔接经验：基于生涯与技术教育的衔接

美国作为世界教育大国，产生了诸多教育理论，其先进的教育实践也为世界各国提供了各种可以借鉴的教育经验。美国的教育改革大多发生在单轨制的教育体系之上，单轨制的体系也孕育了美国教育史上众多综合教育思想，如杜威的综合职业教育思想。在此影响下，美国的教育形成了综合贯通的特点，尤其是其各级各类教育之间的衔接，成为世界教育的典范。本研究主要基于美国生涯与技术教育体系，分析中小学生涯教育中的衔接路径，以及高中阶段"技术准备计划"（Tech-Prep）的衔接意蕴，探讨美国中学教育与中学后职业教育特别是社区学院的"一体化"衔接。从小学、初中、高中三个方面探讨美国普职教育衔接的机理，以期形成系统性的教育经验。

一 基于一体化生涯教育的普职教育衔接

一体化的生涯教育贯穿到美国中小学各个阶段，可谓是美国普通基础教育与职业教育衔接的重要模式，无论对小学生的职业启蒙还是对于中学生的职业教育选择都具有职业生涯指导的意义。

(一) 职业生涯教育的产生与发展

20 世纪 70 年代，世界发生石油危机，美国国内石油紧缺、通货膨胀，同时由于 60 年代美国教育界"精英教育"政策的实行，造成了青年一代失业率高、就业不稳定等严峻社会问题。美国民众普遍认为，需要一种新的教育形式来帮助美国人解决这个难题，新的教育应该是一种就业前的准备教育，这种准备教育不应只是为了就业而准备，而应指向于个体的职业能力。基于此，1971 年美国联邦教育总署署长马兰发起生涯教育运动并不断努力制定联邦立法以支持生涯教育，[①] 他提出，职业生涯教育不是单纯地把职业教育作为中等教育及其之后的职业教育课程，而是以所有学生为对象，在各类教育中给予职业教育一定地位。马兰呼吁，当务之急是从小学低年级开始，在各个学段采取不同的形式，设置为学生未来职业生活做准备的预备教育课程。在接下来的十年中，职业生涯教育概念在联邦教育政策中发挥越来越重要的角色。1973 年，美国教育总署拨出 1.68 亿美元的专款资助生涯教育实验，1974 年，美国国会随即通过《职业生涯教育法》(Career Education Act)，同年秋季，有九个州通过推行生涯教育的法令，42 个州采取措施推行职业生涯教育。全国近 30% 的学区在学校内正式开展职业生涯教育。[②] 1977 年，又出台《生涯教育奖励法》(Career Education Incentive Act)，规定在五年内向中小学提供总额为 3.25 亿美元的经费开展生涯教育。[③] 职业教育与普通教育相结

[①] "Career Education", http://career.iresearchnet.com/career-development/career-education/.

[②] 石伟平:《比较职业技术教育》，华东师范大学出版社 2001 年版，第 132 页。

[③] Jimmy Carter, "The American Presidency Project", http://www.presidency.ucsb.edu/ws/index.php?pid=7011.

合,在一定程度上缓解了由失业而带来的种种社会颓废和动荡不安的局面。此后,职业生涯教育受到高度重视,在全美范围内引起轰轰烈烈的教育改革运动,促进了就业率的上升以及社会的稳定,获得学生以及社会各界的一致好评,被美国前总统尼克松誉为"由政府创办的一种最有前途的教育事业"。[①] 至此,美国的职业教育政策不再仅专注传统的技术服务,开始为就业和继续学习做双重准备,职业生涯教育改革风生水起。

美国联邦政府在 20 世纪 80 年代通过国会立法专门成立了"国家职业信息协调委员会"(NOICC),并于 1989 年制定发布《国家职业生涯发展指导纲领》(*National Career Development Guidelines*),对各个阶段的职业生涯教育目标和内容作出规划,成为美国职业生涯教育的纲领性文件。20 世纪 90 年代,随着经济全球化和一体化的到来,劳动力市场出现复杂变化,人才竞争逐渐加剧,美国于 1994 年出台《从学校到工作机会法》(*The School-to-Work Opportunities Act*),[②] 注重"从学校到工作",建议为幼儿园到大学的所有学生提供职业准备,以适应全球化发展和快速变化的知识信息社会,帮助学生从学校到社会的顺利过渡。进入 21 世纪,联邦政府开始推行"从学校到生涯"理念。2001 年,《从学校到工作机会法》失效,用"生涯"替换了"工作",表现出生涯教育理念的进一步落实,职业教育更关注职业生涯发展而非就业本身,更观照"人"本身的可持续发展,强调从幼儿园就开始观照。之后,美国国会参众两院通过了《2006 年卡尔·珀金斯生涯与技术教育法》(*Carl D. Perkins Career and Technical Education Act of 2006*),[③] 与《1998 年卡尔·珀金斯生涯与技术教育法》(*Carl D. Perkins Vocational and Technical Education Act of 1998*)相比,最显著的变化就是其明确提出用"生涯与技术教育"取代"职业与技术教育",给予职业教育更广泛的内涵和适用范围。2012 年,美国联邦教育部颁布《投资美国未来:生涯

[①] 钟启泉编著:《现代课程论》,上海教育出版社 1989 年版,第 453 页。

[②] U. S. Department of Education, "School-to-Work Opportunities Act", 1994, https://www2.ed.gov/pubs/Biennial/95-96/eval/410-97.pdf.

[③] U. S. Department of Education, "Carl D. Perkins Career and Technical Education Act of 2006", 2007-03-16, https://www2.ed.gov/policy/sectech/leg/perkins/index.html.

和技术教育改革蓝图》(*Investing in American's Future: A Blueprint for Transformation Career and Technical Education*)① 对职业生涯与技术教育的内涵与框架进一步完善,持续关注学生的职业生涯发展,意味着美国的职业教育越发关注学生整个生涯阶段的发展而不是特定岗位的培训。美国及时的生涯教育政策支持,为美国职业生涯教育的顺利实施提供了法律保障。

至此,职业生涯教育已经被社会民众广泛接受,形成了联邦、州、地方三级组织共同支持的教育体系。在职业生涯教育的管理上也出现了生涯、技术和成人教育办公室(Office of Career, Technical and Adult Education),负责中小学和成年人的职业生涯和技术教育。② 早期教育办公室(Office of Early Learning)为从出生到三年级的儿童提供早期学习的支持,以提高健康水平、社会情感和认知结果,并为有需求的儿童提供职业准备。③ 另外,美国联邦政府还将2万多个社会职业整合为16个国家职业生涯群,包括:农业、食品与自然资源;建筑;艺术、技术与通信;企业管理;教育与培训;金融;政府与公共管理;健康科学;酒店与旅游;私人服务;信息技术;法律、公共安全、矫正与治安;制造业;营销;科学、技术、工程和数学;运输、配送与物流。④ 职业生涯群作为后续课程设计和教学组织的工具,为职业生涯教育发展提供了一个非常重要的结构框架,16个职业群为个体职业发展提供了知识和技能指南,同时它包含了79个职业路径,帮助学生更详细地了解职业范畴,希望他们在职业生涯中取得更大的成功。

(二)职业生涯教育的模型与标准

1. 职业生涯教育的模型

美国联邦政府努力进行生涯教育的研究和设计,各州也推出了各具

---

① U. S. Department of Education, "Investing in American's Future: A Blueprint for Transformation Career and Technical Education", 2012 - 04, http://files.eric.ed.gov/fulltext/ED532493.pdf.

② U. S. Department of Education, "Office of Career Technical and Adult Education", https://www2.ed.gov/about/offices/list/ovae/pi/cte/index.html.

③ U. S. Department of Education, "Office of Early Learning", https://www2.ed.gov/about/offices/list/oese/oel/index.html.

④ "Career Clusters", https://cte.careertech.org/sites/default/files/CareerClustersPathways.pdf.

特色的职业生涯教育模型，其中最具代表性的还是美国教育部推出的国家职业生涯教育模型（National Career Education Models），包括以学校为基础的职业生涯教育模型（the School-Based Career Education Model）、以家庭为基础的职业生涯教育模型（the Home-Based Career Education Model）、以雇主为基础的职业生涯教育模型（the Employer-Based Career Education Model）、以地方寄宿制为基础的职业生涯教育模型（the Rural-Residental Education model）。[1] 其中，以学校为基础的职业生涯教育模型在美国是最主要也最受欢迎的，也是适合中小学阶段实施的模型，它把职业生涯教育发展目标融入学校的1—12年级教育计划中，其目的在于通过职业生涯教育，使所有学生都有机会接触到各种类型的职业，增强他们的职业理解力，进而保证每个学生都能接受一种学术性与职业性相结合的教育。

2. 职业生涯教育的标准

美国国家职业信息协调委员会（NOICC）制定的《国家职业生涯发展指导纲领》（National Career Development Guidelines）规定了小学、中学、大学和成人四个阶段的"职业生涯标准（Career Development Standards）"，一共包括三个能力层面：自我认知（Self-Knowledge）、教育与职业探索（Educational and Occupational Exploration）、职业生涯规划（Career Planning），[2] 其中小学阶段的具体指标如表5—1所示。

表5—1　　　　美国小学阶段职业生涯能力标准及其具体指标

能力	具体指标
自我认知	①了解积极自我概念的重要性 ②学习与他人积极互动的技巧 ③意识到成长和改变的重要性

---

[1] "Career Education", http：//career.iresearchnet.com/career - development/career - education/.

[2] NOICC, "National Career Development Guidelines. Career Development Standards", www.iptv.org/pub/STCpdfs/ncdgstan.pdf.

续表

能力	具体指标
教育与职业探索	①意识到获得教育成功的利益 ②意识到学习和工作之间的关系 ③学习理解和使用职业信息的技巧 ④意识到个人责任感和优秀工作习惯的重要性 ⑤意识到工作与社会功能和社会需求的关系
职业生涯规划	①明白如何做决定的 ②认识到生命角色之间的相互关系 ③意识到不同的职业和女性角色的改变 ④意识到职业生涯规划是个过程

（三）职业生涯教育的阶段与实施

1. 职业生涯教育的阶段

根据指导纲领，美国把中小学的职业生涯教育分为三个阶段实施：小学阶段1—6年级处于"职业意识"阶段（Career Awareness），初中阶段7—9年级处于"职业探索"阶段（Career Exploration），高中10—12年级处于"职业准备"阶段（Career Preparation）。[①]

（1）小学："职业意识"阶段

小学阶段主要通过单元教学，以职业相关的娱乐游戏活动作为内容，使所有儿童在活动中树立关于各种职业的一般概念，形成对工作世界的初步认识，又具体细化为低中高三个级别。

小学1—2年级：这一阶段以生动、形象的游戏娱乐活动为主，注重启发儿童对于职业世界的好奇心。在课堂上可以通过放映动画片、趣味幻灯片、彩色图片等形式对相关联的职业知识进行描述，在实践活动中可以进行角色扮演游戏，让学生扮演自己熟悉的超市售货员、收银员、酒店服务生、工厂技术工人等职业角色，寓教于乐，帮助儿童了解什么是职业，培养他们形成正确的劳动态度和劳动观念。

---

① 马治国、周常稳、孙长梅：《中小学实施职业启蒙教育的迫切性与可行性探析》，《教育探索》2016年第1期。

小学3—4年级：这一阶段强化儿童对于职业的认知，有意识地引导儿童接触周围的职业世界。布置职业调查或观察任务，让儿童亲自搜集、观察、整理资料，使儿童了解到一份工作需要具备的能力、责任和义务，更重要的是让儿童意识到学习与工作的关系，意识到获得不同性质的工作所需要经历的教育和培训历程。同时，帮助儿童开发自身的兴趣和能力，培养儿童根据自身兴趣和能力选取未来职业的意识。

小学5—6年级：经过前一阶段对于职业世界和自我概念的初步了解后，这一阶段进一步提高儿童对职业认知的深度。教师在授课时有意识地将职业因素渗透到各门学科之中，帮助儿童熟悉更多的职业类型，同时注重培养儿童的职业规划意识，引导儿童思考自己未来想从事哪种职业类型。在实践活动中，可以让儿童扮演梦想从事的职位，加深对职业的感悟。例如，若儿童想成为工程师、建筑师、会计员等职业，可以让学生参与班级财务管理工作；在数学课上教师引导学生了解这些职位均与数学有关，因此必须认真掌握相关知识。

（2）初中："职业探索"阶段

中学7—9年级：这一阶段旨在鼓励学生主动进行职业生涯探索，通过"生涯群集"让学生熟悉工作世界，熟悉职业的分类和国家职业群集，更多地了解他们感兴趣的各种职业，以此构建积极的自我认知。在小学阶段了解到更多职业种类后，教师要帮助学生结合自身的实际兴趣与爱好做出更加具体的职业选择和职业探索，并在职业探索中不断加深对于自我的认知、兴趣与生涯发展关系的认知。因为对自我的认知有助于确定初步的职业选择并促进自身的生涯发展。同时，在此阶段还应鼓励学生参加社区志愿者工作，积累初步的工作经验，为未来的职业预备做准备，职业预备包括青年学徒、技术准备、实习和半工半读。当然，最初的选择并不一定是最终选择，这种职业生涯探索是为了帮助学生更好地理解工作的概念。

（3）高中："职业准备"阶段

中学10—12年级：主要为选择升学和选择就业的学生提供不同的职业准备，核心是培养学生的职业兴趣、职业能力和技巧。已在中学开展的职业生涯活动在此阶段会继续进行，不同的是，这一阶段要帮助学生进行更深入和更高质量的生涯发展策划，帮助他们选择某一特定生涯领域，对其进行比较集中的训练与指导。有三种基本的生涯发展供选择，包括高中后立即就业、选择技术教育或学徒项目为就业做准备、升入大学。[①] 通过学校辅导员、职业开发者、就业服务咨询员和就业安置专家等各种生涯规划专家在高中阶段对学生进行教育、培训和咨询服务，让学生能够自由地选择和转换以上三种生涯选择。

2. 职业生涯教育的实施

基于职业生涯教育模型和联邦"生涯标准"，美国各州都积极开展了各自的职业生涯教育活动。例如，在得克萨斯州圣弗朗西斯科东中部独立校区，从幼儿园到小学再到高中，职业生涯教育都渗透其中，并得到了很好的发展。这里的学校就像一个工厂和实验室，教师和学生都变成了工作人员，学生从幼儿园开始接受职业生涯教育，随着年级的升高，其职业生涯教育的指导内容和指导重点也在不断深入。学生在习得基本文化知识的同时，也能习得基本的职业态度、职业道德和自我教育概念。

这里所实践的职业生涯教育内容是由 Linda Catherine 开发设计的，并且目前依然在被有效使用，具体设计如图 5—1[②] 所示：该内容符合个体的发展特点，每个年级的学生都具有不同的发展任务，前一阶段发展任务的顺利完成能保障后一阶段发展目标的顺利实现。该内容既符合国家的职业生涯标准，又包含设计的主题特色，循序渐进地确定每个阶段的职业生涯教育目标，为生涯教育的顺利实施奠定基础。

例如，小学低年级阶段的发展任务主要是职业生涯意识和自我意识的培养，小学高年级阶段则开始了职业生涯探索，这种循序渐进的深入方式符合教育的规律、符合儿童身心发展的规律、符合职业启蒙教育的规律，能够为学生的生涯发展奠定科学的启蒙基础。

在美国职业生涯教育实践中，"职业日"是最典型的活动方式之一。美国的许多中小学经常举办"职业日"活动，在每年某个特定的时间，

[①] The National Career Development Association, "Career Development: A Policy Statement of the National Career Development Association", https://www.ncda.org/aws/NCDA/pt/sp/guidelines.

[②] ［美］彼得森、冈萨雷斯：《职业咨询心理学》第二版，时勘等译，中国轻工业出版社 2007 年版，第 227 页。

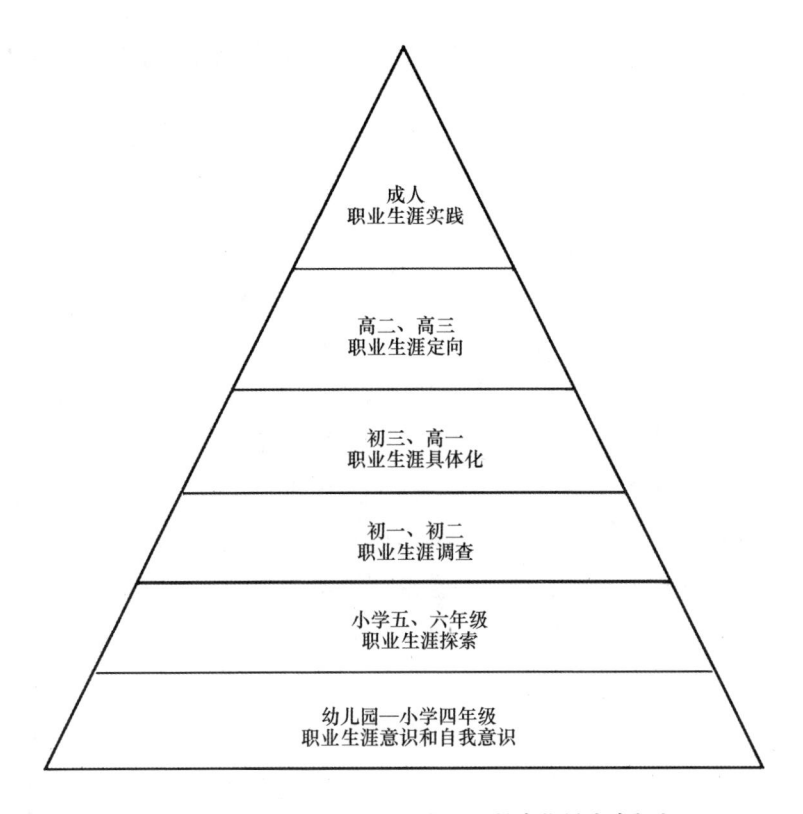

```
                    成人
                  职业生涯实践

               高二、高三
              职业生涯定向

            初三、高一
           职业生涯具体化

          初一、初二
         职业生涯调查

       小学五、六年级
       职业生涯探索

    幼儿园—小学四年级
   职业生涯意识和自我意识
```

图 5—1　Linda Catherine 职业生涯教育指导内容框架

学校都邀请学生家长向学生们介绍其职业，父母的演讲生动有趣并鼓励孩子在结束后尽可能地多提问题；还可以由教师和有职业相关性的家长带领学生走进工厂车间参观实际的工作场所，学生作为主动访谈者，了解职业的相关知识。实践表明，这种职业生涯教育活动能够开拓儿童的视野以及锻炼他们的演讲、听力技巧和语言表达能力。[①] 不仅如此，儿童的职业意识也是在这个过程中逐渐形成的。

二　基于技术准备计划的中学与中学后教育衔接

技术准备计划（Tech-Prep）作为美国中等教育和中等后教育衔接的

[①] W. P. Gothard, "Careers Education in a Primary School", *Pastoral Care in Education*, Vol. 16, No. 3, 1998, pp. 37–41.

重要教育项目,具有学术教育和技术教育的双重功能,对于衔接高中与高中后教育具有有效的引导作用。

(一)技术准备计划的提出:从"被忽视的大多数"到"帕金斯法案Ⅱ"

虽然美国的高中与社区学院为普职教育衔接提供了适宜的土壤,但由于美国教育政策的导向,二者从最初的可衔接状态逐渐走向分离。综合中学遭受诸多质疑,部分学者指出综合中学的实质并不是一种综合教育,柯南特的多样化课程的思想只是将课程分化,并没有将课程整合,在此背景下,教育公平问题越发严重。同样,社区学院也逐渐消解了自己诞生之初的基本功能——转学功能,大多演变为为学生提供职业技术教育的职业院校。割裂了中学与中学后教育,特别是与社区学院失去联系后,美国的高等教育入学率和辍学率遭遇严重的危机,青年的高失业率与技能供需矛盾开始让部分学者意识到教育衔接的重要性。此外,中学学生内部的分化以及由此带来的辍学率也不断攀升。

1985年,时任美国社区学院初级学院协会主任的戴尔·帕内尔(Dale Parnell)以其既在中学担任过校长又在社区学院担任过主任的特殊经历,从二者衔接的角度在其著作《被忽视的大多数》(*The Neglected Majority*)中首次提出了技术准备(Tech-Prep)的设想。帕内尔通过自己在中学一线的长期观察与研究,发现班级里存在着三类学生,且分化日益严重。这三类学生分别是成绩处在班级前四分之一的优等生,这一类的学生被称为"高校绑定组",意思是这四分之一学生在中学毕业后会顺利地升入四年制高校深造;还有一类学生与之相反,被称为"问题严重组",这一类学生占据班级排名的后四分之一;处于中间两个四分之一的学生即为帕内尔所说的"被忽视的大多数"。帕内尔认为处于班级前四分之一的优等生平时受到教师的表扬和关注较多,后四分之一的学生因为问题频出所以也时常受到教师的"关照",而处于中间二分之一的学生则经常被教师们忽视。这部分不乏存在一些有特长和特殊技能的学生,也不乏有职业技术潜能的学生,但因长期被忽视,缺乏动力与引导,所以这部分学生中本应该继续深造的学生却因此辍学,造成了人才浪费。帕内尔提出的"技术准备"设想,其主要关注对象就是"被忽视的大多数",专门为这一部分学生提供职业技能的补习,帮助其顺利升学或就业。

但是,"技术准备"设想在诞生之初就处在增强学术教育的阴影中。①《国家处于危机中》(*A Nation at Risk*)的问世,让美国民众再一次将教育改革的目光聚焦在了提高学术教育的质量上,偏重职业教育的"技术准备"显得有些不合时宜,因而没有得到太多关注。直到1990年《卡尔·帕金斯职业与应用技术法案》(*Carl D. PerkinsVocational and Applied Technology Act*)(又称帕金斯法案Ⅱ,*Perkins* Ⅱ)的颁布,才将"技术准备"重新引入美国民众的视线之内。帕金斯法案Ⅱ提出了"学术课程与职业课程的整合""中等教育与中等后教育的整合""学校本位学习与工作本位学习的整合"的三项"整合"。为了有效推行这三项"整合",还专门发布了《技术准备教育法》(*Tech-Prep Education Act*),此法案的颁布直接推动了技术准备计划的实施。

《技术准备教育法》中的条例较为灵活,主要包括以下七点:第一,签订衔接协议,构建中等教育与中等后教育的无缝衔接框架;第二,在中学与社区学院中实施"2+2"课程;第三,为中学和中学后教育特别是社区学院制定合适的衔接课程;第四,增强衔接师资,加入教师发展计划;第五,培训咨询顾问;第六,确保残障人士能够参与;第七,进行提前宣传等服务工作。技术准备计划的推行有效地衔接了中学与社区学院教育,参加此计划的学生,在中学学习两年的中学后水平的衔接课程,即可获得相应的学分;进入社区学院后,在社区学院继续学习更高层次的技术课程,则可获得相应的学位、技术资格证书,避免了中学与社区学院课程重复设置带来的功能叠加与资源浪费,有力地保障了学生的学习质量,缩短了学习时间,为社区学院带来了大量的优质生源。

资料显示,早在1998年,美国就已经形成了1029个由中学和社区学院组成的"技术准备教育联盟"(Tech-Prep conscortia),涵盖了美国69%

---

① Debra D. Bragg, "Maximizing the Benefits of Tech-PrepInitiatives for High School Students", *New Directionsfor Community Colleges*, Vol. 2000, No. 111, 2000, pp. 23 – 30.

的学区和88%的高中学生。[1] 美国学者布莱格（Bragg）对此进行了长时间的追踪研究，发现参加过技术准备计划的学生相对于没有参加的学生而言，其进入社区学院的升学率从58%升至78%[2]，社区学院的辍学率也相应降低，可以看出技术准备计划在提升社区学院的生源数量与质量方面具有积极作用。

（二）技术准备计划的实施：三大整合框架

技术准备计划在帕金斯法Ⅱ、Ⅲ以及《从学校到工作机会法案》（STWOA）的支持下不断被推广和完善，因此技术准备计划具备了这几部法案共同的理念——整合。技术准备计划的实施始终围绕"整合"理念，主要包括学术课程与职业课程的整合、社区学院主导的中学课程与中学后课程的整合以及课程实施中学校本位学习与工作本位学习的整合三种实践方式。

首先，学术课程与职业课程的整合是技术准备计划实施的基础。技术准备计划实施的主要目的是通过签订正式的衔接协议，整合学术课程与职业课程，整合中学教育与中学后教育，让学生的知识、技能水平能够顺利地发展，提升至中学后水平[3]。中学教育与社区学院教育的整合依靠二者课程的整合，但二者不同的层次和类型带来的异质排斥阻滞了课程之间的衔接，因而需要在衔接之前对课程进行适应性的变革，而中学阶段的学术课程与职业课程的整合就是一种适应性的变革。可以说学术课程与职业整合关系着整个技术准备计划的推行，是整个计划的起点与基础。具体来看，关乎技术准备计划的整合式课程主要有四大类型，分别是融合职业内容学术型课程、融合学术内容职业型课程、综合型课程以及模块型课程[4]，在中学阶段的课程整合主要以融合职业内容的学术课

---

[1] Hershey A. M., Silverberg M. K., Owens T., Hulsey L. K., *Focus for the future: The final report of the national Tech - Prep evaluation*, Princeton, NJ: Mathematica Policy Research, 1998, p. 22.

[2] Bragg D. D., "Promising outcomes for Tech-Prep participants in eight local consortia: A summary ofinitial results", http//www.nccte.com/publications/secure/index.ds.p#PromisingOutcomes.

[3] Debra D. Bragg, "Maximizing the Benefits of Tech-PrepInitiatives for High School Students", *New Directionsfor Community Colleges*, Vol. 2000, No. 111, 2000, pp. 23 - 30.

[4] 陈鹏：《美国职业教育学术课程与职业课程整合研究》，《外国教育研究》2013年第3期。

程为主，当然也包括一些融合学术视野与职业观照的综合型课程。

其次，中学课程与中学后课程的整合是技术准备计划实施的关键。通过二者课程的前后整合来衔接中学与中学后教育一直以来都是技术准备计划的核心要义。为此，在《技术准备教育法》中还专门提出实施二者课程整合的"2+2"模式，此模式主要是指在中学的后两年，即11和12年级组织学生自愿选择中学后教育特别是社区学院前两年的职业技术课程，在进入社区学院后，继续学习更深层次的相关课程。细化到实施路径，具有美国特色的"双学分课程"（Dual Enrollment）为此模式提供具体支撑。双学分课程设计之初是为了弥补中等与中等后教育之间日益扩大的"鸿沟"，允许学生在中学阶段选择中学后水平的课程，修满合格后可以同时获得中学学分与中学后学分，但中学后的教育机构主要是一些学术型的大学，可以选择的课程也主要是一些学术课程。随着青年失业率的攀升以及技能之间的严重不匹配，加之许多中学逐渐取消了劳动密集型以及需要不断更新的自动化技术课程，[1] 教育界开始思考如何通过让社区学院回归传统角色，在社区学院与中学之间建立一种以职业技术课程为主的双学分课程。但双学分课程与"2+2"模式不同，技术准备计划提出的"2+2"模式旨在构建一种贯穿中学与中学后教育的课程体系，而双学分课程只是为学生提供一些单独的选择。[2] 因此，双学分课程仅仅是作为技术准备计划实施的一种具体路径而不是模式。

最后，学校本位学习与工作本位学习的整合是技术准备计划实施的保障。整合的课程如果没有合适的实施方式，也只能是纸上谈兵。学术课程与职业课程的整合以及中学课程与中学后课程的整合都呼唤着一种整合的学习方式——整合学校本位与工作本位的学习。尤其是"2+2"课程模式中整合的一些数学、科学与技术元素，需要学校课堂学习与工作实践学习整合，以构建一种情境化的学习方式。情境学习要求教育者在设计教学内容的过程中，融合包括社会的、文化的、自然的和心理的

---

[1] T. R. Bailey, K. L. Hughes, M. M. Karp, "Dual Enrollment Programs: Easing Transitions from High School to College. CCRC. Brief", *Academic Ability*, No. 17, 2003, pp. 1–4.

[2] T. R. Bailey, K. L. Hughes, M. M. Karp, "Dual Enrollment Programs: Easing Transitions from High School to College. CCRC. Brief", *Academic Ability*, No. 17, 2003, pp. 1–4.

等多种不同类型的经验形式。① 通过整合学校学习与工作学习形成的情境化学习方式，可以让学生提前适应职业技术课程教与学的方式，在认知方式上实现衔接。

（三）"技术准备"的超越：技术学院预科高中

如果说技术准备计划在中学与中学后的沟壑间建立了一座沟通的桥梁，那么技术学院预科高中（Pathways in Technology Early College High School，P-TECH）则用其一体化的设计将中学与中学后之间的沟壑填平。美国技术学院预科高中由 IBM 公司首创，第一所技术学院预科高中——美国布鲁克林技术学院预科高中由 IBM 公司与纽约市教育管理部门、纽约城市大学、纽约技术学院以及中等教育机构合作建立于 2011 年。② 截至 2021 年 6 月，美国已经建立了 162 所技术学院预科高中。③

美国技术学院预科高中创造性地将高中与大学融为一体，实行六年一贯制，学生完成六年学业后可以获得高中毕业证书与应用科学副学士学位，并在就业方面享受 IBM 公司提供的特殊待遇。IBM 公司之所以设计技术学院预科高中这种教育类型，是因为美国严重的技能危机导致 IBM 公司难以招聘到优质的员工，加之美国"制造业回归"的战略大环境，让 IBM 公司不得不思考高中与职业教育改革的问题。IBM 公司借鉴了传统大学预科高中（Early College High School）的特点，运用自己公司强大的影响力和资源与当地的技术学院合作，创设了具有一贯性、职业性、生涯性特点的新型预科高中。

在技术学院预科高中诸多特点之中，一贯制课程最为突出。以纽约布鲁克林技术学院预科高中为例，P-TECH 学校围绕针对计算机信息系统与机电工程技术等专业设计的技能发展图谱（Skill Mapping）形成六年一贯制的课程体系，该课程体系主要由高中教师、大学教师、IBM 的技

---

① Hull D., Souders Jr. J. C., "The Coming Challenge: Are Community Colleges Ready for the New Wave of Contextual Learners", *Communtiy Colleges journal*, Vol. 67, No. 2, 1996, pp. 67–85.

② P-TECH, "P-TECH 9 – 14 MODEL: IMPACT TO DATE", http://www.ptech.org/docs/tools/PTECH – 9 – 14 – Model – Impact.pdf.

③ P-TECH, "P-TECH 14 – 16 schools provide young adults the skills to succeed", http://www.ptech.org/.

工程师等人员合作开发完成，兼顾学生的发展水平与产业需求。英语、数学、信息技术和基于工作的实践是该课程体系的四个核心课程群，课程难度根据学生发展水平逐级递增，其中第一学年统一学习这四门核心课程，第二学年起开始根据每个学生的学习情况为学生设计个性化的学习计划。基于工作的实践活动依据学生主修专业需要的技能渗透并融入科学、社会、历史、艺术等学科，用模块化的课程鼓励学生将所学的知识、技能应用到真实的企业生产中。①

此外，在实践教学方面，IBM公司依托自身强大的技术师资力量为学生提供一对一的辅导。技术学院预科高中以其一贯制的课程体系、工作本位的学习与教学、多元合作的治理模式以及最为重要的以学生为中心、尊重差异、多元化的培养过程充分发挥了教育的力量，创新性地解决了普通高中与技术学院或社区学院的割裂以及从学校到工作的割裂，超越了"技术准备"，为我国普通高中与高职教育的衔接提供了新鲜的经验。

第二节　德国的衔接经验：基于多次分流的衔接

职业教育作为德国经济社会发展的"秘密武器"，长期以来为德国制造业发展输送了大批高技能人才，成为德国"经济腾飞的翅膀""经济发展的基石"与"民族兴盛的基础"。德国卓越的职业教育除依靠"双元制"的活力外，还源于多元的基础教育，特别是中学阶段教育的支撑，这种内隐的支撑主要来自德国多次分流的教育体系。学生在分流中选择，依靠"立交桥"式的教育体系与灵活的转轨制度，以及基础教育内部的前职业教育模式，不断明确自我认知，不断得到职业教育熏陶，为德国普职教育的衔接奠定了基础，增添了动力。

---

① P-TECH, "General Information", http：//www.ptechnyc.org/Page/73.

一 基于多次分流的阶梯式普职教育衔接

德国教育从 3 岁开始，3—6 岁为幼儿园阶段，基础教育大多数为 4 年制的义务教育，6—10 岁在小学学习，小学毕业后进入定向阶段，[①] 即进行第一次分流，根据兴趣、发展需要和天赋选择进入中等教育第一阶段的文科中学、实科中学、主体中学或综合中学。3—4 年后进行第二次分流：职业教育或普通教育，接受第二阶段中等教育。中等教育第二阶段结束后，一部分学生进入人力资源市场就业，一部分选择继续深造升学，实现第三次分流。[②] 第三次分流的结果为，一部分通过各种类型的职业学校教育直接走上就业岗位，一部分进入高等院校深造，一部分进入高一级的职业学校。多次分流的教育体制为德国普职教育衔接提供了通畅的路径，并表现为不同的形式。

德国的教育分流主要根据学生在分流前一阶段的学业成绩、学习表现、综合能力以及特长和潜能等为学生推荐合适的学习路径，教育分流意味着将不同学习能力和潜能的学生置于不同的学校、班级，让他们接受不同的课程，以使学生能够接受与其能力和潜能相适应的教育，为未来的工作与生活准备一定的职业能力。[③] 早期分流的依据是"对潜能的测定，越是在生命的早期，被掩盖和玷污的可能性越小"。[④] 对于学生来说，可以选择适合自己的教育让自己的潜能得到最大的发展，充分体现了多元智能理论在人才选拔中的应用。对于学校，根据学生的能力和潜能调整课程内容与教学方式，可以促进教学资源的有效配置，实现教学效率的最大化。

（一）第一次分流：小学后的普职教育衔接

小学阶段结束后，德国教育进入第一次分流，学生进入中等教育的第一阶段即定向阶段。学校会根据学生在小学四年的学业成绩、平时表

[①] 郑也夫：《吾国教育病理》，中信出版社 2013 年版，第 29—33 页。
[②] 郑也夫：《吾国教育病理》，中信出版社 2013 年版，第 29—33 页。
[③] Julian R. Betts, "The Economics of Tracking in Education", *Handbook of the Economics of Education*, Vol. 3, No. 10, 2011, pp. 341–381.
[④] 郑也夫：《德国教育与早分流之利弊》，《清华大学教育研究》2012 年第 6 期。

现和潜能推荐其进入不同类型的中学。一般来讲，学业成绩较好的学生进入以学术教育为主的文科中学；而剩下的学生则会更加关注其潜能，实践能力较强且文理知识一般的学生会被推荐进入实科中学接受更多的职业教育熏陶；具有一定的实践能力且文理知识较差的学生会被推荐进入主体中学。

当然，在具体分流的过程中，学校的推荐虽然占主导作用，但也不是一家独大，需要征求家长与学生的意见。首先，在四年级第一学期，学校会安排一次由家长、班主任、主要任课教师、校长，乃至实科中学、文科中学、主体中学校长共同参加的会议，会议既为各类校方提供说明情况的机会，也为家长们提供解答疑惑的平台。随后，在四年级结束时，学校根据学生的成绩和具体情况建议或推荐学生到某类学校就读，但最终的决定权还归属于家长。家长的决定权在不同的州有不同的处理方式。有些州的情况是，如果家长的要求高过了学校的推荐，该学生必须参加学校安排的一次考试；若考试通不过，家长或服从学校的推荐，或让孩子重读四年级。还有的州，如果家长的要求高过了学校的推荐，该学生可以到家长期待的学校去试读，但定向期内试读学校可以根据该学生成绩再次决定他的去留。一般情况下，学生和家长会根据自己的兴趣爱好尽可能地尊重学校的意见，并且选择衔接职业教育的实科中学和主体中学的相对较多。与德国早期分流匹配的定向性教育，以充分尊重学生个体差异为基础，促进教育公平及人才培养层次分流。

（二）第二次分流：不同中学间的异质衔接

后续多轨体制下，四类中学架起了普职衔接的桥梁。第一类为主体中学。该中学学制为5年即5—9年级，学校大部分学生毕业后接受职业培训，但是毕业时如果拿不到主体中学毕业证书，学生将很难找到职业培训岗位。也就是说，全部学徒工中的大部分人来自主体中学。第二类中学为实科中学。在《汉堡协议》统一学校名称前，实科中学常常被称为"中间学校"，即处于主体中学和文科中学中间的学校。[1] 从其功能上说，该学校同样起到中间性桥梁的作用，学生可进可退，向学生展示了

---

[1] 郑也夫：《德国教育与早分流之利弊》，《清华大学教育研究》2012年第6期。

双重的前景：一部分学生毕业后可以接受职业教育，进入比主体中学毕业生的归宿更好的专业学校和专业学院，另一部分成绩很好的学生可以转入文科中学进而选择继续进修上大学。在课程的安排上，与文科中学吸引那些热爱抽象思维和学术的学生不同的是，实科中学的课程内容更适合对实用自然科学感兴趣的学生。实科中学学制为 6 年即 5—10 年级，比主体中学多一年。① 该学校学制的多元化特点为主体中学中有能力的学生提供转入实科中学且获得相应毕业文凭的时机。第三类中学为文科中学，也有中国学者称此类中学为"完全中学"，其学制为 9 年，分两阶段，即 5—10 年级是初级中学阶段，11—13 年级是高级中学阶段，其中前者属于义务教育，后者是非义务教育。② 以巴伐利亚州为典型，按照该州规定：文科中学学生读完 10 年级后要进行测试，测试合格者才有资格进入文科中学高年级（11—13 年级）就读，并可以获得与这一资格相当的中等教育毕业资格证书，而测试不合格者则转入其他类型学校学习。因此可以看出，在德国分流制下多轨学制"互通"衔接的过程中学生可以通过普通教育与职业教育间的互通转化来实现流动，比如上述定向期教育后主体中学或实科中学可以使成绩好的学生在第七学年经"提高班"的补习教育后转入完全中学，完全中学的学生也可以以同样的方式转入自己心仪的职业学校。③

最后一类为综合中学，它将三类中学统一综合，让各阶层子弟读同样的初中，以实现教育机会的平等，并消除阶层间的社会隔阂。在综合中学，其教学实行"合作式"与"一体化"相结合的方式并以此打破各自独立的三轨制。④ 如综合中学中，在社会学、劳动教育、宗教、音乐、艺术等课程的教学过程中，对学生不按照能力分班，而是在班内按照学生能力不同进行分组施教。对于数学、德语、英语、自然科学等一些学

---

① 郑也夫：《吾国教育病理》，中信出版社 2013 年版，第 29—33 页。
② 郑也夫：《吾国教育病理》，中信出版社 2013 年版，第 29—33 页。
③ 杭州大学中德翻译中心、巴伐利亚州文教部：《德国巴伐利亚州教育制度》，杭州大学出版社 1998 年版，第 9 页。
④ ［德］约阿希姆·H. 克诺尔：《西德的教育》，王德峰译，人民教育出版社 1980 年版，第 69 页。

科,设置水平不等的甲乙丙班,且根据成绩分班授课。但后者也不是像上述的三轨制中学依据总分分班,而是每门课都分别按照学生的成绩来分班,比如某学生可能数学成绩好则分在数学甲班,德语成绩差则分在德语丙班。同时学校根据每门课成绩的升降,每学期都会为学生安排调换班级的机会。综合中学在其教学上尊重每个学生各科的不同侧重,在学生毕业时,将根据学生成绩不同的侧重分别让他们获得主体中学毕业证、实科中学毕业证或向文科高中阶段过渡的资格。可以说,综合中学兼具主体中学、实科中学、文科中学三类中学的功能,在内部实现着普职教育衔接的多轨互通。

(三) 第三次分流:中学与高职教育的衔接

1. 衔接的起点:教育分流下人的潜能观照

中学与高职教育衔接的逻辑起点为促进学生自由全面发展,此处的自由全面发展是指根据学生自身潜能的多元化发展。教育分流最初的目标是充分发掘学生的潜能,德国的多次教育分流制度正是对学生不同潜能的观照。《哈利波特》系列小说中的魔法学院里的一个细节体现了诸多提倡早期教育分流的学者所梦想的画面,即为新入学的学生戴上一顶"分类帽"就能指引学生去最适合其发展的学院学习。然而,与魔幻小说不同,现实社会很难寻找到这样能使学生的选拔完美且便捷的帽子,[1] 教育分流饱受有效性和公平性的争议,如经济合作与发展组织(OECD)展开的一项研究将德国学生差强人意的 PISA 测试表现归结为过早分流的结果。[2] 但无论怎样,早期分流促进了学生的自我认知,从进入初中前的第一次分流到初中毕业后的第二次分流,多数学生已经对自我的发展有了较为清晰的定位,加之在实科中学与主体中学中接受职业教育相关元素的熏陶,学生在第三次分流后继续深造自然会选择适合自己的职业教育而非综合大学。因此,德国的高中与高等职业教育衔接不单指这两种层次和类型教育之间的关系,而是在多次教育分流的基础上自然形成的,

---

[1] Sylke Viola Schnepf, "A Sorting Hatthat Fails? The Transition from Primary to Secondary School in Germany", *Innocenti Working Papers*, No. 92, 2002, pp. 1 – 59.

[2] OECD, *Knowledge and Skills for Life – First Results from PISA 2000*, Paris: OECD, 2001.

历经多种教育层次和类型,通过学生对自我的认知与潜能的发展产生强大的内隐动力,驱动普职教育的衔接。

2. 衔接的关键:教育分流中的职业教育渗透

对于高中与高职教育,单纯分流并不能触发二者的衔接机制,只有在分流的过程中不断渗透职业教育,发展学生的不同潜能才能从内部驱动二者的真正衔接,德国的教育分流制度正是如此。德国高中阶段主要分为三类学校,一类是为升入综合大学做预备的完全中学,一类是直接面向就业的学校,如"双元制"职业学校,一类是兼顾升学与就业的"立交桥"式的学校。多次分流制度催生了诸多定位明确的学校,也为学生的发展指明了方向。本研究所涉及的高中与高职教育衔接主要是指兼顾升学与就业的"立交桥"式高中与职业教育类大学的衔接,而在与高职教育衔接之前学生已经接触到了散落在高中的多种形式的职业教育元素。

这其中比较有代表性的为德国在中学阶段实施的前职业教育(pre-vocational education)与强制性职业教育制度。"前职业教育"的实施主体最早为小学和初中,但随着高中教育的普及化与企业对人才要求的提高,教育层次逐渐高移,高中阶段特别是"立交桥"式的高中学校也开始出现该教育理念与形式。"前职业教育"是指"为学生进入劳动力市场做准备,发展学生的进取观念和企业家精神,也包括对学生朝着特定职业组别的引导工作",[1] 该教育形式主要依靠与工作相关的课程来实施,课程持续时间一般相对较短,属于短期精修形式,当然也可以被纳入学校课程结构中,形成长达两年的学校课程,如就业、科技与技术、商业与经济、家居课程等。课程实施过程中可以与企业以及其他机构合作,在校外进行实践,也可以渗透在高中多样化的学科中,在学校课堂教学中体现。"前职业教育"并不是为了学生就业而进行的技能培训,而是力求通过职业教育的渗透,在学生动手实践中培养学生的问题解决能力、设计

---

[1] Matthias Pilz, Jun Li, "What Teachers in Pre-vocational Education ShouldTeach and What They Actually Teach: a comparisonof curricula and teaching in Germany and China", *Research in Comparative and International Education*, Vol. 7, No. 2, 2012, pp. 226 – 247.

思维、决策能力和团队合作能力，为未来的工作和进入高等职业教育奠定基础。

与"前职业教育"进行理念渗透的柔性方式不同，强制职业教育制度则为学生提供一些技能培训。职业教育在德国属于义务教育范畴，学生在中学阶段必须要接受长达 10 个月的职业教育，这 10 个月则称之为"职业教育基础年"。强制职业教育的目的主要是为没有完成学业的学生提供一种属于"过渡系统"①（Uebergangs system）的职业补习教育，使其获得相应的职业资格或中学文凭而顺利地过渡到下个阶段的职业教育。德国的教育衔接多建立在多次分流的基础上，而在分流前后学生可以接受大量的职业教育熏陶，可以说德国的职业教育不仅以职业学校的形式存在，而且通过隐性的职业教育元素渗透于整个教育体系中，这也是德国高中与高职教育成功衔接的关键。

3. 衔接的保障：教育"立交桥"上的转轨

两种不同类型与层次的教育衔接不可避免会产生异质排斥，德国以其重视职业教育的文化传统和教育体系中的"立交桥"式的转轨制度抑制了二者的互斥，保障了衔接的进行。

首先，德国的文化传统在宏观上为高中与高职教育的衔接镀上一层厚实的保护层，引导学生与家长在第三次分流时主动选择职业教育。追本溯源，探究德国职业文化的盛行要从"职业"一词在德国的产生开始。"职业"，德文为"Beruf"，与传统的"Occupation"有着很大的不同，"Occupation"多指外在的工作形式与内容，而"Beruf"则更多体现个人的身份认同与社会认同，词源学中的"Beruf"在宗教语境中意味着神的召唤，因此德语中的"职业"体现的更多是超越外在形式的内在意义，"职业不仅是评判个人整个生命的标准，也是个人感受自己价值的主要来源"。② 对于社

---

① 李俊：《德国职业教育的想象、实现与启示——再论德国职业教育发展的社会原因》，《外国教育研究》2016 年第 8 期。

② 李俊：《德国职业教育发展之社会结构及文化传统探源》，《清华大学教育研究》2011 年第 1 期。

会而言，职业成为一种社会秩序和结构的存在形式。[1] 加之德国职业教育培养的工人大多处在社会的中间阶层，有着不错的社会地位和经济收入，虽然相比大学教授等一些具有较高社会地位的职业，工人的收入没有外界想象的那么高，且工人的社会地位向上流动也比较困难，但相比欧美其他国家，工人的整体地位与工资依然处于领先水平。内部文化的驱动与外部社会地位和经济收入的推动，促使更多的德国学生选择职业教育，为德国高中与高职教育的衔接增添了动力、注入了能量。

其次，从微观上看，学生经过多次分流最终选择不同的高等教育时，会不会因为前面的路径偏差而导致学生陷入"一错百错"的窠臼？很多学者批判早期分流扼杀了学生的梦想，这也是德国教育实行早期分流遭到质疑最多的地方。"现代社会中的多重因素刺激了分阶层民众晋升的欲望，分流制要在这样的氛围下持续存在，必须优化自身"，[2] 因此德国制定了两年的"定向观察期"制度与"转轨通道"制度。定向观察期指学生在第一次分流后的前两年处于定向观察阶段，此阶段学生学习的内容基本一致，学生可以在这两年内根据自身的偏向与喜好自由转入其他类型学校进行学习。定向观察期的设定弥补了学生在小学阶段结束后即10岁进行早期分流造成的生涯发展偏差，理论上解决了晚熟的学生梦想破碎的问题。此外，除两年的定向观察期外，学生仍然存在着转轨的可能性。例如实科中学中有"特殊的十年级"，[3] 学生在实科中学完成10年级后可以根据自身的潜能与兴趣倾向不失时机地转入完全中学的第11年级，在此基础上完全中学就成了职业完全中学，这其中的大部分学生来自实科中学。对于一些非在校生，德国也为他们提供了继续深造并进入高等教育学习的"第二条道路"。[4] 非在校生可以参加例如实科中学、完全中学的初中毕业考试与高中毕业考试，考试合格后获得中学结业证书

---

[1] Dostal, "Der Berufsbegriff in der Berufsforschung des IAB", in Gerhard Kleinhenz, eds. *IAB Kompendium Arbeitsmarkt-und Berufsforschung. Beiträge zur Arbeitsmarkt-und*, Berufsforschung, BeitrAB 250, 2002, pp. 463 – 474.

[2] 郑也夫：《德国教育与早分流之利弊》，《清华大学教育研究》2012年第6期。

[3] 福尔：《1945年以来的德国教育》，戴继强译，人民教育出版社1996年版，第153页。

[4] 福尔：《1945年以来的德国教育》，戴继强译，人民教育出版社1996年版，第191页。

以及高校入学资格。在德国的教育体系中，普职之间可以自由地横向、纵向沟通甚至交叉衔接，架起促进学生潜能发展的"立交桥"，学生处在"立交桥"上可以不断促进自我认知，也可以在适宜的时机转入自己心仪且适合的学校与教育类型中。在高中与高职教育衔接中，大大减少了"高考陪绑者"[①]与高考失败者，为德国的高等职业教育如专科大学与职业学院提供了大批优质生源，进一步促进德国职业教育的良性发展。

二　基于前职业教育的渗透式普职教育衔接

德国普通教育与职业教育的衔接是在多次分流的基础上逐级实现的，不是一蹴而就的。其中，前职业教育（pre-vocational education）在德国多次分流的普职教育衔接中扮演了重要角色，它通过在中小学各阶段渗透如就业、科学与技术、商业与经济、家居课程等职业认知与基础课程，刺激学生的职业兴趣，渐进式引导学生选择职业教育发展方向。

（一）前职业教育的产生与发展

德国的前职业教育兴起于凯兴斯泰纳的劳作学校，主张从小学开始，开设劳作课并将此作为必修课程，学生学习木工、厨艺、缝纫等最基本的简单操作，以此增强学校生活与职业生活的联系，但并不面向就业，因此又名"前职业教育"。在凯兴斯泰纳思想的指导下，德国的基础学校不仅传授基本科学知识，同时还对学生的劳动观和职业观进行启蒙教育。20 世界 60 年代，德国进行了一场教育改革运动，其中一件重要的改革措施是推进基础教育阶段职业教育和普通教育的沟通和融合。德国教育部 1962 年颁布法令，规定中小学阶段的前职业教育分两步进行，在四至六年级进行职业启蒙教育，七年级开始进行系统的职业定向教育。[②] 实践证明，之后德国的前职业教育也按此分类进行，由于两个阶段的教育目标不一样，它们的组织和实施也有所差异，简单来说，第一阶段主要是将职业启蒙教育渗透在其他各学科之内或开设常识课，第二阶段则通过专门的"劳动技术课"并伴有亲身的实践活动来实施。1964 年，德国教育

[①] 郑也夫：《德国教育与早分流之利弊》，《清华大学教育研究》2012 年第 6 期。
[②] 陈志明：《德意志民主共和国普通学校的职业指导》，《全球教育展望》1983 年第 4 期。

委员会提出《关于在主体中学建设劳技课程的建议》（以下简称《建议》），主张在主体中学开设劳动技术课程，作为一种独立的劳动教育形态，而不是其他课程的附庸。有学者将此《建议》的出台看作德国中小学劳动技术课正式诞生的里程碑。[①] 这些改革措施帮助学生顺利实现从基础学校到职业学校的过渡，也奠定了德国职业教育和普通教育的平等地位。

20世纪70—80年代，德国的前职业教育得到进一步认可并取得快速发展。1971年德国发布了《关于学校与职业咨询部门合作的总建议》，明确了学校与职业咨询部门在相互合作方面的各自职责。1972年，德国联邦职业教育委员会提到职业启蒙教育（vorberufliche Bildung）包括"在小学和初中阶段，帮助学生理解工作和经济世界所进行的所有教育措施"。[②] 1979年，德国工会联合会在《劳动课教学工作纲领》中，提出了劳动课要遵循理论联系实际的重要教学原则。1978年，工作、技术与经济协会成立，该协会将所有关注劳动课理论和实际发展的中学及大学劳动课教师、学生组织起来。在这些相关利益组织的推动下，联邦德国的许多州都于20世纪80年代投入较多资源，进行劳动课的课程计划和教学大纲的编制与修改。[③] 1987年在各州文化部长常设会议上，对五年级到九年级或十年级的劳动技术课作出"新的尝试"，会议中提到：要带领学生进入真实的经济、政治、技术生活，所有年青人都必须学会及时调整自己以适应瞬息万变的生活情境。学校应该为此做出努力，这一任务主要落在劳动技术课上。[④] 可以看出，70—80年代更详细地描述了职业预备教育的内涵，涉及劳动、经济、技术等领域，确定了劳动技术课在前职业教育中的重要地位。

20世纪90年代以后，德国的前职业教育更加成熟和多样化。1993

[①] 赖新元主编：《德国中小学教育特色与借鉴》，中国戏剧出版社2009年版，第224页。
[②] 李俊：《德国的职业启蒙教育新解——对历史沿革及课程定位的分析》，《河北师范大学学报》（教育科学版）2015年第6期。
[③] 李俊：《德国的职业启蒙教育新解——对历史沿革及课程定位的分析》，《河北师范大学学报》（教育科学版）2015年第6期。
[④] 傅小芳、周俪：《德国基础教育中的劳动技术教育》，《比较教育研究》2005年第2期。

年，文教部长联席会议将劳动课列为初中教育的必修课程，进一步确认了前职业教育在学校教育体系中的地位。在此之后，前职业教育的实施从以主体中学为主，逐渐拓展到文科中学和实科中学。2001年，文教部长联席会议将经济教育纳入普通教育的范畴，经济教育与前职业教育类似，就是要引导学生认识和理解生活周围的职业世界。文教部长联席会议2008年的一份决议将职业指导、劳动课及其他相关前职业教育的内容放在经济教育这一概念框架中。① 很明显，"经济教育"是与经济生活相联系，通过对经济关系、政治关系以及经济与社会秩序等的学习来认知现实职业生活，从这个层面上说，经济教育也是德国前职业教育的重要主题。由此来看，劳动与技术课程是德国职业预备教育的主要表现形式，进入21世纪，政府多次组织相关会议讨论和推广前职业教育的具体实现形式，足以表明对它的重视。2017年12月，德国文教部颁布了《中小学职业咨询与引导建议》，为德国中小学开展前职业教育提供了指导性纲领。由于德国在教育上实行地方分权的联邦主义，各州在教育文化领域有充分的自主权，所以每个州对于前职业教育的实施也不尽相同，这种制度有利于各州根据自己的地方特色，开展适合本地区的改革尝试，增加德国前职业教育的多样性。

（二）前职业教育的课程设计

前职业教育在小学阶段实施的最主要手段表现在"常识课"中，而且"常识课"在德国小学的课程体系中占有非常重要的位置，是德国基础学校的主要教学科目。"常识课"贯穿一至四年级的全过程，它根据儿童的兴趣需求以及真实的社会生活要求设置课程目标，往往是在阐释现实生活的基础上帮助学生认知周围世界，形成探究社会、科学与技术等现象及其相互关系的能力。它的内容十分广泛，包括自然、社会职业、交通安全、家庭伦理等方面的常识性内容。② 例如在巴伐利亚州的小学，一年级和二年级的常识课教学是渗透在德语课中的，三年级和四年级单

---

① 李俊：《德国的职业启蒙教育新解——对历史沿革及课程定位的分析》，《河北师范大学学报》（教育科学版）2015年第6期。

② 汪霞主编：《国外中小学课程演进》，山东教育出版社2000年版，第510页。

独开设常识课，每周四节课，其中两节历史地理、自然常识，还有两节手工劳动，包括纸工、编织、木工、陶瓷等实践性较强的操作课。一般是通过游戏或者小组合作的方式使儿童认识劳动含义、劳动价值与报酬、职业素养、未来就业等，教师观察和指导儿童用科学的方法来认识问题和解决问题。

大多数州的中学在五年级到十年级都开设专门的劳技课，每周两节课作为必修课，还有三—四节选修课提供给对其感兴趣的学生。各州的劳技课教学大纲只规定教学目标，对教学内容不做硬性要求，所以教师可以结合各个学校的教学设备、教学场所等硬性条件和学生的兴趣、当地的企业状况来确定教学活动。课程内容一般为：自我服务方面的劳技分支专业，如家政、营养与烹饪、纺织品材料与加工等；技术及职业准备方面的劳技分支专业，如金工、木工、电子电工等；经济学、信息学、环境科学方面的分支专业等。[①] 劳技课教材也没有统一的规定，各个学校可以从教育部提供的书单上选取适合本校的教材，提出申请后可免费获得。

德国教育界在20世纪90年代末就已经认识到教育对象的变化：家庭独生子女居多且儿童在家多与电视、网络接触，缺乏与其他人的沟通交流，家务劳动更是接触甚少。同时，德国教育界认为，只有理论学习的劳技教育是不完善的，当实践活动与理论相结合时，前职业教育才能真正实现它的教育目标。基于此，教育目标不应该只注重传授给学生知识，还要帮助学生走进真实的社会，要求学生在企业中进行真实的劳动实践，培养他们与时俱进的行为能力，使他们在进入职业世界之前，已形成一个知识、方法以及情感上的准备，即要他们主动参与社会，而不只是适应社会。

（三）前职业教育的教学实施

劳技课并不是以班级为单位进行教学，而是实施以不超过20人的分组教学，通常是将一个班级分成两个小组，由两位专业的劳技课教师单独授课。另外的劳技选修课则打破传统的班级授课制，根据学生的兴趣

[①] 傅小芳：《德国基础教育中的劳动技术教育》，《比较教育研究》2005年第2期。

选择组建相应的班级团体，实行走班制。同时，劳技课又有相应的实践活动，实践活动也采取分组的形式，各个小组根据课程目标，由自己设计活动方案，并组织实施，各小组的方案相差各异，其具体任务、进度安排不尽相同，这充分尊重了学生的主体性，教师在活动中只给予学生适当的指导和帮助，而不会干涉活动主题。

据悉，学生的实践课并不是简单地由富有经验的工作者承担，而是由企业专职的职业教育人员负责。在各个大型企业的内部建有学习教育车间，并配备既懂科学技术又懂教学方法的专业人员，这些学习车间既接纳被本企业录用的"双元制"下的职业教育学徒，又免费对中小学生开放，为学生提供一个亲身实践的平台。虽然会有一定成本，但企业希望能物色到未来的优秀学徒，更重要的是企业认为这是它们应尽的责任和义务，也是宣传企业和树立企业良好公众形象的重要机会。与企业相仿，德国劳动局配有义务咨询员，医疗保险单位也有义务指导员，从理论到实践帮助学生进行职业指导。① 学校也会不定期邀请各行各业的专家走进学校，让学生面对面了解更多的社会角色。可见，德国的企业和政府部门都在积极推进中小学职业预备教育，特别是企业，给中小学校提供了丰富的教学资源，实现了互利共赢。

在德国学校，班主任在开展前职业教育中扮演了重要角色，到六年级的时候，班主任要根据学生的个体情况，将每个人的职业兴趣、个体擅长、职业倾向等职业考察内容详细记录到每个人的档案中，并为每位学生提出职业建议。还有开展劳技课的专用教室，更是精心布置，设备齐全。例如，柏林蔡司中学的烹饪专用教室，除了烹饪设备和器具一应俱全外，还设计了 U 形、Y 形、块形和条形四种不同类型的厨房格局，这四种格局是德国厨房的基本形式。② 这些设计力求操作环境更接近真实的现实生活，使学生的体验更为逼真。这也说明德国非常重视学生的动手操作能力，追求精益求精。

---

① 傅小芳：《德国基础教育中的劳动技术教育》，《比较教育研究》2005 年第 2 期。
② 赖新元主编：《德国中小学教育特色与借鉴》，中国戏剧出版社 2009 年版，第 244 页。

第三节　英国的衔接经验：基于 14—16 岁教育项目的衔接

在中等教育层级，英国拥有着单轨制、双轨制并行的教育体系。完全中学和六级学院主要执行着学术教育的任务，继续教育学院主要执行着职业教育的任务，同时还有类似综合中学的三级学院，兼有学术教育和职业教育的任务。由于政党的轮流执政以及由此带来的政策变革，英国中等教育阶段成为历届政府关注的焦点。为促进青年就业和多元化成长，英国从 20 世纪 80 年代起着重推动 14—19 岁中等教育的变革，并从 2000 年后特别强化 14—16 岁教育的改革，相继发布《14—19 岁：拓展机会、提高质量》绿皮书（2002）、《14—19 岁：机会与卓越》绿皮书（2003）和《14—19 岁教育与技能》白皮书（2005）等，以促进普职教育的衔接，最终催生了一批 14—16 岁教育项目，包括增强灵活性项目、青年学徒制项目、第四阶段浸入式项目、14—16 岁学园项目。这些教育项目为学生的发展提供了多种可能性，尤其是为他们走向职业教育提供了较好的衔接路径。

一　企业主导的青年学徒制项目

（一）青年学徒制项目的产生与发展

20 世纪 20 年代，英国政府对继续教育的财政投入不足，致使继续教育大为下降，且 16—19 岁的青年学徒获取职业资格证书与学历证书比例较以往也大为下降。1993 年，英国政府着手实行新一轮学徒制改革，即通常所说的现代学徒制。2004 年，英国政府建立了针对 14—16 岁青少年的学徒制项目，即青年学徒制（Young Apprenticeship Prgrammme，YAP）。该项目旨在为 14—16 岁的青少年提供在具体职业领域学习知识、技能，并获得相关技能资格证书的机会。[1] 青年学徒制所面向的学生群体为处于

---

[1] Young People's Learning Agency, "Evaluation of the Young Apprenticeships Programme: Outcomes for cohort 3", 2010 - 11, https://core.ac.uk/download/pdf/4153203.pdf.

关键阶段四（Key Stage 4）的学生，即第10—11年级的青少年学生。青年学徒制允许有动力、有能力的学生不仅可以在中学教室学习，而且还可以在大学、培训机构、工作场所学习并获得职业资格。青年学徒制的实践方式属于典型的院—校—企协同模式。

青年学徒制自2004年9月开始施行，第一批参与该项目的有1000名学生，涉及的合作伙伴有39组之多，涉及30个地方学习与技能委员会。首批学员于2006年7月毕业，完成为期两年的青年学徒制项目，涵盖了工程、工商管理、汽车、艺术与设计、健康和社会保健等行业；第二批青年学徒制项目始于2005年，完成于2007年，参与学员达2000人，贯穿了41个地方学习与技能委员会（LSC），78组合作伙伴关系，除了第一批学员参与的行业之外，第二批青年学徒制项目还增加了表演艺术、服务、纺织、领导和教练等行业领域；第三批开始于2006年，于2008年结束，学员人数多达3500名，所涉及的职业领域也增加了诸如美容美发等行业。[1] 按照两年一批的青年学徒制实施进展，以此类推，第四批青年学徒制则开始于2007年，结束于2009年。2010年，出于对成本的考虑，既有每周两天的工作体验学习，又有数学、英语及其他课程学习的青年学徒制项目被淘汰。[2] 尽管之前所有评估都显示青年学徒制项目正一年比一年好，并使广大青年学徒及雇主从中受益，但依然改变不了青年学徒制消亡的命运。2010年，英国政府宣布停止对青年学徒制的资金资助，至此创立于2004年的青年学徒制于2012年第七批次学员的毕业而正式走向终结。[3] 自青年学徒制项目终结以来，雇主们所雇用的年青学徒大多缺乏工作经验，不能为雇主带来相应的效益。英国就业与技能委员会的大

---

[1] Ofsted, "The Young Apprenticeships Programme 2004 – 2007: an Evaluation", 2014 – 06, https://www.educationandemployers.org/wp-content/uploads/2014/06/the-young-apprenticeships-programme-2004-07-ofsted.pdf.

[2] Rebecca Cooney, "MPs Hear Young Apprenticeship Programme Comeback Call", 2014 – 11 – 10, http://www.feweek.co.uk/2014/11/10/mps-hear-young-apprenticeship-programme-comebcck-call/.

[3] Institute of the Motor Industry, "Getting on a Young Apprenticeship Programme-Guidance for Pupils", 2012 – 07, https://www.theimi.org.uk/standards_and_Qualifications/young-apprenticeships/getting-young-apprenticeship-programme-guidance-pupils.

卫·梅西（David Massey）称，约有三分之一的雇主认为他们所雇用的16岁年青学徒对工作准备薄弱，而问起原因，雇主们不约而同地认为这些年青人缺乏工作经验。[①] 因而广大雇主及各个部门的代表人物也多次呼吁重新启动青年学徒制项目，但均未成功。

（二）青年学徒制项目的准入制度

1. 对学徒制提供者的要求

青年学徒制项目的提供者包括学校、雇主企业，有时也包括继续教育学院和校外培训机构。在培训期间，项目的提供者应首先遵循公平性原则，向所有的学生开放，不管社会背景、性别、身体条件或种族民族如何，尤其要协助学员打破因性别不同造成的职业项目选择定式。在此基础上，项目的提供者应各司其职、相互合作，共同推进学徒制的运行。其中学校负责学员每周三天的国家标准课程的提供；雇主企业、继续教育学院和校外培训机构负责学员每周两天的职业技能培训（两年累计达50天）或工作本位的体验式学习。

学校方面，首先在招生时，应及时告知学生及其父母在14—16岁参与青年学徒制项目的学习内容、应获得的成果以及毕业后的可选路径（包括就业和继续学习），以便为16岁以后的进修路线打基础，朝着高级学徒制发展。最为关键的是，学校应该满足学员平均每周三天的课程学习。学员虽然参与了青年学徒制项目的培训，但也要学习关键阶段四的国家课程。学校要确保学生在校期间的安全、健康，对学生的学习进度负责，且学校提供给学生的课程必须充分符合关键阶段四的国家课程和其他法定要求。[②] 其中，GCSE数学和英语课程是青年学徒制项目的核心部分，因此学校在为学员提供的法定课程中，应该重点关注学员的GCSE数学和英语课程的学习，以提升学员关键阶段四的核心技能。

[①] Rebecca Cooney,"MPs Hear Young Apprenticeship Programme Comeback Call", 2014 - 11 - 10, http：//www.feweek.co.uk/2014/11/10/mps - hear - young - apprenticeship - programme - comebck - call/.

[②] CFA,"The Nature of the Young Apprenticeship Programme", 2009 - 09 - 22, http：//www.skillscfa.org/ya/partner/YA_the_nature_of_the_programme_cohort7_v2.pdf.

企业作为青年学徒制项目技能培训参与者的一个重要主体，在项目培训的过程中发挥着重要作用。在学员基于工作体验的学习中，企业应该积极参与学徒的培训，为学员分配相关任务，帮助学员获得最真切的工作体验，以提升学员的职场胜任力。其主要责任有：（1）有计划地设计工作场所的学习，以便为学生提供有意义的经验；（2）保证学员在工作场所中的所学与相应的资格证书具有明确的联系；（3）参与青年人在工作场合表现的评价；（4）在学生表现方面给学生和学校提供及时的反馈；（5）指定训练有素的员工对学员的职业体验学习进行持续性的监督和指导。① 因此，在项目总计50天的工作本位学习中，参与青年学徒制项目的企业应该努力为学员提供优质的工作体验培训，并确保工作的安排有利于学生的健康和安全。

总之，在青年学徒制项目的运行过程中，项目培训的各个合作方应该密切配合，建立良好的沟通、协作关系，促进共同管理。根据规定，一个好的合作伙伴关系的特点是：（1）拥有一个具有奉献精神的项目管理者；（2）所有参与者包括项目的提供者如继续教育学院、私立培训组织、学校和雇主的投入性；（3）指定一个领导性的参与者负责项目监管、任务分配和学生安全事宜；（4）有一个地方督导组负责监管政策和操作事宜；（5）教师员工具有奉献精神以支持学生参与项目。② 此外，每个合作伙伴的内部，也应指定专人对学员在项目培训过程中的学习计划、组织和日常事宜等情况进行监督和负责。

2. 对学徒制学习者的要求

青年学徒制项目除了对合作伙伴有要求外，对参与青年学徒制的学生也有要求。由青年学徒制项目创立的目的可知，项目主要招收对实践技能感兴趣的学员。就年龄而言，青年学徒制是针对14—16岁的青少年开展的教育项目，即年满14岁的青少年都可以申请参与该项目的培训，但并非所有的14岁青少年都可以成功地参与到青年学徒制项目中的学习。

---

① CFA, "The Nature of the Young Apprenticeship Programme", 2009-09-22, http://www.skillscfa.org/ya/partner/YA_the_nature_of_the_programme_cohort7_v2.pdf.

② CFA, "The Nature of the Young Apprenticeship Programme", 2009-09-22, http://www.skillscfa.org/ya/partner/YA_the_nature_of_the_programme_cohort7_v2.pdf.

根据规定，青年学徒制项目的招生对象为 14 岁的 10 年级在读学生，且不可以性别、残疾、种族、宗教信仰等为由歧视任何学员。在此基础上，招收的学员应该至少满足以下条件：（1）有能力在 16 岁达到二级职业资格证书水平；（2）有意愿在毕业后进入工作本位的学习或其他职业项目；（3）在九年级时的出勤率和行为表现处于全校学生的平均水平；（4）有证据表明学生的选择获得家长或监护人的支持。其中，学生有能力在 16 岁时达到二级职业资格证书的证据为下列两条之一：（1）在关键阶段二（Key Stage 2）SAT 考试中的数学、科学和英语成绩均达到 4 级或以上水平；（2）关键阶段三（Key Stage 3）的教师综合评价分数（Combined Teacher Assessment Score）在 14 分或以上（即数学、科学、英语的成绩分别至少为 5 分、5 分和 4 分）。[①]

在培训的过程中，参与项目的学员需为合适的雇主工作，并在工作的过程中获得相关技能的丰富经验，这就要求学员要具有良好的沟通能力、问题解决能力、团队合作能力。在学习和培训结束后，所有参与青年学徒制项目的年青人，都应该获得相关职业技能的一级资格，并努力争取二级资格；都应该具备丰富的工作经验，以便更直接地对所选资格课程发挥积极作用。

（三）青年学徒制项目的课程设置

青年学徒制项目作为一种半工半读的普职教育衔接项目，其课程主要分为两大类别：标准课程（standard curriculum）和职业课程（vocational curriculum），见表 5—2。[②] 其中，标准课程即为每周三天的 GCSE 课程（数学、英语、信息和通信技术、科学课程）、职业咨询和其他国家课程；职业课程即为每周两天的与职业资格相关的技能课程或工作本位的体验式学习。

[①] CFA, "The Nature of the Young Apprenticeship Programme", 2009 - 9 - 22, http://www.skillscfa.org/ya/partner/YA_the_nature_of_the_programme_cohort7_v2.pdf.

[②] CFA, "The Nature of the Young Apprenticeship Programme", 2009 - 9 - 22, http://www.skillscfa.org/ya/partner/YA_the_nature_of_the_programme_cohort7_v2.pdf.

表5—2　　　　　　　　青年学徒制项目概览

	学校	企业、学院、其他培训提供者
关键阶段4	标准课程 每周3天 GCSE 数学、英语、ICT、科学、生涯指导、其他国家课程	职业课程 每周2天 1天：二级职业资格证书学习 1天：工作体验、工作本位学习（合计50天）
	个人学习、发展、活动选择的监控与追踪	
	合作关系 协调、项目监控与评价、监控与安全、保险与儿童防护预警、学生具体资助	

1. 标准课程（standard curriculum）

在学校内部开设的平均每周三天（或者学年课程计划的60%）的标准课程包含GCSE课程、职业指导以及其他的国家课程。学校为学生提供的课程必须符合关键阶段四的法定课程要求。首先，英国的国家课程相对规范，为社会所给予厚望的孩子和年青人设置了知识、技能、理解的载体，公立学校必须遵照实行。根据2014年的国家课程框架可知，学生应该学习的国家课程有：（1）核心课程（core subjects）：英语（english）、数学（mathematics）、科学（science）；（2）基础课程（foundation subjects）：公民（citizenship）、计算机（computing）、体育（physical education）；（3）其他必修课程：宗教教育（religious education）、性与关系教育（sex and relationship education）；（4）选修课程（entitlement areas）：艺术（arts）、设计与技术（design and technology）、人文学科（humanities）、现代外语（modern foreign language）。[1] 选修课中的艺术与设计技术

---

[1] Department for Education, "The National Curriculum in England Key Stages 3 and 4 Framework Document", 2014 – 12 – 02, https：//www.gov.uk/government/publications/national – curriculum – in – england – framework – for – key – stages – 1 – to – 4/the – national – curriculum – in – england – framework – for – key – stages – 1 – to – 4.

领域包含艺术和设计、音乐、舞蹈、戏剧和媒体艺术，人文学科包括地理和历史，现代外语包括法语、德语、西班牙语等，这四个领域的课程对于14岁以后的学员来说并不是必修的国家课程，学员选择其中一门课程即可。而GCSE（普通中等教育资格证书）课程则是关键阶段四必须要学习的国家课程，包括数学、英语、科学、信息和通信技术（ICT）。GCSE课程主要涉及学科理论研究和一些调查工作，有些学科也涉及实际工作，通常要学员在学校、学院进行全日制的学习。在这些课程中，数学和英语课程是青年学徒制项目课程安排的重中之重。

为此，每个获得国家资助的学校必须为学员提供平衡的、广泛的课程，且促进学生在精神、道德、文化、心理和身体的发展，以及帮助学员在以后的生活里获得机会、承担责任和积累经验。总而言之，学校课程包括学校为学生计划的所有学习经历，而国家课程则是学校课程的一部分。国家课程主要提供核心知识概要的理解，学校教师可以围绕这些核心知识开发出有趣的、激励性的课程，作为更广泛的学校课程的一部分，促进学生在知识、理解和技能方面的发展。实施国家课程的目的是帮助学生成为一名良知的公民，进而有助于他们欣赏人类的创新和成就。

2. 职业课程（vocational curriculum）

对于参加青年学徒制项目的学员来说，职业课程对实现培训目的的重要性不言而喻。学员平均每周要有两天的时间进行职业课程的学习，其中一天学习二级职业资格相关课程，另一天进行工作体验、工作本位的学习，后者总学时要达到50天。职业课程一般由企业、继续教育学院或者其他培训机构提供并组织实施。职业课程涉及很多职业领域，以第七批次青年学徒制项目为例，共有工程、汽车、商业管理、健康与社会保健、艺术设计、表演艺术、招待、电气、美发、建筑、餐饮制作、科学、体育管理、领导力与教练等14个领域，[①] 学生可根据自己需要从中选择某一领域。

职业课程的植入是青年学徒制项目的一个显著特征，因为这种课程

[①] CFA,"The Nature of the Young Apprenticeship Programme", 2009 - 09 - 22, http://www.skillscfa.org/ya/partner/YA_the_nature_of_the_programme_cohort7_v2.pdf.

可以为学生提供了解工作经验的机会,并直接与相关的职业资格证书相联系。因此,高质量的工作体验、工作本位的学习应成为项目的重要组成部分,这就意味着雇主要能够为年青人提供一个高质量的工作体验机会,包括推动学生进入16岁以后的学徒制;在适当的学习场域,应有一些娴熟的雇员为学员提供培训指导;同时对学员的健康与安全、保险缴纳等负有责任;对一些特殊的需要如防护服提供财力支持。50天的职业体验式学习可以根据学校、雇主和其他合作伙伴的情况进行灵活设置,可以是几周集中的学习,也可以是每周固定时间的学习,或者二者混合式。如果可能,建议所有的工作体验学习都应在学期内进行,如果有困难,也可以在征得学生家长的同意后在假期进行,但假期进行的总量不能超过25%。[①] 但是企业也应意识到,假期的工作体验学习并没有使学校逃避相关责任,因此需要与学校签订一个协议,以确保学生的安全。50天的职业体验式学习还应该有一个接近真实工作情境的环境,以满足职业资格获得的需要,而且不仅仅是知识和单项技能的获得,还有包括设计、包装、物流、销售等多领域能力的发展。为了使工作体验学习更加有效地进行,建议合作伙伴应指定专人负责企业的招纳与联络。

职业课程的学习旨在让学员获得相关领域的职业资格证书、学习相关工作的流程等。在平均每周两天的学习时间里,学员可以循序渐进地掌握职业技能,提高自身职业胜任力,也可以慢慢地完成其社会身份的转换,避免学员直接从学校到工作场所过渡时的身份不适应性。

(四)青年学徒制项目的后续路径

青年学徒制项目是针对14—16岁年青学员的教育项目,也是发生在关键阶段四的教育项目。参与青年学徒制项目的大多数学员在项目培训期间,如能按照学校、雇主、培训方的要求进行学习和工作,在获得一级职业资格的基础上,可以通过努力获得相应职业领域的二级职业资格证书。学员在青年学徒制项目结束后,如果达到毕业要求及相关职业要求,将有两种选择路径:一是直接进入劳动力市场参加工作;二是进入

---

① CFA, "The Nature of the Young Apprenticeship Programme", 2009 – 09 – 22, http://www.skillscfa.org/ya/partner/YA_the_nature_of_the_programme_cohort7_v2.pdf.

正式学徒制或其他形式的继续学习或培训。学员可以根据自身条件以及发展需要选择适合自己的后续道路。

1. 直接就业

广大学员在青年学徒制培训期间大大提升了自己的技能水平与基础知识能力，也提升了自己在劳动力市场中的可雇用性。一方面，有些学员在培训期间，工作表现令雇主满意，就可以直接留在培训单位直接参加工作。因为，在青年学徒制项目培训期间，学员已经作为年青学徒在各个行业进行技能培训，通过训练对相关行业的工作流程、注意事项、员工安排有了基本的了解。项目培训结束后，留在原行业继续工作缩短了学员到新工作岗位的适应时间，可以帮助年青人更快地作为全职员工进入工作角色，避免了角色转换的不适应性。另一方面，有些学员在培训结束后，还可以重新选择工作。凭借在青年学徒制项目培训的两年时间里所学习到的技能与知识以及所获得的相关职业资格证书，学员可以很容易地找到适合自己的岗位。

2. 继续学习

学员在青年学徒制培训结束后，除了选择就业之外，还可以选择继续进修。2010 年关于青年学徒制项目第三批学员成就的评估中指出，在完成青年学徒制项目并选择继续学习的学员中，有大约 79% 的学员会选择继续教育，有大约 21% 的学员会继续进入高级别的学徒制。[①]

其中，继续教育主要是指在继续教育学院进行的 16—19 岁全日制职业教育路径。全日制职业教育将提供一系列的职业项目供学生选择，但学生一般都是延续青年学徒制期间选择的职业项目，进行同一领域的较高水平的职业资格证书（如 Level2 或 Level3）学习。而学徒制则有多种形式，但一般由继续教育学院、校外培训机构、企业雇主共同承担。青年学徒制毕业后可以进入中级学徒制或者直接进入高级学徒制，在同一个职业领域继续进行工作体验式培训。

英国的现代学徒制从广义上说主要有青年学徒制、前学徒制、（中

---

① Young People's Learning Agency, "Evaluation of the Young Apprenticeships Programme: Outcomes for cohort 3", 2010 - 11, https：//core. ac. uk/download/pdf/4153203. pdf.

级）学徒制、高级学徒制、高等学徒制；从狭义上说，学徒制则主要是指16岁以上的学徒制，包括（中级）学徒制（国家职业资格二级）、高级学徒制（国家职业资格三级）、高等学徒制（国家职业资格四级及以上）三个级别，三级学徒制层层递进，学员可以一步一步地进阶学习。根据对参与青年学徒制项目学员的成就表现调查显示，大多数学员可以获得相关职业资格的二级水平证书，因此可有资格直接进入高级学徒制项目学习。资质水平不够的学员也可以在前一级职业资格水平的基础上继续进修，参与学徒制学习，通过中级学徒制，进而向着高级学徒制、高等学徒制层层进阶。

总体而言，相比于在10年级之后继续学习学术课程、没有接受职业相关课程与技能训练的青少年而言，参与青年学徒制项目的学员在实践方面表现更为优秀，因而也更受雇主的青睐。一家汽车行业的企业在招收青年学徒时提到：项目期满以后，学员可以进入汽车销售行业，从事汽车维修、零配件销售工作，也可以进入管理岗位；或者继续发展自己的技能，提升技能水平，进而从事高难度的汽车、赛车的设计与维修；当经验变得丰富了，还可以通过培训成为专门的机动车、零部件的测试人员。如果以上的职业路径都不喜欢，还可以继续朝着其他路线进修，比如根据国家课程要求，继续全日制的学习，也可以继续接受培训，无论哪种路线，学员都能够获得一定的职业资格证书来发展自己未来的职业生涯。[1] 因此，参与青年学徒制项目的青少年既可以选择直接就业的道路，也可以选择继续进修之路，是普职融合的充分体现，也是普职衔接的意蕴显现。

二 初级中学主导的第四阶段浸入式项目

（一）浸入式项目的产生与发展

英国现行的基础教育体系分为从 Key Stage1 到 Key Stage5 五个阶段，

---

[1] Institute of the Motor Industry,"Getting on a Young Apprenticeship Programme-Guidance for Pupils", 2012 – 07, https：//www.theimi.org.uk/standards_and_Qualifications/young – apprenticeships/getting – young – apprenticeship – programme – guidance – pupils.

其中，第一阶段（1—2年级）和第二阶段（3—6年级）属于初等教育；第三阶段（7—9年级）和第四阶段（10—11年级）为中等教育，第五阶段（12—13年级）为继续教育。① 英国在继续教育阶段实施学术教育和职业教育双轨制，因此第四阶段就成为英国中等教育向分轨制教育的过渡阶段，并成为教育改革的关键阶段，其中浸入式项目便是第四阶段教育改革的项目之一。

2005年，英国教育与技能部发布《14—19：教育与技能》（*14－19 Education and Skills*）白皮书。针对英国16—19岁青少年学生在继续教育方面的低参与率等问题，白皮书主张为14—16岁青少年建立一个衔接16—19岁的就业教育，并体现激励性、趣味性的试点项目，这一新的项目路线应该具备以下特点：（1）为每个年青人提供量身定制的发展项目，并给予年青人强有力的个人指导和支持；（2）年青人参与工作本位的学习，且工作本位的学习每周可能达到2个工作日；（3）试点项目通向一级文凭（Diploma）；（4）引导学生朝向关于未来的一系列选择，其中包括学徒制。② 白皮书还特别强调，项目应该聚焦工作（work－focused），并承诺"确保年青人在发展就业、进步和学习方面所需的一般性技能、态度和行为时得到支持"。③ 在此基础上，第四阶段浸入式项目（Key Stage 4 Engagement Programme）得以产生。通过这一项目的参与，既可以加强学生在日后生活、工作中的个人素养、品质的锻炼，又可以训练学生的一般职业技能，拓展将来培训、就业的基础。

第四阶段浸入式项目之"浸入"（Engagement）至少有三层含义：（1）学生浸入在第四阶段（Key Stage 4）的普通学校里，并没有脱离普

---

① 陈鹏、邵小雪：《14~16岁学园：英国普职教育衔接的典型模式解析》，《外国教育研究》2017年第11期。

② Secretary of State for Education and Skills, "14－19 Education and Skills", 2005－02, http://www.educationengland.org.uk/documents/pdfs/2005－white－paper－14－19－education－and－skills.pdf.

③ Department for children, schools, and families, "Key Stage 4 Engagement Programme: ways to accredit generic learning: Personal, Learning and Thinking Skills (plts), Wider Key Skills from within the programme", 2007, http://archive.teachfind.com/qcda/orderline.qcda.gov.uk/gempdf/1445901676/Ways_to_accredit_generic_learning.pdf.

通中学系统;(2)职业课程浸入在普通学校课程体系中,与学术课程融为一体;(3)项目浸入教育系统内,成为连通14—19岁教育体系的桥梁。总体而言,浸入式项目是为处于第四阶段、极有可能脱离学校学习的青少年量身定制的一类教育项目,它并不是作为一种单独的、局限性的学习机会和学习经验而运作,而是渗透在第四阶段,并成为尽可能地与第五阶段分流教育相互贯通的14—19岁教育框架的一部分。作为14—16岁系列项目中的一种,该项目的合作伙伴(中学、继续教育学院、其他培训提供者等)协同为14—16岁的青少年提供适合其自身发展的教育与培训,以拓宽学生的知识与技能,增加他们通往成功道路的可选择性。第四阶段浸入式项目的首批试点于2006年7月展开,当时在全国参与项目的有21家合作伙伴,[1] 共招收大约6000名学生,至2008年9月增加至101家合作伙伴,学生增至21500名。[2] 该项目尽管于2010年11月被整合为基础学习层(Foundation Learning Tier,FLT)的一部分[3],但是在英国特定的教育框架内却也发挥了独特作用,对其运行机理的澄清,将有助于我国在普职教育融通实践中进行理性借鉴。

第四阶段浸入式项目作为14—19岁教育框架中的一部分,既保留了14—16岁教育中的一致性内容,又新增了学生未来就业、继续学习、参与学徒制的技能性学习。学生在中学内部接受法定课程的学习,在外部培训提供者、雇主等主体的支持下进行基于工作的学习。在学生参与该项目的学习过程中,中学仍然保留这些学生,并对学生所参与的项目进行监督,确保必要的质量。继续教育学院作为重要的合作伙伴之一,必须面对快速变化的市场环境,主动寻求生源的供给"客户",通过与中学

---

[1] Department for children, schools, and families, "Key Stage 4 Engagement Programme: ways to accredit generic learning: Personal, Learning and Thinking Skills (plts), Wider Key Skills from within the programme", 2007, http://archive.teachfind.com/qcda/orderline.qcda.gov.uk/gempdf/1445901676/Ways_to_accredit_generic_learning.pdf.

[2] Qualification and Curriculum Authority, "Key Stage 4 Engagement Programmes", 2009, https://core.ac.uk/download/pdf/4158543.pdf.

[3] Department for Children, Schools and Families, "Key Stage 4 Engagement Programme Evaluation", 2009 – 04, https://www.educationandemployers.org/wp – content/uploads/2014/06/DCSF – RR084.pdf.

建立紧密的合作伙伴关系，招收16岁以上的学生学习学院的课程。其他可能的伙伴关系还有青少年服务机构、教育商业伙伴、志愿者组织等。依托多元的合作伙伴关系，第四阶段浸入式项目在招生录取、资金运行、课程设置等方面都较为明确，并取得较为明显的效果。

（二）浸入式项目的招生条件

一般而言，在浸入式项目的招录中，学生首先通过有效的宣传单、DVD宣传等方式查阅、获取信息，进而提交申请；随后培训的提供者会审阅学生的申请，并安排学生参与培训提供者或者相关学院（college）的面试；面试通过后，学生根据评估人员或者导师分配进入该项目进行为期两年的学习。总体而言，在招生条件和生源面向上有相应要求。

1. 生源面向：第四阶段中的学业失败者

正如2005年《14—19：教育与技能》白皮书所提到的，英国教育需要一个强大的以工作为中心的路线，专门用于激励那些受到不同学习环境刺激的14—16岁的青少年。[①] 因此，浸入式项目的学习主体主要是处于14—16岁的青少年，他们是位于第四阶段即10—11年级的学生。这些学生在很大程度上对普通课程学习缺乏兴趣，而对体验性学习感兴趣。以大曼彻斯特（Great Manchester Power）的第四阶段浸入式项目为例，其选择的生源主要是：（1）由于学术或者社会原因，又或者二者皆有而导致的对正规学校不满、厌恶的学生；（2）脱离正规学校教育的学生；（3）自尊心、自信心低的学生；（4）基础技能水平低的学生；（5）对特定职业领域具有高度兴趣的学生。[②] 14—19岁青少年发展办公室（14-19 Development Officer）的约翰·戴维斯（John Davies）曾这样描述浸入式项目学生的选择标准：学校利用出勤记录、行为记录和成就记录来确

[①] Secretary of State for Education and Skills, "14 - 19 Education and Skills", 2005 - 02, http://www.educationengland.org.uk/documents/pdfs/2005 - white - paper - 14 - 19 - education - and - skills.pdf.

[②] Qualification and Curriculum Authority, "Key Stage 4 Engagement Programme Making the programme work for your students", 2007, http://archive.teachfind.com/qcda/www.qcda.gov.uk/resources/assets/KS_engagement_programme.pdf.

定那些严重落后、在 16 岁以后可能完全脱离教育体系的学生。① 对学生的早期甄选，有利于职业教育提前选拔合适的学生，引导他们换一种视角来重新审视自己，在技能的获得中提升成就感，通过浸入式项目努力实现自我价值。

2. 成绩要求：有一定发展潜力的学术基础

尽管浸入式项目面向的是第四阶段的"边缘"学生——他们的学术课程成绩不是那么理想，但这也并不一定代表其会接收所有的学生，该项目对学生的学习成绩还是有一定基础性要求的。例如，项目要求学生的英语课程成绩必须在第三阶段至少获得国家课程的三级水平，此外还应在即将到来的项目学习中具备获得入门级三级水平或者资格与学分框架中一级水平的潜能。② 浸入式项目对学生成绩有所要求，反映出该项目的目标生源虽游离于主流教育之外，但仍需要具有一定的发展潜力，以便引导这类青少年在项目学习中重新认识自己，激发对学习的兴趣，提升他们重新参与到学习中的热情，降低脱离教育体系的危险，减少成为 NEET（Not in Education, Employment or Training）一族的风险。因此，在选拔的过程中，项目实施单位是将准入条件以一种积极的形式展现给学生的，让学生通过积极的项目体验，主动发现自己与浸入式项目的契合度，而不是让学生感觉自己是因为在普通教育的学习中成绩不好进而带着一份挫败感参与项目学习的。

3. 差异化要求：不同项目提供者的目标群体有别

从前面的论述中可以看出，浸入式项目主要针对的是在普通学校中获得感较低，无法胜任常规学校学习、对普通教育不感兴趣、出勤率低、行为表现不太好、可能脱离教育体系，以及对技能学习感兴趣的青少年，但这并不意味着每一个合作伙伴对浸入式项目学生的挑选条件一致，项目提供者之间在对项目的目标群体甄选过程中，会存在细微的差异。例

---

① Qualification and Curriculum Authority, "Key Stage 4 Engagement Programmes", 2009, https://core.ac.uk/download/pdf/4158543.pdf.

② Brighton & Hove City Council Children's Services, "Key Stage 4 Engagement Programme", 2013, http://www.brighton-hove.gov.uk/sites/brighton-hove.gov.uk/files/Appendix%203%-20%20%20KS4EP%20Referral%20form%2013-14.pdf.

如，一些合作伙伴可能会主要面向一些对普通学校教育表现出强烈不满情绪，甚至缺失教育特征的青少年；而另一些合作伙伴则可能面向那些对学习有轻微不满，并由于对学习的参与程度较低而导致成绩不佳的学生。[1] 浸入式项目的合作伙伴除了在挑选学生时存在侧重点不同之外，在具体的项目实施中，针对学生的特点对相关体验活动、学习的安排也会有不同的侧重，以帮助学生改进自身的不足，在项目学习中拥有更多的获得感。在对学生的甄选过程中，父母的建议也是对差异化要求的一个重要贡献。因而，项目实施方应提供给学生家长一定的基础信息、建议和指导，[2] 以帮助家长进一步了解该项目，进而支持学生选择适合的学习项目。

（三）浸入式项目的课程设置

浸入式项目为学生提供的课程具有灵活性，富有个性化，为学生以后的发展提供多种可能性。一方面，浸入式项目的目标群体是14—16岁的青少年，属于义务教育的范畴，因此学术课程的学习仍是这些学生的重要任务；另一方面，为满足学生未来就业的需要，项目也设置了个性化的职业课程。

1. 学术课程：以国家课程为核心且具有灵活性

浸入式项目尽管渗透了基于工作学习的内容，但仍是14—19岁教育阶段的一部分，因此课程也必须隶属于14—19岁教育框架内。这就意味着浸入式项目必须在遵循国家课程的基础上建构合理的学术课程体系，将自己纳入第四阶段的整体课程体系里。第四阶段的学术课程体系主要分两个模块，一是国家规定课程，二是选修课程。其中，国家课程主要有三门核心课程（英语、数学、科学）和三门基础课程［公民权利（citizenship）、计算机（computing）、体育（physical education）］。英国的国家课程旨在向学生提供成为一个有教养的公民所需的必要知识的

---

[1] Department for Children, Schools and Families, "Key Stage 4 Engagement Programme Evaluation", 2009 - 04, https://www.educationandemployers.org/wp - content/uploads/2014/06/DCSF - RR084.pdf.

[2] Qualification and Curriculum Authority, "Key Stage 4 Engagement Programmes", 2009, https://core.ac.uk/download/pdf/4158543.pdf.

介绍，① 是每个学生接受教育的一个核心要素，是学校课程体系的重要组成部分，为广泛的学校课程提供核心知识。但国家课程需要结合项目的需要，变得更加灵活和富有个性化。这六门课程虽然都是第四阶段学生需要学习的国家课程，但在课程的实施中仍需要保证学习者的核心权利不受损害，尤其是当学习者参加了浸入式项目学习的时候，对于部分学生来说，可能会需要一段时间的适应过程，在这期间为使学生能够重新参与到学习中，并非全部的法定国家课程都会涵盖其中。② 在国家课程的基础上，按照普通中学课程学习的要求，浸入式项目还开设一系列选修课程模块，包括艺术（美术与设计、音乐、舞蹈、戏剧、媒体艺术）、设计与技术、人文、现代外语等领域。学生只需根据自己的兴趣爱好和未来发展需要，在这些课程模块中选修其一即可。除此之外，项目还要求所有的学生必须学习宗教教育、性与关系教育这些附加课程，以增强学生价值观、人生观的教育。总之，这些学术课程是旨在通过向学生提供具有平衡性、广泛基础的课程，促进学生在学校和社会中的精神、道德、文化、心理和身体的发展；且帮助学生准备好迎接未来生活中的机会、责任和体验。

2. 职业课程：基于工作学习的技能项目

浸入式项目旨在为学生提供富有个性化的、全方位的学习方案，尤其是提升学生 16 岁以后继续学习和职业规划的可能性，为学生未来就业提供指导性和可操作性的方案。因此，这种学习方案还包括除了学术课程之外的基于工作的学习，即渗透有职业领域的课程。这些职业课程一般是由继续教育学院、社会培训提供者等机构根据就业市场和学习者的需要而设置的序列课程模块。例如，斯文登学院（Swindon College）为浸入式项目的学习者提供的职业课程包括儿童保育、木工、砌砖、绘画和装饰、环境美化/园艺、餐饮、美容医疗和/或美容美发、管道、机动车

---

① Department for Education, "The national curriculum in England Key stage 3 and 4 framework document", 2014 – 12, https：//assets.publishing.service.gov.uk/government/uploads/system/uploads/attachment_data/file/381754/SECONDARY_national_curriculum.pdf.

② Qualification and Curriculum Authority, "Key Stage 4 Engagement Programme Making the programme work for your students", 2007, http：//archive.teachfind.com/qcda/www.qcda.gov.uk/resources/assets/KS_engagement_programme.pdf.

维护等领域①。职业课程的设置也特别注重时代性，例如位于英国西北部的威勒尔（Wirral）地区，在地方当局的指导下，培训提供者根据学生未来发展的需要灵活增减职业课程，从建筑、美容美发领域扩展到了更广泛的课程领域，为学习者提供包括运动与休闲（sport and leisure）、电脑游戏设计（computer game design）等现代职业领域的课程。② 学习者可以根据自身发展需要和兴趣特点选择相关的职业课程进行学习，且在一年中可以进入其他课程领域参与学习，在逐步体验中找寻真正的职业兴趣。这些课程主要是基于工作情境的学习，学习者一般需要每周花费两天的时间在工作相关的环境中学习新技能，为将来的工作做准备，为青少年未来从"学生"角色到"工作者"角色转变奠定适应性的前提。培训提供者也会适时地向学生提供一些锻炼机会以促进个体一般性技能的发展，帮助学习者在实践中发展潜能、增强自信心、改善行为表现、增加对学习的兴趣，为学员后续的学习搭建阶梯，促进个体的全面发展。浸入式项目职业课程的灵活性安排有助于挖掘学生的职业潜能，加深学生对职业的认知，提升对就业市场的认识，培养初步的技术素养，方便青少年日后社会身份的转化，为学生后续发展提供可持续的技能基础。

　　需要指出的是，浸入式项目的课程并非是与国家法定课程相分离的闭合性质的课程，相反国家课程具有很大的灵活性，可以与浸入式项目相互适应，共同为学生提供量身定制的学习课程。学生可以在普通班级（正常班级）里接受以国家课程为核心的学术课程的学习，也可以在特殊环境中接受这些课程的学习。不过在大多数情况下，学术课程由学校提供，以工作为基础的学习则由外部培训提供者或雇主提供，一般以工作为基础的学习时长为每周1—3天。③ 具体的课程时间安排，以联系六所

---

① Qualification and Curriculum Authority, "Key Stage 4 Engagement Programme Making the programme work for your students", 2007, http://archive.teachfind.com/qcda/www.qcda.gov.uk/resources/assets/KS_engagement_programme.pdf.

② Qualification and Curriculum Authority, "Key Stage 4 Engagement Programmes", 2009, https://core.ac.uk/download/pdf/4158543.pdf.

③ Department for Children, Schools and Families, "Key Stage 4 Engagement Programme Evaluation", 2009 – 04, https://www.educationandemployers.org/wp – content/uploads/2014/06/DCSF – RR084.pdf.

学校的合作伙伴金斯伍德（Kingswood）为例，在浸入式项目的实施中，课程是跨学校协调的，以确保学生每周 2 天的基于工作的学习，另外 3 天的法定课程学习。[1] 由于浸入式项目课程安排的灵活性，它允许学生在 10 年级或者 11 年级加入项目的学习，同时也允许学生在获得技能发展、个体能力提升的情况下重返全日制的普通学校学习。

（四）浸入式项目的进阶支持

浸入式项目旨在为 14—16 岁的青少年提供一条别样的学习路径，让学生在以工作为基础的学习中提升自己，激励学生进一步学习，防止学生在 16 岁以后脱离教育体系。评价结果显示，学生参与积极性高，技能有较大提高，并进阶到自己理想的职业生涯发展路径。

1. 学生参与性提高

浸入式项目的目标学生大多为在学校表现不佳的学生，学生参与该项目后是否提升了在学习方面的出勤率，学习态度是否发生转变，对评估浸入式项目是否能够满足 14—16 岁青少年的个性化需求至关重要。一份对浸入式项目的评估显示：浸入式项目对大多数学生来说，是一个具有积极意义的吸引力的经历，有助于改善学生的学习，建立信心、自尊心，并发展学生的人际关系、社交和实践技能。[2] 浸入式项目借助于自身安排的灵活性，允许学生在 10 年级、11 年级根据自身发展需要灵活进入、退出项目学习，吸引了一批对传统学校教育系统不感兴趣的学生的参与。这些学生在新的学习环境下受到激励，并接受浸入式项目量身定制的学习安排，提升了学习的热情，重返学习中，而不是徘徊在教育体系的边缘，或者成为 NEET 一族。总体而言，学生在该项目的学习中，学习的参与度以及对待学习的信心都有提高；学生也认为在该项目的学习中有效地提升了自己的出勤率，改善了行为态度，建立了良好的人际关

---

[1] Qualification and Curriculum Authority, "Key Stage 4 Engagement Programme Making the programme work for your students", 2007, http://archive.teachfind.com/qcda/www.qcda.gov.uk/resources/assets/KS_engagement_programme.pdf.

[2] Department for Children, Schools and Families, "Key Stage 4 Engagement Programme Evaluation", 2009 – 04, https://www.educationandemployers.org/wp-content/uploads/2014/06/DCSF-RR084.pdf.

系，变得更加自尊、自信起来。

2. 学生技能获得提升

浸入式项目是以工作为基础的项目设计，强调学习过程中职业元素的体现，让学生在学习过程中获得一般技能的发展，以及相应的职业资格。浸入式项目强调学生个人技能的提升，着力于自我学习和思考技能（Personal Learning and Thinking Skills，PLTS）的获得，这些技能也是工厂、企业等所要求的可雇用性技能，以帮助学生提升在未来职场中的就业竞争力。在浸入式项目为学生提供的整个学习体验中，还可以促进学习者发展成为团队协作者（team workers）、自我管理者（self-managers）、独立质疑者（independent enquirers）、反思学习者（reflective leaners）、有效参与者（effective participators）和创新思维者（creative thinkers），[1] 这些角色所具有的能力与 PLTS 能力是高度相关的。浸入式项目发展的个人和社会技能是 PLTS 框架中的一部分，且该框架已被纳入新文凭的主体学习中。英国的职业培训注重参与培训人员的关键技能的提升，在文凭（Diploma）结构之外，浸入式项目中学生得到发展的 PLTS 拥有与能够代表广域关键技能（Wider Key Skills，WKS，问题解决能力、改善自身的学习与行为、与他人合作的能力）的最接近的资格成绩。[2] PLTS 与 WKS 也是雇主认为对年青人以后步入劳动力市场最有帮助的技能，可以提升年青人在就业市场上的竞争力。

3. 学生的顺畅进阶与转换

浸入式项目的建立初衷是提升 14—16 岁学生的学习参与率，为学生后续学习提供支持与建议，避免学生在第四阶段的学习结束后就成为 NEET 一族。从对该项目的评估结果来看，不少学生在该项目结束后继续

---

[1] Department for children, schools, and families, "Key Stage 4 Engagement Programme: ways to accredit generic learning: Personal, Learning and Thinking Skills (plts), Wider Key Skills from within the programme", 2007, http://archive.teachfind.com/qcda/orderline.qcda.gov.uk/gempdf/1445901676/Ways_to_accredit_generic_learning.pdf.

[2] Department for children, schools, and families, "Key Stage 4 Engagement Programme: ways to accredit generic learning: Personal, Learning and Thinking Skills (plts), Wider Key Skills from within the programme", 2007, http://archive.teachfind.com/qcda/orderline.qcda.gov.uk/gempdf/1445901676/Ways_to_accredit_generic_learning.pdf.

参与到学习中，也有少部分学生选择了合适的职业进入劳动力市场。有数据显示，该计划第一年的大多数11年级的学生（调查选取的样本中的77%）已进入积极的、正向的第一个目的地——全日制项目学习，有6%的学生进入全职工作。① 从该数据可以看出，参与浸入式项目学习的大多数学生都受到了正面的引导，能够选择继续学习，未脱离教育、培训体系，为自身的发展谋求更好的道路。同时，浸入式项目并没有阻止学生未来发展的可能性，为学生在普职教育之间的转换搭建了灵活性的阶梯。前已所述，灵活性的浸入式项目课程安排，允许学生在10年级或者11年级加入该项目的学习，同时也允许学生在获得技能发展、个体能力提升等的情况下重返学校接受全日制的普通学校学习。

（五）浸入式项目的经费筹措

作为普职教育衔接的项目之一，浸入式项目离不开强有力的经费支持。而作为义务教育阶段的一部分，该项目首先获得政府的财政支持，但面对政府财政支持不足并不断萎缩的严峻形势，学校协同社会各方共同为项目的开展筹措多元渠道的资金，以保证项目的正常运转。

1. 政府资金占主导

由于浸入式项目的参与对象是第四阶段的学生，即14—16岁的青少年，他们属于英国学校体系中义务教育的范畴，因此浸入式项目首先得到政府财政的支持。有数据显示，英国政府每年拨款1000万英镑用于实施第四阶段的浸入式项目，在项目实施的前两年（2006—2007学年度，2007—2008学年度），资金分配给了71家合作伙伴。② 第一批次参与的21个合作伙伴均受到政府资助，并支持大约6000名青少年进行学习；2007—2008年度财政拨款资助了71家合作伙伴，惠及15300名学生；从2008年9月起，该项目扩大到101个合作单位，全国范围内21500个学

---

① Department for Children, Schools and Families, "Key Stage 4 Engagement Programme Evaluation", 2009 - 04, https：//www.educationandemployers.org/wp - content/uploads/2014/06/DCSF - RR084.pdf.

② Department for Children, Schools and Families, "Key Stage 4 Engagement Programme Evaluation", 2009 - 04, https：//www.educationandemployers.org/wp - content/uploads/2014/06/DCSF - RR084.pdf.

生获得资助。①

与第四阶段的其他学生相比,浸入式项目中每个学生所需的教育成本相对较高。有数据显示,国家拨款用于每名学生的费用为1500英镑,而每名浸入式项目的学生实际花费为4000英镑。② 浸入式项目之所以花费较多,主要源于其有诸多的额外支出,如用于工作本位学习的基础设施费用,技能考查等考试的费用,以及额外的学校管理成本,尤其是以学校为导向的项目设计与实施的成本,此外,个性化的项目实施元素,学生数量规模较小也会降低成本效益。③ 项目实施中所需要的额外资金,必然需要额外的资金支持。但不幸的是,政府对该项目的资助于2007—2008学年度开始有所下降。④ 国家降低对该项目的经费资助水平,并可预见会随着时间的推移进一步减少对该项目的资金支持,各利益相关方则需要考虑如何让项目保持继续运转。

2. 其他多元渠道辅助支持

据了解,面对国家资助资金的减少,有些学校不得不减少项目活动的规模、学生数量(缩小目标群体)、学习时间或者项目的运行时长,⑤更多的学校也不得不寻求其他替代性的资金支持。考虑到资金主要用于项目实施过程中吸引、聘用合作伙伴和培训提供者,进而为浸入式项目的目标学生提供适合其发展的替代性课程等,学校必须对浸入式项目的教育成本支出做出更多贡献。在大多数情况下,学校也确实对浸入式项

---

① Department for Children, Schools and Families, "Key Stage 4 Engagement Programme Evaluation", 2009 – 04, https://www.educationandemployers.org/wp-content/uploads/2014/06/DCSF-RR084.pdf.

② Department for Children, Schools and Families, "Key Stage 4 Engagement Programme Evaluation", 2009 – 04, https://www.educationandemployers.org/wp-content/uploads/2014/06/DCSF-RR084.pdf.

③ Ibid.

④ Department for Children, Schools and Families, "Key Stage 4 Engagement Programme Evaluation", 2009 – 04, https://www.educationandemployers.org/wp-content/uploads/2014/06/DCSF-RR084.pdf.

⑤ Department for Children, Schools and Families, "Key Stage 4 Engagement Programme Evaluation", 2009 – 04, https://www.educationandemployers.org/wp-content/uploads/2014/06/DCSF-RR084.pdf.

目的资金支持做出了应有贡献,将自身预算范围内的资金直接投入浸入式项目的某些特殊环节,或者为该项目运行中的外部需求提供资金支持。

除了学校为浸入式项目提供资金支持外,浸入式项目在面临国家资助水平降低的情况下,还需要一些外部资金的支持,尤其需要发挥地方融资的功能。由于学校对浸入式项目的资助能力有限,外部资金在浸入式项目的可持续发展方面扮演着重要角色。对浸入式项目的评估显示,在一些合作伙伴关系体,合作方热衷于寻求外部资金对浸入式项目运转提供支持,至少是支持项目的部分成本,如青少年犯罪服务与联络机构(Youth Offending Service and Connexions);而在其他领域,合作伙伴则希望能够通过诸如欧洲社会基金(European Social and Neighborhood Renewal Funds)等社会资金来获得支持。[1] 无论是通过哪种方式筹措项目资金,都是为了让浸入式项目继续运转,为青少年提供适合其自身发展的学习支持。

三 继续教育学院主导的14—16岁学园项目

(一)学园项目的产生与发展

据英国政府官方网站消息显示,自2013年9月以来继续教育学院和六级学院有资格从普通中等学校招收14—16岁全日制学生,并可以获得教育基金署(Education Funding Agency,EFA)的直接资助,[2] 以保证这些学生在学习第四阶段英语、数学等国家课程的同时获得高质量的职业教育项目培训,满足部分学生的个性化发展需要。继续教育学院通过其设立的14—16岁学园(14-16 Academy)于每年的春季学期开始从普通中等学校的9年级选拔学生,将他们未来10年级和11年级的学习后置到

---

[1] Department for Children, Schools and Families, "Key Stage 4 Engagement Programme Evaluation", 2009 – 04, https://www.educationandemployers.org/wp-content/uploads/2014/06/DCSF-RR084.pdf.

[2] Education Funding Agency, "Full-time enrolment of 14 – to 16 – year – olds in further education and sixth – form colleges in 2016 to 2017 academic year", 2016 – 09 – 07, https://www.gov.uk/guidance/full – time – enrolment – of – 14 – to – 16 – year – olds – in – further – education – and – sixth – form – colleges – in – 2016 – to – 2017 – academic – year.

继续教育学院，通过开设 GCSE 课程与职业课程一体化的课程体系培养学生的综合职业素养，毕业后直接进入 16—19 岁职业教育轨道。14—16 岁学园蕴含着普通基础教育与职业教育的纵向衔接，成为英国普职教育衔接的典型模式。

根据英国教育基金署的文件规定，并不是每所继续教育学院或六级学院都有举办 14—16 岁学园的资质，而是必须具备充足的开办条件，主要有三条：第一，场地的提供。尽管教育可以发生在整个学院，但还是建议学院为 14—16 岁学生提供一个单独的教育场地，学园（Academy）便由此得名，[①] 当然这些场地在空闲之余也可以由其他学生使用。第二，领导力的贡献。学院应该拥有一位胜任力较强的领导来负责组织 14—16 岁项目的实施。第三，较高的教育评价水平。从 2016 年 9 月开始，所有的招生学院都必须处于英国教育标准局（Ofsted）评价的 1 级/优秀（Grade 1/outstanding,）或 2 级/良好（Grade 2/good）水平；或者处于 2012 年 9 月之前的三级水平 [当时的 3 级是满意（satisfactory）的水平] 并且同时达到 2014—2015 年的同等水平。根据这些条件，并通过学院自主申请，最后遴选出在 2016—2017 学年具有招收 14—16 岁学生资质的学院共 19 所，其中 10 所位于英格兰北部，8 所位于英格兰南部，1 所位于英格兰中部。[②]

但经笔者从各学院官方网站查阅发现，在 19 所学院中只有 11 所明确表示建立了面向 14—16 岁学生的、具有独立名称的机构，在冠名上其中有 6 所学院（Cambridge Regional College、St Helens College、John Leggott College、Leeds City College、East Durham College 和 Grimsby Institution of Further and Higher Education）使用了 Academy，3 所学院（South Devon

---

① 为贯彻办学条件的规定，有些继续教育学院直接在为 14—16 岁学生提供的教学楼上标注 Academy 的标识，如剑桥区域学院（Cambridge Regional College）标注为 Academy@ CRC，圣海伦学院（St Helens College）标注为 14 – 16 Academy。

② Education Funding Agency, "Full-time enrolment of 14 – to 16 – year – olds in further education and sixth – form colleges in 2016 to 2017 academic year", 2016 – 09 – 07, https：//www.gov.uk/guidance/full – time – enrolment – of – 14 – to – 16 – year – olds – in – further – education – and – sixth – form – colleges – in – 2016 – to – 2017 – academic – year.

College、John Ruskin College 和 East Kent College）使用了 School，2 所学院（Hull College 和 Hugh Baird College）使用了 College。鉴于这三种称谓本质功能的一致性，且为区分其所在的母体学院（College）以及前一阶段的普通中等学校（School），本研究将这三种称谓统一称为 14—16 岁学园。同时 14—16 岁学园也意味着涵盖了那些没有明确建立单独机构的 8 所学院所开设的全日制 14—16 岁教育项目。

本研究从 19 所继续教育学院中选取一所典型的学院即剑桥区域学院（Cambridge Regional College）进行个案研究，通过分析该学院 14—16 岁学园（14-16Academy）运行的具体细节，总结其衔接普通基础教育与职业教育的一般规律。质性研究者认为，与大规模的随机抽样统计分析相比，非随机性"个案"研究能够实现对社会现象的"深度"描述与理解。[1] 同时笔者在英国学习期间曾多次现场考察剑桥区域学院，对该学院及其开设的 14—16 岁学园项目有着较为直观的了解。因此，能够收集到研究所需数据。通过归纳所收集到的数据，研究从招生、课程和后续发展三个维度解析英国 14—16 岁学园的衔接特点和运作规律。

（二）学园项目的招录机制

剑桥区域学院 14—16 岁学园为学生提供一个包含 GCSE 课程和职业课程相混合的学习机会，实行开放式的招生政策。任何处在普通中等教育阶段 9 年级的学生都有机会申请在 10 年级和 11 年级到该学园接受第四阶段（Key Stage 4）的教育。这种学园项目尤其适合那些对实践项目非常感兴趣且已经对某个职业有意向的学生申请。学院承诺将确保所有申请者平等的录取机会，并保证整个申请过程清晰和公平，所有学生的录取和专业分配都将符合学园招生政策的规定，招生政策都将在网站及时公布以使潜在的申请者查阅。

尽管每位 9 年级的学生都有申请的机会，但并不能保证所有的申请者都能最终被录取。根据剑桥区域学院的规定，其 14—16 岁学园项目有着严格的选拔标准，申请者需满足至少以下九条标准：（1）9 年级学生；

---

[1] Patton M. Q., *Qualitative research and evaluation methods* (3rd ed.), Thousand Oaks, CA: Sage, 2002, p. 46.

（2）能够从全日制职业项目和 GCSE 课程混合学习中获得最大收益；（3）能够表达对特定职业项目的偏好、热情和兴趣，并能够解释如何将选择的职业项目与将来的生涯发展相结合；（4）必须获得所在中学的支持性推荐；（5）必须在中学期间有一个良好记录的出勤率；（6）必须承诺在将来的学习中具有较好的行为表现（既往的行为记录将作为参考）；（7）至少有一位申请者的父母或监护人陪同来校过；（8）需参加几天尝试性学习（Taster Day），并且能够完成所有的活动和学习任务，任务涉及职业项目和学术课程两个方面；（9）需要在面试时提交一篇不超过 250 字的简短写作，以"为什么我愿意加入 CRC 学园"为题。[1] 招生政策每年春季学期发布，学生可以提前半年申请，并通过多种形式到学校考察、咨询与尝试性学习，以深入地了解该项目与自身的契合性。

从以上规定中可以看出，剑桥区域学院 14—16 岁学园不是一种功利性的教育模式，它在招生的过程中充分地考虑了学生的生涯发展需要与职业潜质。首先来校学习职业项目是学生的自我选择，且填写的具体专业领域也是学生感兴趣的，这就在很大程度上确保了学生以后学习的效果，能够从职业项目和学术课程整合式学习中获得最大利益，而不是滞留在原有普通中学境遇中学习单维、枯燥的 GCSE 课程，以便获得对职业领域的早期认知，为后期正式的职业教育项目学习做准备。同时，学院选拔学生还充分考虑了学生的既往表现，包括出勤记录和其他行为记录，以确保优质生源的获得，进而提高学生完成项目的质量和效率。更为重要的是，本着对学生终生负责任的态度，学院还通过各种面试进一步甄别更加合适的学生，包括尝试性学习活动的参与、父母或监护人的沟通、参观校园以及专题写作等，以便全方位考查申请者学习学园项目的潜在性和持续的可能性。通过这些面试活动，在指导教师的帮助下，学生初始选择的职业项目可能发生改变，以更加适合学生个性发展的需要。

---

[1] Cambridge Regional College, "Full-time direct-entry 14 – 16 year old Admissions Policy (Academy@ CRC)", 2016 – 01 – 27, http：//www.camre.ac.uk/wp – content/uploads/2016/01/Admissions – policy – 14 – 16 – DPD_POL_14_1_2016.pdf.

（三）学园项目的课程体系

进入 14—16 岁学园后的学生将学习一个整合了的学术课程与职业课程的课程计划。根据剑桥区域学院公布的最新项目方案（2017—2018 学年）（见图 5—2），[①] 这一课程体系包括 GCSE 核心课程、职业课程、选修课程和附加课程等不同课程模块。其中，GCSE 核心课程有五门，包括英语语言、英语文学、数学、科学和公民，旨在使学生有厚实的学术基础。职业课程围绕特定的职业项目展开，该学院的职业项目涉及餐饮与招待、建筑、工程、美发、美容、健康与社会工作、汽修、体育、公共服务等九个领域，学生从中选择一个领域，并学习该职业项目开设的职业课程子模块，以获得相应职业领域的一级或二级资格证书。在此基础上，学院还为学生提供一定的选修课程模块，要求学生从历史（GCSE 课程）、艺术（职业课程）、媒体（职业课程）三门课程中任选一门。此外，学院还要求所有项目领域的学生学习两门附加课程，即体育和一级信息技术课程，这两门课程属于学术课程的范畴。其中体育课程旨在培养未来工作所需的团队精神、健康体魄和幸福感，信息技术课程是当今信息化社会背景下的必然选择。

以这些课程为基础，14—16 岁学园的学生将在剑桥区域学院度过为期两年的全日制学习，享用学院提供的优越的教学设施、小班化的课堂教学和专业化的师资队伍等优势资源。每位学生将在每周学习 16 小时的 GCSE 课程和 9 小时的职业课程。[②] 职业课程的教学将由行业领域的专家担任，基于产业的标准进行培训，以便为学生提供未来就业或职业发展所需的专业能力。但 14—16 岁学园项目不是直接面向就业，因此也不是直接培养特定职业领域的技术技能型人才，而是通过某一专业领域的课程教学，激发学生对某一职业群产生感性认知，并养成初步的职业技能，进而为学生未来的继续学习打下基础。就具体项目领域的职业定向而言，每个职业项目都对应一定的职业群集，例如餐饮和招待专业对应的职业

---

① Cambridge Regional College. Academy Prospectus 2017/18, http：//www.camre.ac.uk/wp-content/uploads/2016/12/Academy-Prospectus-2017-18.pdf.

② Cambridge Regional College,"About the Academy", http：//www.camre.ac.uk/academy/about-the-academy/.

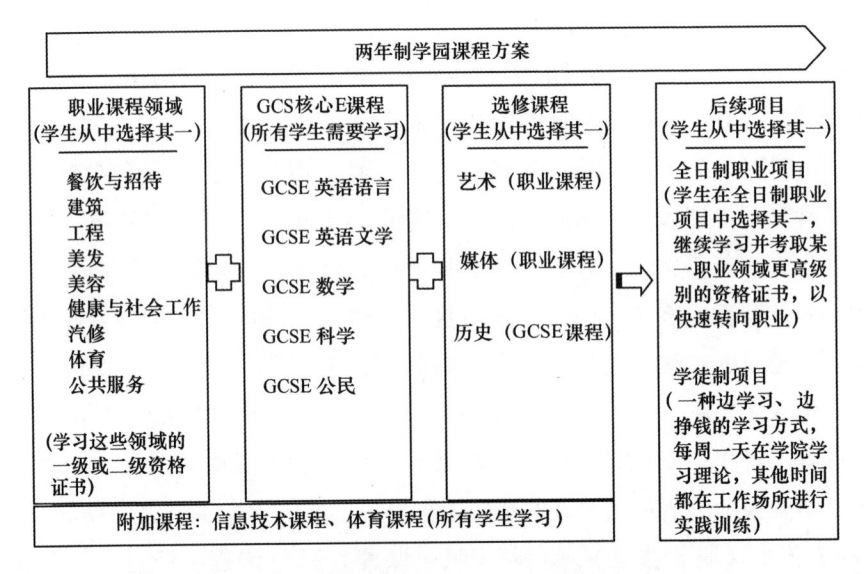

图5—2 剑桥区域学院14—16岁学园课程方案

两年制学园课程方案

职业课程领域 (学生从中选择其一)	GCS核心E课程 (所有学生需要学习)	选修课程 (学生从中选择其一)	后续项目 (学生从中选择其一)
餐饮与招待 建筑 工程 美发 美容 健康与社会工作 汽修 体育 公共服务 (学习这些领域的一级或二级资格证书)	GCSE 英语语言 GCSE 英语文学 GCSE 数学 GCSE 科学 GCSE 公民	艺术（职业课程） 媒体（职业课程） 历史（GCSE课程）	全日制职业项目 (学生在全日制职业项目中选择其一，继续学习并考取某一职业领域更高级别的资格证书，以快速转向职业) 学徒制项目 (一种边学习、边挣钱的学习方式，每周一天在学院学习理论，其他时间都在工作场所进行实践训练)

附加课程：信息技术课程、体育课程（所有学生学习）

群有厨师、酒店经理、赛事策划师；建筑专业对应的职业群集有木工、瓦工、水管工和土木结构工程师、室内设计师、项目经理；汽车修理专业对应的职业群有修理工、维修师和车间主管。[①] 可以看出，不同的职业项目所对应的职业既有技能型、操作型的工人岗位，又有技术型的工程师或职业经理人岗位，这就为学生未来的继续学习和路径选择奠定基础。一般而言，学生毕业后继续学习16—19岁的职业教育项目，获得2—3级的资格证书，面向技能型岗位就业；如果想就职于技术型岗位，则需要继续学习高等职业教育课程，获得4—5级的资格证书。因此，学生通过14—16岁课程的学习，能够逐步了解他们选择的职业项目所对应的职业领域及其岗位类型和级别，有助于他们在将来的继续教育学习中根据自身的特点作出合理的选择和规划。

在课程学习方面，从前后学生群体的对比来看，14—16岁学园学生处于普通中等学校的14—16岁学生和继续教育学院的16—19岁学生之间的阶梯式衔接位置。首先，就两类学校的14—16岁学生而言，普通中等

---

① Cambridge Regional College, "Academy Prospectus 2017/18", http://www.camre.ac.uk/wp-content/uploads/2016/12/Academy-Prospectus-2017-18.pdf.

学校 10 年级和 11 年级学生的主要任务是学习 GCSE 课程，并通过资格考试，因为他们还在普通教育的义务教育阶段，学术课程的学习是首要目标，旨在打下坚强的学术基础，虽然部分学生也通过不同方式学习与工作相关的内容，但是对他们来说更多的是一种拓展视野的业余学习；而继续教育学院中 14—16 岁的学生是在尚未完成 GCSE 课程的时候被提前招录到本来属于 16—19 岁甚至更高年龄学生的职业教育校园中，他们一方面要学习国家规定的第四阶段教育（Key Stage 4）的必修课程即 GCSE 课程，并通过相应的资格考试；另一方面还必须选定某一职业项目，学习该项目所开设的系列职业课程模块，以开启他们对广义职业群集的初步认知，为以后的继续教育奠定基础。再者，就继续教育学院的 14—16 岁和 16—19 岁两类学生群体而言，如果说前者对 GCSE 课程和职业课程是同时兼顾的话，那么后者则是以职业课程为主，因为 16—19 岁的学生已经进入正式的职业教育阶段。处于继续教育学院的 16—19 岁学生主要有全日制职业教育项目和学徒制项目两种学习方式，他们学习的任务焦点在于职业课程，以养成专业技术能力，并通过相应的职业资格考试。在学术课程方面，只有在入学之前 GCSE 考试成绩在 C 级以下的学生必修数学和英语；对于已经达到 C 级的学生，学院希望他们在专业课程学习中继续发展相应学术技能，建议他们选修其他附加课程模块，如三级核心数学（Core Maths）。[①][②] 此外，学院还建议所有的学生通过不同方式继续学习信息技术课程的相关内容。总体而言，处在继续教育学院的 14—16 岁学生学习的课程是普通中学 14—16 岁学生主修的学术课程（GCSE 课程）与继续教育学院 16—19 岁学生主修的职业课程的纵向衔接，以实现在普通学术能力提升的同时获得对未来职业世界的综合理解，掌握初步的职业技能，为毕业后的继续教育做充分的准备。

（四）学园项目的后续支持

如前所述，14—16 岁学园的学生所学的职业课程指向一个宽阔的职

---

① Cambridge Regional College, "Full-time Prospectus 2017/18", 2016 – 09, http://www.camre.ac.uk/wp–content/uploads/2016/09/Full–Time–Prospectus–2017.pdf.

② 陈鹏、肖龙：《英国高中核心数学课程的缘起与运行框架》，《比较教育研究》2017 年第 3 期。

业群,不直接面向就业。当他们两年课程结束后,将在指导教师的帮助下,结合自己的兴趣爱好、能力发展水平和家庭条件等因素在全日制职业教育项目或学徒制项目中选择其一而后留在继续教育学院,继续接受职业教育培训,开始16—19岁阶段的正式职业教育学习,一般为期两年。其中全日制职业教育项目仍旧提供一系列的职业项目供学生选择,但学生一般都是延续前一阶段的职业教育项目,选择同一领域的较高水平的职业资格证书(如Level2或Level3)学习,以指向更加具体的职业领域;学徒制项目同样拥有多种职业项目供学生选择,是一种半工半读、领取工资的教学模式,主要在工作场所接受实践技能的培训,每周只有一天在学院学习理论课程。[1] 因此,就职业课程的学习而言,尽管学院在招生手册上明确表示有多个职业领域或类型,如学徒制有90多种项目,[2] 但学生一般还是在原有九个领域中进行选择,且与14—16岁阶段的学园项目保持一致,而学习的内容水平上将延续前一段的学习继续升级,此为彰显16—19岁项目对14—16岁学园项目的衔接,表明14—16岁学园项目的后续发展性。就学术课程的学习而言,如前所述,这两种16—19岁的职业教育项目只要求GCSE考试成绩在C级以下的学生必修数学和英语课程,如果已经通过这两门课程且有继续学习的需求,学院将为学生提供一些个性化的发展课程。此外,鉴于信息技术应用能力是现代劳动力市场中具有核心竞争力的综合职业素养之一,学院也建议学生们根据各自项目的特殊需求通过不同方式学习信息技术课程的相关内容。

就选择全日制职业教育项目还是学徒制项目方面,剑桥区域学院为学生们提供了多元化的服务支持,以有针对性地指导学生进行合理的选择。首先,每一位学生在入学14—16岁学园时都能分配到一位指导教师,指导教师除了帮助学生解决日常学习的有关困惑外,另一个重要的职责是从长远的视角帮助学生进行职业生涯规划,在长达两年的日常交流中,教师们会逐步了解学生的兴趣爱好、家庭背景和发展需要,并有针对性

---

[1] Cambridge Regional College, "Academy Prospectus 2017/18", http://www.camre.ac.uk/wp-content/uploads/2016/12/Academy-Prospectus-2017-18.pdf.

[2] Cambridge Regional College, "Full-time Prospectus 2017/18", 2016-09, http://www.camre.ac.uk/wp-content/uploads/2016/09/Full-Time-Prospectus-2017.pdf.

地帮助学生发展未来不同职业教育项目所需的技能和行为，进而在毕业时成功进入全日制职业教育项目或学徒制项目。其次，为进一步帮助学生顺利地转移合适的职业教育项目，学校还成立咨询中心（Advice Centre）并建立优先面试系统（priority interview system），专门为14—16岁的学生提供服务。[①] 既然学生已经在第10和11年级经历了有关职业教育项目课程的学习，学院还是建议学生们继续选择该校正式的职业教育项目，并通过咨询中心和优先面试系统为学生提供绿色通道服务。最后，学院还为选择学徒制项目的学生提供雇主推荐的服务。剑桥区域学院和当地的1500多个企业雇主都建立了良好的合作关系。[②] 这种关系将为学生引介雇主提供开放的渠道，学院将会定期协助企业招纳新学徒，并帮助学生提供企业岗位的分配服务，尤其是指导教师会向雇主传达学生们向学徒制项目顺利转移的自信和能力，以提高推荐的成功率。

从以上论述中可以看出，学院在推荐学生进入16—19岁阶段职业教育项目时，秉持对双方负责任的态度，程序严谨、方法科学。一方面，对学生个性发展的负责。如果说14—16岁学园项目是对学生进行早期职业规划的话，那么16—19岁职业教育项目则是进入劳动力市场之前的正式的职业预备教育，是学生未来职业成长的关键阶段。就学习方式和培养模式而言，全日制职业教育项目和学徒制项目有着较大的不同，前者为全日制在校式的脱产学习，后者为半工半读式的在职学习。这就需要充分考虑学生个体的各种情况，如个人偏好、前期能力发展水平以及家庭经济状况等，只有这样才能提高学生后期发展的稳定性和成功率，而这正是剑桥区域学院指导教师们的职责。另一方面，对学院生源质量的负责。可以说，学院开办14—16岁学园的目的之一就是为后期16—19岁正式的职业教育项目培育优质的生源，因此学院在14—16岁学生教育中比较注重对学生某一职业群兴趣的培养，进而在转移建议中希望优质的学生能够留下来并选择合适的具体职业教育项目类型。例如，前期专业

---

① Cambridge Regional College，"Progression from the Academy"，http：//www. camre. ac. uk/academy/academyprogression/.

② Cambridge Regional College，" Full-time Prospectus 2017/18"，2016 – 09，http：//www. camre. ac. uk/wp – content/uploads/2016/09/Full – Time – Prospectus – 2017. pdf.

认知能力发展较好的学生就可以考虑进入学徒制项目。这就进一步确保了后期职业教育项目运行的高质量水平。

第四节 澳大利亚的衔接经验：基于 AQF 的衔接

坚持教育改革的澳大利亚被认为是拥有世界上最好的教育制度的不多的几个国家之一，无论是其基础教育还是高等教育都在世界上处于领先的位置，尤其是职业教育与培训体系（Vocational Education and Training，VET）一直以来为澳大利亚的经济发展提供了大批高技能人才，以享誉世界的技术与继续教育学院即 TAFE（Technical and Further Education）学院为核心的高等职业教育体系为许多国家提供了经验与借鉴。1995 年建立的澳大利亚资格框架（Australia Qualification Framework，AQF）创造性地将非义务教育阶段的高中教育、高等教育以及职业教育与培训体系纳入一个完整的国家教育体系中，促进了各种教育之间的沟通与衔接，形成了澳大利亚"阶梯式"的教育体系。

一 国家资格框架：普职教育衔接的制度支持

（一）资格框架制度的产生与发展

澳大利亚各级各类教育的飞速发展以及国际上终身教育思想的影响促使澳大利亚开始探索一种将各种教育统一起来的资格框架。1987 年，澳大利亚将职业教育与培训体系纳入全国性的学位系统中，1990 年澳大利亚又设立高等教育注册机构（RATE），形成了高等教育体系的一体化资格框架雏形。之后，澳大利亚国家培训局（ANTA）引入了一级资格证书（Certificate Ⅰ）、二级资格证书（Certificate Ⅱ）。至此，澳大利亚初步形成了一个职业教育与高等教育相互沟通与衔接的资格框架。在此基础上，进一步巩固学校普通基础教育、职业教育与培训以及高等教育之间相互沟通与衔接的国家教育体系，澳大利亚于 1995 年颁布了正式的国家资格框架——澳大利亚资格框架，即 AQF。之后历经了 1998 年、2002 年、2007 年的多次调整，在 2009 年《强化澳大利亚资格框架：一个建议》《强化澳大利亚资格框架：澳大利亚资格架构》《澳大利亚资格颁发政策和协议》等国家政策的推动下，资格框架于 2011 年进行了重大调整，改变了传统资格框架的目标、功能，通过对学习成果和能力标准的分类明确了资格框架的等级水平，2013 年 1 月澳大利亚对资格框架进行了细微的修改，形成了目前澳大利亚的最新国家资格框架，见图 5—3。①

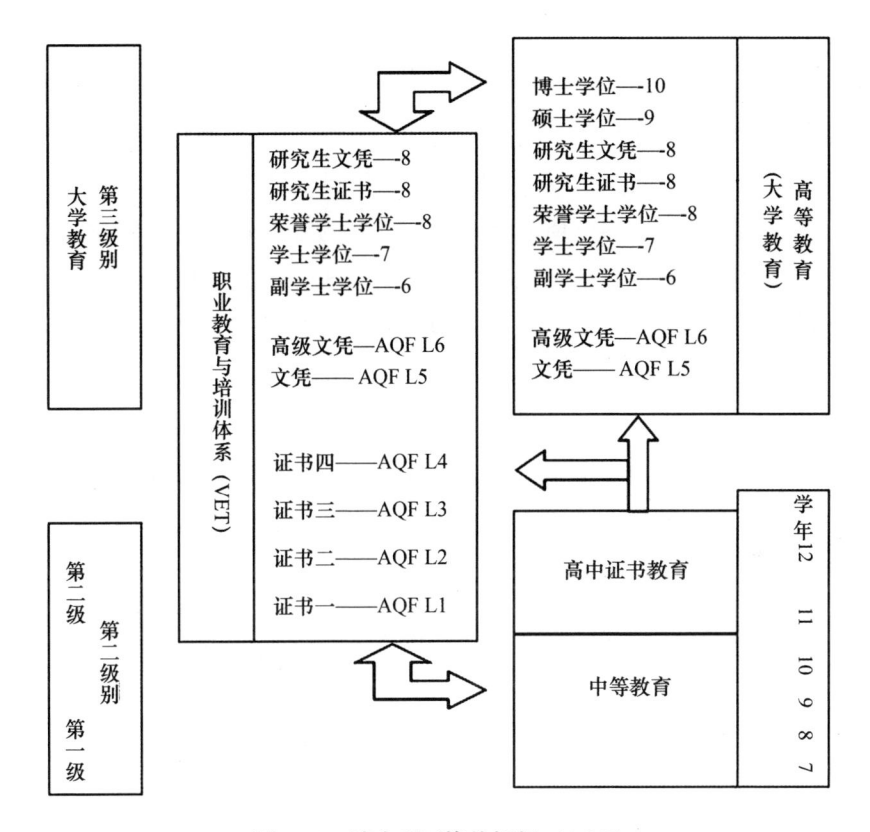

图 5—3 澳大利亚资格框架（AQF）

（二）资格框架制度的结构体系

从图 5—3 中可以看出，澳大利亚资格框架共有 14 种资格证书和 10 个资格等级水平。贯穿于 10 个等级水平中的 14 个资格证书类型包括高中

---

① SCRGSP (Steering Committee for the Review of Government Service Provision), *Report on Government Services 2016*, Vol. B, Child care, education and training, Productivity Commission, Canberra.

毕业证书（Senior Secondary Certificate of Education）、一级证书（CertificateⅠ）、二级证书（CertificateⅡ）、三级证书（CertificateⅢ）、四级证书（CertificateⅣ）、文凭（Diploma）、高级文凭（Advanced Diploma）、副学士学位（Associated Degree）、学士学位（Bachelor Degree）、荣誉学士学位（Bachelor Honours Degree）、研究生证书（Graduate Certificate）、研究生文凭（Graduate Diploma）、硕士学位（Master Degree）和博士学位（Doctoral Degree）。从澳大利亚资格框架中可以看出第五级、第六级、第七级以及第八级的职业教育与培训和高等教育之间相互等值，这为高等教育与职业教育的相互沟通和衔接奠定了基础。此外，资格框架的10个等级水平也为不同层次的职业教育与培训和高等教育之间的衔接制定了标准，基于学生学习成果与能力标准的衔接简化了衔接机构对学生学习成果的认定，明确了学生对自身水平的认知和对未来学习的规划。

每一等级水平的标准都由知识、技能和知识技能的应用能力三部分组成。其中，知识主要是指学生了解和理解的知识，展示了学生知识的广度与深度；技能主要包括学生的认知能力、创造能力、基本的技术能力、交流能力和人际交往能力等；知识技能的应用能力主要是指学生在不同情境下灵活使用各种知识技能的能力，包括学生的自主性、责任心等。[①] 例如在第一等级，对学生能力的总体要求为：此水平的毕业生具备初步工作、社区参与和进一步深造的知识和技能。在知识方面要求学生拥有涉及众多领域的基础知识和一些专业理论以及技术知识；技能方面要求学生具备读写算和交流的技能，访问、记录和分析等基础认知能力以及跨学科的认知能力，运用理论解决问题的能力和团队合作的能力等；在知识技能的应用方面要求学生具备在灵活变化的语境中深入理解的能力，在特殊领域工作的能力和终身学习的能力，在一定的情况下能够独

[①] Australian Qualifications Framework Council, "Australian Qualifications Framework Second Edition January 2013", 2013－01, https：//www.aqf.edu.au/sites/aqf/files/aqf－2nd－edition－january－2013.pdf.

立承担责任并对质量作出初步评估的能力。① 再如在第五级，要求学生掌握技能型工作以及进一步学习所需的知识和技能，更加强调对特定领域知识技能的学习，以及学生传递信息和交流的能力。具体来看，在知识上要求学生拥有某一领域的基本知识和综合理论以及在某一专业领域的深度知识；技能上要求学生具备选择应用方法和技术并能综合一些信息完成某一任务的能力，解决不可预测问题的能力和沟通协调能力；在知识技能的应用方面，要求学生在变化的情境下能够自主操作和判断，在已知条件下能够负责计划、组织和领导团队的能力。② 等级水平和能力标准的设定为澳大利亚各类型的资格衔接提供了一个参照标准，依照此标准进行资历衔接、学分转换或者先前学习认证（Recognition of Prior Learning，RPL），帮助学生建立持续学习和深造的阶梯。

（三）资格框架制度的衔接意蕴

具体到澳大利亚普通高中与高职教育的衔接，即普通高中与 TAFE 学院的衔接，在资格框架中体现为高中毕业证书和一级证书、二级证书、三级证书、四级证书的匹配与衔接。普通高中的学生在进入高一开始（11 年级）就可以接受 TAFE 学院提供的职业教育与培训课程，学生完成这些 VET 课程后，在高中毕业时可以同时获得高中毕业证书和包括一级、二级、三级等在内的职业资格证书。学生在学习普通高中课程的同时接受职业技术课程的学习，获得了未来多样化发展的路径，也为进入 TAFE 学院继续深造更高的资格证书如四级资格证书、职业教育与文凭等抢占了先机。③ 而依据学生在普通高中获得的职业资格证书与 TAFE 学院进行资历衔接需要以学分作为支撑，资历衔接和学分转换构成了澳大利亚教育衔接的运行机制。学分转换支撑下的资历衔接主要是指学生在拥有某

---

① Australian Qualifications Framework Council, "Australian Qualifications Framework Second Edition January 2013", 2013 – 01, https://www.aqf.edu.au/sites/aqf/files/aqf – 2nd – edition – january – 2013.pdf.

② Australian Qualifications Framework Council, "Australian Qualifications Framework Second Edition January 2013", 2013 – 01, https://www.aqf.edu.au/sites/aqf/files/aqf – 2nd – edition – january – 2013.pdf.

③ John Polesel, "Vocational Education and Trainingin Schools in Victoria: an appraisalsix years down the track", *Journal of Vocational Education and Training*, No. 2, 2001, pp. 325 – 340.

一资历如高中毕业证书和一级资格证书的基础上，只要达到相应的入读要求和累积学分，就可以进入高一级的资格课程进行学习。[①] 而学分主要是依照学生获得的资格证书中的学习内容和学习成果设定的，不同学校具有不同的设定标准。澳大利亚资格框架设定的10个等级水平及其所包括的学习时长、知识、技能以及应用水平为学分设定与学分转换提供了清晰的框架和明确的标准。例如，高中毕业生在毕业时同时拿到高中毕业证书和 VET 二级证书，那么此学生进入 TAFE 学院继续深造所需的基础学分即以二级证书包括的学习时长、内容和学习成果为基础根据不同的学校和不同的专业进行设定，学生通过学分衔接、学分转换以及先前学习认证等方式满足条件后即可进入 TAFE 继续学习三级资格证书。澳大利亚资格框架为学生在各种教育之间的转换与衔接制定了清晰的标准，普通高中获得的"双证书"尤其是职业资格证书促进了澳大利亚普通高中与 TAFE 学院的无缝衔接。可以说澳大利亚资格框架如同一架阶梯，在此基础上的教育实现了阶梯式的衔接。

二 VET in Schools：普职教育衔接的项目支撑

（一）VET in Schools 的衔接价值

澳大利亚普通高中与 TAFE 学院衔接的基础是学生在高中获得的"双证书"，而双证书尤其是职业资格证书的获得则需依靠在普通高中前置的职业技术课程。课程是整个衔接过程中的核心支撑，AQF 与双证书在缺少课程的支撑下只能是一把"空壳"的阶梯。与美国双学分课程相似，澳大利亚的双证书课程也是由高等职业教育机构即 TAFE 学院占主导，以普通高中为主要施力点的实践方式。在澳大利亚，于20世纪90年代兴起并一直延续到现在的 VET in Schools 项目（以下简称 VETiS 项目）为双证书课程的实施提供了项目依托，该项目的初衷是"为缺乏学术兴趣的学生提供一个真实的选择，也为那些因此有辍学危机的学生铺筑多元化的

[①] Australian Qualifications Framework Council, "AQF Explanations, 2013", 2013 – 01, http://www.aqf.edu.au/wp – content/uploads/2013/06/AQF – Explanations.pdf.

发展路径"①。在实施初期，该项目促进了"学校与当地工厂合作的结构化工作场所学习的快速发展，同时也拉近了学校与 TAFE 学院以及其他私立的职业教育和培训机构的距离"②。后来逐渐发展为面向所有 11 年级和 12 年级学生的职业教育项目。多年来，在普通高中实施 VETiS 项目已经成为广大高中学生多样化发展的有力支撑，项目为学生提供职业课程，并将完成职业课程获得的职业资格证书作为高中毕业证书的一部分，使学生同时获得高中毕业证书和职业资格证书，在未来就业与继续深造特别是进入 TAFE 学院继续深造抢占了先机。

（二）VET in Schools 的衔接方式

VETiS 项目主要有两种主要的实践模式，其一是职业课程前置；其二是校本学徒制和培训生制（School-Based Apprenticeships and Traineeships）。VETiS 项目在每个州有不同的呈现形式，在维多利亚州，该项目又称作 VET in VCE（Victorian Certificate Education）and VCAL（Victorian Certificate of Applied Learning），该项目一般需要 1—2 年的时间，以工作本位学习为主，学生完成该项目的学习后可以获得二级或三级职业资格证书以及高中毕业证书，通过这些证书以及相对应的学分，学生可以为自己未来的发展创造出新的路径。

具体来看，维多利亚州的 VET in VCE and VCAL 项目主要有三种实施方式。第一种为"高中毕业证书和职业教育与培训"项目（VCE and VET Program）。此方式实际上是在普通高中前置可以获得国家资格证书并为获得高中毕业证书提供学分的职业课程，这些课程包括建筑、园艺、动物学、自动化技术、应用语言、数字媒体艺术、机械、美容美发等 24 门课程。③ 第二种是学徒制和培训生制。普通高中的学生可以通过校本学徒和培训生或兼职的学徒和培训生两种角色来参与该项目。参与校本学

---

① Fullarton Sue, *VET in Schools: Participation and Pathways*. (*LSAY Research Report No. 21*), Camberwell, Victoria: ACER, 2001, p. 14.

② Fullarton Sue, *VET in Schools: Participation and Pathways*. (*LSAY Research Report No. 21*), Camberwell, Victoria: ACER, 2001, p. 14.

③ VETiS, "An overview of VET in the VCE and VCAL", http://www.vcaa.vic.edu.au/Documents/vet/publications/overviewbrochure.pdf.

徒制和培训生制的学生每周至少要用一天的时间去企业实践，同时还可以获得相应的薪水，而参与兼职学徒制和培训生制的学生不占用学生平时上课的时间，只需要在课后参加实践。最后一种称之为"成批学分认证"（Block Credit Recognition）。"成批学分"是指学生在项目中获得的可以面向所有等级和各个阶段的学分，而"成批学分认证"方式主要应用于学生选择的职业资格课程不在维多利亚州所认定的24门课中，因此需要通过学分认证或学分转移来获取高中毕业证书与职业资格证书。

在昆士兰州，VETiS又称作TAFE at School，更为关注TAFE学院在与普通高中衔接以及课程前置中的职责与作用。昆士兰州的TAFE at School项目允许普通高中学生在校期间选择职业资格二级或三级证书课程学习，修满合格后可以同时获得二级或三级证书与昆士兰州教育资格证书（QCE）。TAFE at school项目为普通高中在校生提供了18门可供选择的课程，包括动物学、自动化技术、美容美发、建筑施工、信息技术、视觉艺术、旅游管理等。[1] 学生既可以在昆士兰州的TAFE学院学习，也可以在普通高中学习这些课程，为此，昆士兰州的TAFE学院为高中培训了一批专业化的"双师型"教师，同时选择部分课程的学生也可以选择参与免费的校本学徒制与培训生制，例如自动化技术三级证书课程、美容美发三级证书课程以及建筑施工三级证书课程等。[2]

（三）VET in Schools 的进阶路径

普通高中的学生在修完这些课程后可以获得相应的职业资格证书，如二级证书、三级证书，那么获得证书之后学生的职业生涯发展路径该如何开展，换言之，证书支持下的普通高中与TAFE学院该如何衔接呢？在此，仍以澳大利亚维多利亚州和昆士兰州的实践为例。其中，维多利亚州的VET in VCE and VCAL项目专门为学生制定了学习路径，以VET in VCE为例，学生可以选择三种方式学习指定的课程，如学校课程学习、校本学徒制与培训生制以及学分认证等，学习过程中学生需要在高中学

---

[1] TAFE Queensland, "TAFE at School 2017 Coures Guide", 2017, http: //tafebrisbane. edu. au/resources/pdf/tafe‑at‑school/tafe‑at‑school‑guide‑2017‑sem‑1. pdf.

[2] TAFE Queensland, "TAFE at School 2017 Coures Guide", 2017, http: //tafebrisbane. edu. au/resources/pdf/tafe‑at‑school/tafe‑at‑school‑guide‑2017‑sem‑1. pdf.

校、TAFE 学院或者企业中接受一定的培训，接受结构化的工作场所学习，完成 20—24 个学习单元后通过学分累积获得 VCE 即维多利亚高中毕业证书课程和职业资格证书，之后学生可以选择参加企业学徒制直接面向就业，也可以进入 TAFE 学院继续学习其他证书课程，如四级证书、文凭课程、高级文凭课程等，同时也可以直接进入普通高校学习（见图 5—4）。[1] 在昆士兰州，学生选择了不同的证书课程后，具体的学习路径各不相同，但基本的发展路径与维多利亚州相似。以自动化技术二级证书课程为例，学生可以选择在学校中学习基础的课程，也可以选择参与校本学徒制学习，完成二级证书后学生具备了作为工厂行业助理的能力。学生通过一年或两年的学分累积后，在 12 年级完成该课程后获得高中毕业证书以及自动化技术二级证书，如果学生想进入 TAFE 学院在自动化技术方面继续深造，可以通过 TAFE after School 项目继续学习自动化技术三级证书课程，而三级证书课程要求学生必须参与学徒制。TAFE after School 项目与 TAFE at School 项目一起，通过证书课程将学生的普通高中学习与 TAFE 学习串联在一起，节省了学习时间，避免了课程重复设置带来的教育资源浪费。维多利亚州与昆士兰州的普通高中与 TAFE 学院的衔接建立在以学分积累的证书衔接上，在整个澳大利亚资格框架的框定与指导下通过证书课程在普通高中的前置以及与 TAFE 学院的衔接，实现了学生在职业知识、技能与素养方面的不断深化。

第五节　比较与启示：四国普职教育衔接的主要经验

纵观国际上一些发达国家，职业教育发展的外部环境与内部教育体系虽各不相同，但却不约而同地将普通基础教育与职业教育衔接在一起，是时代使然还是历史必然，我们暂不去探讨，但既然衔接存在，必然有其存在的合理性与必要性。因此，我国需在充分比较、总结发达国家职

---

[1] VETinS, "An overview of VET in the VCE and VCAL", http://www.vcaa.vic.edu.au/Documents/vet/publications/overviewbrochure.pdf.

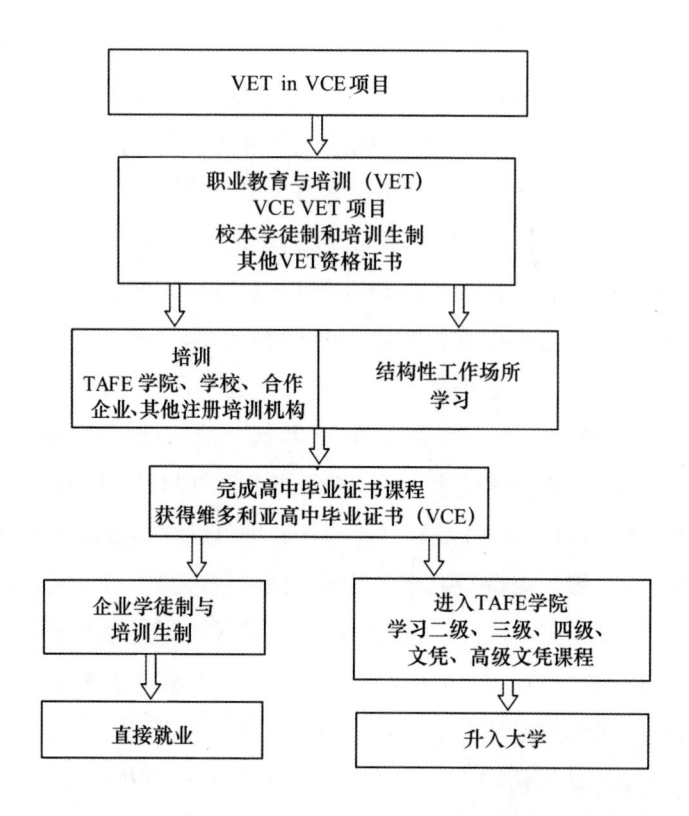

```
                    ┌─────────────────────┐
                    │   VET in VCE 项目    │
                    └──────────┬──────────┘
                               ↓
                ┌──────────────────────────────┐
                │  职业教育与培训（VET）          │
                │  VCE VET 项目                 │
                │  校本学徒制和培训生制           │
                │  其他VET资格证书               │
                └──────┬───────────────┬───────┘
                       ↓               ↓
            ┌──────────────────┐  ┌──────────┐
            │      培训          │  │结构性工作场所│
            │TAFE学院、学校、合作 │  │    学习    │
            │企业、其他注册培训机构│  │          │
            └────────┬─────────┘  └────┬─────┘
                     ↓                 ↓
              ┌──────────────────────────────┐
              │  完成高中毕业证书课程            │
              │  获得维多利亚高中毕业证书（VCE）  │
              └──────┬───────────────┬───────┘
                     ↓               ↓
            ┌──────────────┐  ┌──────────────┐
            │ 企业学徒制与    │  │ 进入TAFE学院   │
            │   培训生制     │  │学习二级、三级、四级、│
            │              │  │  文凭、高级文凭课程 │
            └──────┬───────┘  └──────┬───────┘
                   ↓                 ↓
            ┌──────────┐      ┌──────────┐
            │ 直接就业   │      │  升入大学  │
            └──────────┘      └──────────┘
```

图 5—4　维多利亚州 VET in VCE 项目学生学习发展路径

业教育经验的基础上探究并建设具有世界水平、中国特色的普通基础教育与职业教育的衔接体系。美国、德国、英国、澳大利亚具有不同的文化传统、教育体系，也因此形成了不同形态的衔接体系，但经过分析比较仍可发现各国衔接改革中的共同规律，这些超越国家文化传统、政治体制与教育制度的共同规律正是我国普通基础教育与职业教育衔接改革的借鉴之处。

一　法律、政策是衔接改革的发起点

制度的变迁虽受到多方利益集团博弈的影响，但要真正具有"合法性"，法律、政策的支持必不可少。美国面对年青一代失业率高、就业不稳定等严峻的社会问题，自20世纪70年代就颁布《生涯教育法》《生涯教育奖励法》等系列法律,通过在基础教育渗透生涯与技术教育,实现与就业和职业教育的有效衔接。在世纪之交的 90 年代,面对高技能劳动力的短缺,又果断进行教育改革,连续颁布诸如《国家处于危机中》《卡尔·帕金斯生涯与应用技术法》《从学校到工作过渡机会法》《从学校到生涯过渡法》等一系列促进教育衔接的法律、政策,真正地推动了教育改革的纵深发展。其中《卡尔·帕金斯生涯与应用技术法》明确提出要促进中等教育与中等后教育的衔接,为了保证衔接的可操作性与有效性,法案将"技术准备教育"作为重要的一个模块进行阐述,提出学术课程与职业课程整合、中学课程与中学后课程整合以及课程实施中学校本位学习与工作本位学习整合三大理念,进一步明确了中等教育尤其是普通高中与社区学院的衔接。德国的职业教育一直处于世界领先地位,职业教育成为其经济腾飞的秘密武器,这其中当然少不了法律与政策的支持,特别是面向多次分流的多轨互通政策的支撑。促进教育分流的《汉堡协议》虽然饱受争议,但确实促进了人才的分类与选拔。之后《联邦职业教育法》《职业教育促进法》《职业教育条例》等进一步完善了教育分流制度,国家层面强制的"职业教育基础年"则为中学阶段的职业教育渗透奠定了法律基础。

面对青少年就业、进阶问题,英国在 2000 年后,通过陆续印发《14—19 岁:拓展机会、提高质量》绿皮书、《14—19 岁:机会与卓越》绿皮书和《14—19 岁教育与技能》白皮书等,推动中等教育在升学和就业方面的改革,并催生了旨在衔接初中教育与职业教育的 14—16 岁教育系列项目。澳大利亚的职业教育也一直处于改革之中,法律、政策同样频出。针对高中与 TAFE 学院脱节的问题,澳大利亚在 20 世纪 90 年代开始确立国家资格框架 AQF,之后又连续颁布《强化澳大利亚资格框架:一个建议》《强化澳大利亚资格框架:澳大利亚资格架构》以及《澳大利亚资格颁发政策和协议》等多项政策,不断完善国家资格框架,从学生发展的视角为澳大利亚普通高中与高职教育的衔接提供良好的衔接体系。在具体的衔接策略上,澳大利亚也从国家层面设计了 VET in Schools 项目,依据国家资格框架,运用"双证书"的策略,促进 TAFE 学院与高中在职业课程上的合作。

相比美、德、英、澳的法律、政策以及国家层面的教育项目，我国虽从国家政策层面提出了构建中高职衔接、普通教育与职业教育相互沟通的外部适应、内部衔接、多元立交的现代职业教育体系建设规划，但政策仍然停留在宏观指导上，缺乏具有可操作性的具体意见，各地对教育政策的理解不透彻与理解偏差，造成普通基础教育与职业教育的衔接被忽视。因而，从法律政策上讲，我国需变政策提倡为政策具体落实，制定国家层面的教育项目，切实推进普通基础教育与职业教育衔接的开展。

二 课程衔接是衔接改革的核心抓手

毋庸置疑，课程在教育中始终处于核心地位。课程上接教育理论，下接教学实践，同时对教师和学生产生重要影响，有学者将教育称为"一种课程功能",[1]进一步说明了课程在教育中的重要性。在教育衔接中，尤其是在跨越两种层次和类型的普通基础教育与职业教育的衔接中，课程衔接对于抑制二者的异质排斥更为关键。课程衔接不单指两种层次的课程之间形成前后对接，也可以是在基础教育阶段进行课程前置或课程渗透。从为职业教育提供大批优质生源的视角来看，在基础教育阶段渗透职业教育课程或加强课程在学科中的渗透更为可行。

以高中阶段为例，美国在这方面具有多年的研究与实验，例如其"技术准备计划"的重要思想就是"课程整合"，所有的高中教育与社区教育的衔接都是建立在课程整合的基础之上，且课程整合是以社区学院为主导，以高中为主要施力点。有了课程的整合与衔接，才会带动基于工作学习与学校学习的整合，最终实现高中教育与社区学院的衔接与整合。在具体的策略上，美国的"双学分"课程为此提供了强有力的路径支撑，"双学分"课程引导并鼓励学有余力的学生在高中阶段就接受并学习高中后的课程，这其中包括大量的职业教育课程，一方面为学生进入高中后教育抢占先机，另一方面可以促进学生的自我认知与多样化发展。

---

[1] 马健生、李洋：《为每个孩子提供合适的教育：何以不可能或何以可能——基于课程的教育功能的分析》，《北京师范大学学报》（社会科学版）2016年第6期。

澳大利亚在课程衔接方面也具有明确的举措——VET in Schools 项目。在维多利亚州与昆士兰州，该项目为高中学生提供多样化的职业教育课程，包括学校课程和学校本位的学徒制与培训生制。学生在进入高中一年级后即可选修职业课程，学分积累合格后，在高中毕业也就是高二结束后可以同时获得高中毕业证书与职业资格证书，激发了学生选修职业课程的热情。澳大利亚在国家资格框架 AQF 的基础上，不仅在高中渗透职业课程，且通过资格证书的衔接，促进资格证书课程的衔接，避免了学生在进入高等职业教育即 TAFE 学院后造成重复学习的时间和资源的浪费。

德国的课程衔接与美国、澳大利亚的不同，极具特色的早期分流制度下的职业教育渗透是德国职业课程衔接的主要形式。学生在小学毕业后的第一次分流、初中毕业后的第二次分流都可以接触到大量的带有职业教育元素的课程，尤其是学生在第一次分流后进入实科中学，实科中学作为高中阶段"双元制"职业学校的生源地，在日常课程中设置了大量职业课程，激发了学生的职业兴趣与潜能，"前职业教育"体现的理念正是如此。德国的职业教育课程一直贯穿德国的整个教育体系，从小学到大学，在不断渗透间促进了学生的自我认知，增强了学生选择职业教育的动力。英国初中教育的长线性注定职业课程渗透成为衔接初中与初中后职业教育的重要方式，14—16 岁教育项目的核心理念就是在初中的后两年实施学术课程与职业课程的整合。从增强灵活性项目、青年学徒制、第四阶段浸入式项目到学园项目，都无不蕴含着将职业入门课程渗透在初中教育的课程体系中，激发着部分对学术课程不感兴趣、对技能课程感兴趣的学生的学习兴趣，引导着他们对未来职业教育路径的选择。以学园项目为例，在相关合作者的支持下，学校为学生提供一系列的职业项目供其选择，每个项目都包括一个职业课程包，学生根据自己的兴趣和知识基础作出合理的选择，为将来学习更高层级的同类职业课程打基础。

相较之下，我国中小学阶段的职业教育课程显得乏善可陈，普通高中的通用技术课程在学术高考的挤压下难以真正发挥作用，小学、初中的劳动技术课程更是参差不齐，其他类型的职业课程更是难以推进。因此，在职业课程的融入方面，我国中小学课程应充分发挥国家课程如通用技术课程、信息技术课程、劳动技术课程、综合实践活动等课程的作用，借助区域职业教育的资源优势，引入职业院校的优势资源，实现利益相关者的互惠互利。

三 校际合作是衔接改革的推动力量

法律政策推动了普通基础教育与职业教育衔接改革的开始，课程衔接为二者衔接明确了核心与焦点，那么落实到具体实施中该如何推动二者的衔接呢？从衔接的内涵上，衔接所体现的系统性可以表述为在大的教育系统下，各子系统之间的协同合作，以形成整体大于部分之和的作用。可以看出，衔接离不开合作，合作是衔接开展的必要方式。因此，在普通基础教育与职业教育的衔接中，二者的校际合作理应成为主要的实践方式。

美国的"技术准备计划"，为高中学生提供"技术准备"的主导性主体是社区学院，中学课程与中学后课程整合、学术课程与职业课程整合的主导性主体也是社区学院，以社区学院为主导，实现与普通高中的合作是技术准备计划顺利开展的重要基础。"双学分"课程的开展也得益于高中与高中后教育机构的合作，高中与社区学院的合作简化了"双学分"课程学习与认证的程序，也简化了学生的先前学习评价，促进了二者的有效衔接。而技术学院预科高中项目则更是将利益相关者的合作延伸到企业，企业作为技能人才的输入地，在人才培养方面更有话语权，因此企业的参与成为盘活普职教育衔接的关键环节。与美国的"双学分"课程相似，澳大利亚的"双证书"课程也是在 TAFE 学院与高中开展合作的基础上实施的，TAFE 学院除了为高中提供多样化的课程选择外，还鼓励学生进入 TAFE 学院学习，利用 TAFE 学院的实验器材、实训基地等获得更为有效的职业教育。此外，面对在高中学校内开设的职业课程，TAFE 学院还为普通高中培训了一批专业化的"双师型"教师。澳大利亚高职教育与高中展开了全方位的合作，为自身的发展提供一批优质生源。

在英国初中与初中后职业教育衔接中，利益相关者的合作体现得同样非常明显。根据前述的分析可以看出，14—16 岁教育项目的合作伙伴涉及普通初级中学、继续教育学院和企业雇主，且不同的具体项目有着不同的主导性主体。14—16岁学园项目的实施主体主要是继续教育学院，因为学生的学习场域主要在继续教育学院，但在招生选拔的时候，继续教育学院与普通初级中学也有着较好的配合与协调，普通初级中学的推荐成为促进生源选拔的重要因素。青年学徒制项目合作主体包括中学、企业，有时也包括继续教育学院和校外培训机构，其中学校负责学术课程教育，企业、继续教育学院和校外培训机构负责职业技能培训。第四阶段浸入式项目的主导性主体则是初级中学，因为在两年的学习中学生并不离开原来的学校，而是浸入在普通中学内，接受学术课程与职业课程的整合性学习。但是在基于工作学习的技能项目提供中，相关培训者如继续教育学院、企业则起着重要的作用，它们会根据学生的兴趣和就业市场的需求，为学生有针对性地提供相关职业课程领域；有时政府也参与其中，例如在英国西北部的威勒尔（Wirral）地区，地方政府在引领职业课程的时代性方面发挥着一定的督导作用。

而放眼我国，尽管在某些地区如常州市出现了普通中小学与职业学校合作的案例，但这也仅仅是个案。总体上看，我国普通中小学与职业院校的合作普遍较弱，更多的是双方各自为政，二者合作培养人才的机制难以形成。因此，需要我们积极借鉴世界发达国家的有益经验，用具体的实际行动推动双方的合作，产生整体大于部分之和的衔接效益。

第六章

未来之路：我国普职教育衔接的策略建议

探讨理论、历史、现状与经验最终是为了未来策略的产生，推进实践领域的改革。我国普通基础教育与职业教育衔接的理论之基、历史之变、现实之困以及国际普职教育衔接的经验明确了普职教育衔接的必要与可能，指引我们通过一系列改革策略推动实践的开展。然而观念的束缚、动力的匮乏、载体的模糊以及保障制度的缺失等障碍在实践与改革道路上横亘开来，迫切需要我们突破传统观念、激发衔接动力、明确核心载体以及改革保障制度，进而扫除衔接障碍，疏通衔接阻碍，实现我国普职教育的有效衔接，为职业教育提供大批优质生源，为社会培养大批高技能人才。

第一节 观念突破，创设衔接的外部环境

普职教育衔接首先需要面对传统观念的质疑与束缚。从封建社会至今，鄙薄职业教育的观念一直广泛存在于社会生活各方面。"君子不器""学而优则仕""劳心者治人，劳力者治于人""万般皆下品，惟有读书高"等传统观念在很大程度上阻碍了职业教育的发展，也直接冲击与挤压着家长、学生选择职业教育的热情。虽然新中国成立之后，对劳动与劳动者的重视在一定程度上改善了人们的人才观念及其对职业教育的看法。但传统观念的根深蒂固致使社会中仍有一些人在内心深处轻视职业

教育，且某些改革举措的不完善及其附带的复杂影响随着时间的推移也对人们的职业教育观念产生了一些负面影响。例如20世纪90年代的下岗潮致使"工人身份的失落"[1]；现行劳动人事制度将学历作为选才的主要标准，助推了"重学历，轻能力"观念的重生；就业准入制度与职业资格制度的不健全，削弱了技术能力的价值；招生考试制度的不完善更是为职业教育打上了"差生教育"与"失败者教育"的标签。上述种种观念直接影响了人们对于职业教育的意向与选择，普职教育衔接因缺少良好的外部环境而无法有效推进，职业教育的发展也从源头上遭到了一定程度的阻滞。

一 树立正确的人才观与职业观

"提供教育和培训来促进人们就业，推动劳动力市场的发展和经济生产率的提升"是职业技术教育的目标之一。[2] 但是，在具体实践中，职业教育并没有产生人们预想的效果，对个人、企业、政府的回报远没有达到预期，职业教育的地位仍然低于普通教育且没有得到应有的重视。[3] 实际上，任何人进入社会都要从事某种职业，为从事某种职业所受的教育都可以被看作是职业教育，没有什么贵贱之分。[4] 因此，树立正确的人才观、职业观，从观念意识上正确看待普、职教育的本质，使人们认识到职业教育是分流而不是淘汰的结果，职业教育同样可以成就出彩的人生。

（一）人才观：推广正确科学的人才观

辩证唯物主义认为思想观念是在漫长的社会历史发展中积淀形成的，正确的意识可以促进和推动事物的发展和演进，直达人们心底最深处。所以，正确而科学的人才观是推动我国普职教育体系建设发展的重要因素。

首先，推广正确的人才观。习近平总书记在2014年对发展职业教育

---

[1] 李亚杰：《产业工人地位下降，今天如何唱响"咱们工人有力量"》，《人民日报》2007年5月7日第3版。

[2] 刘秉栋、张家雯：《〈职业技术教育战略（2016—2021）〉的背景、体系与特点》，《职业教育研究》2017年第4期。

[3] UNESCO, "UNESCO TVET Strategy 2016 - 2021", 2015 - 09 - 28, http：//unesdoc.unesco.or/images/0024/002439/243932e.pdf.

[4] 庄西真：《教育分流与中等职业教育的发展》，《河南职业技术学院学报》2013年第1期。

的指示中指出,要树立正确的人才观,弘扬劳动光荣、技能宝贵,创造伟大的时代风尚,营造人人皆可成才、人人尽展其才的良好环境,职业教育是广大青年通往成功成才大门的重要途径,必须高度重视,加快发展。由此,国家教育改革应避免将教育类型分为三六九等,端正人民大众不正确的精英教育思想。要使人们认识到,并不是只有精英化教育才能使学生获得高声望、高收入、高社会地位的职业。教育行政部门应积极做好职业教育宣传工作,针对处于普职分流阶段的学生及其家长普及职业教育常识,逐渐改变职教人才培养在人们人才观念意识中的失衡地位。如有些家长认为接受职业教育难以向上层社会流动;重视学历文凭教育的传统把升入重点高中、重点大学作为改变人的社会地位的阶梯,致使人们鄙薄职业教育的思想观念更为普遍,很多人不愿意让子女就读职业院校,学习职业技能。[①] 应积极组织、引导家长根据孩子情况有针对性地帮助孩子做职业规划,从而避免劳动力市场结构性矛盾;帮助学生家长树立"人人皆可成才,人人尽展其才"的正确人才观。各行业企业主管部门应鼓励各行业形成人才培优的企业文化,形成各行业自己的人才层次,进一步科学合理地优化人才结构。

其次,推广科学的人才观。加德纳从"多元智能"的角度出发认为,每个孩子都是一个潜在的天才,只是经常表现的形式不同。人的潜能是巨大的、多元的,"行行出状元"的古训不仅是一种科学理念,而且是古今中外普遍存在的客观事实,今日之状元便是各行各业各类人才之中的佼佼者。随着产业的转型升级,科学技术的进步,劳动力市场不止需要知识型劳动者,更需要数以亿计的专业的技术技能型人才,需要各行各业的"精英"状元人才投身中国特色社会主义现代化经济建设。因此,教育工作者必须具有科学的人才观,在教育分流阶段尊重人"生而不同"的现实,尊重、引导孩子选择适合他们的教育。从而使职业教育吸收各领域的技术技能型人才胚子,向社会培养各类技术技能型人才,兑现"人人皆可成才"的承诺。

---

① 朱广兵、孙莹:《论基础教育与职业教育的有效衔接》,《南方职业教育学刊》2013 年第 1 期。

（二）职业观：树立正确合理的职业观

职业观是人们对职业这一现代社会的基本行为方式的认知、价值取向和态度，是人生理想在职业问题上的反映，是人生观的重要组成部分；是人们在接受教育步入社会参加工作后，应该具备的对职业的基本观念。职业观一经形成，会反过来影响、指导人们具体的职业工作和职业行为。因此，正确的职业观引导着人们作出客观、正确的职业选择和形成良好的职业态度。由于每个人的生活阅历和教育经历不尽相同，每个人对自己生活和工作的认识和要求也各有所异，所以我们必须在正确价值观的引导下努力发挥自己的价值，为社会主义现代化建设做贡献。我们必须深刻认识到职业的教育意义。职业的对立面不是闲暇也不是文化修养。相反，正如杜威所说，职业"既包括专业性的和事务性的职业，也包括任何一种艺术能力、特殊的科学能力以及有效的公民品德的发展"[①]，"一种职业也必须是信息和观念的组织原则；是知识和智力发展的组织原则。职业给我们一个轴心，它把大量变化多样的细节贯穿起来；它使种种经验、事实和信息的细目彼此井井有条"[②]。因而，职业是人一生中诸多事情的中介、轴心，职业是自我价值和社会价值统一的契合点。

二 转变观念的政策和制度支撑

解决传统观念问题，不能只从观念的表面入手。观念的形成受制于政治、经济、文化等多方面因素的影响，因而传统观念与职业教育发展之间的关系也不能用简单的非此即彼的二元思维来分析，传统观念确实对职业教育发展有负面影响，但不能据此就说传统观念直接导致职业教育的弱势。应将二者放入社会系统中，运用社会学的视野与方法，远离传统"静态陈述"的陷阱，[③] 寻找传统观念对职业教育发展滞后的作用机制与影响条件，将处于模棱两可的观念转化为可控的因素。因此，改变人们对教育选择的传统思想，为普通中小学与职业教育的衔接创设良好

---

① ［美］杜威：《民主主义与教育》，王承绪译，人民教育出版社2001年版，第326页。
② ［美］杜威：《民主主义与教育》，王承绪译，人民教育出版社2001年版，第328页。
③ 徐泽民、熊文珍、赵茹春：《传统观念与职业教育发展滞后的关系——社会学视野与方法论的应用》，《南昌大学学报》（人文社会科学版）2009年第6期。

的外部环境,必须从政策转变、制度激励上发力。

(一) 转变观念的政策支持

传统观念对人们的思想行为产生影响需要借助一些现实条件,政策就是最为有效的现实条件。有研究通过分析政策与职业教育发展和家长、学生教育选择的关系,得出"无论是从实际国情还是从理论上,政府政策都是职业教育发展的主要动因"。① 同样,政策转变所带来的职业教育的发展可以从外部为学生选择职业教育增添动力,推进普职教育的衔接。首先,政策转变需要更加关注教育中的主体——人的需求,力求做到政府政策的目标与学生发展的目标一致,政策导向对学生选择职业教育的行为能否产生影响,"关键是国家教育政策架构与个体教育选择之间能否在不同目标追求上达到一个目标契合点"。② 换言之,就是从学生发展的视角,尤其是职业教育潜在生源的视角出发制定相关教育政策,满足学生的发展需要。例如,运用政策改变职业院校传统的"生存取向",促进学生在职业教育内部、职业教育与普通教育中的向上流动,使职校学生在社会阶层上的向上流动成为可能。所以,政策与学生发展的目标相契合才能激发学生选择职业教育的意愿,改变职业教育在人们心中的传统形象,促进普职教育的衔接。其次,政策自身要从倡导走向落地,在不断具体化中提升政策执行过程中的可操作性与有效性。过于宏观的政策如观念一般难以捉摸,加之各地理解的主体性偏差,降低了政策的效用,难以推动真正的变革,无法破除传统体制机制的藩篱。尤其是面对一些影响职业教育的就业制度、晋升制度、人才流动制度等因素,需要运用具体而强有力的政策去突破,营造全社会尊重劳动、尊重技术的社会氛围,形成民众接受并选择职业教育的社会大环境。

(二) 更新观念的制度激励

从社会分层的视角看,鄙薄职业教育的传统观念主要是职业教育缺乏阶层向上流动的推动力造成的。当前大环境下的职业教育"体现出一

---

① 徐泽民、熊文珍、赵茹春:《传统观念与职业教育发展滞后的关系——社会学视野与方法论的应用》,《南昌大学学报》(人文社会科学版) 2009 年第 6 期。

② 张继州、黄书光:《谁读职校——基于社会分层视角》,《全球教育展望》2015 年第 9 期。

种'生存教育',而不是'地位(获得)教育',职业教育的低阶层属性,甚至起到了'阶层固化'的作用",[1]当下职业教育"好就业、难招生"这一对矛盾的关系就充分体现了职业教育的这种属性。"好就业"并非能"就好业",职校毕业生的就业率年年逼近百分之百,但学生就业的岗位薪水大多较低,根据麦可思2017年发布的就业蓝皮书显示,2016届高职高专毕业生在毕业半年后的平均收入为3599元,远低于本科生4376元,甚至不足全国总体毕业生平均工资的3988元。[2]此外,职校学生就业大多进入了所谓的"次要劳动力市场"。根据劳动力市场理论,现代社会主要存在两种劳动力市场,"主要劳动力市场依靠技术和技能准入,次要劳动力市场不需要较多教育就可获得准入,进入次要劳动力市场的人往往无法再进入主要劳动力市场",[3]这样就直接封死了职校毕业生们职位晋升与社会阶层流动的通道,造成社会对职业教育的偏见。当然,职校毕业生的社会阶层并非固化而难以向上流动,只是缺乏相应的制度支撑与激励,现行的大多制度,如就业准入制度等间接贬低了职业教育的价值,封堵了阶层流动的通道。因而,鄙薄职业教育观念的形成除了职业教育自身质量不高之外,社会外部大环境尤其是关于职业教育与职教毕业生发展的社会制度不健全是其主要因素。

首当其冲的是,职业资格制度与就业准入制度的缺失贬低了职业教育的价值,消解了职教毕业生就业岗位的"专属性"。一般认为,职业是社会资源分配的主要依据,职业代表着一定的社会地位。但是职业资格制度与就业准入制度的缺失使职教毕业生面临着与没有受过技能教育的农民工竞争岗位的窘境,间接将职校毕业生置于社会底层位置,难以体现职业教育的"职业性",致使职业资格证书"含金量"大大降低,职业教育的不可替代性也逐渐消失,最终导致学生在选择教育路径时放弃职

---

[1] 张继州、黄书光:《谁读职校——基于社会分层视角》,《全球教育展望》2015年第9期。

[2] 麦可思:《2017中国大学生就业报告(就业蓝皮书)》,2017年6月14日,http://www.sohu.com/a/148922684_253609。

[3] 张瑶祥:《高职院校"好就业,难招生"现象分析——基于社会分层视角》,《教育研究》2013年第5期。

业教育。因此，从制度层面，健全职业资格制度和就业准入制度是消除社会上鄙薄职业教育观念的关键。职业资格制度与就业准入制度一起为职业教育的发展架起了桥梁，区分了有技能和无技能人员，提高了职业资格证书的"含金量"，也在一定程度上改变了"重学历，轻能力"的现象。

近几年，"工匠精神"成了一大热词，也带动了整个国家对"工匠精神"的推崇。"工匠精神"以其精益求精、敬业奉献、一丝不苟、敢于创新的精神品质赢得了社会各界的赞扬，被认为是我国从制造业大国转为制造业强国的关键所在。然而"工匠精神"火热的背后依然缺乏有效的制度支撑。有学者指出"我们不要用工匠精神的浪漫，掩饰工匠制度的缺失"，[①] 只有充分保障了工人的物质待遇与社会认可，才能让工人成为工匠、才能让工匠精神引领我国制造业转型发展。具体来说，建立工匠制度要在物质待遇与社会地位提升上给予激励，提高技术工人待遇，完善技术工人职称评定制度，推广专业技术职称（如一级工匠）、技能等级与大城市落户挂钩等做法，促进工匠的社会阶层流动。社会地位提高后的工匠角色自然能够从多方面吸引更多的年轻人选择职业教育，走上"成为工匠"之路。

三 加强职业启蒙教育宣传工作

作为普职教育衔接奠基期或起点期的职业启蒙教育，在转变学生职业教育观念过程中具有重要的基础性作用。要使职业启蒙教育在我国得以发展，引起人们的关注和重视是当务之急。现阶段，我国整体对职业启蒙教育的理念还不是很清晰，大多数人对小学生职业启蒙的理念缺乏认识，可能一时不能完全接受这个理念。因此，要加强职业启蒙教育宣传，营造开展职业启蒙教育的文化氛围。

（一）政策引领职业启蒙

2017年1月，国务院颁发了《国家教育事业发展"十三五"规划》，其中特别指出，"在义务教育阶段开展职业启蒙教育"。2017年12月，

[①] 阚雷：《别因工匠精神的浪漫，掩盖工匠制度的缺失》，《装饰》2016年第5期。

《国务院办公厅关于深化产教融合的若干意见》中指出："将工匠精神培育融入基础教育。将动手实践内容纳入中小学相关课程和学生综合素质评价，加强学校劳动教育，开展生产实践体验，支持学校聘请劳动模范和高技能人才兼职授课。组织开展'大国工匠进校园'活动。"2019年，国务院《国家职业教育改革实施方案》强调，"鼓励中等职业学校联合中小学开展劳动和职业启蒙教育"。目前在我国职业启蒙教育的目标、内容、方法都尚未确定的情况下，工匠精神的培育和劳动教育的养成为基础教育阶段学校教育的课程改革提供了参照，也为新时代的人才发展指明了方向。值得称赞的是，上海、北京、江苏、辽宁、湖南等很多省市已经紧跟国家步伐，出台了相关规划以推进职业启蒙教育。例如，江苏省教育厅在2019年3月出台了《关于加强中小学生职业体验教育的指导意见》，将"职业体验教育"作为推进中小学职业启蒙教育的重要路径。《指导意见》对职业体验教育的内涵、实施原则、主要任务和保障机制进行专门规定，尤其在主要任务中强调应"重点依托职业院校设计、建造一批师资充足、课程完备、体系健全、运营良好的中小学职业体验中心"；立足职业院校特色，精心设计符合中小学生兴趣的职业体验项目课程和活动；建立专兼职结合的职业体验师资队伍。纵观美国、日本、德国等发达国家职业启蒙教育的发展，都有不断深入的政策文件为职业启蒙发展指引方向，从明确提出在小学阶段开展职业启蒙，到具体层面小学职业启蒙教育开展的目标、方法等，这些政策性内容从无到有的不断深入，必将促进职业启蒙教育蒸蒸日上。随着我国对其理论研究和实践探索的逐步深入，希望能有更多的政策文件为职业启蒙教育的开展保驾护航，例如教育部可以颁布《职业启蒙教育促进办法》，各地方教育部门根据地方特点制定《职业启蒙教育实施条例》等文件。只有在专门政策的引领下，职业启蒙教育才能逐步推进，进而绽放光彩。

（二）媒体倡导职业平等

新观念的引入，难免会使人们产生怀疑、抗拒的心理，因此，发展职业启蒙教育，首要的是破除人们所信奉的传统观念，即改变"学而优则仕"和"万般皆下品，惟有读书高"的传统认识。基础教育长期以来侧重学科知识的传授，忽视职业认同和其他能力的培养，学生不了解自己、不知如何选择大学和专业、对未来就业方向感到迷惘。面对这种形势，今天的教育不能将学生当作知识"容器"，而是要提供有利于其在未来进行创造知识和解决问题的能力；学生也要正确认识职业的划分，尊重社会各种职业。习近平同志曾经说过："人生本平等，职业无贵贱。"基于此，新闻媒体、广播电台要做的就是积极倡导职业平等，媒体对各种职业的评价或许会影响尚缺乏判断力的中小学生的职业观念。公务员和蓝领技术工人，他们都是社会的一分子，不能因为工作环境或者工资多少的差异而被认为有高低贵贱之分。职业的性别角色也应该被同等对待，不能给小孩灌输"男生要做科学家、女生要做教师"这种带有性别偏见的话语。职业不过是个体对自身价值的外在表现，是每个人的自由选择，每种职业都能为社会的发展贡献出自己的力量，职业理应是平行平等的。基于此，要积极倡导职业启蒙理念，宣传社会职业平等，让社会各界接受和传递健康的职业价值观。教育部门也可以通过各种媒体，开展对职业启蒙教育的积极宣传，让人们认识到职业启蒙的重要性，同时探索开展职业启蒙教育的实施途径。

（三）普及职业启蒙读物

市场上已经出版关于职业启蒙教育的课外书籍，其中适合中小学生阅读的有《职业启蒙教育丛书：职业是什么》，以图文并茂的方式诠释职业中的哲学问题和生活哲理，形式活泼轻松，可读性强。还有《小学生职业启蒙课程教育读本》，包括《形形色色的职业》《工作进行时》《打开职业成功的金钥匙》《职业的变迁》《小小职业梦想家》五个分册是按"职业认识""职业体验""职业素质""职业发展"和"职业梦想"由浅入深的认知规律而设计。学校或家长可以为孩子订购这类书籍，扩大孩子的阅读量。另外，还可以组织有关职业启蒙教育专家积极开发更多职业启蒙书籍或职业启蒙影视作品。在编写职业启蒙书籍方面，采用图文并茂的形式，将中小学的学科课程与社会职业相联系，增强学生对学校学习与未来职业生活之间的关系认知。例如，本书作者编著的《职业启蒙教育学》在职业启蒙教育的实施路径中，重点讨论了中小学各科课程渗透职业启蒙教育的可能性基础与可行性路径,[①] 为中小学教师基于学科教学的视角,开展职业启蒙教育渗透提供启示。在为中小学生设计的影视剧作品中,可以多一些职业角色扮演类的人物,包含公众典型职业和社会新型职业。这些色彩丰富、角色鲜明的作品能够吸引学生们的注意力,是促进学生职业认知的良好途径,也是学生得以发现自己兴趣爱好的途径之一。

第二节 校际合作,激发衔接的持续动力

衔接开展的落实离不开校际合作的支撑,校际合作作为普职教育衔接的主要实践模式,不仅为实践的开展提供了有形的依托,更为二者的衔接提供了强大的动力支撑。谈到校际合作,多数人首先想到的是同一层级或同一类型学校主体内部之间的合作,但同一层级、同一类型学校间具有过多的同质性,因而在合作的过程中不可避免会产生一些摩擦与利益冲突,进而削减合作效益,最终导致合作异化为"假合作"。从组织的视角看,"竞争与合作是人类进步的两大动力,也是组织发展的价值导向和运行机制"。[②] 竞争是指不同个体或群体为了生存和发展而对资源的争夺,具有强烈的优胜劣汰的属性;而合作是组织产生和发展的重要基础,只有竞争的组织迟早会走向解体。因此,从竞争走向合作是学校组织发展的必然趋势。

当然,合作需要一定的基础,不当的合作只会造成合作主体间更大的竞争。当下同质化日益严重的中小学之间存在的"假合作"现象就是如此,不当的合作只会导致主体间"对学校目标的偏离、组织结构的异化、组织文化的缺失和学校竞争的失范等负面效应",[③] 难以激发各自的改革动力。因而,只有当合作双方或多方之间在教学内容、教学方式、

[①] 陈鹏等:《职业启蒙教育学》,知识产权出版社2019年版。

[②] 孟繁华、田汉族:《走向合作:现代学校组织的发展趋势》,《教育研究》2007年第12期。

[③] 孟繁华、田汉族:《走向合作:现代学校组织的发展趋势》,《教育研究》2007年第12期。

管理与文化等方面存在不同程度的差异时,才能激发这些差异成为一种重要的合作资源,最终形成一种"差异合作"机制,[①] 进而校际之间、不同组织之间的合作才能真正成为相互之间的共同追求。而本研究中普通教育与职业教育之间正存在这种"差异合作"的需求。二者不同的教学理念、教学内容与方法形成了二者之间的"异质性",这种"异质性"恰恰可以成为合作的基础,因为"内部的差异通过产生新的观点,通过促进不平衡和适应,能够扩大一个机构选择的范围"。[②] 所以,相比同一层级、同一类型之间学校的合作,处于不同层级与类型的普通教育与职业教育之间的合作更能满足二者之间的共同需求,以需求为推动力,对于二者衔接的开展更为必要与有效。

一 校际合作的不同机制与实现形式

对合作主体来讲,保持自身的特色是合作开展的基础。依据由特色形成的差异和差异带来的需求,可以将合作机制分为三种:联动机制、互补机制与协同机制。联动机制是指合作一方首先开始一些合作探索,将一些成功的经验、模式分享给其他合作伙伴,形成"星星之火,可以燎原"的联动机制;互补机制,顾名思义就是合作双方根据自身的特色与相互之间的差异形成不同的需求,从合作中满足自身的需求,形成差异互补,在校际合作中多指资源互补;协同机制即为合作双方或多方对于合作的共同愿景、主要目的或一些重大事项,展开全方位、多层次的合作,形成系统之间的协同,产生部分之和大于整体的协同效果。对于普通教育与职业教育衔接中的初中和中职、高中和高职的合作来讲,双方不同的教育类型与层次在理论上证明了"以点带面"联动机制的不适用,所以,初中与中职教育、普通高中与高职教育之间的校际合作应主要从互补机制中的教育资源共享与协同机制中的生源共同培育这两种形式中展开。

[①] 闻待:《校际合作共同体的典型实践及特征》,《教育发展研究》2008年第24期。
[②] [加]迈克尔·富兰:《变革的力量——深度变革》,中央教育科学研究所、加拿大多伦多国际学院译,教育科学出版社2004年版,第47页。

（一）实施互补机制的教育资源共享

探究普职教育之间教育资源共享的具体策略，首先需要厘清资源共享的内涵。理解资源共享，需将"资源"与"共享"拆分开来，资源主要指一切可以通过开发为人类所用的物质的、社会的、经济的、文化的要素，包括物质资源、人力资源、文化资源等。共享作为一种社会现象，表征的是各主体之间的关系。"他们关注有价值的共有资源，相互之间协调合作，形成或松或紧的组织架构，在此基础上形成资源的重新分配"，[①]这种共享的特点是"分担协作的，所有成员共同参与的；主体之间相互融合、目标一致且同舟共济的"。[②] 将共享放在教育资源中，教育资源共享即为教育资源的最优化配置，发挥现有教育资源的最大效用。因而教育资源共享不是简单的资源对等交换，而是促进资源在共享过程中的"增值性"，通过优势互补，促进资源在原来的主体中的不断提质增效。

那么在教育中究竟哪些资源可以用来共享呢？理解教育资源的维度与视角不同，对教育资源的分类也不尽相同，但教育资源作为在教育过程中发挥一定教育价值的资源的本质内涵不会发生改变。一般认为，教育资源包括物质资源（如教育设备、实训基地等）、人力资源（如教师与学生等）、课程资源、信息资源、精神文化资源以及管理制度资源等。而对于普职教育之间的校际合作而言，物质资源、人力资源、课程资源与精神文化资源的共享需要更为迫切，因为从资源共享的互补机制来看，这些资源是二者的核心与特色资源，也是"差异性"资源，具有强大的"差异互补"需求。所以，普职教育的资源共享主要从物质资源共享、人力资源共享、课程资源共享以及精神文化资源共享几个方面展开。

物质资源方面，主要表现为职业院校为初中或普通高中提供一系列的硬件设备以及实训基地。以普通高中与高职院校的校际合作为例。长期以来，普通高中通用技术教育难以落地很大程度上是课程实施所需配套设施的匮乏所致，普通高中学校难以为学生提供一些价格昂贵且专业

---

① 冯云廷：《地区性共享机制研究》，《天津社会科学》2006年第3期。
② 肖龙、陈鹏：《我国普通高中与高职教育接续的困厄与出路》，《教育与职业》2016年第5期。

性强的实验器材与实训基地，因而造成通用技术课程理论与实践上的"两张皮"。基于此，普通高中应主动与高职院校合作，获取高职院校的一些硬件资源。例如在通用技术课程《技术与设计1》的第四单元"控制与设计"中可以借助高职院校的机电设备与实验室，让学生直观地感受控制电路与集成电路的工作方式。

人力资源方面，同样体现在职业院校为普通初、高中实施劳动技术、通用技术等职业教育倾向的课程甚至小学的综合实践活动提供一定的"双师型"教师。这些教师可以来自企业一线，也可以来自职业院校。将理论与实践融为一体的职校"双师型"教师可以为普通中小学的教学带来新的活力。此外，职业院校也可以为普通中小学开展教师培训，提高普通中小学技术教师的实践能力。

课程资源共享与上述两种资源共享略有不同，主要体现在两个方面。其一，从最基础的互补机制看，初中、普通高中可以为职业院校提供一些中学基础知识的课程支撑，为进入职业院校的学生开展补习课程，解决学生学术知识薄弱的问题；其二，从"增值性"的互补机制看，主要体现为课程共建。这要求资源共享双方具有"平台思维"。平台思维源自互联网思维，平台是一种开放、共享、共赢的平台。"平台的精髓在于构建一个多元主体互利互赢的生态圈。"[1] 普通教育与职业教育在课程目标与内容上存在的断层要求二者基于平台思维利用在线资源的灵活性和多样性重构中小学课程与职业教育课程，这种重构不仅仅是在内容上进行平面化的调整，而是基于学习者学习水平，以学习需求和多元发展为宗旨的立体化重构。例如，根据学生水平，可为学生选择浅层次学习、深度学习或混合式学习的课程资源，浅层次的学习资源可以是一些视频资料，深度学习可以是实训场所的模拟环境，而混合式学习则是线上线下相结合的课程与教学资源。利用这些立体化的专业课程资源可以循序渐进地解决中学毕业生进入职业院校后对课程知识与教学方式产生的"水土不服"。

在精神文化资源的共享方面，集中表现为职业院校中的一些优秀精

---

[1] 孔原：《基于互联网思维的产教融合模式创新与实践》，《职教论坛》2015年第8期。

神文化如"精益求精、敬业奉献、一丝不苟、敢于创新"的工匠精神以及"职业情怀、经世致用、开放合作"的职业文化等在普通中小学校园中的渗透。通过设计一些校园文化景观，开设一些校园文化活动在校园中营造一种正确且高尚的职业文化，改变普通中小学中强势的学术文化对职业文化的侵占与挤压，促进两种文化的融合。

（二）推动协同机制的生源共同培育

互补机制的教育资源共享为校际合作的开展奠定了基础，双方的基本需求得到满足后会寻求更深层次、更系统的合作，因而推动普职院校协同合作是普职教育衔接的必然趋势。二者的合作是衔接所需，衔接的主要目的是为职业教育提供大批优质生源，换言之，即为促进职教生源的有效供给。传统的职教生源供给大多处于无效状态，因为供给的生源多为升学考试失败被迫进入职业院校的学生，无论是从主观意愿上还是从客观的职业技能基础上都无法满足职业院校的需求，生源选拔与培育的失效共同构成了生源供给的失效。当下，为职业教育选拔人才的分类考试改革已经提上日程，因下文将进一步探讨，在此不再赘言。因此，生源培育成为普职院校合作的核心关注点。生源培育主要分为生源的早期识别与生源的早期培养两部分，这两部分都需要普职院校双方协同合作，从生源的早期识别到生源的早期培养形成连续的人才培养链，并将此视为高技能人才培养的新起点。

协同机制下的生源培育首先要做好生源的早期识别。职业教育所需的优质生源与传统意义上的"高才生""优秀生"不同，考试成绩并不能衡量一个学生是否适合某种教育，因而职业院校选拔优质生源应主动避开与重点高中、大学在成绩上的直接竞争，更为关注学生的综合素质与发展潜能。根据美国学者戴尔·帕内尔的"被忽视的大多数"理论，普通高中班级中存在着大量的具有职业潜能的学生，但这些学生却遭到了学校与教师的忽视。"被忽视的大多数"指学习成绩处于班级中间二分之一的学生，他们不是教师眼中的"尖子生"，也难以成为高水平大学的潜在生源，所以高职院校应该主动关注这部分学生，发掘其中适合职业教育的潜在生源。同样，在初中学校中也存在这种类似的"被忽视的大多数"，因此，中职学校也应该着力关注这部分学生。中学阶段是学生个性形成、自主发展的关键时期,也是学生多样化发展的初始阶段,关注学生的多元化需求与不同的发展潜能是中学阶段的重要任务。基于这些理论,职业院校生源早期识别需要与初中、普通高中展开深度合作,打开学生发展的"黑箱",通过对学生的研究,识别并发掘大批潜在的生源。具体来说,首先职业院校的招生团队应该提前进驻中学,将"认识学生"作为其工作的第一步,深入学生学习与生活第一线,主动关注"被忽视的大多数"群体,初步了解学生的发展状况,形成学生发展潜能的分析报告。其次,中学校应该鼎力合作,引导学生树立对职业教育的正确认知,并跟踪记录学生的综合素质发展情况,形成学生发展的综合素质档案。档案不应仅是对学生"获奖""违纪"的简单描述,而应该是对学生发展的过程性记录,并在学年末对学生的学习、生活情况展开综合分析,形成学生发展报告。最后,职业院校根据自身的调查报告与普通高中的综合素质档案,对"被忽视的大多数"群体展开综合评价,并结合"职业性向测试"识别出符合学生发展需求与学校发展定位的潜在生源群体。

有了潜在生源群体,生源培育就有了努力方向。面对在中学阶段被忽视的潜在生源,职业院校与普通初高中首先需要给予他们更多的期望和关注。社会学中的期望效应认为,期望与关注可以促进学生学习与发展的动力。增加对"被忽视的大多数"的期望与关注,通过生源培养者的关注行为影响学生的自我概念、行为动机和愿望水平,使这部分学生形成对职业教育的正确认知。其次,普职院校要明确自身在生源早期培育过程中的职责与定位。初中与高中、普通高中与高等院校在生源方面经历的控制、选拔等传统机械的关系必须走向协同机制下生源培育的共生关系,这种"共生性关系形态将为大学和高中的改革发展创造极大的空间和可能性"[1]。因此,"普通高中要改变为高考准备、单纯为高等教育输送生源的定位;高职教育要改变差生集中和单纯培养技能熟练的单一化人才的定位"[2]。同样,初中也要改变为中考准备、单纯为普通高中输

---

[1] 谢维和:《共生:并非理想化的假设》,《中国教育报》2013年4月15日第5版。
[2] 肖龙、陈鹏:《我国普通高中与高职教育接续的困厄与出路》,《教育与职业》2016年第5期。

送生源的定位，中职教育也要改变差生集中和单纯培养低技能人才的定位。变传统的选拔型关系为共生型关系，在合作中重塑各自在教育中的定位，明确各自的职责，避免因职责混乱、定位模糊引起的功能叠加冲突而造成的教育资源浪费。

具体来说，第一，初高中在生源培育中是主要的着力点，需要积极助力职业教育，开启学生的技能潜质。面对潜在的生源群体，普通高中应以通用技术教育为体，初中应以综合实践活动为体，展开多元技能初训，以普通学术课程为翼，渗透职业启蒙。高中在通用技术课上主动借助高职院校的资源，开足开好每一节课，增加动手实践在课堂中的比重，采用直观式、情境式的学习方式，加深学生对技术技能的认知，培养学生初步的职业技能。在普通学术课程中，可以在语文、历史等学科中主动渗透职业教育思想，包括职业道德、职业审美等，让学生在优美的文字、真实的历史中感受职业之美。第二，职业院校在生源培育中是重要的引领者，需要主动出击，吸引潜在的生源。在课程与教学方面，职业院校可以为中学提供课程资源、师资力量以及实训设备。在普通中学里开设诸如"中西面点制作""影视剪辑""电子产品的安装与调试"等兴趣类课程激发学生的职业兴趣，培养学生的技能基础。此外，职业院校在生源培育中最重要的角色是学生的"生涯发展咨询顾问"，这需要职业院校密切关注潜在生源群体，及时准确地记录学生的发展变化，为每个学生制订不同的发展规划，包括进入职校后的专业选择、未来的职业选择等。第三，职业院校生源早期培育的主要阵地在中学，并不意味着生源培育在升学考试后就戛然而止，生源早期培育应该从中学一直持续到学生在职业院校学习生活的第一学年。在学生进入职业院校后，为生源中不同潜质和素质禀赋的学生设计不同的培养方案，使在中学的生源培养与职业院校的人才培养形成有效对接，成为有机整体，从而促使人才的综合职业素养能够在前后连续中不断深化，进而推动普职教育在内涵发展上的接续。

二 校际合作的动力来源与分析模型

所有的教育改革，包括本研究中的普通基础教育与职业教育的跨界衔接都是一个"总体性社会事件",[①] 因而教育改革在实践中远没有理论构想这么简单。毋庸置疑,教育改革的最终目标是为了促进作为教育主体的人的发展,这也为教育改革提供了正当性的基础。但仅有道德正当性,或者说教育改革仅拥有正确的教育思想、教育理念仍难以推动改革的深入,改革开放以来的无数次教育改革正说明了此番道理。教育改革"总体性"的特征,导致这一现象产生的原因错综复杂,"但其中最深刻、最'顽固'的一个原因,显然在于'利益'的制约",由于改革的推进难免会触碰原有利益集团或利益群体的权力空间与资源占有,所以多数人对于教育改革的态度"并不是理念的坚守,而是对利益的权衡"。[②] 缺乏对利益相关者以合理的利益回报,就无法给予教育改革以"合法性"。本研究中的跨越两种不同层次与类型的普通中小学与职业教育的衔接改革,更是处于改革的"深度复杂区",在其改革实践的推进中,普通中小学与高职院校的合作动力正是二者对于衔接改革的利益权衡。所以,为了明晰二者改革的驱动力,必须深入分析普通中小学与职业院校衔接合作中的利益博弈问题。

起源于"人力资本理论"在人口迁移中的应用,"成本收益"理论及其分析方法在经济学领域得到广泛运用,其基本假设是追求经济效益的最大化。近些年,在职业教育领域关于校企合作以及企业参与学徒培训的相关研究中大量使用了"成本—收益"理论或分析方法,阐明了校企合作中的利益博弈问题,也为本研究提供了借鉴。本部分内容正是借助"成本—收益"理论在企业参与培训研究中的经验,从中观的视角以普通高中与高职教育的衔接为例,分析普职教育之间在衔接合作中的成本支出与利益回报,以期厘清二者之间的利益博弈关系,制定相关策略,为二者衔接增添动力。

(一)普通高中与高职院校合作的成本构成分析

基于"成本—收益"模型,首先要明确成本构成与收益构成。成本

[①] 吴康宁:《中国教育改革为什么会这么难》,《华东师范大学学报》(教育科学版)2010年第4期。

[②] 吴康宁:《中国教育改革为什么会这么难》,《华东师范大学学报》(教育科学版)2010年第4期。

构成主要是合作中所需的人力资源成本、物力资源成本以及其他相关成本。落实到普通高中与高职教育衔接合作中,普通高中在衔接合作中所需支付的成本主要包括教师和管理人员等人力成本,学校校园、教室以及相关设备等物力成本,学校为教师支付的工资、开发课程耗费的资金、管理费用等其他相关成本。首先,教师成本是指在与高职教育合作中,尤其是协同培养生源方面,普通高中教师需要承担大部分的培育工作。工作内容不仅包括为学生传授职业知识,还包括相关课程的开发以及教学方式的创新。在课程开发中,普通高中教师需要付出大量的脑力与体力劳动,同时在课程实施中需要普通高中教师创新教学方法,如"渗透融合"以及情境学习法等。无论是担任教学工作还是课程开发工作对教师来说都是一项艰巨任务,在此过程中需要耗费大量的时间成本、脑力劳动以及无法丈量的"情绪劳动",[①] 这一切对于普通高中来说都是不小的成本。其次,学校校园、教室以及相关设备等物力成本相对比较容易理解,主要指普通高中在参与高职生源培育的过程中需要为生源培育提供相应的教学场所、实践场所,包括日常学习的教室、动手实践的实验室以及实验时所用的相关设备等,这些场所与设备的损耗构成了普通高中参与生源培育的物力成本。最后,其他成本主要指可以换算成金钱的相关成本,如教师和管理人员的工资、课程开发过程中的相关费用以及书本印刷中所需的费用等。

　　高职院校在与普通高中合作中参与生源培育的成本构成与普通高中类似,主要包括学校教师和相关招生人员、培训人员的人力成本、为普通高中学生提供实践学习的相关物质资源成本以及其他琐碎的成本等。具体来看,在人力成本上,不仅包括高职为普通高中实施职业课程提供的教师,还包括高职院校为普通高中培训"双师型"教师的教师培训人员,以及提前进驻普通高中的招生研究人员。高职为高中提供的兼职教师不仅需要承担日常教学工作,还需与普通高中教师一起参与课程开发,且在课程开发中处于主导地位,以此为课程开发提供相关理念与资源支

---

① 尹弘飚:《教育实证研究的一般路径:以教师情绪劳动研究为例》,《华东师范大学学报》(教育科学版)2017 年第 3 期。

撑。此外，高职院校还需抽调一部分专家型教师为普通高中教师开展培训，提升普通高中教师的实践能力与教学水平，这些共同构成了高职院校所需承担的人力成本。在物力成本中，高职院校需要为普通高中提供大量的包括实验设备等在内的物质资源，高职院校自身的实验室、实训基地等平台都要对普通高中的学生开放，对这些昂贵的设备造成的损耗构成了高职院校的物力成本。其他成本主要包括教师工资、专家培训费、课程开发费和设备维修费等琐碎的日常开支。

(二) 普通高中与高职院校合作的收益分析

利用"成本—收益"模型分析普通高中与高职教育的衔接合作，需要更加关注合作过程中产生的"收益"。与企业参与学徒培训不同，二者在合作过程中产生的大多为"长期性收益"。普通高中与高职院校作为两种教育衔接的主要执行者，二者的合作涉及众多方面，如前文所述，形成了"总体性事件"与"深度复杂"。所以，二者合作培养生源的过程中形成的收益难以清晰地量化。普通高中在衔接合作中的主要收益包括短期内学生的升学率大幅提高，长期内学校的特色化、多样化发展得到提升等。

具体而言，普通高中参与高职生源培养，主要是为高职提供大批优质生源，从表面上看普通高中并未获得大于成本的显性收益，但在这个过程中普通高中也获得了一些难以量化的隐性收益。第一，生源培育关注的是普通高中班级中"被忽视的大多数"，这批学生长期遭到教师的忽视，在学习上缺乏自信。但通过生源培育项目，他们中的多数学生可以成为高职院校的潜在生源从而得到高职院校招生工作人员以及生源培育教师的期望与关注，激发他们的自我认知以及自我效能感，最终在招生考试中表现优异，提高了学校的升学率，这一点在美国的"技术准备计划"中具有明显的体现。第二，在与高职的衔接合作中，促进了普通高中相关教师的专业发展。普通高中通用技术教师的专业技能得到飞速的提升，得益于高职院校"双师型"教师的帮扶以及高职院校对他们的培训。而师资水平与师资力量的提升会形成正向作用，通过提升课堂教学或实践教学的质量进而促进学校整体教学质量的提升。第三，从长远上看，普通高中与高职教育合作，在依托高职教育强大的师资力量、丰富的教学资源与实训设备的基础上,可以形成自身独特的办学特色。《国家中长期教育发展与改革规划纲要(2010—2020年)》明确提出要促进高中特色化发展。目前普通高中同质化的倾向束缚了高中的多元化发展,而通过与高职院校合作普通高中会在特色化办学上形成突破,在未来的教育竞争中将会抢占先机。

从"成本—收益"的视角分析,在与普通高中衔接合作中高职院校是最大受益者。首先,高职院校解决了其发展的最大瓶颈——生源危机。近些年不断加剧的生源危机,从数量上与质量上阻碍了高职院校的发展,常年的生源数量不足致使许多高职院校面临"关门"的风险,而为解决数量问题造成的生源质量低下则将高职教育牢牢压制在普通高等教育之下,致使高职教育成为名副其实的"差生教育"。高职院校在与普通高中的衔接合作中,通过生源的早期培养,可以为自身提供一批学术基础良好,且具有职业兴趣或职业技能基础的优质生源,改变过去通过高考竞争"淘汰"而产生的不愿意且不适合的无效生源供给。因而,生源的有效供给是高职院校与普通高中衔接合作中最为直接的收益。其次,衔接合作可以有效提高高职人才培养质量。质量是教育发展的生命线,教育质量的提升虽需依靠诸如课程与教学、内部治理的变革,但生源质量的影响同样不容小觑,因为生源质量的高低很大程度上决定了教育质量的高低。高职院校在与普通高中衔接合作过程中得到了大批优质生源,为自身质量提升注入了新鲜的血液与强大的推动力。最后,从长期上看,普通高中与高职教育衔接可以改变高等职业教育的传统形象。民众对高职教育的认知多为"差生教育",而通过与普通高中合作,进入高职院校的生源质量得到大幅提升,"差生教育"的标签将会自然消逝。此外,高职院校质量的提升是提升高职教育形象的重要推动力,高质量的高职教育可为社会提供大批高技能劳动力,充分发挥高职教育对社会经济发展的促进作用,成为经济转型发展中不可或缺的重要组成部分,从而提升高职教育的社会地位与形象。

通过上述分析,普通高中与高职教育衔接合作形成了可观的"收益",与付出成本的物质化与可衡量化不同,二者合作获得的"收益"大多为无法用数据衡量的长期收益,而这些长期收益正是当下教育改革所追求的。其中高职教育是二者衔接合作中的最大受益者，普通高中的"收益"相对较为隐性，因此除"成本—收益"比率的推动之外，促使普通高中积极参与衔接合作还需激发普通高中的教育责任，换言之，即为从学生发展的视角审视与高职院校的衔接合作。普通高中与高职教育衔接可以激发学生的潜能、促进学生多样化的发展，引导学生充分发挥自身的特长，形成巨大的教育力量。从教育责任的视角看，这种力量也是推动二者校际合作的重要推动力。因此，通过本节内容的分析，阐明了普通高中与高职教育衔接的"道德正当性"与"社会合法性"，[①] 进而为二者的衔接产生强大而持久的推动力。这种"成本—收益"分析的视角同样适用于初中乃至小学与职业学校的合作。不同的是，在初中与职业学校的合作中，职业学校是最大受益者，因为后者获得了较为优质的生源；而在小学与职业学校的合作中，由于不存在直接过渡到职业学校的升学问题，小学当数合作的最大受益者，因为此行为盘活了小学的综合实践活动、劳动技术等实践课程的开展。

第三节　课程衔接，推动衔接的核心载体

毋庸置疑，在教育体系中，课程一直是赋予不同教育间衔接的关键环节，简言之，教育衔接只有通过课程衔接才能真正实现。课程作为教育中的核心载体，涉及教育中的众多要素与环节。教育功能的实现往往需要依托一定的"结构物"或"载体"，而将知识、技能与价值观等融汇其中并按照一定方式由教师传递给学生的课程就是这样一种"结构物"，因此说教育是一种课程功能。[②] 课程在教育中的重要地位直接决定了教育衔接的核心施力点，普通基础教育与职业教育二者之间存在的"异质排斥"唯有通过课程"软性"的渗透才能得到消解，因此就要明晰普通基础教育与职业教育课程的差异，立足学生发展的视角，探讨适宜的课程

[①] 吴康宁：《教育改革成功的基础》，《教育研究》2012 年第 1 期。
[②] 马健生、李洋：《为每个学生提供合适的教育：何以不可能或可能——基于课程的教育功能的分析》，《北京师范大学学报》（社会科学版）2016 年第 6 期。

衔接理念与具体策略。

一 普通与职业：课程衔接的边界与起点

不同于中高职的同类型衔接，也不同于高中阶段普职融通的同层次沟通，普职教育衔接是跨越两种不同教育类型与层次的跨界衔接，二者之间差异带来的"异质排斥"成为阻滞二者课程衔接的主要障碍。因此，从教育差异出发探究二者课程的差异是推进课程衔接的第一步。

（一）从普通到职业：类型位移与层次升级

学生从普通教育升入职业教育，教育中的哪些性质发生改变导致学生难以适应新的教育？换言之，普职教育间哪些性质的反差阻滞了衔接的开展？这需要对二者的性质进行分析。如何全面准确把握教育的性质，可以运用我国古代认识论中"循名责实"的方法，从二者的名称入手。

首先，普通教育。从名称上看，普通教育是"普通"的"教育"，是一种普通类型的教育，有别于专业教育。就基础教育阶段而言，普通教育可谓是普通的基础教育，是以传授基础知识为主要任务的普通教育。以普通高中教育为例，其中的"普通"一词完整而准确地再现了普通高中教育的类型性质，使得普通高中教育能够与其他类型的职业教育得以区分。从内涵上看，"普通教育"是指"注重共同知识基础，致力于为公民成长打下良好基础"[1]的共同基础教育；"高中"表征的是普通高中教育在教育层次上的特征，高中阶段教育属于中等教育的高级阶段或基础教育的最后阶段，高中阶段教育向下连接着九年义务教育，向上承接着高等教育与就业。但是，高中阶段又分为普通高中教育和中等职业教育两种类型，其属于同一层次不同类型的两种教育，其中普通高中教育具有明显的"基础性"，因为把普通高中教育归为基础教育，是为了"强调它是人的一种基本学习需要，需要为学生今后的学习和生活打下坚实的基础"[2]。此外，随着我国高等教育大众化的不断深入，新时期普通高中教育的"预备性"也越发突出，体现了教育发展阶段性与连续性的统一，

---

[1] 石中英：《关于现阶段普通高中教育性质的再认识》，《教育研究》2014年第10期。
[2] 申继亮：《关于我国普通高中教育发展的思考》，《教育发展研究》2010年第6期。

符合学生的身心发展需求;"教育"是普通高中教育这个词组中最重要的部分,也是为词组定性的部分。普通高中教育的一切活动都应具有"教育性",主要体现在关注教育的主体——学生,以学生为中心,以促进学生自由全面发展为最终旨归。

其次,职业教育。不同于普通教育,职业教育是另一种类型的教育,指向技术技能型人才的培养。就当前的形势而言,职业教育又分为中等职业教育和高等职业教育两个层次,其中中等职业教育是相异于同一层次的普通高中而言的职业教育;高等职业教育则是相异于同一层次的普通高等教育而言的职业教育。以高等职业教育为例,其是由"职业""高等""教育"三部分组成。具体而言,"职业"是高等职业教育的立身属性,是与中等职业教育共用的一个类型属性。高等职业教育不是"狭隘的'技术性'教育,而是面向职业人的'职业性'教育",[①] 职业性既是高等职业教育区别于普通高等教育的类型属性,也是其区别于技能培训的根本属性。职业性注重对学生职业技能、职业审美、职业道德等综合职业素养的培养,为学生就业、人格健全与个性发展做准备,体现了"生存性"与"发展性"的统一;"高等"是指高等职业教育是高等教育的一种类型,具有"高等性",即和普通高等教育属于同一个层次,但高等职业教育与普通高等教育又是不同类型的教育,其"高等性"主要体现在培养人才的规格上,这些人才"不仅具有一定的理论基础——这是高等教育对学生的职业生涯负责所必需的,更需要一定的技术、技能——这是作为一线职业人员所必需的";[②] "教育"所体现的"教育性"也是高等职业教育的最终归宿与落脚点。高等职业教育并不会因为其"职业性"而遮蔽了促进学生自由而全面发展的"教育性",造成本末倒置。正如洪堡所说,一个全面发展的人不只是"一台在某个狭窄领域精准工作的机器,而是一件'艺术品'"。[③] 职业教育的"教育性"主要体

[①] 陈鹏、庞学光:《论职业教育的工具性僭越与人本性追求》,《江苏高教》2012年第6期。

[②] 张新民:《试论高等职业教育及其本质》,《教育与职业》2008年第2期。

[③] 转引自靳希平、吴增定《十九世纪德国非主流哲学——现象学史前史札记》,北京大学出版社2004年版,第22—24页。

现为"培养具有真善美统一的完满职业人格的职业人,即完满的职业人"。①

对于初中教育与中等职业教育我们同样也可以运用"循名责实"的方法来分析二者的性质。与上述分析相类似,初中教育可以拆分为"初级""中等""教育"三个词语,当然由于初中教育属于"普通教育"和"基础教育",所以也可以以"普通"和"基础"来修饰。因此,初中教育具有"基础性""普通性"以及"教育性",和普通高中教育具有相对一致的属性。中等职业教育则可以拆分为"中等""职业""教育"三词,其中,"中等"是其阶段性属性,是和普通高中教育同属一个阶段但是不同类型的教育,说明了中等职业教育属于高中教育阶段,但又相异于普通高中,同时它又是与初中教育阶段上下衔接的;而"职业"是其基本属性,是和高等职业教育共有但又不同于普通高中之"普通"性的特点;"教育"是其本质属性,在追求"职业性"的同时,还具有"育人性"的特点。

综上所述,从初中教育到中等职业教育、从普通高中教育到高等职业教育的过渡,既有类型上的转变,也有层次上的升级,包括从普通教育转变为职业教育,从基础教育上升为高等教育。从学生发展的阶段性上看,每个阶段具体的教育目的存在很大差异,如普通高中教育是培养学生的共同知识基础,为成长为公民做准备,而高等职业教育是为了培养一批理论与实践相结合的高素质技术技能型人才,以推动社会经济发展。但从学生发展的连续性上看,无论是初中、中职、普通高中抑或是高职教育都是促进学生健全人格,走向真善美的自由全面发展的教育。因而两种教育虽在层次与类型上存在不小的差异,也因此造成了课程之间的突变与难度的陡增;但立足人的发展,二者的课程之间依然存在着"教育"上的共性,课程衔接也需以此为突破口消解二者在层次与类型上的"异质排斥"。

---

① 陈鹏、庞学光:《培养完满的职业人——关于现代职业教育的理论构思》,《教育研究》2013年第1期。

(二) 课程各要素之间的差异与变化

从初中到中职、从普通高中到高职,教育间的变化不可避免地带来课程间的变化。类型上从普通教育到职业教育,层次上从义务教育阶段到非义务教育阶段、从高中教育到高等教育的转变直接导致了课程目标、课程内容以及课程实施的显著变化。

其一,课程目标的变化。囿于普通教育和职业教育在人才培养目标上的差异,普通教育与职业教育的课程目标必然不同。通常,普通基础教育重视培养学生的通用基础能力以及科学素养,是为了"人"的教育;而职业教育重视培养学生的各种专用技能,是为社会培养数以亿计的一线劳动者的教育,是为了"人力"的教育。不同的人才培养目标造就了不同的课程目标,因此,普通基础教育的课程目标定位多为"基础性",而职业教育的课程目标多为"成就性",主要指"准确描述在某部门中个体能够做什么,以展示学习活动结束后个体对任务的掌握情况"[1]。

其二,课程内容的变化。知识是教育中的关键要素,为教育的存在提供基础和载体,而知识与教育的关系最终体现在课程中。知识观是我们开展教育工作的前提和进行知识教学的基础,"教什么知识"成为普通教育和职业教育共同面临的重要问题。例如,普通高中作为基础教育的最后阶段,仍以基础知识作为课程的主要内容。在普通高中的学科课程中,所有的课程内容最终都指向有关自然、社会和人类思维最基本的知识。因此,基础知识是一个人适应生活、参加实践和进一步学习所必备的起点知识。同样,在科学研究中,"学科的建构过程交织着内在逻辑和外在逻辑两种力量——首先是遵从知识发展的内生演化逻辑,其次才形诸于外在的社会建构",[2] 因而基础知识必然成为其逻辑起点。基于"基础性"和"科学性"的普通教育,以学科分类为基础,形成了以学科知识为主要内容的课程体系。而职业教育以传授"工作知识"为主,工作知识就是一种"关于工作原理、工作过程、工作方法、工具材料和工作

---

[1] 徐国庆:《职业教育课程论》,华东师范大学出版社2015年版,第126页。
[2] 龚怡祖:《学科的内在建构路径与知识运行机制》,《教育研究》2013年第9期。

诀窍的知识，人们用它来表述工作过程中具有实践功能的知识"。① 切贝尔认为，工作知识是瞬间的和形成性的，同时也是跨学科的、情境化的，工作知识不是学科知识的简单拼凑，也不是学科知识的机械运用。因此，工作知识具有形成性、情境性和实践性。

其三，课程组织与实施的变化。普通基础教育课程多按照学科知识的逻辑来组织，实施过程中重视传统的讲授法；职业教育课程为培养学生的专业技能，在对工作过程与职业能力分析的基础上，多按照技能发展的逻辑进行组织，而在课程实施上重视动手操作与真实情境里的实习实训。不同的组织与实施方式要求学生具有不同的思维方式，从普通基础教育到职业教育，传统的机械背诵形成的刻板思维难以适应动手实践中的复杂情境，加之上述课程内容的突变，造成学生学习的不适应，以致学业成绩下降、缺乏兴趣和自信心，最终导致从初中到中职、从高中到高职教育的转换失败。

二　结构与要素：课程衔接的框架与体系

课程衔接的主要内容需从课程的结构要素出发。一般认为课程的主要结构要素包括课程目标、课程内容、课程实施三个相互联系的部分。因此，课程衔接也应做好课程目标、内容、实施的衔接，从整体上实现普职教育课程的有效衔接。

（一）课程目标衔接：培养完满的职业人

课程目标是指预期的学习结果，即期望学生学习某门课程后，在知识、技能、态度等方面达到的要求。课程目标为整个教学过程的开展奠定了基础和框架，为教师选择教学材料和设计教学过程提供了发挥才智的空间，为学生设定了努力的方向，以及通过清晰表达的课程目标保证了学习结果的一致性，同时保证了教学过程中的"公平"。课程目标是人才培养目标在教学实施过程中最为重要的"二级指标"，换言之，课程目标向上联系着整个教育的人才培养目标，向下关联着教学过程中每一课

---

① 徐国庆：《工作知识：职业教育课程内容开发的新视角》，《教育发展研究》2009年第11期。

时每一模块的教学目标,对于学生知识、技能和态度的发展起着核心指导作用。因而要促进普职教育的衔接,课程目标的"衔接"至关重要。不同发展阶段的课程目标会根据此阶段学生的身心发展水平、社会外部需求以及教育条件而产生变化。普通中学教育的课程目标强调学生基础能力、素质的培养,而职业教育课程目标由于受为社会培养一线技术技能人才的社会需求导向的影响,强调对学生做事情能力的培养。

虽然通常意义上认为普通教育是成"人"的教育,职业教育是成"人力"的教育,但随着当前产业发展的转型升级,社会经济发展对"人力"的要求逐渐提升,越来越关注"人力"的核心素养与"软实力",要求学生在成为"人力"之前必须要成为"人"。卢梭说过,在使爱弥儿成为一名军人、教士或行政官员之前,要先使他成为一个人。从大教育观看,无论是普通教育还是职业教育,都"不仅仅使人学会'做事'(to do),更重要的是使人学会'做人'(to be)"[①]。基于此,普职教育课程目标在相互冲突之中存在融合的可能,成"人"的课程目标成为二者课程目标衔接的逻辑起点。这要求普职教育共同关注学生的非正式能力、通识能力以及道德素养。

具体来看,无论是从职业教育制度体系的外在呼唤还是从教育价值的内在诉求出发,实现普职教育的衔接亟待教育本质的回归。首先,作为衔接主要着力点的初中和普通高中阶段是"学生人生观、价值观和职业观形成的重要时期,同时也面临着学术世界、职业世界和社会生活的选择,具有个人准定向和群体分化的特点,并集中体现为学生学习需求的多样性"。[②] 因此,普通中学的课程目标应体现多样性与选择性,为学生提供丰富多样的课程和实践活动,对学生进行个性化的职业辅导,促使教育回归学生的生活世界。其次,处于衔接另一端的职业教育理应持续存在于衔接的过程之中,走出单纯以一技之长为目的的人才培养惯性,正如杜威所言"如果仅仅按照各种工业和专业现在的做法,给予学生技

---

① [美]约翰·S. 布鲁贝克:《高等教育哲学》,王承绪、郑继伟等译,浙江教育出版社 2002 年版,第 81 页。

② 黄晓玲:《新时期我国高中阶段普职融通的理性审思》,《河北师范大学学报》(教育科学版) 2016 年第 1 期。

术上的准备，教育改造是不能成功的"，职业教育的成功在于"利用工业的各种因素使学校生活更有生气，更富于现实意义，与校外经验有更密切的联系"。① 因此，衔接过程中的职业教育课程的目标应是促进成"人"与成"人力"、就业教育与生活教育、一技之长与全面发展的有机统一，培养出社会所需的完满的职业人。

（二）课程内容衔接：知识、技能与素养的持续深化

从知识论的视角看，普职教育衔接所要培养的高技能人才需要哪几种技术技能知识？这些技术技能知识之间是何种关系？美国社会学家丹尼尔·贝尔（Daniel Bell）在他的概念图式中从历史发展的角度将社会分为前工业社会、工业社会与后工业社会，并据此引出在不同时期技术技能人才需要的知识结构。目前我们所处的后工业社会时期"智能化生产、个性化定制带来的对技术综合分析和运用能力的需求，形成了包含理论型技术知识、实体型技术知识、经验型技术知识、方法型技术知识的四维度知识结构"。② 从我们对课程内容的常规理解上分析，这四种知识分别对应课程内容里的知识、技能与素养，即理论型技术知识对应"知识"，实体型、经验型技术知识对应"技能"，方法型技术知识对应"素养"。

首先是知识的衔接，也就是理论型技术知识的衔接。该类知识是建立在科学知识基础上的情境化的知识，是科学知识运用于特定情境的知识。虽然在职业院校理论型技术知识逐渐学科化，但依然没有削弱其自身特有的实践性与缄默性，因而这类职业知识与基础教育基础性学科知识的衔接也存在着一定的阻隔。所以，简单地为学生提供一些"职业"相关的科普性知识以及"职业教育"相关的基础性知识就想实现与中高职教育知识的衔接显然是行不通的。初中与中职、普通高中与高职教育知识面临的不是两个阶段知识和内容的重复问题，而是如何突破两类知识差异，实现边界融合的问题。"在知识衔接的过程中，不是简单机械地将知识分割，而是要考虑知识的经验基础、建构过程与协同本质"，③ 普

---

① ［美］杜威：《民主主义与教育》，王承绪译，人民教育出版社2001年版，第334页。
② 李政：《职业教育现代学徒制的价值审视——基于技术技能人才知识结构变迁的分析》，《华东师范大学学报》（教育科学版）2017年第1期。
③ 钟启泉：《课程的逻辑》，华东师范大学出版社2008年版，第13页。

通中学在课堂中渗透简单的学科知识作为基础后,更为关键的是关注这些基础知识如何转化并建构为学生的个人知识,如何将知识形态的学科知识转化为实践形态的缄默知识。因此,只有普通中学渗透的学科性职业知识与职业院校的理论型技术知识之间围绕学生主体能动地联结与整合才能真正拉近两类知识的距离,简言之,只有不断地将这两类知识转化为学生的"个人知识"才能促进普职教育课程知识的衔接。从具体操作上看,需要初中、普通高中在渗透基础性知识的同时观照学生对知识的情境化理解与应用,培养学生成为知识应用方面"反映的实践者"。[1]

其次是技能的衔接,即经验型、实体型技术知识的衔接。普职教育的衔接是要保证高技能人才培养的连续性,因而技能在课程衔接内容上应占有一席之地。众所周知,职业教育是培养学生技术技能的教育,普通教育是培养学生知识的教育,而技能的形成不是一蹴而就的,是一个长期积累的过程,普通教育如初中和高中阶段技能培养的缺失阻断了高水平技能人才培养的连续性,所以技能教育亟须前置到普通基础教育。然而技能所对应的经验型技术知识具有"个性化、情感化、默会性、前科学性、系统集成性与情境性",[2] 实体型技术知识又多以机器等为载体,通过操作、控制或维修来实现知识的创造、累积和运用。所以,这两类知识对应的技能进入中学课程难免会出现适切性问题,普通中学的知识化、学问化的课程文化难以为技能生长提供适宜的土壤。但这并不意味着技能在普通中学课程中没有存在与发展的空间,三维目标理论中特别强调技能的重要性,虽然此技能与本研究探讨的技能存在差异,但广义上技能具备的核心本质却是相通的。经验型技术知识具有个体性,凝结了个人的特点与情感,实体型技术知识具有操作性,要求动手实践才能获得。从这两点出发,加之技能提升不是简单的线性上升,而是类似螺旋交替的提升过程,所以普通中学需要以基础技能或通用技能为基点构建个性化的实践活动课程,充分挖掘学生的个性化技能,使学生在"上

---

[1] [美] 唐纳德·A. 舍恩:《反映的实践者——专业工作者如何在行动中思考》,夏林清译,教育科学出版社2007年版,第2页。

[2] 李政:《职业教育现代学徒制的价值审视——基于技术技能人才知识结构变迁的分析》,《华东师范大学学报》(教育科学版) 2017 年第 1 期。

手"的过程中"认识自我",通过"做中学、学中做""创造中学,学中创造"感受"动手"的魅力。唯有以此为起点才能触及技能的核心本质,从而将普通中学的技能培养与职业教育的技能培养贯穿到一起,实现学生综合技能的持续深化,达成普职教育课程的衔接。

最后,素养的衔接,也可以说是方法型技术知识的衔接。之所以把这两者对应起来,是因为方法型技术知识体现了素养形成过程中的整体性、综合性、系统性以及内生性等特点。方法型技术知识在各类技术知识中主体性最为突出,也正因为如此,才使技术免受工具性的僭越。方法型技术知识的形成贯穿于技术活动的始终,发挥着主体在判断、决策与设计等方面的作用。它要求高技能人才具有"社会适应性、环境适应性、创新性"[1]等多种应对复杂情境的综合素质,据此可以发现方法型技术知识与我国当下热议的"核心素养"有异曲同工之妙,甚至可以说,方法型技术知识正是职业教育的"核心素养"。由于素养对应的方法型技术知识的形成具有长期性、整体性、系统性,所以素养是最应贯穿于普职教育甚至未来工作中的核心部分,换言之,高技能人才的培养与初中与中职、普通高中与高职教育课程衔接的关键点也在于素养的衔接。从初中到中职、从普通高中到高职教育,对学生素养类型的要求大多是不变的,变化的只是素养的深度,所以普通中学要关注学生素养的培养,尤其是学生的社会适应性、环境适应性以及创新性等核心素养。当然,这一切并不能脱离与普通中学的衔接展开,普适性的素养也需要在含有职业教育的环境中发展才能转化为职业教育的"核心素养",因而普通中学需要对学生的"职业素养和专业意识的发展规律进行深入研究,对每一阶段的发展水平进行分层和规划,并寻找合适的载体来促进学生的职业素养和专业意识的提升",[2]以此实现综合职业素养与核心素养相互融合、互为基础与共同发展。具体到实践方面,素养的提升离不开知识与技能的支撑,知识为素养搭建了阶梯,是素养深化的必要基础,技能为

---

[1] 李政:《职业教育现代学徒制的价值审视——基于技术技能人才知识结构变迁的分析》,《华东师范大学学报》(教育科学版) 2017 年第 1 期。

[2] 孙露、杨若凡、石伟平:《中本贯通课程衔接体系构建的实然与应然》,《中国职业技术教育》2016 年第 32 期。

素养拴系了引绳，是素养提升的主要方法。简言之，只有积累了多样化的知识，并在实践、动手操作中不断得到"新知"，不断创新才能真正促进素养的持续深化，通过普职教育课程衔接实现高技能人才成长的连续性和不断深化。

（三）课程实施衔接：间接渗透与多元能动

普通基础教育课程实施重视课堂中的传统讲授，而职业教育则关注在真实情境中的实习实训。但这种对比存在着单一性，忽视了二者之间的层次差异。虽然普通教育的"预备性""预科性"日益明显，但终归是基础教育的一部分，"基础性"仍是其核心属性。因此，在课程组织与实施中，普通教育也应做好与职业教育衔接的基础性工作，即职业认知、职业素养的渗透。相比直接在小学、初中或普通高中进行"显性"的或专业化明显的职业教育，实施"隐性"的职业教育或基础性、综合性的职业教育更为可行，也符合学生身心发展特点与水平。杜威认为，过早进行职业定向的教育，"或许能培养呆板的机械的技能，但是，这会牺牲使职业在理智上有益处的敏捷的观察和紧凑、机灵的计划等特性"。[1] 同样，美国学者加德纳在其多元智能理论的解释中也指出，并不鼓励过早地确定或决断一个儿童的发展方向，而是通过对儿童智能特长的早期鉴定，帮助他确定他可能将从哪一种经历中获益。[2] 所以，杜威认为："唯一可供选择的方法，就是一切早期的职业预备都是间接的，而不是直接的；就是通过从事学生目前的需要和兴趣所表明的主动的作业。"[3]

基于此，在普通教育中实施职业教育首先是要间接的。舒伯在生涯发展教育实践中的观点或许对于我们开展普通教育中的职业教育具有借鉴意义，舒伯认为："生涯发展教育不应该是在传统的课程外增加一个额外的科目或单元，而应该把生涯发展的理念融入现有的课程当中去。"[4]

---

[1] ［美］杜威：《民主主义与教育》，王承绪译，人民教育出版社2001年版，第329页。

[2] ［美］霍华德·加德纳：《多元智能理论》，沈致隆译，新华出版社1999年版，第56页。

[3] ［美］杜威：《民主主义与教育》，王承绪译，人民教育出版社2001年版，第329页。

[4] 周羽全、钟文芳：《我国台湾地区中小学生涯教育及启示》，《内蒙古师范大学学报》（教育科学版）2010年第12期。

所以，普通中小学职业教育课程的实施应该是把职业教育的知识、理念等元素融入到现有的课程中，坚持职业教育"渗透"的实施理念。例如在普通高中的语文课程中引入凸显工匠精神的课文，培养学生的职业道德；在物理课程与化学课程的实验教学中与工业生产中常见的现象所联系，在职业体验中培养学生的动手能力；在英语课程中，与当地的文化风俗相联系，锻炼学生的社会服务能力；在高中的通用技术课程中，与高职院校和企业合作，为学生提供真实的实训场所，培养学生的基础技能，增强学生的职业体验。

其次是普通教育实施职业教育需关注学生的兴趣与主体性。与普通教育长期的"学问化""应试性"的教学不同，职业教育更为关注学生的发展水平与发展兴趣，在情境中观照学生的主体性。因为职业教育中的知识、技能与素养都带有强烈的"个体性""情境性"以及"情感性"，忽视这些因素，简单地为学生灌输职业教育知识最终只会输出"机器人"。因此，普通教育的课程实施要凸显多样化、个性化与情境性，根据不同学生的兴趣与需要设计多元化的实践模块。例如，在普通高中通用技术课程实施中将学生带进高职院校的实训室或工厂的一线，让学生在真实的情境中感受所学的知识，加深学生的理解，培养学生的职业认知、审美与道德。根据不同学生的需求，设计例如"设计师""建筑师""维修师"等多种职业体验模块，让学生在个性化的模块中逐渐提升自我认知，进而更好地与职业教育做好衔接。

三 前置与整合：课程衔接的思路与内核

普通基础教育与职业教育课程被裹挟在各自的教育本体中，随着教育类型与层级的变化而变化，致使一系列课程结构要素，包括课程目标、课程内容、课程组织与实施等都发生了不同程度的变化。传统的初中与中职教育、普通高中与高职教育各自为政的"阶段化"课程理念已经难以适应当下不断跨界与整合的社会大环境，因此二者须跨越"沟壑"，运用整合与前置的理念实现普通教育与职业教育课程的整体化衔接，以满足高技能人才成长的长期性与连续性诉求。

(一) 超越"一体化": 寻找课程衔接的着力点

普职教育课程实现整体化衔接并不意味着二者之间要建立"一体化"或"一贯制"的课程体系,二者间存在的"异质排斥"注定这种思路难以走通。普职教育衔接与中高职衔接存在很大的不同,中高职衔接建立在同类型不同层次的教育之间,存在着一体化的必要与可能,近些年不断进行的一体化衔接实践也充分说明了这一点。要实现中高职课程衔接的突破,必须改变原有的"对照式""下延式"路径,在原本课程结构之上的重新规划只能是隔靴搔痒,无法实现以课程衔接带动人才培养的连续。因此,不少学者提出要建立"一体化"的中高职课程体系,"以长学制的人才培养模式,培养兼具扎实专业理论知识与娴熟技术技能的技术型人才"。[①]

在具体的课程设计中,中高职课程衔接以学生能力的发展逻辑而不是知识的内生逻辑展开,从中职到高职将学生的能力发展分为不同的阶段,每一阶段再进行拆分,形成学生能力发展一体化下的课程衔接一体化。相比中高职课程衔接,虽然普职教育课程衔接也是依照学生能力发展的逻辑,但与中高职课程衔接关注具体的岗位技能不同,其更关注的是学生综合职业素养从萌芽到认知再到深化的发展过程。普职教育课程之间的诸多差异决定了课程衔接的思路需要超越简单的"一体化"设计,立足整体性思维,重点关注普通中小学内部职业教育的缺失与不足,为学生从小学和初中到中职、从普通高中到高职教育的过渡铺架桥梁、奠定基础。所以,普职教育课程衔接应该有明确的教育场域和衔接的着力点——普通中小学,在保证中小学教育相对完整的基础上,对其进行职业教育课程前置,以缩小中小学课程中的职业教育元素与职业教育之间的差距,不断消解由此带来的"异质排斥",从而提升学生的职业认知、职业兴趣以及基础的职业技能,向前延伸高技能人才培养链条,实现人才成长阶段性与连续性的统一。

(二) 层次上的前移: 职业课程在普通教育中的前置

既然普通中小学成为整个衔接的教育场域与课程衔接的主要着力点,

[①] 徐国庆:《中高职衔接中的课程设计》,《江苏高教》2013年第3期。

那么弥补这一场域中职业教育的缺失需为其增添适合的职业教育课程。我国《职业教育法》也明确提出:"普通中学可以因地制宜地开设职业教育的课程,或者根据实际需要适当增加职业教育的教学内容。"那么这些职业教育课程来自哪里呢?这就引出了普职教育课程衔接的重要理念——"前置"。从词语构成上看,"前置"属动词,自然就有前置的主体与客体。很多人会依据字面意思简单地认为职业教育课程的前置主体是职业教育,这就犯了简单对立思维的错误。理解"前置"我们需要将其放在课程论的视域中,依据前置的内容明晰前置的主体。小学、初中与中职、普通高中与高职教育之间存在着层级的上下差异,如果直接将高一级别的职业教育课程植入基础教育则违背了技能型人才的发展规律,难以适应学生的身心发展水平,最终导致事倍功半的后果。所以,根据学生能力发展的阶段性与层级化,前置到普通中小学的职业教育课程应该是适应这些学生认知水平的课程,这些课程内在地与职业院校的专业课程相关联,根据生涯发展理论中的"蝴蝶效应",可能对学生未来的专业选择甚至职业选择产生影响。换言之,前置到普通中小学的课程应处于基础教育和高一级职业教育的水平之间,在学生的最近发展区之内,可以满足学生多样化的需求。因而,课程前置的主体不应只是中高职,也应包括小学、初中和普通高中,将小学、初中、普通高中设计的"上构"课程与中高职设计的"下延"课程[①]相整合,形成最终的前置课程。

具体表现为,以职业教育专业大类课程中所需要的基础知识、技能与素质为依照,职业院校开发一套适应学生需要的入门课程。开发路径是职业院校根据职校生所需能力层级,特别是综合职业素养的层级设定学生学习的递减式模块。依据"下延"的思想,从入门所需能力,由深至浅,从上到下,厘清学生所需的知识、技能与素质,并将此与学生的日常生活联系起来,开发一门"下延式"职业教育课程;而普通中小学与职业院校相反,依据"上构"的理念,从当下学生的综合素养与认知水平出发,借助综合实践活动或通用技术课程构筑逐渐递进的学习模块,

---

① 苗学杰:《上构与下延:英国中等教育与高等教育衔接的课程体系探析》,《外国教育研究》2015年第7期。

按照职业启蒙、职业认知、职业准备的逻辑线路开发一门"上构式"职业教育课程。从意识到探索再到职业准备的层层递进，不仅是职业教育课程在普通基础教育前置的发展脉络，也是学生自身综合职业素养的发展脉络。职业教育开发的课程从下至上要凸显导向性、聚焦性，普通中小学的课程要强调兴趣性、多样性等。利用上构与下延的思路，普职教育的课程衔接形成了交集，为学生进入职业院校提供了必要的基础知识与技能，也为学生未来专业选择提供了兴趣上的试探。而"上构"与"下延"形成的"交集课程"正是普通中小学所要重点关注的"前置"课程，立体化而非平面化的"前置"课程符合普职教育之间的层次差异，也可以不断缩小和消解二者课程之间的断层与"异质排斥"。

在中学阶段，浙江省探索的"大学课程先修模式"、常州市探索的"职业特需课程"在某种程度上都是这种"上构"与"下延""交集课程"的重要体现。广大普通中学可以以此为借鉴，主动与区域职业院校合作，探索适宜的职业课程前置模式。

就普通高中而言，可以以通用技术课程、信息技术课程等应用型课程为依托，针对部分学生的学习兴趣需要，与行业高职院校合作，借助高职院校的专业优势和资源优势，共同开发"下沉"于普通高中且具有"上构"性质的职业课程。尤其是浙江省已经将"技术课程"作为高考选科的七门课程之一，就更应该根据学生的选科学习，在专门编班的基础上，设置丰富的职业课程甚至在工程技术、信息技术、农业技术、服装设计等领域设置更加细化、多元的职业入门课程，与具体的高等院校专业类别相对接。在弥补普通高中资源匮乏、满足高中学分修习需要的同时，也将激发学生的专业兴趣，培养学生对高职院校的"职业"认同感，有利于部分学生主动选择职业教育。

就初中而言，虽然还处于义务教育阶段，但学生终归需要在毕业后分流，而且即使学生走向普通高中教育，也需要长远的职业生涯规划教育。因此，广大初中可以在调查学生成长需要和学习兴趣的基础上，借助区域中职学校的资源优势，开设系列职业选修课程模块，这些课程"向下"与初中的综合实践活动、学科拓展课程相联系，"向上"与中职学校的专业领域相联系，进而形成与职业教育专业的有机衔接，在激发学生学习兴趣的同时，引导学生在分流时选择职业教育。而对于没有选择职业教育的学生而言，这些"迁移"的职业课程也有潜移默化的"隐性"收获，为他们高中毕业后选择职业教育或者工程技术类专业奠定基础。

在小学阶段，则可以以综合实践活动为契机，根据该阶段职业启蒙教育的目的，通过职业体验、研学旅行、社会服务等各种形式进行职业课程的渗透，引导学生对职业的初步认知。其中，职业体验是指在小学内部或者校外实践基地创造一个虚拟或真实的职业情境，小学生在其中可以扮演农民、商人、记者、城管、营业员、服务员等任何角色，使其在没有危险或限制较少的情况下进行亲身体验活动，以了解职业种类和职业素养。注重在体验中加强学生劳动意识和责任意识的培育，使其逐步形成自理能力，为步入社会奠定一定基础。例如，江苏省华西实验学校开展的"开心小农场""科学试验田"，还有徐州市太阳花体验教育基地的"学农、学商、学学、学军"等岗位体验活动。这些模拟活动的开展，为小学生初步接触社会提供了更便捷、更安全的途径，应该成为学校开展职业启蒙实践探索的常规平台，培养学生初步的职业观念和正确的劳动意识。

当然，在小学职业体验活动开展的过程中，还要照顾到小学生的具体年龄特点，分年级阶段实施。例如，1—2年级的职业认知任务可以是先认识自身接触到的职业如父母的职业，了解他们的职业场所、职业内容和职业用具，并能简单进行角色扮演游戏，进而掌握职业的总体概况；3—4年级的课程内容可逐渐增加职业种类，在课堂上以图文并茂的形式展示社会上的常见职业，例如医生、警察、售货员、收银员、记者、律师、演员等，并通过分角色扮演模拟职业世界的交往过程，了解该行业的职业内容和职业素养；5—6年级除增加职业种类外还要逐渐加深职业的深度和体验度，不仅认识出现在大众视野中的光鲜的职业群体，还要认识拥有一技之长的蓝领工人，理解他们默默无闻的付出；不仅在校内虚拟场景中体验，还要深入一线社区、农场和工厂进行职业体验，思考职业对于自身、社会的价值和意义，培养科学的劳动价值观和职业观，孕育职业生涯的种子。

(三) 类型上的整合：学术课程与职业课程的整合

学术课程与职业课程的分离是普职教育课程割裂的关键因素。普通教育课程多为学科课程或学术课程，以传授学生学科知识或学术知识为主；职业教育课程多为职业课程或称实践课程，以教授学生工作知识或职业技能为主。学术课程与职业课程之间存在着巨大的"鸿沟"，致使在从初中到中职、普通高中到高职教育学习的转换中困难重重，学生难以适应，学术课程与职业课程的二元分立与割裂已难以适应当下学科与教育跨界融合的大背景。为此，麦克·扬在其著作《未来的课程》中提出"14—19岁学生的课程目的，应该是掌握学科知识与理解社会中各种工作性质的变化相结合"，① 他还借用意大利共产主义者葛兰西的话提出从事职业教育意味着"不仅要掌握称职地完成一项工作或任务所需要的技术技能和知识，而且应该理解其道德义务、重视这份工作和劳动的政治、经济意义，并且常常会欣赏生产的美学价值"。② 从教育目的的视角看，著名哲学家怀特海指出："我们要造就的是既有文化又掌握专门知识的人才，专门知识为他们奠定起步的基础，而文化则像哲学和艺术一样将他们引向深奥高远之境"，"卖弄学问的人会讥讽那些实用的教育，但教育若无用，它又何以成为教育？"③ 怀特海鼓励在教育中开设技术课程，认为技术课程与文化课程并不对立，他认为不涉及技术的文科教育是不完美的。

因而需要寻找一种方法，将学术课程与职业课程融合在一起，"凭借学术科目，使学生了解社会分工以及当代工作组织的变化；凭借学生的工作经验，赋予学科知识以意义和背景"，④ 换言之，即让学生在接受学术课程的同时能对职业内容有所认知，在学习职业课程的同时也能加深

---

① ［英］麦克·扬：《未来的课程》，谢维和、王晓阳等译，华东师范大学出版社2003年版，第61页。

② ［英］麦克·扬：《未来的课程》，谢维和、王晓阳等译，华东师范大学出版社2003年版，第64页。

③ ［英］怀特海：《教育的目的》，庄莲平、王立中译，文汇出版社2012年版，第1、4页。

④ ［英］麦克·扬：《未来的课程》，谢维和、王晓阳等译，华东师范大学出版社2003年版，第65页。

对学术知识的理解。这种方法就是"整合",课程(integrate)整合一词最先由美国提出,美国在《帕金斯法案Ⅱ》中提出中等教育与中等后教育的整合、学术课程与职业课程的整合、学校到工作的整合等三大"整合"理念。整合意指"通过整顿、协调重新组合,以实现结果的更为优越性,从而促成事物的持续发展",因而课程整合就是"将不同学科领域的课程内容要素相互渗透和融合实现课程功能最大化的过程",因此本研究涉及的学术课程与职业课程的整合就是将二者的学术与职业内容"通过不同的模式和运作机制融合在一起,以培养具有综合职业能力的完满职业人的过程"。[①]

根据"整合"之意,普通教育与职业教育中学术课程与职业课程的整合可以分为以职业教育为主要场域的"融合学术内容的职业课程",以普通教育为主要场域的"融合职业内容的学术课程"以及综合教育场域的"学术内容与职业内容的相互整合"三种。但二者课程衔接的运行机制是职业课程在普通教育的前置,所以主要的课程整合场域也是在普通中小学,因而整合职业内容的学术课程自然成为普职教育中学术课程与职业课程整合的主要实践路径。整合职业内容的学术课程主要是在普通中小学日常的语文、数学、英语等学科的基础上渗透职业内容,甚至形成例如商务写作、应用或技术数学、英语导游交际等学科拓展课程。换言之,融入学术课程的职业层面主要是存在于课程实施层面,例如在教学中通过学科课程教师根据知识点的需要,主动地渗透相应的职业情境,引导学生主动地参与其中,通过职业体验渐进式地培养学生的综合职业素养或基础的职业技能,同时也能加深学生对学术知识背景与意义的理解,最为主要的是整合职业内容的学校课程实践方式对于整个中小学的课程结构不会造成太大的冲击,具有一定的可行性与可操作性。

以小学阶段为例,尽管与综合实践活动不同,普通学术课程如语文、数学、外语、科学、社会等课程的基本任务是通识教育,旨在实现在人文、社会、科学等方面知识的普及化,为个体成长为一个良善的公民做

[①] 陈鹏:《学术课程、职业课程及其整合的概念解读——职业教育的视角》,《全球教育展望》2014年第5期。

准备，但是与日常生活相结合、与社会实践相联系仍是这些课程的课程标准所倡导的。因此，通过普通学术课程进行职业启蒙教育的渗透不失为一种良策。以小学语文课程为例，进行职业启蒙教育主要有三种路径。第一，立足教材，挖掘启蒙素材。如苏教版小六语文上册的《鞋匠的儿子》一文就具有职业启蒙教育的意蕴，虽然课文描述的是鞋匠的儿子林肯，但从林肯的谈吐及成长历程中足可以看出一个精益求精的匠人对儿子一生的影响。如果以此为核心思想进行巧妙的课程设计，定会引起学生对工匠的崇拜之情。第二，践行教学，模拟职业体验。例如，在讲解苏教版小六语文上册《姥姥的剪纸》一文的时候，教师可以让学生在课堂上亲自操刀剪纸，一方面感受娴熟技术的来之不易；另一方面也体验剪纸带来的乐趣。通过初步的职业体验形成对手工技术的初步认知以及对"姥姥"工匠精神的钦佩。第三，拓展资源，创生职业感受。在讲完苏教版小三语文下册《剪枝的学问》后，教师可以在课外时间带领小学生去当地的果园亲自体验果树剪枝的学问以及果实甘甜背后的辛劳付出。手工劳动虽然不能代表技术技能型岗位的全部，但作为一种操作性职业，通过有意识的启蒙教育，可以在早期儿童内心埋下工匠的种子，激发有兴趣者通过不断努力达到理想的职业彼岸。[①]

第四节　招考变革，保障衔接的关键制度

没有招生考试制度的"黏合"，初中与中职、普通高中与高职教育将永远处于两个教育层次，无法衔接。中高职招生考试制度作为二者衔接的触碰点与黏合剂，在外部观念变革的支撑下将校际合作、课程前置等策略统整在一起，成为保障整个衔接有效运行的关键制度。但长期以来，中高职招生考试制度一直在传统学术性考试的阴影之下，运用传统学术性考试的考试内容、形式以及招生方式来为自身选拔人才，这无疑对职业教育造成了不可逆转的"伤害"，传统学术性考试下供给的"不愿意"且"不适合"的生源滋生了职业教育人才培养中的一系列

[①] 陈鹏：《供给侧视角下职业教育生源的早期培育研究》，《江苏高教》2018 年第 2 期。

问题。因此，当下社会对职业教育的诘问与责难，不能由职业教育独自承担，中高职招生考试制度的失效是其重要原因之一。

无论从普职教育衔接能否有效运行来看，抑或是从二者衔接的主要目的——促进优质生源的有效供给来看，促进中高职招生考试制度变革迫在眉睫。为此，国务院在2014年颁布的《关于深化考试招生制度改革的实施意见》中明确提出变革高职考试招生制度，实施"分类考试，综合评价，多元录取"的现代化招生考试制度。然而，教育领域没有哪一项改革能像招生考试制度那样复杂，"牵一发而动全身"的特点致使中高职招生考试制度变革难以有效推进，因而本研究换一种视角，从普职教育衔接视域出发，探讨中高职招生考试制度变革的新路径。

一 变革的依据：衔接与中高职招考制度互为支撑

（一）供需双方的诉求：招考制度架起衔接的桥梁

职业教育招生考试制度并不是静态存在的，而是处于与普通中学与职业院校的动态联系之中。招生考试制度中的"考试"引领着普通中学教育教学的变革，"招生"则牵制着职业院校人才培养质量的高低，因而从宏观上看，职业教育招生考试制度变革从来不仅仅是招生考试本身的问题，而是关涉着整个社会系统的运转；从微观上看，职业院校招考制度改革也不仅仅只是招生考试环节的变革，而是牵涉其两端不同教育类型各组成元素的综合变革。

首先，依据上文，普通中学与职业教育衔接的核心载体为课程衔接，课程衔接又以普通中学课程的渗透为主要形式。同样，职业院校招生考试制度变革也不能替代教育教学改革本身，需要教育教学改革的深度参与。只有普通中学教育教学改革与职业教育招考制度形成了"共振"，普通中学的教育变革才能被诸多利益相关者接受，而职业院校招考制度才具备正常运行的基础。

其次，普通中学与职业教育衔接的动力为院校合作，其动力存在的逻辑是通过合作，普通初中、高中为职业院校提供优质生源，职业院校为普通初高中提供丰富的实训资源，促进其特色化发展。但在二者合作之中若是缺少职业教育招生制度的支撑，职业院校在普通中学内的大批优质潜在生源则难以顺利进入职业院校，普通中学与职业教育衔接的"成本—收益"无法取得平衡，合作难以继续，动力自然也就消失。同样，对于职业教育招生制度变革，其"招生"的专业化需要职业院校与普通中学展开深度合作，因为"招生"不只是完成录取的最后一道程序，专业化的"招生"需要职业院校持续参与生源早期识别、培育、选拔与录取的全过程。

所以，普通中学与职业教育的衔接离不开招生制度的保障，而职业教育招生制度的变革也离不开普通中学与职业院校衔接的支撑，二者相互联系和发生作用，最终达到"共振"，才是解决处于"深度复杂"状态的职业教育招生制度改革的关键路径。

（二）学习者的诉求：招考制度顺应主体选择的需要

普通高中通用技术、信息技术课程作为应用性较强的必修课程，理应成为职业教育招生制度改革的重要关注点。浙江省在新高考改革中，在全国率先将"技术"课程作为高考选科的七门课程之一，并在实践中赢得了广大学生的青睐，一定比例的学生将其作为高考选科的三门课程之一。据浙江省教育考试院公布的数据显示，2014级学生选考七门科目的人数比例从高到低依次为生物50.4%、化学50.3%、地理48.1%、历史43.8%、政治42.1%、物理36.0%、技术29.3%；2015级学生选报科目最高者为生物（50.1%），最低者为物理（30.0%），而选择技术科目的人数则超过选择物理的人数，占比32.4%。[①] 可以看出，技术课程在与其他科目的生源"竞争"中并非占据绝对的下风，且逐渐超越了传统的"优势科目"。而且，这种现象在部分地区的高中呈现得更加明显。

根据数据显示，浙江省某市2017—2019届三届学生选择技术科目的人数在三种类别的高中都有明显增加的趋势：2017届选择技术科目的人数，一类高中9.77%，二类高中15.0%，三类高中39.05%；2018届选择技术科目的人数，一类高中16.65%，二类高中24.73%，三类高中32.45%；2019届选择技术科目的人数，一类高中29.10%，二类高中

---

① 冯成火：《新高考物理"遇冷"现象探究——基于浙江省高考改革试点的实践与思考》，《中国高教研究》2018年第10期。

38.42%，三类高中64.57%。尤其是三类高中，2019届选择技术科目的学生相比于2018届选择技术科目的学生，呈现双倍的增长态势，这一届学生选择技术科目学生的比例高达（64.57%），在所有选科中高居榜首，且超过选择物理（6.67%）、化学（16.76%）、生物（35.09%）科目的学生之和。[①] 这充分表明技术课程具有较强的市场吸引力，受到越来越多的学生尤其是薄弱高中校学生们的喜爱。在这些学生中，有相当比例的学生学习物理、化学、生物等课程较为吃力，而由于技术科目的学业基础要求较低，学起来更容易上手，如果将技术作为选考科目，将为自己赢得学业上的救赎，抓住向高等教育流动的最后一根"稻草"。

二　变革的践行：中高职招考制度改革的路径探寻

（一）中职招考制度改革路径之探

招考机制是本研究搭建初中分流阶段普职衔接的核心路径之一，2013年《中共中央关于全面深化改革若干重大问题的决定》明确提出，在推进招生考试制度改革中，推行中学学业水平考试和综合素质评价，探索学生考试多次选择，学校依法自主招生，政府宏观管理，社会参与监督的运行机制。

但是，如前文分析研究指出，目前我国普职分流阶段尤其是初中后的分流仍然沿用固化的学科类招考机制，严重影响着学生在两类教育中的合理选择，阻碍着初中与中等职业教育的有效衔接。具体表现为，招生考试机制单一，"大统一的考试""一刀切的录取"的中考使基础教育与职业教育体系间的衔接显得非常尴尬；普职教育体系与劳动力市场间缺乏相互沟通，现有的招考机制限制了学生由初中到劳动力市场再到职业学校的机会。因此，为改善我国分流阶段初中与中等职业教育衔接不畅的局面必须进一步完善中职招考机制。

1. 实施多元评价，规范过程评价

目前中职招考的探索还不太系统，主要还是走普通学术中考的路子，

[①] 叶军：《浙江省新高考前三届学生选科模型分析》，2018年10月15日，https://www.meipian.cn/1o29ivxf。

因此需要首先反思中考的整体改革之路。为此建议，应改变毕业和升学"一次性考试"的传统模式，在以下几个方面加以探索：其一，将初中学业水平测试与升学考试相结合，减轻初中学生学习压力。根据学生的选择倾向、多元智力发展的不同，引导学生在自己喜爱的科目上多下功夫，开辟学科拓展课程和校本课程，在一定程度上激发学生对相关职业的兴趣爱好。其二，减轻升学考试的终极压力，将学业水平考试战线拉长，多次进行，让学生在初二结束时有选择地参加地理、生物、音乐、美术、信息技术等科目的学业水平测试，初三时完成语文、数学、外语、物理、化学、政治、历史科目的最终科目考试，每门学业水平测试可申请1—2次机会，取最好成绩。其三，实行多元考核方式，将综合素质考核纳入中考录取环节，且与考试分数等值对待。对于学生无法用分数衡量的综合素质如特殊才能、成长记录、标志性成果等，要采用等值划分的评价制度。将考生学业水平测试、综合素质及特长考试等级组合起来作为录取依据。灵活的系统性中考改革将为有技能特长的学生释放更多的时间和精力，投入自己更感兴趣的课程中。

2. 渗透技术考核，发掘优质生源

在理顺中考系统性改革之路后，为促进初中与中职更加有效的衔接，则需要探寻中职招考的特色模式。首先，以综合素质评价为重要参考，根据等级化的标准组合录取。例如，根据综合素质评价发现某学生动手能力出众，具有一定的技能潜质，可以将此综合素质评价按照平均分的分值与除"语数外"三科外的任一科等值互换，通过组合录取，填补该学生因偏科造成的较大差距，突出职业技能在考试中的位置，为中职遴选有潜能的优质生源。其次，通过职业课程植入的方式提前考查与评价。如同前述的常州市刘国钧高职校和旅游商贸高职校为初中开设的"特需课程"一样，中职学校可以与初中共同设计职业课程，植入初中课程的整个计划中，一方面可以培养学生初步的职业认知和职业技能，另一方面职业学校可以趁机考查学生的职业技能潜质和兴趣，甚至可以直接作为技能招考的模块，为最终录取学生提供重要参考。再次，实施"职业适应性测试"。虽然在中考阶段实施"职业适应性测试"为时较早，但是毕竟关系到学生发展的前途和命运问题。如果没有科学的选拔机制，一些不适合学习学术课程的学生将会受传统观念的影响"随大流"进入普通高中，但后续的学习将遇到很大的阻力，因此"职业适应性测试"是为他们提供解放自我、发现自我，进而发展自我的一个合理路径。就具体的考核内容和操作方式而言，可参考后续论述的高职招考改革中的"职业适应性测试"模式。

3. 校际联手协同，梯度分流引导

广大初中和中等职业学校应主动联手，加强协同，有梯度地引导学生科学合理地分流，鼓励动手能力强、职业倾向明显的学生理性选择职业教育，为培养高素质技能人才奠定基础。初中教育与中等职业教育分别属于两类教育、两个层次，实现初中后教育合理分流问题的关键是两套体系间能否良好沟通，有效完成校际分流与校内分流。为此，需要双方合作进行"前瞻、中助、后顾"式的渐进式引导。

首先，在"前瞻"工作中，一方面要加强技能型职业岗位的宣传，营造"人人皆可成长、人人尽展其才"的教育氛围。中职学校可以邀请企业选派技能型教师或能工巧匠，为初中学校从初二年级开始"入校"开展多次职业认知主题活动，如人才结构需求、职业发展前景、职业岗位体验、技能操作、模拟车间、大国工匠、劳模精神等主题活动，让学生初步接触技能型职业岗位，使他们认识到选择职业教育将大有可为，且必将大有作为，使他们确立正确的人才观和职业观，努力形成"劳动光荣、技能宝贵、创造伟大"的时代风尚。另一方面，要引导学生科学认识职业教育和中等职业学校的办学机制。职业学校要结合区域初中学校的需求，定期开展校园主题宣讲活动，就中等职业学校的类型特点、人才培养模式、专业设置、课程设置、学习方式、就业与升学、优秀毕业生等为学生做针对性讲解和"答疑解惑"，使学生深入了解职业学校的正面形象，转变对职业教育的不良看法，以有效推进学生分流工作。

其次，在"中助"工作中，一方面应结合地方教育行政部门的工作部署，由初中和中职学校合作确定初三年级分流工作实施方案，而不是在方案公布之后"守株待兔"。在教育局的指导下，双方共同建立目标责任制，注重落实，确定工作具体流程，包括工作目标、主要任务、实施举措和保障机制等，并明确责任到人。另一方面，建立预警应急机制，为防止学生在报考职业学校或入读职业学校之后出现"变卦"等异常现象，初中学校与中等职业学校间应双向沟通提前做好应对方案，多方面动员，做好家长、学生的疏导工作，巩固分流结果。例如，初中可以与较为优秀的毕业生签订协议，如果学生在未来的中职学校表现优异，获得相关高级别技能证书，可以在中职毕业后到初中任教技能课程，以吸引相对优秀的学生选择职业教育。

最后，在"后顾"工作中，初中学校应主动跟进，跟踪流入中等职业学校的学生，观察其分流后的发展动向和最终出口问题，完善服务。其一，对于进入职业学校后学习理论知识较为困难的学生，初中学校应承担起文化课程的补习任务，必要的时候引导他们"回炉"学习文化课程；其二，注意收集辖区内相关中职学生毕业生成功的优秀案例，以"大国工匠进校园"的方式，引导他们为在校生分享成功的经验，利用榜样的力量巩固教育分流成果；其三，初中学校可以适当招聘部分中职学校毕业生，尤其是本校入读职业学校后的优秀毕业生，补充技能型教师，优化综合实践活动、信息技术、学科拓展课程教师队伍，进而为后续普职教育分流工作产生良性循环的效果。

此外，在分流的过程中，还应尊重学生的个体差异，充分考虑学生的具体情况和发展程度，对学生进行有选择的梯度分流。针对在初中学习过程中动手能力强、技能潜质较高的学生，可以及时地引导他们提前选修一些职业技能课程或兴趣拓展课程，如常州的"职业特需课程"，合理引导他们毕业后选择职业教育；针对在初三临近毕业升学意愿不高或具有就业倾向的学生进行及时地分流，引导他们选择中等职业学校，尽早接受职业教育；而针对部分兴趣发展较慢、暂时无法作出选择的学生，可考虑延缓分流的时间，使其先进入高中或者选择"普职融通班"，把选择的时机延后至高中阶段，当时机成熟的时候再进行分流。

（二）高职招考制度改革路径之寻

高职招生考试制度改革的主要目的之一是促进高职优质生源的有效供给，这与普通高中与高职教育衔接的目的不谋而合，也在一定程度上说明了高职招生考试制度和普通高中与高职教育衔接存在诸多契合点，高职招生考试制度的变革保障普通高中与高职教育的有效衔接，普通高中与高职教育的衔接反过来又可以为入学考试与招生制度的变革提供基础。因而,从二者衔接的视角探讨高职招生考试制度中"考什么""怎么考""怎么招"等关键问题,可以有效促进普通高中与高职教育的课程衔接、校际合作,实现优质生源的有效供给。

1. 考什么:技术科目作为技能考查的载体

国务院《关于深化考试招生制度改革的实施意见》(以下简称《实施意见》)中明确提出高职院校实行"分类考试"的改革方向。长期以来,高职招生考试制度一直借用传统的学术高考,与普通本科院校共用同一张试卷选拔人才,难以选拔出符合职业教育需求的具有职业潜能和实践能力的优质生源。因而在"分类考试"理念的指导下产生了"文化素质+职业技能"的考核形式。对于"文化素质",《实施意见》主张将普通高中学业水平测试成绩作为主要参考,力求反映出学生在高中习得的基础知识与基本技能。对于"职业技能",《实施意见》建议对普通高中学生做"职业性向测试",同时参考综合素质评价对学生进行录取。但是"职业技能"测试的内容如果仅仅是"职业性向测试"就违背了高等职业教育对职业"技能"的需求,"职业性向测试"也难免会成为摆设。为此,也有一些省份对"职业技能"的考核内容进行了创新,采用"职业性向"测试+职业知识综合面试的方式考核学生对于职业教育的认识与理解。虽然相较于只用"职业性向测试"作为主要评判标准,加入对职业教育认知的考核可以在一定程度上体现高职"分类考试"的理念,但仍没摆脱传统高考的束缚,也没体现职业教育对职业"技能"的需求。因而用什么内容来考核技能型人才所需的基础知识与职业技能成为"分类考试"能否成功的关键。

实际上,"文化素质+职业技能"的考试内容在设计之初主要面对的是有升学诉求的中职学生,是为构建中高职之间的立交桥,进一步完善高职院校的"自主招生"而设计的一种考核方式。在面对具有一定技能基础的中职学生来说,对其进行"职业技能"测试是可行的,也是必要的。但这种考核形式忽视了普通高中毕业生的知识特点,相对于中职生而言,普通高中学生不具备"职业技能"考核所要求的技能基础,因而高职院校若要推广"分类考试",拓展"职业技能"考核的内容至关重要。为此，可以从两个方面进行改革，一是补充并提升普通高中学生的职业技能，二是拓展"职业技能"内涵，寻找替代的考核载体。具体来看，对于普通高中来说，增加职业课程为学生补充职业技能的可行性不高，因为面对课业本就繁重的高中学生，增加职业技能补习只会打乱高中原有的教学秩序，进一步加重学生的课业负担。因而拓展"职业技能"内涵，在普通高中原有课程中寻找可以替代的考核载体才是可行之举。纵观普通高中的众多课程，通用技术、信息技术因其富含职业教育意蕴理应被纳入考核之中，成为"职业技能"的替代载体。从普通高中与高职教育衔接的视角来看，将通用技术、信息技术纳入考核范围可以在很大程度上提升普通高中对技术课程的重视程度，进而提升技术课程的教学质量，为衔接中的职业课程前置提供更加优质的载体与平台。

那么将技术纳入考核之中，需要考核哪些内容呢？换言之，用什么内容来测试技能型人才所需的文化知识与专业技能呢？这需要对普通高中技术课程的内容展开分析，选取蕴含职业教育思想与元素的模块。根据课程标准描述，通用技术课程主要包括技术与设计Ⅰ、技术与设计Ⅱ两个必修模块，满足学生毕业要求；技术与生活、技术与工程、技术与职业、技术与创造四个选择性必修模块，满足学生升学与就业以及个性化发展需要；传统工艺及其实践、新技术体验与探究、技术集成应用专题、现代农业技术专题四个选修模块，满足学生在技术学习方面的需要。信息技术课程则包括数据与计算、信息系统与社会两个必修模块，人工智能、三维设计与创意等六个模块，算法初步和移动应用设计两个模块。可见，两类课程在满足学生必修需求的基础上，拓展出的选修课程更符合"职业技能"的拓展内涵。浙江省新高考改革将信息技术与通用技术整合在一起，组成"技术"科目，作为学生选考的七科之一。"技术"主要考核学生信息技术基础、多媒体技术应用、算法与程序设计模块、技术与设计Ⅰ和Ⅱ、电子控制技术等内容，其中在涉及通用技术的部分，考核的内容主要包括"技术与设计的基本概念""设计过程""技术图样的绘制""模型与工艺""结构与设计""流程与设计""系统与设计""控制与设计"八大部分。在具体的试题中，这八大部分主要涉及"技术的性质""人机关系""设计分析""方案选择""工艺操作""三视图"

"流程分析""设计草图"等必考内容和"电路分析、调试与设计"等选考内容。

可以看出，浙江省的通用技术考试内容侧重技术与设计、信息技术相关的基础概念、基础应用等常识性的内容，没有涉及技术中比较前沿的知识，如人工智能与机器人等，也没有体现与高职衔接较强的专业性知识。因而在高职"分类考试"中，对技术课程的考核需要在浙江省探索的有益经验的基础上进一步寻求突破。首先，与时代接轨，凸显技术的时代性。技术的飞速发展与不断演进要求对通用技术、信息技术的考核内容不能仅局限在相关概念的识记与理解上，需要在时代的背景之下增添最前沿的知识，例如人工智能、大数据等，让学生将人工智能与自己所学的知识联系起来，为立足未来的社会奠定基础，并能以此考核学生的创新思维与创新能力。在具体的题目设置上，改变原有简短的问答式，减少对概念的考核，通过相关的材料阅读，为学生设置一定的生活或工作情境，让学生在情境中运用"技术与设计"等知识来发现问题并解决问题，突出考核学生在技术思维和设计思维指导下的方案选择、图纸设计等方面的能力。其次，与高职院校的相关专业对接。通过将考试内容与高职院校的专业相整合，在专业情境或相关岗位情境中设计问题，让学生提前了解高职院校的相关专业，凸显技术课程作为职业课程前置的体系性，为学生进入高职院校学习奠定基础。同时，发挥考试对普通高中教育教学的引导和倒逼作用，通过在试题内容中渗透高职专业知识呼唤普通高中与高职院校的合作，例如聘请高职院校的专业教师作为高中通用技术、信息技术课程的兼职教师，组织学生前往高职院校参观学习等，促进普通高中与高职教育的衔接。

2. 怎么考：技术科目作为高考选考科目

"选择性是高考制度改革的核心"，[1] 对于高职院校的分类考试也不例外。分类考试要求高职院校实行"文化素质+职业技能"的考核方式，其中"文化素质"可以参照学业水平测试或者参照统一高考中的语文、数学、外语三科总成绩。上文提出，对普通高中学生"职业技能"的考

---

[1] 柳博：《选择性：高考制度改革的机遇与挑战》，《教育研究》2016年第6期。

核以普通高中技术课程为替代载体。那么如何考核技术知识呢？是将其仅仅作为学业水平考试的一个环节，还是供有需要的学生在高考时作为选考科目之一进行选择呢？浙江的经验是将通用技术与信息技术整合为"技术"科目，将其与物理、化学、政治、历史、生物、地理一起作为学生可以选择的七门科目之一。以此为借鉴，在"招生专业选考科目要求指引"编制和选考科目组合方面提出以下建议：

对于政府而言，面对新经济发展对高技能人才的需要，应积极总结浙江省的试点经验，适时地将经验推广到其他省份，将技术科目提高到应有的地位。教育部在《普通高等本科招生专业选考科目要求指引（3+1+2模式）》（以下简称《教育部本科选科指引》）的基础上，应进一步编制《高职高专院校招生专业选考科目要求指引》，将技术科目作为选考科目予以推荐，一方面引导广大高职院校大部分专业在将物理作为首选科目的基础上，将技术作为再选科目之一；另一方面引导各省教育行政部门积极借鉴浙江省的实践经验，在条件允许的情况下将技术科目纳入本省的高考选考科目中。在《高职高专院校招生专业选考科目要求指引》的编制中，要引导高职院校立足本校相关专业尤其是工科类专业发展实际，制定科学合理的选考科目范围，建议除旅游、文化艺术、新闻传播、教育与体育、公安与司法、公共管理与服务大类可选历史作为首选科目外，其他理工科专业包括农林牧渔、资源环境与安全、能源动力与材料、土木建筑、水利、装备制造、生物与化工、轻工纺织、食品药品与粮食、交通运输、电子信息、医疗卫生、财经商贸等大类都须将物理作为首选科目，在此基础上所有专业原则上都须将技术科目作为必选的再选科目。

在科目的具体选择上，对于普通高中而言，应根据学生的实际特点和生涯发展需要，为学生的成长、成功与成才提供放飞梦想的路径选择。可根据学校的不同层次和学生的发展现状，引导部分有技能潜质和职业教育发展方向的学生将技术科目作为选考科目，并为学生推荐优先矩阵组合。对于具体的组合方式，如果将选考科目定为三门，且物理为必选的话，那么包括技术科目的组合序列将是技术+物理+化学、技术+物理+生物、技术+物理+地理、技术+物理+政治四个组合。因此建议，如果学生未来想报职业院校的话，那么在高中阶段的学习中则应强化物理和技术课程的学习，将这两门学科作为必选科目，进而根据个人的兴趣和学业水平，与化学、生物、地理、政治四门学科分别组合，形成自己的理想选科方案。可见，高职院校的招生条件并没有降低，而是加大了对理科成绩的要求。

3. 怎么招：拓展招生环节，深入普通高中

高职院校招生考试制度中的"考试"与"招生"是相辅相成的关系，考试不仅仅是招生的手段，招生也不是仅仅依靠考试。招生在整个高职教育体系中处于起点位置，招生工作水平的高低很大程度上决定了高职未来几年人才培养质量的高低，因而可以说招生是高职教育发展的关键。但目前高职招生面临的诸多问题与困境影响了招生的地位，制约着高职院校招生能力的发展，致使我国的高职招生仅仅完成了招生环节中的最后一部分——录取。因此，高职招生考试制度的变革，需要在高职分类考试的基础上实现招生制度的深度变革，提升高职招生的专业化。

首先，招生标准的专业化。这里的招生标准主要是指院系设定的专业录取标准，高职院校通过各专业设定的录取标准筛选合适的优质生源。专业录取标准主要包括学生的"文化素质"与"职业潜能"。文化素质可以参照学生在每年6月份统一高考中的语文、数学、英语三科成绩总和，其他科目可以参照学生的学业水平测试成绩。对于高职招生来说，最重要的是对学生"职业技能"的考查，但因普通高中的多数学生不具备职业技能的基础，因而"职业技能"需要转化为"职业潜能"，因为"招生不是对学生过去成绩的奖励，而是对未来社会的投资",[①] 换言之，高职招生需要考查的不是学生已经具备了多少技能，而是考查学生在职业技能发展上具有多大的潜能。对"职业潜能"的考查需要参照学生技术考试的等级、综合素质评价档案以及"职业性向测试"。技术考试等级的高低可以从一定程度上看出学生的技术素养，包括学生对技术与设计的理解、技术思维与设计思维、信息媒介素养等；综合素质评价档案基于

---

① 秦春华：《高校招生能力七人谈——什么是大学招生的专业化》，《华东师范大学学报》（教育科学版）2017年第1期。

学生高中三年的日常表现而形成综合性评价，据此可以了解学生的兴趣特长、"智能轮廓"以及关键能力；"职业性向测试"运用心理学工具对学生的"智能轮廓"与职业倾向进行科学测量，分析学生的职业性向与哪些专业相匹配。因而，高职招生需要制定科学合理的招生标准，以学生的"职业潜能"为主导，参照技术考试等级、综合素质评价档案以及"职业性向测试"结果，科学考量学生与高职教育以及高职专业的匹配度。

其次，招生团队的专业化。当下的高职招生主要还是作为职业院校内部的事情。实际上，招生是一个复杂而系统的过程，与普通高校相比，高职院校更需要在专业层面招收与之匹配的生源。因而仅靠学校单个的力量难以完成此项复杂的任务，除了"招办"工作人员外，招生工作还需要熟知专业发展的专业负责人、熟悉企业人力资源发展需要的人事人员以及普通高中教师一同参与。具体来看，普通高中教师可以帮助招生团队了解学生在校的日常表现，分析学生的兴趣爱好；企业人员可以从人力资源的视角为高职院校推荐一些有技能潜质的学生，同时也可以在招生咨询时从生涯发展的视角为学生提供一些有益的建议；而职业院校专业负责人可以从学生的职业潜能、技术素养以及"智能轮廓"是否与本专业相匹配的视角分析该生源是否合适。高中生的多元智能在普通高中的应试教育之下得不到充分展现，需要专业的团队深入高中内部进行早期的识别并合理引导。招生团队构成的多元化可以从多元化的视角，全面而科学地鉴别与选拔适合高职教育的优质生源。

总之，招生考试制度之于普通初中与中职教育、普通高中与高职教育的衔接如同"黏合剂"与"保护伞"，一方面通过考试制度对普通初、高中的教育教学起到引领作用，引导普通中学渗透职业教育思想与知识，主动与职业教育衔接。同时也通过招生制度的变革，促进职业院校深入普通中学，从人才培养过程的视角主动将招生视为人才培养的起点，主动与中学进行人才培养上的合作。另一方面，普通初、高中与职业教育衔接过程中的一系列利益博弈需要制度的保障与支撑，职业教育招生考试制度从制度的层面证明了普通中学与职业院校衔接的"合法性"。但是，我们必须清楚地认识到，在教育中没有哪种制度变革要比招生考试制度变革更为复杂，加之本身就处在"深度复杂"的普通教育与职业教育衔接之间，职业教育招生考试制度的变革不会一帆风顺，因而本研究立足衔接的视角对于职业教育招生考试制度变革的设计尚属理念设计层面，有待实践的进一步检验。

参考文献

著作类

［德］赫尔巴特：《普通教育学》，李其龙译，人民教育出版社2015年版。

［德］黑格尔：《法哲学原理》，范扬、张企泰译，商务印书馆1961年版。

［德］卡西勒：《启蒙哲学》，顾伟铭译，山东人民出版社2007年版。

［德］凯兴斯泰纳：《凯兴斯泰纳教育论著选》，郑惠卿选译，人民教育出版社2003年版。

［德］康德：《对"什么是启蒙"的回答》，肖树乔译，中译出版社2015年版。

［德］康德：《教育学》，李秋零译，中国人民大学出版社2010年版。

［德］马克思、恩格斯：《马克思恩格斯全集》第四十卷，中共中央马克思恩格斯列宁斯大林著作编译局译，人民出版社1982年版。

［德］马克斯·霍克海默、西奥多·阿道尔诺：《启蒙辩证法：哲学断片》，渠敬东、曹卫东译，上海人民出版社2003年版。

［德］雅斯贝尔斯：《什么是教育》，邹进译，生活·读书·新知三联书店1991年版。

［德］约阿希姆·H.克诺尔：《西德的教育》，王德峰译，人民教育出版社1980年版。

［法］爱弥尔·涂尔干：《教育思想的演进》，李康译，上海人民出版社2006年版。

［法］福尔：《1945年以来的德国教育》，戴继强译，人民教育出版社1996年版。

[法] 克劳德·列维·斯特劳斯:《我们都是食人族》,廖惠英译,上海人民出版社 2016 年版。

[法] 卢梭:《爱弥儿》,李平沤译,商务印书馆 1978 年版。

[法] 米歇尔·福柯:《福柯集》,杜小真译,上海远东出版社 2002 年版。

[古希腊] 柏拉图:《理想国》,郭斌和、张竹明译,商务印书馆 1986 年版。

[古希腊] 柏拉图:《理想国》,张竹明译,译林出版社 2009 年版。

[加] 迈克尔·富兰:《变革的力量——深度变革》,中央教育科学研究所、加拿大多伦多国际学院译,教育科学出版社 2004 年版。

[美] 安德鲁·阿伯特:《职业系统——论专业技能的劳动分工》,李荣山译,商务印书馆 2016 年版。

[美] 彼得森、冈萨雷斯:《职业咨询心理学》第二版,时勘等译,中国轻工业出版社 2007 年版。

[美] 杜威:《民主主义与教育》,王承绪译,人民教育出版社 1990 年版。

[美] 冯·贝塔朗菲:《一般系统论:基础、发展和应用》,林康义、魏宏森译,清华大学出版社 1987 年版。

[美] 海伦·杜卡斯、巴纳希·霍夫曼:《爱因斯坦谈人生》,高志凯译,世界知识出版社 1984 年版。

[美] 霍华德·加德纳:《多元智能理论》,沈致隆译,新华出版社 1999 年版。

[美] 罗伯特·赫钦斯:《美国高等教育》,汪利兵译,浙江教育出版社 2001 年版。

[美] 塞缪尔·H. 奥西普、路易斯·F. 菲茨杰拉德:《生涯发展理论》,顾雪英、姜飞月等译,上海教育出版社 2010 年版。

[美] 唐纳德·A. 舍恩:《反映的实践者——专业工作者如何在行动中思考》,夏林清译,教育科学出版社 2007 年版。

[美] 约翰·S. 布鲁贝克:《高等教育哲学》,王承绪、郑继伟等译,浙江教育出版社 2002 年版。

[瑞士] 皮亚杰:《皮亚杰教育论著选》,卢濬译,人民教育出版社 2015 年版。

［苏］苏霍姆林斯基：《少年的教育与自我教育》，姜励群译，北京出版社 1984 年版。

［苏］休金娜：《活动——教育过程的基础》，高文译，人民教育出版社 1991 年版。

［英］怀特海：《教育的目的》，庄莲平、王立中译，文汇出版社 2012 年版。

［英］理查德·斯皮尔斯伯里：《青少年职业展望系列教材》，陈科宇、王莉莉、念昕译，中国劳动社会保障出版社 2014 年版。

［英］麦克·扬：《未来的课程》，谢维和、王晓阳等译，华东师范大学出版社 2003 年版。

陈鹏：《澄明与借鉴：人本主义视角的美国职业教育研究》，中国社会科学出版社 2016 年版。

陈鹏：《共轭与融通：职业教育学术课程与职业课程的整合研究》，中国社会科学出版社 2017 年版。

陈鹏等：《职业启蒙教育学》，知识产权出版社 2019 年版。

董泽芳、沈百福：《百川归海——教育分流研究与国民分流意向调查》，华中师范大学出版社 1999 年版。

方展画、刘辉、傅雪凌编著：《知识与技能——中国职业教育 60 年》，浙江大学出版社 2009 年版。

冯维主编：《小学心理学》，西南师范大学出版社 2013 年版。

谷峪、姚树伟：《职业教育·生涯教育·终身教育——转型期日本职业教育发展及其启示》，高等教育出版社 2010 年版。

顾建军主编：《技术与设计 1》，江苏凤凰教育出版社 2015 年版。

顾伟主编：《陶行知教育思想研究》，中国矿业大学出版社 2011 年版。

国家统计局编：《新中国五十五年统计资料汇编（1949—2004）》，中国统计出版社 2005 年版。

杭州大学中德翻译中心、巴伐利亚州文教部：《德国巴伐利亚州教育制度》，杭州大学出版社 1998 年版。

何东昌主编：《中华人民共和国重要教育文献 1949—1975》，海南出版社 1998 年版。

何沁主编：《中华人民共和国史》，高等教育出版社1999年版。

黄炎培：《调查美国教育报告》，载中华职业教育社编《黄炎培教育文集》第一卷，中国文史出版社1994年版。

金树人：《生涯咨询与辅导》，高等教育出版社2007年版。

匡瑛：《比较高等职业教育：发展与变革》，上海教育出版社2006年版。

赖新元主编：《德国中小学教育特色与借鉴》，中国戏剧出版社2009年版。

李继延等：《中外职业教育体系建设改革比较研究》，复旦大学出版社2014年版。

李蔺田、王萍编：《中国职业技术教育史》，高等教育出版社1994年版。

联合国教科文组织国际教育发展委员会：《学会生存——教育世界的今天和明天》，教育科学出版社1996年版。

刘铁芳：《追寻生命的整全：个体成人的教育哲学阐释》，高等教育出版社2017年版。

鲁武霞：《职业教育的阶梯——高职专科与应用型本科衔接》，高等教育出版社2015年版。

米靖：《中国职业教育史研究》，上海教育出版社2009年版。

苗东升：《系统科学精要》，中国人民大学出版社2010年版。

钱穆：《中国历史精神（新校本）》，九州出版社2011年版。

靳希平、吴增定：《十九世纪德国非主流哲学——现象学史前史札记》，北京大学出版社2004年版。

璩鑫圭、唐良炎编：《中国近代教育史资料汇编：学制演变》，上海教育出版社1991年版。

璩鑫圭、童富勇、张守智编：《中国近代教育史资料汇编：实业教育 师范教育》，上海教育出版社2007年版。

沈之菲编著：《生涯心理辅导》，上海教育出版社2000年版。

石伟平：《比较职业技术教育》，华东师范大学出版社2001年版。

史丹编著：《德国人家训》，中国工人出版社2011年版。

涂艳国：《走向自由——教育与人的发展问题研究》，华中师范大学出版社1999年版。

汪霞主编：《国外中小学课程演进》，山东教育出版社2000年版。

王承旭、顾明远主编：《比较教育》，人民教育出版社2015年版。

王智新、潘立：《日本基础教育》，广东教育出版社2004年版。

吴国存编著：《企业职业管理与雇员发展》，经济管理出版社1999年版。

吴文侃、杨汉清主编：《比较教育学》，人民教育出版社1999年版。

吴义生主编：《系统科学概论》，中共中央党校出版社1998年版。

吴志宏、郅庭瑾等：《多元智能：理论、方法与实践》，上海教育出版社2003年版。

吴忠观主编：《当代人口学科体系研究》，西南财经大学出版社2000年版。

徐国庆：《职业教育课程论》，华东师范大学出版社2015年版。

徐梓、王雪梅编：《蒙学须知》，山西教育出版社1991年版。

许惠英：《人格教育论——青少年的人格培养》，学苑出版社2000年版。

许庆豫、卢乃桂：《教育分流论》，江苏教育出版社2005年版。

许慎：《说文解字》，李翰文译，九州出版社2006年版。

杨志坚：《中国本科教育培养目标研究》，高等教育出版社2005年版。

余立主编：《教育衔接若干问题研究》，同济大学出版社2003年版。

张世高编：《人才学浅说》，科学普及出版社广州分社1989年版。

郑也夫：《吾国教育病理》，中信出版社2013年版。

中共中央文献编辑委员会编：《周恩来选集》（下卷），人民教育出版社1984年版。

中国教育年鉴编辑部编：《中国教育年鉴（1949—1981）》，中国大百科全书出版社1984年版。

中国教育年鉴编辑部编：《中国教育年鉴（1982—1984）》，中国大百科全书出版社1985年版。

中华人民共和国教育部编：《普通高中技术课程标准（实验）》，人民教育出版社2003年版。

中华人民共和国教育部编：《普通高中课程方案（2017年版）》，人民教育出版社2018年版。

中华职业教育社编：《黄炎培教育文集》，中国文史出版社1987年版。

钟启泉、崔允漷、吴刚平主编：《普通高中新课程方案导读》，华东师范大学出版社2003年版。

钟启泉编著：《现代课程论》，上海教育出版社1989年版。

周正：《谁念职校——个体选择中等职业教育问题研究》，教育科学出版社2009年版。

朱涌：《玩出来的成长奇迹》，漓江出版社2016年版。

Bray M., Adamson B. and Mason M., *Comparative Education Research*: *Approachesand Methods*, Hong Kong, China: Comparative Education Research Center, 2007.

Cohen A. M. and Brawer F. B., *The American Community College*, San Francisco, CA: Jossey-Bass, 1996.

Dewey J., *Democracy and Education*: *An Introduction to the Philosophy of Education*, New York, NY: The Macmillan Company, 1916.

Douglass C. North, Robert Paul Thomas, *The Rise of The Western World*: *A New Economic History*, London: Cambridge University Press, 1976.

Patton M. Q., *Qualitative Research and Evaluation Methods* (3rd ed.), Thousand Oaks, CA: Sage, 2002.

Tinto V., *Leaving College*: *Rethinking The Causes and Cures of Student Attrition*, Chicago, US: University of Chicago Press, 1993.

期刊论文类

薄晓丽：《从英国职业指导计划论及我国儿童职业启蒙教育》，《职业教育研究》2012年第11期。

鲍威、李珊：《高中学习经历对大学生学术融入的影响——聚焦高中与大学的教育衔接》，《清华大学教育研究》2016年第6期。

苌庆辉、闫广芬：《扩招后影响研究生教育质量的主题因素——对生源、师生比、师生关系的考察》，《现代大学教育》2010年第5期。

陈鹏、李蕾：《职业启蒙教育的内涵探源与维度界分》，《中国职业技术教育》2018年第27期。

陈鹏、刘珍珍：《第四阶段浸入式项目：英国普职衔接的模式解析》，《外国教育研究》2019 年第 7 期。

陈鹏、庞学光:《大职教观视野下现代职业教育体系的构建》,《教育研究》2015 年第 6 期。

陈鹏、庞学光:《论职业教育的工具性僭越与人本性追求》,《江苏高教》2012 年第 6 期。

陈鹏、庞学光:《培养完满的职业人——关于现代职业教育的理论构思》,《教育研究》2013 年第 1 期。

陈鹏、邵小雪:《14—16 岁学园:英国普职教育衔接的典型模式解析》,《外国教育研究》2017 年第 11 期。

陈鹏、肖龙:《普通高中与高职院校衔接的失范与路径——基于高技能人才培养的视角》,《职教发展研究》2020 年第 1 期。

陈鹏、俞程:《职业启蒙教育的"未启"与"开启"——基于一所小学个案的研究》,《河北师范大学学报》(教育科学版) 2015 年第 6 期。

陈鹏:《供给侧视角下职业教育生源的早期培育研究》,《江苏高教》2018 年第 2 期。

陈鹏:《美国职业教育学术课程与职业课程整合研究》,《外国教育研究》2013 年第 3 期。

陈鹏:《学术课程、职业课程及其整合的概念解读——职业教育的视角》,《全球教育展望》2014 年第 5 期。

陈鹏:《职业启蒙教育:开启职业生涯的祛昧之旅》,《教育发展研究》2018 年第 19 期。

陈鹏:《职业启蒙教育的价值意蕴》,《教育与职业》2019 年第 12 期。

陈仁、杨兆山:《教育的人性启蒙观念及其历史生成》,《广西社会科学》2015 年第 4 期。

陈啸:《德国现代教育思想与教育法治的统一——德国高等职业教育成功范式探源》,《中国高教研究》2003 年第 3 期。

陈学飞:《理想导向型的政策制定——"985 工程"政策过程的分析》,《北京大学教育评论》2006 年第 1 期。

陈志明:《德意志民主共和国普通学校的职业指导》,《全球教育展望》1983 年第 4 期。

崔天升、李春荣、周广德、聂振兴：《关于农村普通初中与职业高中衔接的实验与思考》，《现代中小学教育》1990 年第 6 期。

戴桂荣、张泽：《终身教育视野下中高等职业教育课程衔接模式研究》，《职业技术教育》2013 年第 13 期。

邓萃英：《学制改革》，《教育丛刊》1921 年第 5 期。

杜高明：《教育与人的发展新论》，《教育评论》2009 年第 2 期。

杜启明：《小学职业启蒙教育实施的若干思考》，《合肥学院学报》（社会科学版）2013 年第 7 期。

范国睿：《教育政策与教育改革的逻辑展开》，《教育科学研究》2016 年第 9 期。

冯成火、吴东平：《学考选考特性功能、质量控制及其完善——基于"浙江模式"的研究》，《教育发展研究》2017 年第 4 期。

冯成火：《新高考物理"遇冷"现象探究——基于浙江省高考改革试点的实践与思考》，《中国高教研究》2018 年第 10 期。

冯云廷：《地区性共享机制研究》，《天津社会科学》2006 年第 3 期。

傅小芳、周俪：《德国基础教育中的劳动技术教育》，《比较教育研究》2005 年第 2 期。

傅小芳：《搭建普通教育与职业教育沟通的桥梁——德国莱茵兰—法耳茨州的双轨学校给我们的启示》，《中国成人教育》2009 年第 23 期。

高明：《高职学生厌学现状及相关因素分析》，《中国临床心理学杂志》2013 年第 6 期。

高育奇：《德国职业教育的特色及其对我国职业教育的启示》，《教育与职业》2007 年第 21 期。

葛鑫、李森：《国外中学职业生涯教育对我国的启示》，《教育探索》2008 年第 9 期。

宫盛花：《维柯词源学视角下的人文教育思想》，《教育学报》2013 年第 3 期。

龚雯、周志刚：《美国职业技术教育课程体系顶层设计解析——以佐治亚州（Georgia State）为例》，《外国教育研究》2014 年第 5 期。

龚怡祖：《学科的内在建构路径与知识运行机制》，《教育研究》2013 年第 9 期。

谷峪、崔玉洁：《日本高中阶段的职业生涯教育》，《外国教育研究》2010 年第 12 期。

顾佩华：《新工科与新范式：概念、框架和实施路径》，《高等工程教育研究》2017 年第 6 期。

顾启洲：《中小学校人才结构现状与发展愿景》，《基础教育研究》2017 年第 11 期。

顾月琴：《基于 STC 视角的全民职业教育理念分析》，《教育理论与实践》2013 年第 27 期。

关晶：《现代职业教育体系的"现代性"辨析》，《中国高教研究》2014 年第 11 期。

郭静：《新制度主义视角下高职招生考试制度的问题及改进》，《高教探索》2016 年第 9 期。

杭佳楣：《特需型课程：普通初中特色发展新思路》，《江苏教育》2017 年第 6 期。

洪明：《儿童职业意识启蒙探析》，《中国职业技术教育》2011 年第 18 期。

胡定荣：《教材分析：要素、关系和组织原理》，《课程·教材·教法》2013 年第 2 期。

胡贵勇：《教育功能：诠释，梳理》，《教育理论与实践》2003 年第 23 期。

黄立志：《国内外〈职业教育法〉修订述评》，《职教论坛》2015 年第 15 期。

黄晟扬、王玉龙：《美国儿童的职业启蒙教育初探》，《成人教育》2014 年第 1 期。

黄维、刘偲偲、廖小薇：《谁读工科——大学新生选择工科就读的影响因素》，《高等工程教育研究》2017 年第 6 期。

黄晓玲：《新时期我国高中阶段普职融通的理性审思》，《河北师范大学学报》（教育科学版）2016 年第 1 期。

季芳：《高中新课程评价制度的建构及探索——基于浙江省高中新课程高

考与学业水平考试实践的思考》，《教育测量与评价》（理论版）2010年第1期。

季青春：《新高考改革中高校主体功能发挥路径研究》，《江苏高教》2019年第5期。

贾洪革：《职业教育与普通教育沟通途径的研究》，《教育与职业》2001年第7期。

贾康、苏京春：《论供给侧改革》，《管理世界》2016年第3期。

江静、许正道：《研究生人力资本与创新驱动的经济增长效应研究》，《中国高教研究》2021年第1期。

江琳、吴伟：《基于美国STC理念下的中国职业教育创新思考》，《工业技术与职业教育》2015年第4期。

姜大源：《德国教育体系的基本情况》，《职教论坛》2005年第3期。

姜大源：《现代职业教育体系构建的理性追问》，《教育研究》2011年第11期。

金传宝：《美国中学普通教育和职业教育结合的模式及启示》，《当代教育科学》2010年第13期。

景宏华、魏江南、魏凌云：《澳大利亚职业生涯教育的蝴蝶模型及其启示》，《外国教育研究》2013年第3期。

孔凡琴：《英国综合中学："后综合化"理念及其改革举措》，《外国教育研究》2013年第8期。

孔原：《基于互联网思维的产教融合模式创新与实践》，《职教论坛》2015年第8期。

赖德胜、孟大虎：《专用型人力资本、劳动力转移与区域经济发展》，《中国人口科学》2006年第1期。

赖晓琴：《高职院校招生考试制度现状及改革策略》，《职业技术教育》2013年第1期。

乐毅、温莉莉、李文倩：《高考综合改革试点增加学生选择性的举措及问题论析——以上海市和浙江省为例》，《高校教育管理》2019年第4期。

黎保荣：《何为启蒙——中国现代文学启蒙内涵及其演变新论》，《文学评论》2013 年第 1 期。

李宝庆、张善超、樊亚峤：《多重制度逻辑下普通高中学业水平考试改革的风险及其规避》，《教育发展研究》2016 年第 6 期。

李海宗：《德国职业教育衔接模式对我国的启示》，《现代职业教育》2015 年第 30 期。

李红卫：《教育分流与职普比政策变迁研究》，《职教论坛》2012 年第 27 期。

李华、胡娜、游振声：《新工科：形态、内涵与方向》，《高等工程教育研究》2017 年第 4 期。

李俊、何多明：《德国的职业启蒙教育新解——对历史沿革及课程定位的分析》，《河北师范大学学报》（教育科学版）2015 年第 6 期。

李俊：《德国职业教育的想象、实现与启示——再论德国职业教育发展的社会原因》，《外国教育研究》2016 年第 8 期。

李英：《日本职业生涯教育及其启示》，《成人教育》2007 年第 12 期。

李政：《职业教育现代学徒制的价值审视——基于技术技能人才知识结构变迁的分析》，《华东师范大学学报》（教育科学版）2017 年第 1 期。

李志涛：《主要发达国家"高考"科目选择性的比较分析与探讨》，《全球教育展望》2018 年第 2 期。

栗新：《美国小学职业生涯教育管窥》，《教学与管理》2015 年第 7 期。

林崇德：《中国学生核心素养研究》，《心理与行为研究》2017 年第 2 期。

林克松、王亚南：《"中本贯通"政策的逻辑、隐忧及理性实践》，《河北师范大学学报》（教育科学版）2016 年第 3 期。

林小英：《理解教育政策：现象、问题与价值》，《北京大学教育评论》2007 年第 4 期。

刘秉栋、张家雯：《〈职业技术教育战略（2016—2021）〉的背景、体系与特点》，《职业教育研究》2017 年第 4 期。

刘春生、马振华：《高技能人才界说》，《职教通讯》2006 年第 3 期。

刘海汛：《理科状元"轻工"倾向对我国顶尖技术人才培养的负面效应》，《中国青年研究》2010 年第 7 期。

刘建中、徐太水、王江然、王玉国：《论高等教育与基础教育的衔接》，

《河北师范大学学报》（教育科学版）2004年第6期。

刘丽群、彭李：《国外高中教育普职沟通的关键举措与基本经验》，《湖南师范大学教育科学学报》2014年第5期。

刘丽群：《高中阶段普职沟通的问题反思与政策建议》，《教育研究》2015年第9期。

刘润、张浩：《高等学校工程教育需求与专业选择研究——基于质量功能展开的方法》，《高等工程教育研究》2019年第2期。

刘涛、陈鹏：《中外职业启蒙教育的理论与实践述评》，《职教论坛》2015年第12期。

刘希伟：《高考科目改革的轨迹与反思：基于选择性的视角》，《全球教育展望》2018年第4期。

刘晓、黄卓君：《青少年儿童职业启蒙教育：内涵、内容与实施策略》，《中国职业技术教育》2016年第23期。

刘晓、石伟平：《职业教育集团化办学治理：逻辑、理论与路径》，《中国高教研究》2016年第2期。

刘秀英：《网络视阈下"思想道德修养与法律基础"课渗透式教学模式探究》，《教育与职业》2012年第21期。

刘珍珍、陈鹏：《青年学徒制：英国普职教育衔接的模式解析》，《职教通讯》2018年第7期。

柳博：《选择性：高考制度改革的机遇与挑战》，《教育研究》2016年第6期。

柳燕君：《构建"能力递进、纵横拓展、模块化设置"的中高职课程衔接模式》，《中国职业技术教育》2012年第17期。

芦丹：《社会职业启蒙教育内容体系探析——以赣州市为例》，《河南科技》2014年第11期。

陆素菊：《职业人的培育：日本中小学生涯教育的发展与特色》，《外国中小学教育》2007年第1期。

陆伟、孟大虎：《教育分流制度的国际比较》，《清华大学教育研究》2014年第6期。

栾先红、孙玉丽：《多元智能理论下普职融通试点班学生评价研究》，《宁波大学学报》（教育科学版）2016年第3期。

吕文晶、陈劲：《当新工科遇上新高考：机遇、问题与应对》，《高等工程教育研究》2018年第1期。

马建富：《中等与高等职业教育衔接模式的探讨》，《现代教育科学》2003年第2期。

马莉萍、由由、熊煜、董璐、汪梦姗、寇焜照：《大学生专业选择的性别差异——基于全国85所高校的调查研究》，《高等教育研究》2016年第5期。

马维娜：《教育改革深度复杂的现实解读——以学生与教育改革远近距离为切口》，《教育发展研究》2017年第4期。

马治国、周常稳、孙长梅：《中小学实施职业启蒙教育的迫切性与可行性探析》，《教育探索》2016年第1期。

孟繁华、田汉族：《走向合作：现代学校组织的发展趋势》，《教育研究》2007年第12期。

孟广平：《职业教育接续培养：依据与内涵特征》，《中国职业技术教育》2016年第3期。

苗学杰：《基于中等教育和高等教育衔接的英国大学招生考试制度探析》，《外国教育研究》2014年第12期。

苗学杰：《上构与下延：英国中等教育与高等教育衔接的课程体系探析》，《外国教育研究》2015年第7期。

莫志明：《现代职业教育层次衔接模式建设研究》，《教育与职业》2015年第7期。

南海、薛勇民：《什么是"生涯教育"——对"生涯教育"概念的认知》，《中国职业技术教育》2007年第3期。

宁永红、马爱林：《美国综合高中的发展及对我国的启示》，《河北职业技术师范学院学报》（社会科学版）2003年第2期。

潘懋元：《高等职业教育：体系、定位、发展与模式（笔谈）》，《教育研究》2005年第5期。

潘懋元：《黄炎培职业教育思想对当前高等职业教育的启示》，《教育研究》2007年第1期。

秦春华:《高校招生能力七人谈——什么是大学招生的专业化》,《华东师范大学学报》(教育科学版) 2017 年第 1 期。

人力资源和社会保障部:《2019 年第一季度公共就业服务机构市场供求状况分析》,《中国人力资源社会保障》2019 年第 5 期。

上官子木:《从职业规划教育的缺失看我国基础教育的缺陷》,《教育科学研究》2009 年第 6 期。

上海市曹杨职业技术学校课题组:《区域中小学生职业启蒙教育活动模式的实践研究》,《思想理论教育》2013 年第 5 期。

申继亮:《关于我国普通高中教育发展的思考》,《教育发展研究》2010 年第 6 期。

石中英:《关于现阶段普通高中教育性质的再认识》,《教育研究》2014 年第 10 期。

史宝琴:《论家庭变迁与人口的生育行为》,《人口学刊》2003 年第 2 期。

宋剑华、张翼:《"启蒙主义"与中国现代文学》,《贵州社会科学》2007 年第 1 期。

孙露、杨若凡、石伟平:《中本贯通课程衔接体系构建的实然与应然》,《中国职业技术教育》2016 年第 32 期。

汤宝梅:《高等教育和基础教育衔接不力的问题及对策思考》,《教育与职业》2013 年第 9 期。

汤霓:《大职教观视野下"普职渗透"的实践探索——访北海市中等职业技术学校》,《中国职业技术教育》2017 年第 22 期。

唐植君:《日本小学职业生涯教育的本土化及启示》,《教学与管理》2015 年第 9 期。

天民:《小学校职业教育实施法》,《教育杂志》1917 年第 4 期。

涂端午、魏巍:《什么是好的教育政策》,《教育研究》2011 年第 1 期。

汪晶晶、陈蕾:《中新普职分流政策比较研究》,《江苏技术师范学院学报》(职教通讯) 2008 年第 8 期。

王国光:《关于职校生学习力的调查报告》,《职教论坛》2011 年第 21 期。

王平:《小学职业启蒙教育活动课程的设计与开发》,《中国德育》2012

年第 1 期。

王璞、李玲玲：《技术准备计划：美国衔接中学与中学后教育的策略》，《比较教育研究》2012 年第 6 期。

王森：《新高考选考科目计分机制的主要问题及建议》，《中国高教研究》2017 年第 12 期。

王世伟：《美国高中阶段生涯教育课程评析》，《比较教育研究》2013 年第 9 期。

王小虎、潘昆峰、苗苗：《高考改革对高水平大学招生的影响及其应对》，《中国高教研究》2017 年第 4 期。

闻待：《校际合作共同体的典型实践及特征》，《教育发展研究》2008 年第 24 期。

吴爱华、侯永峰、杨秋波、郝杰：《加快发展和建设新工科主动适应和引领新经济》，《高等工程教育研究》2017 年第 1 期。

吴康宁：《教育改革成功的基础》，《教育研究》2012 年第 1 期。

吴康宁：《中国教育改革为什么会这么难》，《华东师范大学学报》（教育科学版）2010 年第 4 期。

吴新颖、卢莉娅：《应重视幼儿非智力因素的培养》，《学前教育研究》2008 年第 7 期。

武学慧、刘春娣：《高职生学习能力及其影响因素实证研究》，《职教通讯》2014 年第 19 期。

夏建国、赵军：《从结构到建构：论中本贯通的实践逻辑》，《教育与职业》2016 年第 7 期。

肖龙、陈鹏：《高职生源的供给侧改革——普通高中与高职教育衔接的视角》，《中国职业技术教育》2017 年第 29 期。

肖龙、陈鹏：《基础教育与高职教育衔接：何以必要与可能？——基于高技能人才成长的视角》，《中国职业技术教育》2018 年第 21 期。

肖龙、陈鹏：《我国普通高中与高职教育接续的困厄与出路》，《教育与职业》2017 年第 5 期。

谢达波：《要识"分流"难题真面目》，《教育西部》2014 年第 16 期。

谢镒逊：《论教育政策过程中公众人的缺失与回归》，《当代教育科学》

2001年第1期。

胥进、赵盈：《初中和中高职"三层次"衔接的校校合作模式探究》，《现代职业教育》2016年第1期。

徐爱新、安月辉、于伟娜：《解析日本的职业生涯教育》，《教育与职业》2011年第18期。

徐国庆、石伟平：《中高职衔接的课程论研究》，《教育研究》2012年第5期。

徐国庆：《工作知识：职业教育课程内容开发的新视角》，《教育发展研究》2009年第11期。

徐国庆：《课程衔接体系：现代职业教育体系构建的基石》，《中国职业技术教育》2014年第27期。

徐国庆：《中本贯通的合理性》，《职教论坛》2015年第9期。

徐国庆：《中高职衔接中的课程设计》，《江苏高教》2013年第3期。

徐涵：《德国职业教育与普通教育的渗透模式及启示》，《教育与职业》2005年第32期。

徐泽民、熊文珍、赵茹春：《传统观念与职业教育发展滞后的关系——社会学视野与方法论的应用》，《南昌大学学报》（人文社会科学版）2009年第6期。

薛二勇：《考试招生制度改革的政策设计与机制创新——以山东省潍坊市中考改革为例》，《中国教育学刊》2014年第4期。

荀莉：《中高职课程衔接研究现状综述》，《职教论坛》2012年第13期。

鄢明明：《论高中会考后中等教育与高等教育的衔接》，《湖北大学学报》1993年第2期。

杨金土：《20世纪我国高职发展历程回顾》，《中国职业技术教育》2017年第9期。

杨黎明：《中职教育与基础教育、职业培训、高职教育相衔接的课程体系理论框架模型研究——关于构建我国学分银行系列研究之一》，《职教论坛》2004年第4期。

杨曦：《对中学生涯教育的再认识》，《中国教育学刊》2007年第9期。

杨燕燕：《加拿大安大略省中学〈职业生涯教育与指导〉课程述评》，

《比较教育研究》2005 年第 12 期。

叶亚玲:《职业教育应从儿童起步——由"新失业群体"现象引发的思考》,《教育与职业》2006 年第 15 期。

伊江月、陈鹏:《小学职业体验活动的价值意蕴与实现路径》,《教学与管理》2019 年第 26 期。

尹弘飚:《教育实证研究的一般路径:以教师情绪劳动研究为例》,《华东师范大学学报》(教育科学版) 2017 年第 3 期。

詹逸思、李曼丽、张羽:《工科生的学习动机与自主支持型教育环境之间关系的实证研究——基于某研究型大学四年混合截面数据的分析结果》,《高等工程教育研究》2016 年第 6 期。

张华:《论我国普通高中的性质与价值定位》,《教育研究》2013 年第 9 期。

张继州、黄书光:《谁读职校——基于社会分层视角》,《全球教育展望》2015 年第 9 期。

张守祥:《中等和高等职业教育衔接的制度研究》,《教育研究》2012 年第 7 期。

张新民:《试论高等职业教育及其本质》,《教育与职业》2008 年第 2 期。

张艳:《中等职业学校生产性实训基地的实践探索——以北海市中等职业技术学校生产性实训基地为例》,《中学教学参考》2016 年第 10 期。

张瑶祥:《高职院校"好就业,难招生"现象分析——基于社会分层视角》,《教育研究》2013 年第 5 期。

赵冠峰:《高考科目设置误区分析与对策》,《社会科学论坛》2016 年第 7 期。

赵丽霞:《法、日、中三国初中课程设置的比较与借鉴》,《内蒙古师范大学学报》(教育科学版) 2008 年第 10 期。

赵伟:《新时代职业教育主要矛盾析》,《中国职业教育技术》2017 年第 34 期。

赵志群:《国外中高职课程衔接给我们的启示》,《职教论坛》2002 年第 22 期。

郑也夫:《德国教育与早分流之利弊》,《清华大学教育研究》2012 年第

6 期。

郑玥：《日本中小学职业生涯教育及其启示》，《河南科技学院学报》2010 年第 10 期。

钟登华：《新工科建设的内涵与行动》，《高等工程教育研究》2017 年第 3 期。

周保民、王璐：《产业结构调整对高技能人才的需求趋势研究》，《职业教育研究》2013 年第 10 期。

周满玲、张进辅、曾维希：《职业发展的混沌理论》，《心理科学进展》2006 年第 5 期。

周世厚：《美国中等教育与高等教育衔接的多维解析》，《外国教育研究》2015 年第 7 期。

周羽全、钟文芳：《我国台湾地区中小学生涯教育及启示》，《内蒙古师范大学学报》（教育科学版）2010 年第 12 期。

朱广兵、孙莹：《论基础教育与职业教育的有效衔接》，《南方职业教育学刊》2013 年第 1 期。

朱新生：《论职业教育与普通教育的相互沟通》，《教育发展研究》2002 年第 11 期。

祝成林：《中高职课程衔接的着力点：知识、技能、素质》，《职教论坛》2014 年第 3 期。

庄西真：《教育分流与中等职业教育的发展》，《河南职业技术学院学报》2013 年第 1 期。

宗桂春：《美国综合中学的历史透视》，《外国中小学教育》1992 年第 3 期。

邹宏秋：《论高职人才培养中的学生自我认知教育》，《教育探索》2005 年第 12 期。

Albert Bandura, "Self-efficacy: Toward a Unifying Theory of Behavioral Change", *Psychological Review*, Vol. 84, No. 2, 1977.

Becker G., "Investment in Human Capital: A Theoretical Analysis", *Journal of Political Economy*, Vol. 70, No. 5, 1962.

Borg T., Bright J. and Pryor R., "The Butterfly Model of Careers: Illustrating

How Planning and Chance can be Integrated in the Careers of Secondary School Students", *Australian Journal of Career Development*, Vol. 15, No. 3, 2006.

Debra D. Bragg, "Maximizing the Benefits of Tech-Prep Initiatives for High School Students", *New Directions for Community Colleges*, Vol. 2000, No. 111, 2000.

Donald E. Super, "A Theory of Vocational Development", *The American Psychologist*, Vol. 8, No. 5, 1953.

Gregory A. Shipp, "Key Thoughts for Career and Technical Education", *Techniques*, Vol. 91, No. 1, 2016.

Hauser John R., "How Puritan-Bennett Used the House of Quality", *Sloan Management Review*, Vol. 34, No. 3, 1993.

Houser J. R. and Clausing D. P., "The House of Quality", *Harvard Business Review*, Vol. 66, No. 3, 1988.

Hull D. and Souders Jr. J. C., "The Coming Challenge: Are Community Colleges Ready for the New Wave of Contextual Learners", *Communtiy Colleges Journal*, Vol. 67, No. 2, 1996.

Jasmine L. Knight, "Preparing Elementary School Counselors to Promote Career Development: Recommendations for School Counselor Education Programs", *Journal of Career Development*, Vol. 42, No. 2, 2015.

Jim A. Patterson, "Career Development Begins in Elementary and Middle School", *Counseling Today*, Vol. 48, No. 3, 2005.

John Polesel, "Vocational Education and Training in Schools in Victoria: an appraisal six years down the track", *Journal of Vocational Education and Training*, Vol. 53, No. 2, 2001.

Julian R. Betts, "The Economics of Tracking in Education", *Handbook of the Economics of Education*, Vol. 3, No. 10, 2011.

Lichtenberger E. and George Jackson C., "Predicting High School Students' Interest in Majoring in a STEM Field: Insight into High School Students' Postsecondary Plans", *Journal of Career & Technical Education*, Vol. 28,

No. 1, 2013.

Matthias Pilz and Jun Li, "What Teachers in Pre-vocational Education Should Teach and What They Actually Teach: a comparison of curricula and teaching in Germany and China", *Research in Comparative and International Education*, Vol. 7, No. 2, 2012.

Moakler M. W. and Kim M. M. , "College Major Choice in STEM: Revisiting Confidence and Demographic Factors", *The Career Development Quarterly*, Vol. 62, No. 2, 2014.

Swanson J. L. and Torkar D. M. , "College student's perception of barriers to career development", *Journal of Vocation Behavior*, Vol. 38, No. 1, 1991.

Sylke Viola Schnepf, "A Sorting Hat that Fails? The Transition from Primary to Secondary School in Germany", *Innocenti Working Papers*, No. 92, 2002.

Taveira, Maria Do Ceu, Moreno, M. Luisa Rodríguez, "Guidance Theory and Practice: The Status of Career Exploration", *British Journal of Guidance and Counselling*, Vol. 31, No. 2, 2003.

Thomas D. Yawkey and Eugene L. Aronin, "Fostering Relevance With Career Education In The Elementary School", *Education*, Vol. 95, No. 1, 1974.

T. R. Bailey, K. L. Hughes and M. M. Karp, "Dual Enrollment Programs: Easing Transitions from High School to College. CCRC. Brief", *Academic Ability*, No. 17, 2003.

Wom P. Gothard, "Careers Education in a Primary School", *Pastoral Care in Education*, Vol. 16, No. 3, 1998.

Younger Paula, "British Qualifications 2011: A Complete Guide to Professional, Vocational and Academic Qualifications in the United Kingdom (41st edition)", *Reference Reviews*, Vol. 25, No. 8, 2011.

学位论文类

鲍卉:《中职学生职业生涯观念的现状研究》,硕士学位论文,沈阳师范大学,2016年。

卜永媛:《对一所农村初中实施普通教育与职业教育结合的研究》,硕士学位论文,西南大学,2010年。

曹五军:《基础教育与职业教育的衔接机制研究》,硕士学位论文,云南大学,2015年。

崔露月:《柯南特中等教育思想研究》,硕士学位论文,华东师范大学,2016年。

高一萍:《中等职业学校德育课开展职业生涯教育研究》,硕士学位论文,上海师范大学,2010年。

郭鹤:《中等职业学校特色课程的开发与应用研究——以广西北海市中等职业技术学校民间贝雕工艺课程为例》,硕士学位论文,广西师范大学,2016年。

国卉男:《中国终身教育政策研究——基于政策文本的分析》,博士学位论文,华东师范大学,2013年。

郝天聪:《职业教育转换研究——基于现代职业教育体系运行的考量》,硕士学位论文,南京师范大学,2016年。

刘涛:《澄明与超越:小学数学课程教学渗透职业启蒙教育研究》,硕士学位论文,江苏师范大学,2015年。

刘元:《美国K-12生涯教育实践模式研究》,硕士学位论文,华东师范大学,2008年。

吕显然:《日本职业生涯教育研究及启示》,硕士学位论文,青岛大学,2014年。

齐守泉:《中高职专业衔接研究》,博士学位论文,华东师范大学,2016年。

塔娜:《美国中小学职业生涯辅导研究》,硕士学位论文,东北师范大学,2008年。

田潇:《日本职业生涯教育研究》,硕士学位论文,天津大学,2012年。

王书越:《山西省农村义务教育与中等职业教育的衔接性发展研究》,硕士学位论文,安徽财经大学,2015年。

王瑜:《基于多元智能理论的学生评价研究》,硕士学位论文,河南大学,2005年。

吴翠翠:《湖北人才结构与产业互动研究》,硕士学位论文,武汉理工大学，2009年。

杨靖：《从美国生涯教育的经验看我国普通高中生涯教育及其课程设置》，硕士学位论文，天津师范大学，2007年。

于薇：《运用教育衔接思想帮助大学新生适应的必要性论证及实施策略》，硕士学位论文，上海师范大学，2006年。

詹嘉怡：《高职院校考试招生制度的改革创新——以湖北省技能高考为例》，硕士学位论文，华中师范大学，2013年。

赵光辉：《人才结构与产业结构互动机理及相关政策研究》，博士学位论文，武汉理工大学，2006年。

报纸类

陈鹏：《职业启蒙教育，现代职业教育体系之根》，《中国教育报》2015年6月25日第9版。

冯莉：《技能人才缺口是工业发展的潜在危险》，《中国青年报》2016年4月25日第11版。

郭妍：《高职生源危机持续扩大，"零投档"是尴尬也是转机》，《山西日报》2016年11月11日第6版。

教育部高等教育教学评估中心：《中国工程教育质量报告（摘要）》，《中国教育报》2016年4月8日第6版。

李津军：《职业启蒙越早越好》，《中国教育报》2015年9月7日第12版。

李萍：《行走的课堂如何实现"游中学"》，《中国教育报》2017年8月2日第3版。

李亚杰：《产业工人地位下降，今天如何唱响"咱们工人有力量"》，《人民日报》2007年5月7日第3版。

石伟平、郝天聪：《走向工业4.0还需要中等职业教育吗?》，《光明日报》2017年4月6日第14版。

孙善学：《发挥职教在教育分流中的重要作用》，《中国教育报》2010年8月30日第2版。

万玉凤：《职业启蒙助高中生感知真实世界》，《中国教育报》2013年11月11日第2版。

王晓慧:《高中阶段教育全面普及一步之遥,12年义务教育猜想》,《华夏时报》2017年10月27日。

谢维和:《共生:并非理想化的假设》,《中国教育报》2013年4月15日第5版。

张彩娟、张棉好:《普职融通——课程设计是基点》,《中国教育报》2016年1月2日第12版。

朱振岳:《浙江2017年高校选考科目公布　两万多专业一半不限选考科目》,《中国教育报》2015年3月2日第3版。

研究报告类

蔡昉、张车伟主编:《人口与劳动绿皮书:中国人口与劳动问题报告No.16》,社会科学文献出版社2015年版。

孙宏艳、赵霞:《中美日韩高中生毕业去向与职业生涯教育研究报告》,中国青少年研究中心,2013年3月31日。

张车伟、蔡翼飞编:《人口与劳动绿皮书:中国人口与劳动问题报告No.21》,社会科学文献出版社2020年版。

Fullarton, Sue, *VET in Schools: Participation and Pathways* (LSAY Research Report No. 21), Camberwell, Victoria: ACER, 2001.

Golden, S., O'Donnell, L. and Benton, T., *Evaluation of the Young Apprenticeships Programme: Outcomes for cohort 3*, Coventry, UK: Young People's Learning Agency, 2010-11-15.

Hershey, A. M., Silverberg, M. K., Owens, T., Hulsey, L. K., *Focus for the future: The final report of the national Tech-Prep evaluation*, Princeton, NJ: Mathematica Policy Research, 1998.

OECD, *Knowledge and Skills for Life - First Results from PISA 2000*, Paris: OECD, 2001.

SCRGSP (Steering Committee for the Review of Government Service Provision) 2016, *Report on Government Services 2016*, vol. B, Child care, education and training, Productivity Commission, Canberra.

Donald E. Super, *Career Education and the Meanings of Work*, Washington, U. S. : U. S. Government Printing Office, 1976.

工具书类

[英]霍恩比:《牛津高阶英汉双解词典》第六版,石孝殊等译,商务印书馆2004年版。

[英]霍恩比:《牛津高阶英汉双解词典》第八版,赵翠莲等译,商务印书馆2014年版。

夏征农、陈至立主编:《辞海》第六版彩图本,上海辞书出版社2009年版。

辞海编辑委员会编:《辞海》缩印本,上海辞书出版社1980年版。

何九盈、王宁、董琨主编:《辞源》第三版,商务印书馆2015年版。

苑茜、周冰、沈士仓等主编:《现代劳动关系辞典》,中国劳动社会保障出版社2000年版。

中国社会科学院语言研究所词典编辑室编:《现代汉语词典》第五版,商务印书馆2005年版。

中国社会科学院语言研究所词典编辑室编:《现代汉语词典》第六版,商务印书馆2013年版。

中国社会科学院语言研究所词典编辑室编:《现代汉语词典》第七版,商务印书馆2016年版。

网络文献

彼得·马什:《研究显示全球技术人才短缺》,http://www.ftchinese.com/story/001047579。

国务院:《关于加快发展现代职业教育的决定》,2014年6月22日,中国政府网,http://www.gov.cn/zhengce/content/2014-06/22/content_8901.htm。

国务院:《关于深化考试招生制度改革的实施意见》,2014年9月4日,中国政府网,http://www.gov.cn/zhengce/content/2014-09/04/content_9065.htm。

国务院:《关于印发国家职业教育改革实施方案的通知》,2019年2月13日,中国政府网,http://www.gov.cn/zhengce/content/2019-02/13/content_5365341.htm。

国务院:《国家中长期人才发展规划纲要(2010—2020年)》,2010年6月6日,中国政府网,http://www.gov.cn/jrzg/2010-06/06/content_1627.hml。

《人才会议:中国要树成就导向的社会价值观》,2013年12月5日,人民网,http://www.people.com.cn/GB/jiaoyu/1053/2255243.html。

中共中央:《关于教育体制改革的决定》,1985年5月27日,中国政府网,http://old.moe.gov.cn/publicfiles/business/htmlfiles/moe/moe_177/200407/2482.html。

国务院办公厅:《关于深化产教融合的若干意见》,2017年12月19日,中国政府网,http://www.gov.cn/zhengce/content/2017-12/19/content_5248564.htm。

国务院办公厅:《关于印发职业技能提升行动方案(2019—2021年)的通知》,2019年5月24日,中国政府网,http://www.gov.cn/zhengce/content/2019-05/24/content_5394415.htm?trs=1。

江苏省教育考试院:《2019年拟在浙招生普通高校专业(类)选考科目范围》,2018年1月12日,浙江省教育考试院网,https://www.zjzs.net/moban/index/index.html。

江苏省教育厅:《关于做好江苏省2017年高职院校提前招生改革试点工作的通知》,2016年12月13日,江苏省教育考试院网,http://www.jseea.cn/contents/channel_80/2016/12/1612131553879.html。

中国教育在线:《2015年基础教育发展调查报告》,中国教育在线官网,http://www.eol.cn/html/jijiao/report/2015/pc/index.html。

教育在线:《美国基础教育》,2015年6月2日,https://max.book118.com/html/2015/0602/18298836.shtml。

麦可思:《2017中国大学生就业报告(就业蓝皮书)》,2017年6月12日,搜狐网,http://www.sohu.com/a/148922684_253609。

清华大学、复旦大学、摩根大通:《中国劳动力市场技能缺口研究》,http：//www. econ. fudan. edu. cn/dofiles/all/20161121160023663. pdf。

如皋市通用技术教育实验学校：《组织学生来校集中学习通用技术课程材料汇编》，http：//www. rgtyjs. net/Show_news. aspx？id＝259。

山东省教育厅：《山东省高等职业学校注册入学试点方案》，2014 年 1 月 14 日，山东教育信息网，http：//www. sdedu. gov. cn/eportal/ui？pageId＝465425&articleKey＝559777&columnId＝465614。

上海文来中学：《文来高中 2017 年度"飞行试验班"招生简章》，2017 年，七宝中学教育集团网，http：//www. wlhs. icampus. cn/cms/app/info/doc/index. php/27659。

习近平：《加快发展职业教育 让每个人都有人生出彩机会》，2014 年 6 月 23 日，新华网，http：//www. xinhuanet. com/politics/2014 - 06/23/c_1111276223. htm。

中共中央、国务院：《关于全面加强新时代大中小学劳动教育的意见》，2020 年 3 月 26 日，中国政府网，http：//www. gov. cn/zhengce/2020 - 03/26/content_5495977. htm。

光明微教育：《普及高中阶段教育，普职融通如何做？》，2017 年 10 月 26 日，中国职业技术教育网，http：//www. zjchina. org/platform/service/zxnews/shtml/201710/12571. shtml。

中华人民共和国国家统计局：《2016 年中华人民共和国国民经济和社会发展统计公报》，2017 年 2 月 28 日，国家统计局网，http：//www. stats. gov. cn/tjsj/zxfb/201702/t20170228_1467424. html。

中华人民共和国教育部：《2016 年全国教育事业发展统计公报》，2017 年 7 月 10 日，中华人民共和国教育部网，http：//www. moe. gov. cn/jyb_sjzl/sjzl_fztjgb/201707/t20170710_309042. html。

中华人民共和国教育部：《2019 年全国教育事业发展统计公报》，2020 年 5 月 20 日，中华人民共和国教育部网，http：//www. moe. gov. cn/jyb_sjzl/sjzl_fztjgb/202005/t20200520_456751. html。

中华人民共和国教育部等：《职业教育提质培优行动计划（2020—2023 年）》，2020 年 9 月 29 日，中华人民共和国教育部网，http：//www. moe. gov. cn/srcsite/A07/zcs_zhgg/202009/t20200929_492299. html。

中华人民共和国教育部等：《高中阶段教育普及攻坚计划（2017—2020年）》，2017 年 4 月 6 日，中华人民共和国教育部网，http：//www. moe. gov. cn/srcsite/A06/s7053/201704/t20170406_301981. html。

中华人民共和国教育部、人力资源和社会保障部、工业和信息化部：《制造业人才发展规划指南》，2016 年 12 月 27 日，中华人民共和国教育部网站，http：//www. moe. gov. cn/srcsite/A07/moe _ 953/201702/t20170214_296162. html。

"AdmissionPolicyfor14 – 16 Direct Entry Enrollment in September2017"，2016 – 09，http：//www. leggott. ac. uk/downloads/1416/Leggott% 20Academy% 20Admissions % 20Policy% 20Sept% 2017. pdf.

Australian Qualifications Framework Council，"Australian Qualifications Framework Second Edition January 2013"，2013 – 01，https：//www. aqf. edu. au/sites/aqf/files/aqf – 2nd – edition – january – 2013. pdf.

Bragg D. D. ，"Promising outcomes for Tech – Prep participants in eight local consortia：A summary of initial results"，http：//www. nccte. com/publications/secure/index. ds. p#PromisingOutcomes.

Brighton & Hove City Council Children's Services，"Key Stage 4 Engagement Programme"，http：//www. brighton – hove. gov. uk/sites/brighton – hove. gov. uk/files/Appendix% 203% 20 – % 20% 20KS4EP% 20Referral% 20form% 2013 – 14. pdf.

Cambridge Regional College，"About the Academy"，http：//www. camre. ac. uk/academy/about – the – academy/.

Cambridge Regional College，"Academy Prospectus 2017/18"，http：// www. camre. ac. uk/wp – content/uploads/2016/12/Academy – Prospectus – 2017 – 18. pdf.

Cambridge Regional College，"Full – time direct – entry 14 – 16 year old Admissions Policy（Academy @ CRC）"，2016 – 01 – 27，http：//www. camre. ac. uk/wp – content/uploads/2016/01/Admissions – policy – 14 – 16 – DPD_POL_14_1_2016. pdf.

Cambridge Regional College，"Full – time Prospectus 2017/18"，2016 – 09， http：//www. camre. ac. uk/wp – content/uploads/2016/09/Full – Time – Prospectus – 2017. pdf.

Cambridge Regional College, "Progression from the Academy", http：//www. camre. ac. uk/academy/academyprogression/.

"Career Clusters", https：//cte. careertech. org/sites/default/files/Career-ClustersPathways. pdf.

"Career Education", http：//career. iresearchnet. com/career – development/career – education/.

CFA, "The Nature of the Young Apprenticeship Programme", 2009 – 09 – 22, http：//www. skillscfa. org/ya/partner/YA_the_nature_of_the_programme_cohort7_v2. pdf.

Department for Children, Schools and Families, "Key Stage 4 Engagement Programme Evaluation", 2009 – 04, https：//www. educationandemployers. org/wp – content/uploads/2014/06/DCSF – RR084. pdf.

Department forChildren, Schools and Families, "Key Stage 4 Engagement Programme：ways to accredit generic learning：Personal, Learning and Thinking Skills (plts), Wider Key Skills from within the programme, 2007, http：//archive. teachfind. com/qcda/orderline. qcda. gov. uk/gempdf/1445901676/Ways_to_accredit_generic_learning. pdf.

Department for Education and Skill, "14 – 19：Extending Opportunities, Raising Standards", 2002 – 02, http：//www. educationengland. org. uk/documents/pdfs/2002 – green – paper – 14to19. pdf.

Department for Education, "The National Curriculum in England Key Stages 3 and 4 Framework Document", 2014 – 12, https：//assets. publishing. service. gov. uk/government/uploads/system/uploads/attachment _ data/file/381754/SECONDARY_national_curriculum. pdf.

DfE, "Change sto GCSEs from 2012", 2014 – 01 – 07, http：//www. education. gov. uk/children and young people/young people/and learning/gcses/a00191691/changes – to – gcses – from – 2012. hml.

Education Funding Agency, "Full – time enrolment of 14 – to 16 – year – olds in further education and sixth – form colleges in 2016 to 2017 academic year", 2016 – 09 – 07, https://www.gov.uk/guidance/full – time – enrolment – of – 14 – to – 16 – year – olds – in – further – education – and – sixth – form – colleges – in – 2016 – to – 2017 – academic – year.

"Getting to good: How new 14 – 16 school partnerships helped to move Bicton College on and up", 2013 – 10 – 13, http://www.ofsted.gov.uk/resources/goodpractice.hml.

Golden S., Nelson J., O'Donnell L., et al., "Implementing the Increased Flexibility for 14 to 16 Year Olds Programme: The Experience of Partnerships and Students", 2004 – 08, https://www.nfer.ac.uk/publications/IFE04/IFE04.pdf.

Golden S., O'Donnell L. and Benton T., "Evaluation of the Young Apprenticeships Programme: Outcomes for cohort 3", 2010 – 11 – 15, https://www.gov.uk/government/uploads/system/uploads/attachment_data/file/183509/Evaluation_of_the_Young_Apprenticeships_Programme.pdf.

Department for Education, "The National Curriculum in England Key Stages 3 and 4 Framework Document", 2014 – 12 – 02, https://www.gov.uk/government/publications/national – curriculum – in – england – framework – for – key – stages – 1 – to – 4/the – national – curriculum – in – england – framework – for – key – stages – 1 – to – 4.

Institute of the Motor Industry, "Getting on a Young Apprenticeship Programme – Guidance for Pupils", 2012 – 07, https://www.theimi.org.uk/standards_and_Qualifications/young – apprenticeships/getting – young – apprenticeship – programme – guidance – pupils.

Jimmy Carter, "The American Presidency Project", http://www.presidency.ucsb.edu/ws/index.php?pid=7011.

NOICC, "National Career Development Guidelines. Career Development Standards", www.iptv.org/pub/STCpdfs/ncdgstan.pdf.

OECD, "PISA2012TechnicalReport", http://www.oecd.org/pisa/pisaproducts.

Ofsted, "The Young Apprenticeships Programme 2004 - 2007: an Evaluation", 2007 - 12, https://www.educationandemployers.org/wp-content/uploads/2014/06/the-young-apprenticeships-programme-2004-07-ofsted.pdf.

P - TECH, "P - TECH 14 - 16 schools provide young adults the skills to succeed", http://www.ptech.org/.

P - TECH, "General Information", http://www.ptechnyc.org/Page/73.

P - TECH, "P - TECH 9 - 14 MODEL: IMPACT TO DATE", http://www.ptech.org/docs/tools/PTECH-9-14-Model-Impact.pdf.

Qualification and Curriculum Authority, "Key Stage 4 Engagement Programmes", 2009, https://core.ac.uk/download/pdf/4158543.pdf.

Qualification and Curriculum Authority, "Key Stage 4 Engagement Programme Making the programme work for your students", 2007, http://archive.teachfind.com/qcda/www.qcda.gov.uk/resources/assets/KS_engagement_programme.pdf.

Qualifications and Curriculum Authority, "Key stage 4 Engagement programmes", 2009, http://dera.ioe.ac.uk/9097/7/Key_stage_4_Engagement_programmes_Redacted.pdf.

Rebecca Cooney, "MPs Hear Young Apprenticeship Programme Comeback Call", 2014 - 11 - 10, http://www.feweek.co.uk/2014/11/10/mps-hear-young-appreniceship-programme-comebck-call/.

Secretary of State for Education and Skills, "14 - 19 Education and Skills", 2005 - 02, http://www.educationengland.org.uk/documents/pdfs/2005-white-paper-14-19-education-and-skills.pdf.

TAFE Queensland, "TAFE at School 2017 Coures Guide", 2017, http://tafebrisbane.edu.au/resources/pdf/tafe-at-school/tafe-at-school-guide-2017-sem-1.pdf.

"The - Academy - Prospectus - 2016 - 17w", http://www.camre.ac.uk/wp-content/uploads/2016/01/The-Academy-Prospectus-2016-17w.pdf.

U. S. Department of Education, "Carl D. Perkins Career and Technical Education Act of 2006", 2007 – 03 – 16, https: //www2. ed. gov/policy/sectech/leg/perkins/index. html.

U. S. Department of Education, "Investing in American's Future: A Blueprint for Transformation Career and Technical Education", 2012 – 04, http: //files. eric. ed. gov/fulltext/ED532493. pdf.

U. S. Department of Education, "Office of Career Technical and Adult Education", https: //www2. ed. gov/about/offices/list/ovae/pi/cte/index. html.

U. S. Department of Education, "Office of Early Learning", https: //www2. ed. gov/about/offices/list/oese/oel/index. html.

U. S. Department of Education, "School – to – Work Opportunities Act", https: //www2. ed. gov/pubs/Biennial/95 – 96/eval/410 – 97. pdf.

UNESCO, "Revised Recommendation Concerning Technicaland Vocational Education 2001", 2014 – 04 – 25, http: //www. unesco. org/education/information/nfsunesco/pdf/TECHNICA. PDF.

UNESCO, "The Transition from Secondary Education to Higher Education: Case Study from Asia and the Pacific", http: //www. unesco. org/open – access/terms – use – ccbysa – en.

UNESCO, "UNESCO TVET Strategy 2016 – 2021", http: //unesdoc. unesco. or/images/0024/002439/243932e. pdf.

VETiS, "An overview of VET in the VCE and VCAL", http: //www. vcaa. vic. edu. au/Documents/vet/publications/overviewbrochure. pdf.

Young People's Learning Agency, "Evaluation of the Young Apprenticeships Programme: Outcomes for cohort 3", 2010 – 11, https: //core. ac. uk/download/pdf/4153203. pdf.

后　　记

　　庚子岁末，依旧像往年一样，抓住年底最后的尾巴，伏案耕作。此刻，已是农历 2020 年腊月二十五日凌晨三点，人生中的第三本专著正式杀青，即将付梓。从《澄明与借鉴：人本主义视角的美国职业教育研究》（2016）到《共轭与融通：职业教育学术课程与职业课程的整合研究》（2017），再到今天的《跨界与进阶：普职教育衔接研究》（2021），不断延伸着自己的学术生涯，也逐步践行着从天上走向人间的学术实践路径，同时也伴随自己职业生涯的转变。

　　本书是笔者主持的国家社科基金教育学一般项目"生源有效供给视角下普职教育衔接研究"的最终成果。该选题的构想源于 2015—2016 年访问英国剑桥时的一次考察。应该是大约 2016 年的春季，抱着对英国职业教育的好奇，笔者独自考察了剑桥区域学院。在这所代表英国职业教育重要形式的继续教育学院，14-16 Academy 引起了笔者的注意，经过深入访问，得知这一机构是下属于英国继续教育学院的一个二级院系，用来培养在初中阶段已经失去学术兴趣的学生。这些学生从五年制的初中学校的第四年就前往继续教育学院进行全日制学习，为未来更好地选择职业教育做前置性铺垫。此种形式即为英国普职教育衔接的典型模式之一。受其启发，又鉴于中国普职教育衔接失范的现实样态，通过进一步查阅资料，笔者坚定了对其做深入研究的决心。为此，对选题经过充分论证后，作为专项课题进行研究。

　　课题研究也源于笔者职业生涯的转变。从开始纯粹的职业教育研究，到后来的普职教育衔接，似乎在基础教育领域开辟了职业教育研究的一片天地，抑或是在职业教育领域找寻了一个符合自身工作实践的研究方向。课题研究开始之时，也正是自己更加亲密地接触基础教育之时。记得在2016年秋季回国后的不久，就被任命为教育学系主任，专门负责小学教育专业建设，尽管事务性的工作非常繁杂，但却在与基础教育实践的接触中感受到职业教育在基础教育改革中的重要责任。基础教育学术化的评价方式压抑了具有技能潜质学生的成长，职业教育由于没有较好地与基础教育衔接，进而获得"不合格"的生源。因此，繁杂的工作并没有阻碍研究工作的进程，反而促使对研究内容理解得更加深刻。

伴随课题的研究，自己参与学院事务的工作量也越来越繁重，在2019年8月被任命为学院本科教学负责人。至此，自己的学术研究时间遭受严重挤压。感谢我的研究团队，尤其是我带的几名研究生为本书的完成做出较大贡献，他们在基础性资料的收集方面付出较大心血，在普职教育衔接的国内典型案例、国际典型经验的梳理方面具有重要的贡献，尤其是本书的合著者肖龙，研究洞察力非常敏锐，勤勉好学，也正是在参与本课题的研究中，其学术潜力受到更大激发，学术素养得到厚实积累，最后如愿考取了博士。在此，向各位参与本课题研究的研究生表示由衷的感谢，愿他们的学术与职业生涯"青出于蓝而胜于蓝"。

感谢两个宝贵的寒假时光，为书稿的不断完善输送能量。起初，书稿只有理性之基、星星之火、他山之石、未来之路四个部分，对问题的剖析仅仅渗透在星星之火的章节，一直感觉不太对路，在星星之火部分应该多总结成功的经验，因此缺乏对现实的拷问成为我的一个心病。也正是在2020年年初，新冠疫情的突袭，使得在家隔离的我有了更多全身心投入学术的时间。也正是在这个时候，让笔者有了弥补现实之困章节缺失的机会。于是，基于前期调研的积累，通过远程访谈、资料检索等方式，对几个典型的中学和职业学校进行深入考察，厘清了它们看似不同却似相同的遭遇历程，提炼出我国普职教育衔接的问题所在。而庚子岁末的这个寒假，由于没有专业认证、学位点申请等各项工作的压力，使得自己有机会将研究的触角继续往前延伸，基于政策文本等信息资料的梳理，厘清我国普职教育衔接的历史脉络，使得书稿的结构更为健全，内容更为完整。

感谢单位提供的学术平台和科研经费,为本书的顺利完成和出版提供重要的支持。感谢中国社会科学出版社为笔者著作的付梓不吝精力与成本。

陈鹏
2021年2月6日凌晨四点半
于江苏彭城寒舍